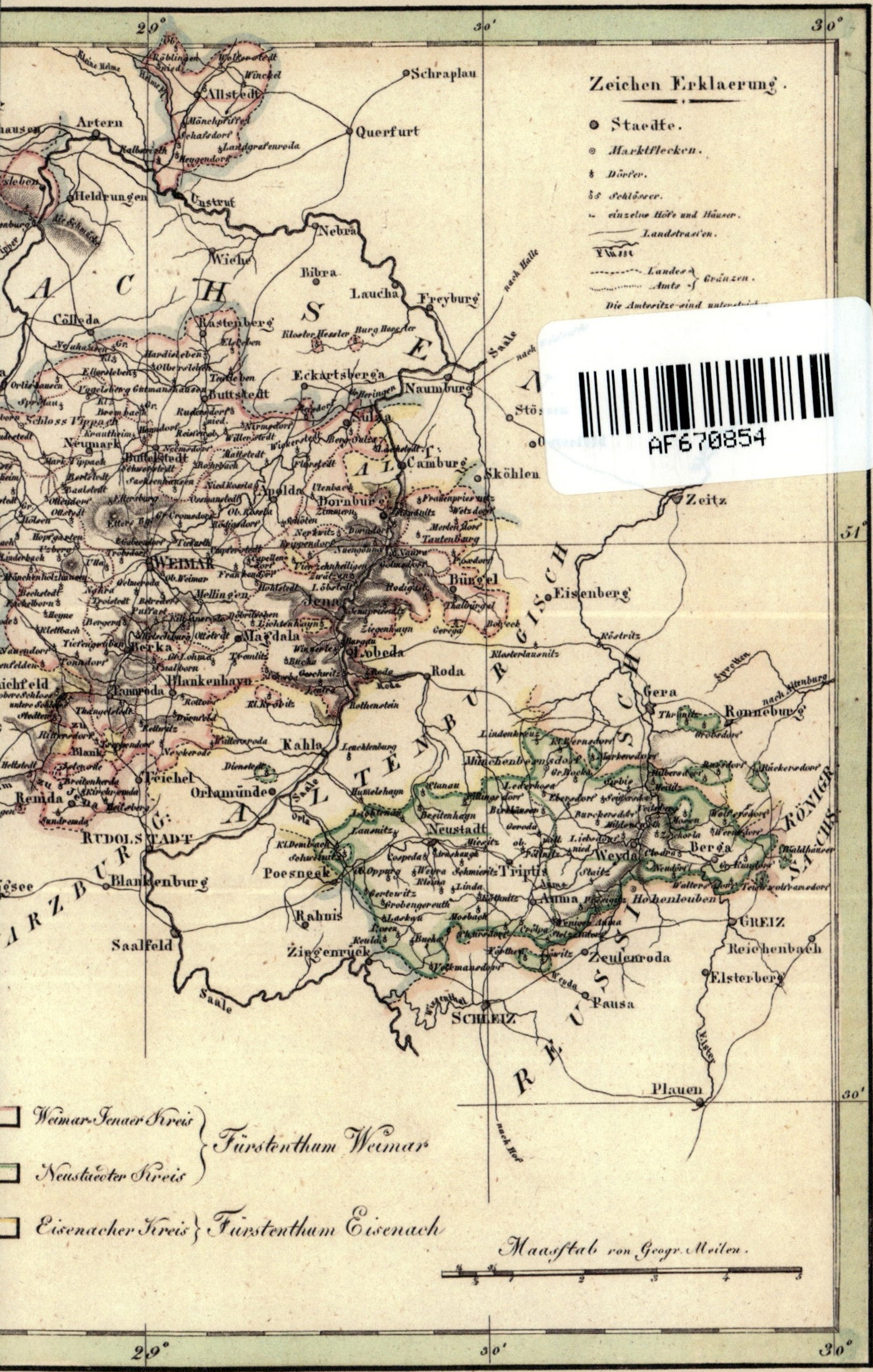

29°
30'
30°
Zeichen Erklaerung.
Staedte.
Marktflecken.
Dörfer.
Schlösser.
einzelne Höfe und Häuser.
Landstrassen.
Landes
Amts
Gränzen.
Schraplau
Allstedt
Artern
Querfurt
Heldrungen
Unstrut
Nebra
Wiehe
Bibra
Laucha
Freyburg
nach Halle
Cölleda
Rastenberg
Eckartsberga
Naumburg
Saale
Buttstedt
Sulza
Neumark
Camburg
Schloss Vippach
Kösen
Sköhlen
Zeitz
Apolda
Dornburg
Weimar
Jena
Magdala
Berka
Lobeda
Roda
Bürgel
Eisenberg
Gera
Ronneburg
Blankenhayn
Kranichfeld
Tannroda
Kahla
Orlamünde
Teichel
Remda
Rudolstadt
Blankenburg
Saalfeld
Poesneck
Neustadt
Triptis
Auma
Weyda
Berga
Ranis
Ziegenrück
Zeulenroda
Hohenleuben
Greiz
Reichenbach
Elsterberg
Pausa
Schleiz
Plauen
nach Hof
Elster
S A C H S E N
A L T E N B U R G I S C H
R E U S S
KÖNIGR. SACHS.
Weimar-Jenaer Kreis
Neustaeoter Kreis
Fürstenthum Weimar
Eisenacher Kreis
Fürstenthum Eisenach
Maasstab von Geogr. Meilen.
1
2
3
4
5
51°

Georg Schmidt

Durch Schönheit zur Freiheit

Georg Schmidt

Durch Schönheit zur Freiheit

DIE WELT VON WEIMAR-JENA UM 1800

C.H.Beck

Mit 33 Abbildungen, darunter 3 in Farbe

www.chbeck.de
Satz: Janß GmbH, Pfungstadt
Druck und Bindung: CPI – Ebner & Spiegel, Ulm
Umschlaggestaltung: Kunst oder Reklame, München
Umschlagabbildungen: oben: «Ansicht des römischen Hauses von der Wiesen-Brücke», kolorierter Stich nach Zeichnung von Georg Melchior Kraus 1799, © akg-images;
unten: «Der Sturm auf die Bastille am 14. Juli 1789», Gemälde von Jean-Baptiste Lallemand, undatiert, © akg-images
Gedruckt auf säurefreiem, alterungsbeständigem Papier (hergestellt aus chlorfrei gebleichtem Zellstoff)
Printed in Germany
ISBN 978 3 406 78556 6

myclimate

klimaneutral produziert
www.chbeck.de/nachhaltig

Für Runa, Marius, Kaja, Theo und Bero

Inhalt

Prolog – Freiheit und Schönheit 11

I. Weimar – die Voraussetzungen 27

1. Die Regentin Anna Amalia im Krisenmodus 29
2. Wieland und der Kosmopolitismus 37
3. Goethes Weg nach Weimar 41
4. Die Ideengeber Möser, Herder und Winckelmann 49

II. Sachsen-Weimar-Eisenach – Regieren und Dilettieren 57

1. Das unscheinbare Weimar 58
2. Die Last des Regierens 65
3. Das polarisierende Genietreiben 75
4. Der repräsentative Hof 81
5. Anna Amalias Witwenmusenhof als Refugium 83
6. Maskierte Botschaften Goethes 91
7. Herders Predigt 96
8. Carl Augusts Reichspolitik 101
9. Sinnkrisen allenthalben 105

III. Jena – Wissenschaften und Politisierung 111

1. Wiedergeburt in Italien 112
2. Das kleine Jena 118
3. Zukunftweisende Universitätsreformen 122
4. Goethes Neuausrichtungen 127
5. Bertuchs Wirtschaftsimperium 134
6. Schillers freie Republik 136
7. Revolution in Gedanken 143

8. Politisierung in Jena 149
9. Klassizismus in Weimar 156
10. Schillers Ästhetischer Staat 160

IV. Die Doppelstadt – das Ereignis Weimar-Jena 167

1. Glückliches Ereignis 169
2. Frieden, französische Emigranten und Engländer 172
3. Herders Humanität als Unruhefaktor 177
4. Programmatische *Horen* 180
5. Giftige *Xenien* 187
6. Die *Propyläen* und das Theater 193
7. Die Jenaer Frühromantiker 201
8. Fichtes Entlassung 210
9. Schelling, Hegel und der Idealismus 215

V. Neue Konstellationen – alte Illusionen 221

1. Politische Umgestaltungen 222
2. Deutsche Größe 230
3. Klassikdämmerung 238
4. Schlacht und Zäsur 1806 244
5. Kultur und Geselligkeit als Politik 251
6. Goethes deutsche Nation 257
7. Rheinbund und Befreiungskriege 261
8. Goethes politisches Vermächtnis 265

VI. Fokus Weimar – Arbeiten am Mythos 275

1. Großherzogtum und Pressefreiheit 276
2. Das Wartburgfest als Fanal 280
3. Das Weimarer Monument 284
4. Die Reichsoption in *Faust II* 287

Epilog – der Geist von Weimar 295

Dank 307

Anmerkungen 309

Gedruckte Quellen und Literatur 366

Bildnachweis 376

Personenregister 377

«Jüngling, merke dir in Zeiten,
Wo sich Geist und Sinn erhöht,
Daß die Musen zu geleiten,
Doch zu leiten nicht verstehen».

Goethe

Prolog – Freiheit und Schönheit

«Wir bleiben hier».[1] Diese trotzige Mahnung auf einem Pappkarton hing im Herbst 1989 am Goethe-Schiller-Denkmal in Weimar. Die Botschaft des anonymen Schildermalers hielt diejenigen nicht auf, die zur Freiheit, zum besseren Leben und zum Konsum der schönen Dinge in den Westen strömten. Sie erinnerte aber auch daran, dass die beiden Klassiker trotz aller Unzulänglichkeiten und Ungewissheiten geblieben waren, weil sie vor Ort eine bessere Zukunft gestalten wollten. Sie hatten um 1800 von Weimar und Jena aus mit ihren Mitteln, der Literatur und den Wissenschaften, aufklären und durch Schönheit auf die möglich gewordene Freiheit vorbereiten wollen. Wenige Tage nach dem Fall der Mauer blickten die beiden an ihren Granitsockel gefesselten Klassiker auf die Menschen, die Schillers Festlegung, dass «es die Schönheit ist, durch welche man zu der Freyheit wandert»,[2] allzu wörtlich nahmen und zu den schönen Dingen zogen. Er wollte die Leidenschaften, die in der Französischen Revolution zu Chaos und Barbarei geführt hatten, durch die Harmonie stiftenden schönen Künste zähmen. Zwei Jahrhunderte später drohten die Menschen jedoch erneut die wahre, die möglich gewordene weltbürgerliche Freiheit aus verständlichem, aber kurzsichtigem Egoismus zu verspielen. Damals hatte er gereimt: «Wenn sich die Völker selbst befrein; / Da kann die Wohlfahrt nicht gedeihn».[3]

Goethe-Schiller-Denkmal in Weimar mit dem Schild «Wir bleiben hier» (November 1989)

Goethe stand den Forderungen des Volkes skeptisch gegenüber: «Das Wort Freiheit klingt so schön, daß man es nicht entbehren könnte, auch wenn es einen Irrtum bezeichnete».[4] Freiheit war für ihn «die leise Parole heimlich Verschworner, das laute Feldgeschrei der öffentlich Umwälzenden, ja das Losungswort der Despotie selbst, wenn sie ihre unterjochte Masse gegen den Feind anführt und ihr vom auswärtigen Druck Erlösung für alle Zeiten verspricht».[5] Goethe hätte 1989 wohl gefragt, ob denn das Volk wirklich wisse, was es wolle, und er hätte «mehr Licht», mehr Aufklärung gefordert. Die Überlieferung seiner engen Vertrauten berichtet von seiner letzten Bitte, «macht doch den zweiten Fensterladen in der Stube auch auf, damit mehr Licht hereinkomme»,[6] nach der er am Morgen des 22. März 1832 verstorben war. Goethe hatte dem Licht als Wissenschaftler alle Geheimnisse entlocken, mit ihm als Dichter das Geheimnisvolle und Verborgene erhellen und als Politiker die Menschen anleiten, ihnen aber auch konkret helfen wollen. Sein Aufruf, «flieht die dunkle Kammer, / Wo man euch das Licht verzwickt»,[7] betont die Eigenverantwortung der Menschen: sie dürfen ihr Leben niemandem anders überantworten. Vielleicht wollte er in der Helligkeit des Lichts sterben, während die moderne Welt mit den Unruhen 1832 dem dunklen Abgrund von nationalistischer Borniertheit und Gewinnsucht, Umsturz und Kriegen entgegentaumelte.

Goethe, Schiller und die Dichter und Denker in der Doppelstadt Weimar-Jena hätten die kommunikative und wirtschaftliche Globalisierung am Ende des zweiten Jahrtausends nicht als Vorstufe der weltbürgerlichen Freiheit in Frieden und Humanität akzeptiert, die ihnen vorschwebte. 1989/90 siegten die Sachzwänge. Sie führten zur Restitution des deutschen Nationalstaates und zur Bildung neuer Nationalstaaten in Mittel- und Osteuropa. Hat die Geschichte damit die ästhetische Bildung und die gewiss vagen kosmopolitischen Zielvorstellungen der Klassiker widerlegt? Treffen die pointierten Angriffe der Germanisten und Kulturkritiker zu,[8] die Weimar zum Mythos, die Klassik zur Legende und den Musenhof zum Witwenplaisir erklären? Bestand das «Wesen der Weimarer Hofklassik» darin, «daß hier zwei hochbedeutende Dichter die Forderung des Tages bewußt ignorierten»?[9] Richtete sich deren Mahnung, die Macht-, Tages- und Parteienpolitik zu meiden, an die Bürger und Untertanen oder nur an die Schriftsteller und Künstler? Haben sie im Streben nach Schönheit, Klarheit und Einigkeit mit den Musenspielen die Nöte des Volkes aus den Augen verloren? Interessierten sie überhaupt die Lebenswelt ihrer Mitbürger und die sozialen Missstände in ihrem Umfeld? War für sie die Masse nur eine Kulisse und die Schreibhemmung Goethes angesichts hungernder Untertanen nur Rhetorik? Oder war – so die hier verfolgte These – ihre Inszenierung des schönen Scheins ein unterschätzter und verdrängter alternativer Politikentwurf zur Revolution und zur immensen Beschleunigung der Moderne? Könnte sich dessen Rekonstruktion auch zum Zweck des selbstreferentiellen Vergleichs angesichts der heutigen, die individuelle Vernunft außer Kraft setzenden algorithmischen Fremdbestimmung des Menschen lohnen?

Die frühen und höchsten Vergleiche «Weimars» mit Bethlehem, Athen oder der Arche Noah sollten Aufmerksamkeit erregen und auf den Anbruch einer neuen Zeit einstimmen, in der das verfügbare Wissen frei von moralischen Skrupeln und politischen Zwängen neu durchdacht, gedeutet und zusammengeführt wurde. Bei dieser Reunion des Disparaten und Getrennten bestimmten Menschen das Ziel, die Musen den Ton. Diese humane Dominanz scheint angesichts digitalisierter Informationsflüsse oder des Abgrunds der Klimakatastrophe heute nicht mehr gewährleistet. Um die Freiheit der Entscheidung zurückzugewinnen, könnten die verschütteten, dem Diskurs bisher entzogenen kosmopolitisch-freiheitlichen Vorstellungen wichtige Fingerzeige geben. Sie stehen am Ursprung der modernen Entwicklung des Immer-mehr, Immer-schneller und Immer-komplexer und setzen sich kritisch damit auseinander.

Die Weimar-Jenaer Dichter und Denker wollten Vorurteile, Aberglauben und fragwürdige Traditionen, vermeintliche Sachzwänge und Alternativlosigkeiten, Fehlentwicklungen und vor allem die Entfremdung als Preis des Fortschritts aufdecken und überwinden. Sie hielten die Umschaffung des Menschen, nicht des Systems für vordringlich. Neben dem Verstand und den Gefühlen, die eine inzwischen reflektierte Aufklärung beachtete, rückten sie als neuen Faktor die Musen – Literatur, schöne Künste und Wissenschaften – ins Zentrum ihrer Bemühungen, weil sie davon überzeugt waren, dass ihr schöner Schein Triebe und Leidenschaften beruhige und somit Harmonie verspreche. Die ästhetische Kultur war das neue Medium, das nicht nur die individuelle Bildung zum Wahren, Guten und Schönen, sondern zugleich auch eine Vermittlung zwischen den egoistischen Zielen des Menschen und den gesellschaftlichen Notwendigkeiten herbeiführen sollte.

Das Projekt Nationalstaat verdrängte allerdings schon im frühen 19. Jahrhundert die kosmopolitisch-freiheitlichen Zielvorstellungen. Die Klassiker, die Weimar zum Musenhain, Olymp und Parnass, zum Symbol nicht-machtstaatlicher Größe stilisiert hatten – ihr mit Abstand erfolgreichstes Werk[10] –, wurden als Beginn dieser zum Bismarckreich führenden Erfolgsgeschichte vereinnahmt. Das gab dem neuen Machtstaat geistig-kulturellen Glanz, machte die Klassiker unsterblich und Weimar zur Chiffre des Neuhumanismus. Wer hier das Authentische sucht, erliegt dem schönen Schein der Wirkungsstätten Goethes und Schillers, Wielands und Herders, der Regentin Anna Amalia und des Herzogs Carl August. Was wir sehen, ist keine Fata Morgana und keine Lüge, sondern der von der Imagination der Musen geleitete, die Sinne betörende Abglanz eines Geschehens, das in seiner vollen Tragweite erst in der wiederholten Spiegelung deutlich wird, die das Vorwissen und der zeitliche Abstand ermöglichen. Das seit 1998 zum Welterbe zählende Ensemble «Klassisches Weimar» taucht die nicht immer einzigartigen Bauten und Gärten in den Glanz des Ganzen, das nicht nur ästhetisch und kulturell, sondern auch politisch immer wieder neu zu deuten ist.

Nachdem Wieland und Goethe die kleine Residenzstadt zum Knotenpunkt der Welt erklärt hatten, erweiterte letzterer in den 1780er Jahren den Fokus auf die Jenaer Universität, um Literatur und Wissenschaften enger zu verbinden. Seine Freundschaft mit Schiller, der sich der Zukunft nach dem Terror in Frankreich nicht mehr durch die Rekonstruktion der Vergangenheit vergewissern, sondern jene durch die ästhetische Erziehung gestalten wollte, wurde zum Fundament des Klassischen. Jena, die «Stapelstadt des Wissens und der Wissenschaft»,[11] prägte mit ihren das «Ich» betonenden Gelehrten, den Frühromantikern und herausragenden Journalen den kulturpolitischen Anspruch Weimars maßgeblich mit, steht aber in dessen Schatten. Goethe akzentuierte dagegen 1807 die «Ehre des Weimar-Jenaischen Wesens, welches denn doch eigentlich nicht separirt werden kann, und bey unmittelbarer Wirkung und Gegenwirkung mit einander stehen und fassen muß».[12] In den *Zahmen Xenien* spricht er von «Weimar-Jena, der großen Stadt, / Die an beiden Enden / Viel Gutes hat».[13] 1825 erklärt er, dass man «Jena und Weimar wie zwey Enden einer großen Stadt anzusehen habe, welche im schönsten Sinne geistig vereint, eins ohne das andere nicht bestehen könnten».[14]

Die befruchtende Symbiose von Hof und Universität, Dilettantismus und Wissenschaft, Aufklärung und Klassik, Romantik und Idealismus machte die Doppelstadt zum nationalkulturellen Brennpunkt. Der Widerstreit der Meinungen auf engstem Raum füllte eine Leerstelle, denn in Deutschland fehlte eine Hauptstadt, die wie London oder Paris vorbildhaft und geschmacksbildend auf die Nation wirkte und ihr ein Zentrum gab. Diese Lücke sollte «Weimar» schließen. Die Klassiker stilisierten ihr Spiel mit den Musen im Umfeld eines angesehenen Fürstenhauses und in der Nachbarschaft einer aufblühenden Universität zum deutschen Parnass. Das auf einer nicht machtpolitisch bestimmten Größe beruhende Kunstprodukt Weimar wurde zum geistig-kulturellen Kristallisationskern der Vision «Deutscher mit Deutschen».[15] Der Weimar-Mythos, den der Journalist Peter Merseburger 1998 beschwor und infrage stellte,[16] ist keine Lügengeschichte.[17]

Während Goethe und Schiller antike Muster und moderne Erfordernisse, Verstand und Gefühl auf unterschiedliche Weise harmonisch verbinden wollten, wandten sich die Romantiker gegen den Heilsanspruch der Vernunft. Sie gaben subjektiven Sinnesempfindungen den Vorrang, wollten die Grenzen zwischen Traum und Wirklichkeit verwischen und idealisierten das Reich und die Kirche des Mittelalters, um an die heroische Zeit der Deutschen anzuknüpfen. Die Jenaer Philosophen rückten mit Fichte und Schelling das «Ich» ins Zentrum der Welterfassung und erklärten die Materie zum Objekt der subjektiven Idee. Sie alle verband das Streben nach Schönheit. Ihre Konzepte des Sich-Bildens an und mit den Musen sind die Finalchiffren einer reflexiven Aufklärung, die sich mit einer Moderne konfrontiert sieht, die Egoismus und Eigennutz betont, die Entfremdung ignoriert und Liberalismus, Kapitalismus sowie vor allem den Nationalstaat als Lösung aller Probleme preist. Um dem Fortschreiten auf dem falschen Weg entgegenzuwirken, setzten die Klassiker auf Bildung und Kultur,[18] die sich dadurch merklich veränderten und zu Ressourcen des Politischen wurden.

Am Ausgang des 18. Jahrhunderts umfasste der Kulturbegriff die «Gesamtheit des menschlichen Wirkens an sich selbst, an anderen Menschen und an der umgebenden Natur».[19] Johann Christoph Adelungs *Grammatisch-kritisches Wörterbuch der hochdeutschen Mundart* definierte Kultur als «Veredlung und Verfeinerung der gesamten Geistes- und Leibeskräfte eines Menschen oder eines Volkes».[20] Kulturen gliederten die Menschheit, weil Sitten und Gebräuche, geistige und künstlerische Aktivitäten und Artefakte wie Sprache, Verfassung oder

Gewohnheiten orientierende Verhaltensmuster schufen, Identitäten begründeten und Völker oder Nationen trennten.[21] Um 1800 trat jedoch eine Verengung des Kulturbegriffs auf die schönen Künste, Literatur und Wissenschaften ein, die zum «Medium der Bildung» wurden. Da Kultur sich mehr und mehr nur noch auf das bezog, was «die Steigerung der Individualität zur Idealität, zur harmonischen Selbstentfaltung befördert», wurde sie zu dem Deutungsmuster, «das Wahrnehmung leitet, Erfahrung verarbeitet und Verhalten motiviert».[22] Goethe fragte allerdings 1827: «Was ist Kultur anders als ein höherer Begriff von politischen und militärischen Verhältnissen»?[23] Für ihn war Kultur die Voraussetzung des Fortschritts. Gäbe es in Deutschland nur die «Residenzstädte Wien und Berlin, oder gar nur eine, da möchte ich sehen, wie es um die deutsche Kultur stände, ja auch um einen überall verbreiteten Wohlstand, der mit der Kultur Hand in Hand geht».[24]

Kultur war ein Parameter im Wettkampf der Nationen, der insbesondere in Krisenzeiten Bedeutung gewann. Ursprünglich bezeichnete Krise eine Entscheidungssituation über Leben oder Tod, Sein oder Nichtsein, Heil oder Verdammnis, bevor der Begriff im späten 17. Jahrhundert als soziostrukturelles Deutungsmuster eingeführt wurde. In *Aus meinem Leben. Dichtung und Wahrheit* charakterisierte Goethe seinen Gemütszustand vor seinem Aufbruch nach Weimar als «Krise».[25] Sinn- und Lebenskrisen führten auch Wieland und Herder an die Ilm. Sie sind symptomatisch für eine Zeit, in der vermeintliche Sachzwänge und Alternativlosigkeiten Freiräume einschränkten, ohne neue Perspektiven zu eröffnen. Goethes *Die Leiden des jungen Werther* brachte die individuelle Krise als Hoffnungs- und Ausweglosigkeit auf den Punkt. Die Französische Revolution verschärfte die Krisenstimmung, war jedoch auch ein Zeichen des Auf- und Umbruchs. Die Rufe nach Freiheit und einer nicht nur rechtlichen Gleichheit, nach Aufstieg durch Können und Leistung wurden lauter. Die ästhetischen Angebote der Dichter sollten den Einzelnen und die Menge verbessern und sozialen Unruhen vorbeugen; die ständische Ordnung aufheben oder das Volk an der Herrschaft beteiligen wollten sie nicht. Die bittere Armut, die Not und das Elend der Massen berührte aber auch sie. Bezeichnend ist Goethes Seufzer: «Es ist verflucht, der König von Tauris soll reden, als wenn kein Strumpfwürker in Apolda hungerte.»[26] Konkrete Hilfe konnte aber auch er nur selten leisten. Die öffentliche Fürsorge reichte nie, um dem ganzen Elend zu begegnen.

Auch politisch befand sich die Welt im Krisenmodus. Großbritannien beherrschte die Meere, ferne Länder und Völker. Russland und Österreich expandierten zu Lasten des Osmanischen Reichs und Polens, das sie mit Preußen unter sich aufteilten. In Frankreich formierte sich der Widerstand gegen die als despotisch empfundene Königsherrschaft. Die Deutschen litten unter dem Phantomschmerz fehlender staatlicher Einheit, konkret an den Folgen des Siebenjährigen Krieges, des österreichisch-preußischen Dualismus und der Hungersnot zu Beginn der 1770er Jahre. Der Reichs-Staat drohte von Österreich und Preußen in einen protestantischen Norden und einen katholischen Süden gespalten zu werden. Die Koalitionskriege verschärften die Not der Massen. Nach dem Basler Frieden von 1795 zerfiel Deutschland in eine nördliche Friedens- und eine südliche Kriegszone sowie in die von Frankreich annektierten linksrheinischen Gebiete. Es stellte sich die Frage, ob es noch ein Deutschland gab und was es ausmachte. Die Massen wollten Ruhe und Frieden; die geistige Elite wollte das auch, pflegte jedoch ihre weltbürgerliche Attitüde.

Das Leben der Händler, Handwerker und Bauern, ihrer Frauen und all derjenigen, die unter der schweren Last der Steuern, Abgaben und Dienste stöhnten und denen niemand ein Denkmal setzte, veränderte sich um 1800 rasant. Fortschritt und Stabilität stießen an die von der Natur und den menschlichen Trieben gesetzten Grenzen. Die Macht des Marktes, die Kapitalisierung der sozialen Beziehungen und der Zwang zur Freiheit vergrößerten die Kluft zwischen Arm und Reich, zwischen unten und oben; sie führten zu einem dramatischen Anstieg der Zahl der Menschen, die allein von ihrer Handarbeit leben mussten und von allen feudalen Sicherungen abgekoppelt waren. Ängste, Orientierungsverluste und fragwürdige Lösungsstrategien machten das Leben nicht einfacher. Die Politik kapitulierte vor einem Geschehen, das scheinbar schicksalhaft zuschlug. Während sich Familienbande lösten und uneheliche Geburten zu einem Massenphänomen wurden, blieben die Menschen mental der vermeintlich guten alten Ordnung verhaftet. Sie sollten – das war die Idee der kulturellen Elite Weimar-

Jenas – durch den schönen Schein in Literatur, Künsten und Theater angeleitet werden, ihre Freiheit nicht egoistisch zu missbrauchen.

Schiller und Goethe hielten den Schein für ein Trugbild, das allerdings das Wesen der Dinge erkennbar mache, sobald es als etwas wahrgenommen werde, was Gestalt haben könne. Die Fiktion wirke jedoch lediglich in der Imagination, ansonsten verfliege der Zauber. Für Schiller lebte der Mensch in zwei Welten, einer natürlichen, die er als Untertan und Bürger nicht ignorieren durfte, und einer inneren-geistigen, die er mit seinen Ideen selbst formte. Die Natur hebe «den Menschen von der Realität zum Scheine» empor, denn sie habe ihn mit Augen und Ohren ausgestattet, «die ihn bloß durch den Schein zur Erkenntniß des Wirklichen führen». Nur im Spiel, im «wesenlosen Reich der Einbildungskraft» besitze er das «souveräne Recht», zwischen Gestalt und Wesen, zwischen der Wirklichkeit und der sie transzendierenden Schönheit zu unterscheiden.[27] Hier entstehe im Austausch von Vernunft und Sinnlichkeit die wahre Freiheit. Um mit dieser umgehen zu können, mussten sich die Menschen ändern.

Goethe betrachtete es als die höchste Aufgabe der Kunst, «durch den Schein die Täuschung einer höheren Wirklichkeit» hervorzurufen. Falsch sei es jedoch, «den Schein so lange zu verwirklichen, bis endlich nur ein gemeines Wirkliches übrig bleibt».[28] Das romantische Ideal einer Poetisierung der Welt, der «gedichtete Himmel»,[29] schien ihm freilich eine fehlgeleitete Schwärmerei. Im Epilog zu Schillers *Lied von der Glocke* legte er 1805 die Spur, welche die Erinnerung prägen sollte.

Indessen schritt sein Geist gewaltig fort
Ins Ewige des Wahren, Guten, Schönen,
Und hinter ihm, in wesenlosem Scheine,
Lag, was uns alle bändigt, das Gemeine.[30]

Schiller strebte nach dem Wahren, Guten und Schönen.[31] Das Gemeine, der Zwang, konnten ihm in diesem Reich nichts anhaben. Als Dichter distanzierten sich Goethe und Schiller deswegen von der Tages- und Parteipolitik, auf die sie als Bürger Einfluss nehmen wollten. Für Goethe ist das unstrittig. Er gestaltete die Weimarer Politik aktiv und in vorderster Front mit; bei Schiller blitzt sein Interesse am

Weltgeschehen immer wieder auf. Beide verurteilten Revolution und Krieg, Unterdrückung und Gewalt. Als Dichter huldigten sie den Musen und einem alternativen Politikentwurf, der den Weg zu Frieden und Freiheit durch Schönheit und Geselligkeit wies. Ob ihre Vorstellungen meta-, anti- oder überpolitisch waren, kann offenbleiben.[32] Der humane Raum musste neugestaltet und dem in sich gespaltenen, rastlos nach Neuem drängenden Menschen das innere Gleichgewicht zurückgegeben werden. Diese Zerrissenheit war eine Folge des Fortschritts der Moderne und konnte in der Wirklichkeit nur um den Preis des Stillstands und Rückschritts aufgehoben werden; für den schönen Schein des Spiels galt das nicht.

Obwohl Goethe vor der Vermengung des Fiktiven mit dem Wirklichen stets gewarnt hatte, berief sich das gebildete Bürgertum im 19. Jahrhundert auf das Wahre, Gute und Schöne, um sich von der Masse abzuheben. Das war der Sündenfall. Die Distanz einer führenden Schicht zur Politik war einer der Faktoren, der in Deutschland den Rückfall in die Barbarei ermöglichte. Die Klassiker hatten den schönen Schein als Medium und Katalysator der angestrebten Gesinnungsveränderung betrachtet, nicht als Ersatz für Machtpolitik und das wirkliche Leben. Den Sinn ihrer um die Autonomie von Kunst und Wissenschaft kreisenden Ideale verstanden jedoch nur wenige Zeitgenossen. Der Berliner Aufklärer Friedrich Nicolai verwarf die ästhetische Erziehung und den schönen Schein als Traum, weil durch Stimmungen die Menschheit nicht zu verbessern sei.[33] Mit Befehlen und Anordnungen aber offensichtlich auch nicht. Es brachte nichts, wenn der Barbier Schnaps, die Hauptfigur in Goethes *Der Bürgergeneral*, mit vorgehaltener Waffe dem Bauer Märten erklärt: «So wißt, daß ihr schuldig seid, Euch zu unterrichten, neue Gedanken zu erfahren; daß Ihr gescheit werden müßt; daß Ihr frei werden müßt; daß Ihr gleich werden müßt; ihr mögt wollen oder nicht.»[34]

Die Zwangsbeglückung war der große Irrtum aufgeklärter Reformer und revolutionärer Volksbefreier. Der elitäre Anspruch der Klassiker, dem Publikum nicht zu gefallen, sondern es zu lehren, sich zum Menschsein zu bilden, sowie ihre Kritik an Macht und Krieg passte jedoch nicht zu dem 1871 verwirklichten Nationalstaat. Deswegen wurden ihre Ideale als Folgen ihrer angeblich unpolitischen Haltungen umgedeutet. Das Wahre, Schöne und Gute wurde zum verhängnisvollen Muster einer in Familie, Sozietäten, Salons und Vereinen eingeübten harmonischen Geselligkeit, die soziale Konflikte und den politischen Streit tendenziell ignorierte und die bürgerliche Gesellschaft in Deutschland formte.[35] Die Distanz führender Gruppen zu der Tages- und Machtpolitik hat ihren Teil zur totalen Katastrophe von Nazi-Regime, Holocaust und Zweitem Weltkrieg beigetragen.

Damit stellt sich die Frage nach der Verantwortung der Klassiker für die Menschheitsverbrechen des 20. Jahrhunderts neu und anders. Sind sie mitverantwortlich, weil die kulturellen Vorstellungen, die zum «deutschen Wesen» gehören, unter Berufung auf sie geformt wurden? Goethe und Schiller schätzten die Natürlichkeit der griechischen Kunst und Literatur und suchten die «weltbürgerliche Neuaneignung der Antike».[36] Sie forderten «klare, strenge Formen» sowie «letzten Ernst und höchste Verbindlichkeit».[37] Die ästhetische Autonomie sollte den schönen Schein strahlen lassen, der Humanität, Bildung und Selbstbestimmung dienen und den neuerlichen Rückfall in die Barbarei verhindern. Genau dies geschah jedoch. Die neuhumanistische Hochkultur hat die Deutschen nicht vor den schlimmsten Menschheitsverbrechen bewahrt.

Die herkömmlichen Definitionen des Klassischen, die das Vorbildliche und Musterhafte durch Nachahmung oder Annäherung an das zeitlos gültige Alte sowie die Vollendung des Eigenen betonen, gelten den literarischen Formen und deren Funktionen. Sie verfehlen sowohl die bildungs- und metapolitischen Intentionen als auch die fatalen Folgen. Der Streit, ob es eine klassische deutsche Literatur gibt, ist müßig.[38] Europaweit werden Goethe und Schiller der Romantik zugeordnet. Dadurch wird freilich Unterschiedliches, auf jeden Fall Unterscheidbares eingeebnet. Eine klassische Epoche wie in Frankreich, wo in der zweiten Hälfte des 17. Jahrhunderts die Dominanz der Sprache und Kultur mit der politischen Hegemonie Ludwigs XIV. einherging, gab es in Deutschland nicht. Da auch die Epoche der Klassik in anderen Ländern mit den jeweiligen Goldenen Zeitaltern koinzidiert – dem perikleischen in Griechenland, dem augusteischen in Rom, dem elisabethanischen in England und so fort –, wird das Prädikat für die deutsche Literatur um 1800 infrage gestellt. Der Reiseschriftsteller Johann Kaspar Riesbeck nannte freilich 1783 Wieland einen Schriftsteller, den «die Nachwelt unter die klaßischen setzen wird».[39] Die zeitgenössischen Verleger warben mit Klassikern, um ihren Absatz zu steigern,[40] und Friedrich Schlegel sprach 1797 dezidiert von «deutschen Klassikern».[41] Goethe hat angeblich behauptet, «alles, was vortrefflich sei, sei eo ipso klassisch».[42] Wer wollte ihnen widersprechen oder ihm eine «nationalliterarische Horizontverengung» unterstellen?[43]

Die Epoche deutscher Machtlosigkeit um 1800 gilt als das Zeitalter der deutschen Klassik – der literarischen in Weimar, der philosophischen in Jena, der musikalischen in Wien und der architektonischen in Berlin.[44] Ihre Addition zu einer deutschen Klassik dient der Prestigemehrung, ignoriert aber die kosmopolitischen Ambitionen, die für Musiker und Künstler selbstverständlich sind, nicht jedoch für die ihrer Muttersprache verpflichteten Schriftsteller. Wieland gebrauchte 1782 den Terminus «Weltliteratur» in einer Zueignungsschrift an Herzog Carl August.[45] Goethe fasste mit ihm den Kommunikationsprozess zusammen, der die «Weltcultur», das Wissen eines Gebildeten, mit den Erfordernissen der Gegenwart in Einklang bringt.[46] Zu vermitteln war vor allem zwischen der nur sich selbst verantwortlichen Weimarer Kunst und der für Konsum und Massengeschmack stehenden Pariser Weltkultur, die im Großverleger Justin Bertuch einen beargwöhnten Statthalter an der Ilm besaß.[47] Dessen Erfolgskonzept, den guten Geschmack mit Hilfe der Gegenstände des täglichen Bedarfs wie Möbel oder Kleider anerziehen zu wollen, hielten die Klassiker für falsch, weil dadurch dem Gefallen des Publikums nachgegeben werde.

Um die sozioökonomische Wirklichkeit, Literatur und Wissenschaften als Ganzes zu erfassen, prägte ein interdisziplinäres Jenaer Forschungsprojekt den Begriff «Ereignis Weimar-Jena». Was sich im Zeichen des kulturellen Aufbruchs um 1800 in der Doppelstadt ereignete, war der spektakuläre Versuch, mit den Musen die Menschen anzuleiten, sich zu Weltbürgern zu formen. Goethe gebrauchte den Ereignisbegriff unter anderem an zwei herausragenden Stellen; er bezeichnete sein richtungweisendes Gespräch mit Schiller im Juli 1794 in Jena in seiner autobiografischen gleichnamigen Erzählung als ein «glückliches Ereignis», und er lässt ganz am Ende von *Faust II* den Chorus Mysticus nach der Grablegung Fausts über das Jenseits singen: «Das Unzulängliche / Hier wird's Ereignis».[48]

Doch war das, was in Weimar und Jena um 1800 geschah, ein Ereignis? Der Leipziger Kulturhistoriker Wilhelm Wachsmuth hatte 1844 die beiden Versatzstücke des Weimar-Mythos erfunden. Er schuf mit dem «Musenhof» Anna Amalias ein Verstand und Gefühl ansprechendes Zentrum und mit Wielands Eintreffen den Anfang, ohne den keine große Erzählung auskommt: «Da geschah es, daß Wieland nach Weimar berufen wurde. Damit begann der weimarische Hof Lieblingsstätte der deutschen Musen zu werden».[49] Mit ihm oder mit dem 1775 ankommenden Goethe hatte allerdings auch schon für die Zeitgenossen etwas Neues begonnen. Heinrich Heine erklärte 1831 die Goethesche Kunst-Periode für beendet, weil deren «Prinzip noch im abgelebten, alten Regime, in der heiligen römischen Reichsvergangenheit wurzelt». Die neue Zeit brauche eine neue Kunst, die sich ihre Symbolik «nicht aus der verblichenen Vergangenheit» borge.[50] Der Versuch, über die Kunst die verlorene Ganzheit zurückzugewinnen, führe nur zu romantischen weltfernen Träumereien oder, wie bei Goethe, zu herrlichen Werken, die kalt, leblos und unfruchtbar wie Marmorstatuen seien.[51]

Der Universalhistoriker Schiller hatte gefragt, wie die Vergangenheit ausgesehen haben müsse, um dem Ziel einer Vereinigung aller Menschen vorzuarbeiten. Goethe ließ Faust den Geschichtsoptimismus seines Famulus zurückweisen: «Mein Freund, die Zeiten der Vergangenheit / Sind uns ein Buch mit sieben Siegeln. / Was ihr den Geist der Zeiten heißt, / Das ist im Grund der Herren eigner Geist, / In dem die Zeiten sich bespiegeln».[52] Der Erzähler des vergangenen Geschehens bringt die Quellen in einen ihm vernünftig erscheinenden Zusammenhang von Ursache und Wirkung, von Kontinuitäten und Diskontinuitäten. Immanuel Kant, die Königsberger Gallionsfigur der kritisch-reflektierenden Aufklärung, hatte 1784 die menschlichen Erfahrungsmöglichkeiten auf naturgesetzliche Kausalitäten beschränkt. Die Dinge waren nur mit den Vorgaben des erkennenden Subjektes wahrnehmbar. Die praktische Vernunft konnte es allerdings gebieten, den Geschichtsprozess so zu konstruieren, als ob er das Ziel größtmöglicher Freiheit verfolge. Es sei prinzipiell möglich, «die allgemeine Weltgeschichte nach einem Plane der Natur, der auf die vollkommene bürgerliche Vereinigung in der Menschengattung abziele, zu bearbeiten».[53]

Der Historiker kennt die Folgen des von ihm beschriebenen Handelns der Akteure. Er schließt von Wirkungen auf vermeintliche Ursachen und formt dann eine chronologisch strukturierte sinnvolle Erzählung. Er macht Geschichte, sollte sich aber hüten – so Wilhelm von Humboldt –, «der Wirklichkeit eigenmächtig geschaffene Ideen anzubilden».[54] Doch wer etwas erzählt, macht zumindest ein Angebot, wie es verstanden werden soll. Das ist jedoch nicht das Gleiche wie die beanspruchte höhere Wahrheit einer literarischen Fiktion, die gattungstypischen Regeln, nicht aber der Überlieferung verpflichtet ist. Klio, die Muse der Geschichtsschreibung und der epischen Erzählung, berichtet, dichtet und rühmt. Die Alternative, den Texten der Klassiker mit Hans-Georg Gadamer eine «unmittelbare Sagkraft» zu attestieren,[55] führt nicht weiter, weil kulturelle Selbstverständlichkeiten überall und zu allen Zeiten anders sind und Analogien fragwürdig machen. Das Vergangene muss historisiert werden, um als Mahnung oder Vorbild erinnert und über das jede Lektüre leitende Vorwissen hinaus neu verstanden werden zu können.

Die Klassiker, Frühromantiker oder Idealisten bieten keine Normen für alle Zeiten und Kulturen. Auch sie müssen zur eigenen Zeit in Bezug gesetzt werden. Der alte Goethe erzählte Kanzler von Müller, Weimar sei nur deswegen interessant gewesen, weil es in Deutschland nirgends sonst einen Mittelpunkt gegeben habe. «Es lebten bedeutende Menschen hier, die sich nicht miteinander vertrugen; das war das Belebenste aller Verhältnisse, regte an und erhielt jedem seine Freiheit».[56] 1780 hatte er die Weimarer Gesellschaft noch als einen Sack voller Erbsen karikiert: «Sie reiben und drücken sich, es kommt aber nichts weiter dabey heraus, am wenigsten eine Verbindung».[57] Goethe hatte dazugelernt. Konflikte mussten nicht desintegrierend wirken, sie konnten auch stabilisieren.

Dieses Buch erzählt, was sich zwischen der Ankunft Wielands und dem Tod Goethes in Weimar-Jena ereignete, was gedacht und gehandelt wurde. Es beschäftigt sich mit den Voraussetzungen und Folgen, primär aber mit den 60 Jahren um den Epochenumbruch von 1800 vor der Folie des Alten Reiches, der Französischen Revolution, Napoleons und des epochalen Wandels von der ständischen zur bürgerlichen Gesellschaft. Der Ereignisraum Weimar-Jena war nicht die zufällige

Kulisse eines faszinierenden Spiels mit den Musen, sondern der Raum, in dem den vielfältigen Verwerfungen der Moderne mit den Schriftstellern, Künstlern und Wissenschaftlern gebotenen Mitteln, in geselligen Zirkeln, an der Universität und am Theater gegengearbeitet wurde. Der zur Revolution und konservativem Beharren alternative Politikentwurf wird hier als Leitbild und Gegenmacht glaubhaft gemacht.

Das Buch ergänzt die kulturhistorischen Darstellungen Weimars von Walter H. Bruford, der kompetent und konzise die älteren sozial- und ideengeschichtlichen Forschungen zusammenfasst, und von Dieter Borchmeyer, der vor allem die literaturhistorischen Aspekte eindrucksvoll würdigt, sowie den reich bebilderten Ausstellungskatalog «Ereignis Weimar». Das erste Kapitel erzählt von Personen, Kräften und Konstellationen, die in den 1770er Jahren in Weimar maßgeblich waren. Das zweite rückt die soziopolitischen Verhältnisse im Herzogtum Sachsen-Weimar-Eisenach, die aufgeklärten Reformen und die dilettierenden Bemühungen um Vervollkommnung in den Mittelpunkt. Das dritte Kapitel fokussiert die Jenaer Universität und die Neuausrichtung vom Musenidyll zum Ereignis Weimar-Jena. Das vierte kreist um den Freundschaftspakt zwischen Goethe und Schiller und die Idee des Wahren, Guten und Schönen, die als Grundkonzept der Klassik und Frühromantik gelten darf. Der fünfte Abschnitt thematisiert die politischen Veränderungen unter dem Druck Napoleons und die Sorgen um die deutsche Nation. Der sechste gilt der politischen Neuausrichtung, dem Wartburgfest und einem Goethe, der zu retten versuchte, was zu retten war. Er missbilligte das veloziferische Geschehen, arbeitete an seiner Monumentalisierung und setzte sich in *Faust II* kritisch mit dem modernen «Gewimmel» auseinander. Der Epilog behandelt die Folgen und den neuen Ruhm, der Goethe und Schiller zu Klassikern machte und Weimar über alle Höhen und Tiefen der deutschen Geschichte hinweg einen vorderen Platz im kollektiven Gedächtnis sichert.

I.

Weimar – die Voraussetzungen

Das klassische Weimar begann in den frühen 1770er Jahren, als der Prinzenerzieher Christoph Martin Wieland, dessen Zeitschrift *Der Teutsche Merkur*, das Theater und dessen Förderin, die Regentin Anna Amalia, deutschlandweit Aufmerksamkeit erregten. Als wirklich herausragend wahrgenommen wurde Weimar jedoch erst, als mit Goethe der junge Star der Literaturszene sich dort niederließ und kurz darauf Johann Gottfried Herder berufen wurde. Zu dieser Zeit, Mitte der siebziger Jahre des 18. Jahrhunderts, verbreitete sich in Deutschland das bleierne Gefühl des Stillstands und Verharrens. Die alteuropäische Ordnung schien ausgereizt. Die Menschen fühlten sich gegängelt; die Aufklärung benötigte neue Impulse.

Die polnische Teilung galt als Menetekel. In den deutschen Residenzen griff die Angst um sich, Österreich und Preußen könnten nur auf eine günstige Gelegenheit warten, um das Heilige Römische Reich in einen protestantischen Norden und einen katholischen Süden zu spalten. Die Reichsjuristen idealisierten die Reichsverfassung, die Schriftsteller suchten den deutschen Nationalgeist und empfahlen einen patriotisch gezähmten Kosmopolitismus, bei dem der Weltbürger seine Pflichten gegenüber dem Vaterland nicht vergaß. Patriotismus und Kosmopolitismus sollten sich ergänzen und wurden zum Rollenmodell der Aufklärer,[1] die durch Vorbild, Anleitung und Erziehung alle Menschen zumindest in die Lage versetzen wollten, Verantwortung für sich und die Gesellschaft zu übernehmen, um die eigene Glückseligkeit und das Gemeinwohl zu fördern. Vormünder wie König Friedrich II. und Immanuel Kant, die mit ihren Armeen oder Argumenten allen ihre Vorstellungen aufzwingen wollten, provozierten intellektuellen Widerstand. Das «Feyerabendkleid der Freyheit» helfe niemandem, der ansonsten den «Sclavenkittel» trage.[2] Die Masse verharrte in ihrer angeblich «selbstverschuldeten Unmündigkeit»;[3] sie hatte andere Sorgen.

Die nach dem Dreißigjährigen Krieg nahezu verschwundene Angst, auch morgen noch genügend zu essen zu haben, kehrte in der durch extreme Niederschläge und lange Kältephasen verursachten Hungerkrise der Jahre 1770 bis 1772 zurück. In Deutschland lebten damals etwa 20 Millionen Menschen und es wurden mehr,[4] denn die verbesserte medizinische und hygienische Vorsorge, Seuchenpräventionen und Pockenimpfungen senkten die Sterberate. Die Ernährungslage blieb deswegen trotz des sich langsam durchsetzenden flächendeckenden Anbaus von Kartoffeln prekär, sobald witterungsbedingt die Ernten schlechter als üblich ausfielen. Das Bevölkerungswachstum wurde darüber hinaus von den neuen Arbeitsplätzen im verlagsmäßig organisierten Heimgewerbe, in Fabriken und Manufakturen begünstigt, die auch denjenigen eine Familiengründung erlaubten, denen dies zuvor versagt worden war. Das Mehr an Menschen und die Agrarkonjunktur gingen zu Lasten der Gewerbe,[5] weil die Verbraucher immer mehr Geld für Lebensmittel ausgeben mussten. Um die Erträge zu steigern, sollte der Ackerbau von Diensten und Abgaben befreit werden und auf bäuerlichem Eigentum stattfinden, denn Eigennutz diene dem Gemeinwohl.

Die Kritiker der alten, korporativ-gebundenen Wirtschaftsordnung verlangten nach dem Leistungsprinzip und einer marktorientierten Wirtschaftsgesinnung, die sich primär an den Bedürfnissen der bäuerlichen und gewerblichen Produzenten orientieren sollte. Die deutschen Staatsaufklärer wollten dadurch die alte Ordnung ohne gewaltsamen Umsturz neu stabilisieren. Der Despotismus Friedrichs II. und Josefs II. diskreditierte jedoch die Reformen von oben. Die Hoffnungen richteten sich auf kleinere, für Experimente offene Fürstenstaaten, in denen Herrschaft ohne einen Minimalkonsens mit den Untertanen nicht möglich war. Hier schien auch die Loslösung von der die höfische Oberschicht prägenden französischen Sprache und Kultur am ehesten möglich.

Der Weimarer Herrscherwechsel von der Regentin Anna Amalia zu

Carl August stand ganz im Zeichen derartiger Veränderungen. Die Finanzkrise und die unruhigen Untertanen waren eine schwere Hypothek für die neue Regierung, die parallel zum kulturellen Aufschwung sozioökonomische Reformen einleiten musste. Wielands in Weimar herausgegebener *Teutscher Merkur* propagierte eine vernünftige Aufklärung; Goethe brachte der Stadt viel Prestige. Er glaubte, vor allem mit den Anleitungen des Osnabrücker Staatsmanns und Schriftstellers Justus Möser das Muster für erfolgreiches Regieren in einem Kleinstaat zu besitzen. Darüber hinaus wollte er die Literatur fördern, um im Geiste Johann Joachim Winckelmanns Schönheit und Freiheit zu verbinden. Weitere Ansätze für eine gezielte Neuausrichtung boten Wielands Kosmopolitismus und Herders christlicher Humanismus.

1. *Die Regentin Anna Amalia im Krisenmodus*

Das Herzogtum Sachsen-Weimar-Eisenach war ein Teil der thüringisch-fränkischen Konkursmasse, die Kurfürst Johann Friedrich nach seiner Niederlage im Schmalkaldischen Krieg geblieben war. Der ernestinische Zweig der Wettiner erntete für die Unterstützung Martin Luthers und der Reformation ewigen Ruhm, zahlte aber mit dem Verlust der sächsischen Kurwürde und der Kurlande einen hohen Preis. Die Ernestiner zählten dennoch weiterhin zur Spitze des alten Reichsfürstenstandes. Daran änderten die vielen Herrschaftsteilungen nichts. Sie mögen machtpolitisch nachteilig gewesen sein, wirtschafts- und kulturpolitisch waren sie es nicht. Zum einen floss ein beträchtlicher Teil der Gelder für die höfischen Bau- und Luxusbedürfnisse an die Untertanen zurück; zum anderen sorgten die vielen Residenzen überall in Deutschland für Schulen, Bibliotheken oder Parks, für eine flächendeckende kulturelle Entwicklung.

Das Doppelherzogtum Sachsen-Weimar-Eisenach entstand 1741, als das Eisenacher Gebiet an Weimar fiel. Staatsrechtlich blieben die beiden Landesteile getrennt. Herzog Ernst August war überschuldet. Er gilt als Verschwender, weil er gewaltige Summen in eine übergroße Armee und in repräsentative Bauwerke wie das Belvedere bei Weimar

Herzogin Anna-Amalia von Sachsen-Weimar Gemälde von Johann Ernst Heinsius (1780)

oder das Rokokoschlösschen Dornburg steckte. Da bei seinem Tod 1748 sein Sohn Ernst August II. Constantin erst elf Jahre alt war, folgte eine Vormundschaftsregierung. 1755 erklärte Kaiser Franz I. den Erbprinzen für volljährig; die Politik gestaltete sein bisheriger Erzieher Graf Heinrich von Bünau. Er sorgte für die baldige Heirat des kränklichen Herzogs am 16. März 1756 mit der 16-jährigen Anna Amalia, einer Tochter Herzog Karls I. von Braunschweig-Wolfenbüttel und seiner Frau Philippine Charlotte, einer Schwester König Friedrichs II. Das junge Paar teilte die Vorliebe für Musik und förderte das Hoftheater. Die Herzogin übertraf alle Erwartungen; sie gebar am 3. September 1757 den Erbprinzen Carl August und ein Jahr später Constantin, bei dessen Geburt sie allerdings bereits Witwe war.[6]

Ernst August II. Constantin starb am 28. Mai 1758. Es herrschte Krieg, Anna Amalia war minderjährig, ihr Vater und Vormund in

Weimar ein Fremder. Franz I. erklärte die junge Herzogin gegen die Verpflichtung für volljährig, die kaiserliche Partei auf dem Reichstag zu unterstützen. Auf die abrupten Rollenwechsel von der Tochter zur Ehefrau, Mutter und Regentin hatte sie niemand vorbereitet. Nun musste sie das Herzogtum gut verwalten, um es wohlgeordnet ihrem Sohn, dem Erbprinzen, an seinem 18. Geburtstag zu übergeben. Dieses Verfallsdatum der eigenen Herrschaft bestimmte ihr Denken und Handeln. Der Spielraum war gering. Der Krieg machte alle Sparbemühungen zunichte und zog Anna Amalia in die große Politik. Briefe an den Kaiser, an Fürsten oder hochrangige Offiziere musste sie selbst unterzeichnen. So gewann sie Einblicke und behielt den Überblick.

Handlungsfähigkeit bewiesen Kaiser und Reich immer dann, wenn kleinere Fürsten zur Räson gebracht werden sollten, weil sie ihre Pflichten vernachlässigten, die Reichssteuern nicht bezahlten oder tyrannisch regierten. Warnende Beispiele gab es zuhauf: In der näheren Umgebung wurden Sachsen-Hildburghausen, Sachsen-Saalfeld oder Hessen-Darmstadt von kaiserlichen Debitkommissionen verwaltet. Anna Amalia musste daher wenigstens die Kontrolle über die Schulden behalten. Als sie die Kosten des Hofes senken wollte, verwies ihr Oberhofmarschall auf die Außenwirkung und überzog seinen Etat Jahr für Jahr beträchtlich; die Kammer notierte noch 1777 130 599 Reichstaler Schulden. Der Hof entzog sich dem System eines sparsamen Staatshaushaltes.[7]

Sachsen-Weimar-Eisenach war ein zusammengesetzter Kleinstaat. Obwohl 1756 die Landesverwaltungen vereinigt worden waren, bestand das Herzogtum weiterhin aus zwei auch geografisch getrennten Teilen. In Weimar und Eisenach gab es jeweils eine Regierung, einen Landtag, eine Kammer und ein Oberkonsistorium, in Jena einen weiteren Landtag. Das einst hennebergische Amt Ilmenau im Thüringer Wald wurde zwar von Weimar aus regiert, gehörte aber zum fränkischen Reichskreis. Hier galt das Privilegium de non appellando nicht, das den anderen Untertanen den direkten Weg an die Reichsgerichte versperrte. Wegen dieser Verhältnisse blieb Anna Amalia auf die Kenntnisse der alten Regierungsräte angewiesen, die sie nur sukzessive ersetzen konnte. Nach der Entlassung des Grafen Bünau[8] stützte sie sich neben den Geheimräten Jacob Friedrich von Fritsch, Gottfried Nonne und Johann Poppo Greiner[9] auf den Kabinettssekretär Levin Carl Christian Kotzebue, den Vater des Dichters, dem Hieronymus Dietrich Berendis folgte.[10] Er vermachte der Herzogin den Briefwechsel mit seinem Freund Winckelmann, den Goethe 1805 publizierte.[11]

Anna Amalia befreite das Herzogtum von den Fesseln des orthodoxen Luthertums. Sie setzte den Westfälischen Friedensvertrag um, der vorschrieb, Katholiken, Lutheraner und Reformierte mit Nachsicht zu dulden.[12] Privatandachten der Calvinisten wurden 1774 in Eisenach erlaubt; den Weimarer Katholiken war dies schon 1737 gestattet worden. In Jena erhielt der katholische Priester 1791 eine staatliche Besoldung, weil es «eine den dermahligen allgemein angenommenen aufgeklärten und toleranten Grundsätzen angemeßene Anordnung» sei.[13]

Statt der ewigen Seligkeit rückte das zeitliche Wohl der Untertanen ins Zentrum der Regierungsarbeit. Dem obrigkeitlichen Verbesserungs- und Beglückungswillen sollte auch die 1770 gegründete Generalpolizeidirektion dienen, die sich um die Einhaltung der Ordnung, das Wohlergehen der Untertanen und auch um die Kriminaldelikte kümmerte.[14] Es fehlte jedoch an den nötigen Mitteln, um alle Aufgaben zu erfüllen und Schulen, Landwirtschaft, Gewerbe und Handel angemessen zu fördern, aber auch am eindeutigen politischen Wollen. Die Landesordnung von 1589 wurde neu gedruckt, ohne die zwischenzeitlich erlassenen Dekrete und Gesetze einzuarbeiten.[15] Angebliche Wohltaten wie die Brandversicherung stießen auf Ablehnung, weil die Untertanen glaubten, für etwas bezahlen zu sollen, das ihnen in ihrem Verständnis von feudaler Gegenseitigkeit – Rat und Hilfe gegen Schutz und Schirm – ohnehin zustand. Das für die Regentschaft Anna Amalias zentrale Reformprojekt wurde 1781 liquidiert. An die teuren neuen Bauvorschriften, die statt Holz, Lehm und Stroh Steine und Ziegel vorschrieben, hielt sich ohnehin fast niemand.[16]

Andere obrigkeitliche Maßnahmen scheiterten ebenfalls. Schon 1757 hatte die Regierung den Anbau von Klee empfohlen, um den Boden besser zu nutzen. Als zehn Jahre später im Amt Großrudestedt großflächig Klee ausgesät wurde, wandten die Dorfschaften ein, dass sie keine zusätzlichen Futterfrüchte benötigten, die Böden zu trocken seien und die Triftrechte der herrschaftlichen Schäfereien alle Bemühungen zunichtemachen würden. Der Klee diente dann tatsächlich den Schafen als wohlfeiles Futter.[17] Dennoch sollte er weiter angesät werden.[18] 1784 startete eine neue Initiative zum Anbau von Tabakpflanzen im Amt Creutzburg, die schon von den örtlichen Beamten beargwöhnt wurde, weil die Bauern unzureichend motiviert seien. Diese aber wussten, dass sie im Zweifelsfall auf den Kosten sitzenblieben und agierten vorsichtig. Sie wollten zwar neue Pflanzen anbauen, aber zu ihren Bedingungen und nicht unter Zwang. Die Kammer sollte nicht das Risiko des Agenten, sondern dasjenige der Bauern absichern. Letztlich war die Qualität der Tabakblätter schlecht und ein großer Teil der Ernte ging beim Brand Creutzburgs 1784 in Rauch auf.[19]

Das wenig durchdachte Vorgehen kulminierte in der Hungerkrise der frühen 1770er Jahre. 1771/72 starben in Weimar etwa doppelt so viele Menschen wie geboren wurden. Die Getreidepreise stiegen Anfang August 1772 von etwas über einem Taler pro Scheffel auf mehr als fünf. Anna Amalia hatte angeordnet, Getreide aus den herrschaftlichen Vorräten drei Groschen unter dem Marktpreis zu verkaufen; Ende 1770 wurde ein striktes Ausfuhrverbot erlassen. 1772/73 spendete die Herrschaft fast 1000 und die Bürger 1383 Taler für hungernde Arme; davon konnten 53 747 Pfund Brot an 1795 Personen verteilt werden. Mit der guten Ernte 1773 sanken die Getreidepreise und pendelten sich schnell auf dem alten Niveau ein.[20]

Nachträglich erfuhr die Regentin, dass ihre Räte Getreide teuer eingekauft hatten, das nicht mehr zu gebrauchen war und auch nicht mehr gebraucht wurde, als es endlich in Weimar ankam. Die Untertanen wollten es nicht bezahlen; die Regierung warf ihnen Faulheit und Müßiggang vor. Schon 1764 hatten die subalternen Beamten über die katastrophale Armut in Apolda erst berichten dürfen, nachdem Unruhen ausgebrochen waren.[21] Nach der Hungersnot zahlten in den Dörfern um Weimar nur zehn Prozent der Bauern pünktlich ihre Steuern. Bei Exekutionen wurden lediglich die Gebühren eingetrieben. Das war das Geschäftsmodell der dafür Verantwortlichen. In zwei Dörfern brannten die Häuser der «Extraordinar-Steuer-Einnehmer»; eine wiederaufgebaute Scheune fiel erneut einem Brandanschlag zum Opfer. Nachdem im Juni 1770 die Landschaftskasse mit Exekutionen und Versteigerungen der Güter gedroht hatte,[22] riet der Steuereinnehmer von derart drastischen Maßnahmen ab. Man könne Vieh und Arbeitsgeräte beschlagnahmen und verkaufen, das gehe aber nur einmal.[23] Die Untertanen, der größte Schatz eines Fürsten, reize dies zu Flucht und Widerstand. Im Kampf um die sittliche Ökonomie, die traditionelle Auffassung, dass jede Ware und jede Leistung ihren gerechten Preis besäßen und die Gier der einen den anderen ihr Recht auf Nahrung und Leben nicht nehmen dürfe, konnte der langwierige Rechtsweg nicht abgewartet werden. In solchen Fällen kam es auch zu den ansonsten verpönten Gewalttätigkeiten gegen die tatsächlich oder vermeintlich Schuldigen.

Gravierend waren die Weimarer Unruhen am 5. Mai 1774. Sie richteten sich gegen den sogenannten Hebammengroschen, mit dem das geplante Jenaer Accouchierhaus finanziert werden sollte. Als zweitälteste deutsche Lehranstalt für Geburtshilfe konnte es nach einigem Hin und Her 1779 in einem umgebauten Fachwerkhaus unter der Leitung des Mediziners Justus Christian Loder seinen Betrieb aufnehmen. 1774 hatten sich die Weimarer Viertelsmeister geweigert, Steuerlisten anzulegen, und waren verhaftet worden. Die Bürgerschaft forderte tumultuarisch ihre Freilassung. Am 6. Mai brannte die Wilhelmsburg, das Weimarer Stadtschloss, bis auf die Hauptmauern, den Turm und den Torbau nieder. Es ist strittig, ob ein Blitzeinschlag, ein kaputter Herd oder Ofen oder doch Brandstiftung die Ursache war. Schuldige konnten nicht ermittelt werden.[24] Die Regierung ließ erklären, dass manche Kranke ihr Unglück und ihre Arbeitsunfähigkeit der «Ungeschicklichkeit der Hebammen» zuschreiben könnten; man solle sich deswegen jedes Räsonierens über das Accouchirhaus enthalten.[25]

Auch die Universität Jena war von der allgemeinen Krise betroffen. Sie war 1547 als Hohe Schule zur Rettung des wahren Luthertums gegründet worden und konkurrierte mit Leipzig, Göttingen und Halle. Die Visitation 1767/68 offenbarte gravierende Missstände, die nur teilweise behoben wurden. Die Einschreibungen sanken.[26] Die Professoren forderten Besoldungszulagen, Kliniken und einen botanischen Garten. Große Probleme bereiteten die undisziplinierten Studenten, die sich in Orden und Landsmannschaften schlagkräftig organisierten. Sie unterstanden der Disziplinargewalt des Prorektors, der meist nur milde strafte, um die Studenten nicht zu vertreiben. Der Ruf einer

Universität der Sauf- und Raufbolde haftete fest an Jena. Disziplinargesetze gegen die Landsmannschaften, die Orden und das Duellunwesen änderten wenig.[27] Die Mauer des Schweigens hielt, weil die Bürger wirtschaftlich auf die Studenten angewiesen waren.

Die Autorität der Regentin schwand mit jeder Krise. Carl August, dessen Volljährigkeitserklärung im Sommer 1774 beantragt worden war – die Reichshofkanzlei quittierte dafür am 19. August über 15 681 Reichstaler[28] –, intrigierte mit seinen Erziehern gegen seine Mutter. Dass sie am 1. Juli 1775, eine Woche nach der Rückkehr der Prinzen von ihrer Bildungsreise, den Erzieher Graf Johann Eustach von Schlitz genannt von Görtz entließ, war ein Zeichen ihrer Hilflosigkeit. Auf Vermittlung Wielands und des Geheimen Rats von Fritsch wurde ein Eklat vermieden. Görtz erhielt neben seinen 1500 Talern Ruhegehalt 20 000 Taler Abfindung, und er wurde Oberhofmeister der jungen Herzogin Luise.[29]

Als Manifestation einer gescheiterten Regentschaft stand die Brandruine des Schlosses allen vor Augen. Anna Amalia übergab ihrem Sohn kein wohlgeordnetes Fürstentum wie oft zu lesen ist. Die Schuldenlast war drückend. Justin Bertuch hatte 1774 mit seinen *Gedanken über den Buchhandel* dem künftigen Herzog einen Weg aus der Wirtschaftskrise skizziert. Bücher ließen sich mit «Genie und Lumpen, zwey Dinge, die jeder Boden der Welt trägt», herstellen und vertreiben.[30] Textilabfälle für die Papierproduktion gebe es überall. Die besten Autoren und eine großbetriebliche Organisation schüfen Arbeitsplätze. Die nicht unbedingt neue Idee wurde so zwar nicht realisiert, wirkte aber dennoch, wie nicht zuletzt der Großverlag Bertuchs zeigt. Direkt eingerichtet wurde die ebenfalls von ihm vorgeschlagene Zeichenschule, um die künstlerische Ausbildung als Keimzelle technisch-handwerklicher Fertigkeiten und neuer Produkte zu nutzen.[31] Bis zu 180 junge Frauen und Männer lernten hier in gemischten Klassen akkurates Zeichnen sowie die Grundlagen der Mechanik, Hydraulik, Geometrie, Anatomie, Architektur und anderer naturkundlicher Fertigkeiten. Ausgebildet wurden Vermesser, Ingenieure und Architekten.[32]

Anna Amalia las, musizierte, zeichnete und konsumierte Kultur wie viele Fürstinnen als gesellige Unterhaltung.[33] Musiker, Dichter, Künstler und Wissenschaftler boten ihr, die das Weimarer Fürstentum 16 Jahre lang regiert hatte und erst 36 Jahre alt war, als ihr Sohn die Regierung im September 1775 übernahm, einen angenehmen Zeitvertreib. Sie war in Wolfenbüttel mit der französischen Sprache und Kultur aufgewachsen und daran änderte sie in Weimar nichts. Ihre eigenen Texte behandelten religiöse Fragen und dienten der Selbstvergewisserung – auch in der Krise nach dem Schlossbrand.[34] Ob sie sich im Theater und bei Konzerten von den politischen Geschäften erholte, bleibt ihr Geheimnis; der Besuch sollte ihres Erachtens frei von Nützlichkeitserwägungen sein.[35] Der Geheime Justizrat Ernst Christian Wilhelm Ackermann berichtet, er und sein Freund August von Kotzebue seien oft im Theater gewesen, und die von Abel Seyler, einem früheren Hamburger Kaufmann, dirigierte Truppe habe sehr beeindruckt.[36] Deren Honorar und alle Unkosten beglich die Herzogin. 70 Plätze standen dreimal pro Woche den Bürgern bei freiem Eintritt zur Verfügung. Alle Fürsten, so wünschte das *Magazin zur Geschichte des Deutschen Theaters* 1773, sollten so viel für die «Nationalbühne» tun wie Anna Amalia, die zugleich die größte Kunstrichterin sei, den Schauspielern Zugang zum Hof gewähre und sie fortwährend ermuntere.[37]

Ernst Wilhelm Wolf hatte darüber hinaus im Auftrag der Regentin seit 1761 eine neue Hofkapelle aufgebaut. Zehn Jahre später kam der Kapellmeister Anton Schweitzer und arbeitete eng mit Wieland zusammen.[38] Die Regentin ließ die Hofbibliothek sowie das Münzen- und Medaillenkabinett in das Französische Schlösschen verlagern und öffentlich zugänglich machen. Das *Journal von und für Deutschland* lobte diesen Musentempel[39] und half so, das Bild einer Fürstin zu prägen, die den kulturellen Bedürfnissen des Bürgertums entgegenkam. Ihre Stilisierung als Mäzenin der Musen, die Bestallung Wielands als Prinzenerzieher und das Theater waren wirkungsmächtige Botschaften, die den Glanz Weimars vorbereiteten.[40]

2. *Wieland und der Kosmopolitismus*

Anna Amalia betraute auf Wunsch ihres Sohns Carl August 1772 Wieland mit dessen Erziehung. Gegen 1000 Taler Gehalt und danach 600 als lebenslange Pension sollte er dem Erbprinzen Wissen und Moral vermitteln und den Grafen Görtz bei der «Bearbeitung des Hertzens» unterstützen.[41] Wieland war in der Reichsstadt Biberach aufgewachsen, hatte in Tübingen Jura studiert, als Hauslehrer in Zürich und Bern gearbeitet, war 1760 Kanzleivorsteher in seiner Heimatstadt und 1769 Professor in Erfurt geworden. 1768 erschien seine Verserzählung *Musarion* und mit der *Geschichte des Agathon* der für Lessing «erste und einzige Roman für den denkenden Kopf, von klassischem Geschmacke».[42] In *Der Goldne Spiegel oder Die Könige von Scheschian, eine wahre Geschichte* entwarf Wieland ein Idealbild von Fürst und Staat und betonte die Bedeutung der Erziehung für einen Prinzen. Ihn zog es nach Wien, doch Maria Theresia wollte keine protestantischen Freigeister in ihrer Umgebung. Er ging nach Weimar, weil angeblich der Gedanke, «einen Prinzen für künftiges Völkerglück zu erziehn», einen unwiderstehlichen Reiz auf ihn ausgeübt habe.[43]

Wieland verrichtete seine Erziehungsarbeit, lobte die Regentin und das Theater und gründete 1773 die Monatsschrift *Der Teutsche Merkur,* die er zum führenden Nationaljournal machte. Hier rühmte er auch anonym die Qualität seines Singspiels *Alceste* und dessen versittlichende Wirkung auf das Publikum. Goethe verhöhnte ihn daraufhin in der Farce *Götter, Helden und Wieland,* weil der «Hofrat und Prinzenhofmeister zu Weimar» die Moderne über die Antike gestellt und sich zum Gespött der Unterwelt gemacht habe.[44] Die Ironie des Schicksals wollte es, dass Goethe sich zwei Jahre später in einer ähnlichen Rolle in Weimar wiederfand. Wieland stilisierte das Weimarer Theater zur Schule der Nation, denn Anna Amalia unterhalte es nicht zum Zeitvertreib der führenden Schichten, sondern wünsche, dass «die unteren Klassen von einer öffentlichen Gemütsergötzung, die zugleich für selbige eine Schule guter Sitten und tugendhafter Empfindungen ist, nicht ausgeschlossen seyn sollten». Es gewinne «die deutsche Litteratur sowie der Geschmack und der Ruhm der Nation».[45]

Tatsächlich ermöglichte das Zusammenspiel «einer deutschen Wandertruppe» mit «deutschen Dichtern und Komponisten» die «für die weitere deutsche Theatergeschichte wegweisende künstlerische Entwicklung».[46]

Zum Geburtstag der Regentin schrieb Wieland 1772 das Singspiel *Aurora*. Die Göttin der Morgenröte stellt Anna Amalia Diana vor: Sie sei «Germaniens reinstem Heldenblut» entsprossen, regiere weise und sei die «Pflegerin der Musen», die «Schützerin der Künste».[47] Damit schuf er ihr Image für alle Zeiten. Wielands Lob einer vorbildlichen Regentin atmete den Geist der griechischen Antike. In diesem Sinn erklärte er ein Jahr später, Deutschland sei «nicht eigentlich eine Nation, sondern ein Aggregat von vielen Nationen, so wie die alten Griechen». Die Suche nach den Ursprüngen oder dem Nationalgeist bei den Germanen führe nicht weiter. Je mehr die Nationen von dem verlören, was ihr Wesen ausmache, desto näher kämen sie dem «Charakter aufgeklärter und gesitteter Völker». Wer sich wie Japaner und Chinesen isoliere, rette vielleicht seinen Nationalcharakter, doch sein «National-Zustand» bleibe unvollkommen.[48]

Als Kulturpublizist und Herausgeber zählte Wieland über Jahrzehnte zu den führenden Meinungsmachern. 1774 forderte er in *Der Teutsche Merkur*, «in einem aufgeklärten Zeit-Alter, bey einer verfeinerten Nation sollte aller Rang und Stand der Bürger nicht erblich, sondern persönlich; nicht zufällig, sondern verdienstlich» sein.[49] Wie kein anderer nutzte Wieland den Modebegriff Kosmopolit und sein deutsches Äquivalent Weltbürger als kulturelles Kapital.[50] Er charakterisierte damit sich selbst und diejenigen, die das gemeine Beste und das Wohlergehen aller Menschen förderten und niemanden diskriminierten. Die Auffassung, unabhängig von Hautfarbe, Nationalität, Sprache, Sitten und Kultur seien alle Menschen gleich und besäßen das gleiche Recht auf Hilfe und Wohlergehen, hatte sich im 18. Jahrhundert verbreitet. Wie der Christ das Himmelreich verstand der Weltbürger die Erde als sein Vaterland und alle Menschen als seine Brüder, denen er Solidarität schuldete. Der Weltbürger war frei von ständischen, religiösen oder kulturellen Vorurteilen, stand über der Tagespolitik und lebte der Vernunft und Humanität verpflichtet – ein Individuum, das im Idealfall nirgends ein Fremder war. Für ihn waren

Christoph Martin Wieland
Gemälde von Ferdinand Jagemann
(1805)

die augenfälligen Unterschiede durch Anpassung an natürliche oder soziale Umstände entstanden. Kosmopolitismus war aber nicht nur eine individuelle Haltung, er konnte auch auf die Einrichtung eines Weltstaates zielen,[51] um den Ewigen Frieden zu ermöglichen.

Wenn sich heute die global vernetzten und ihren Lebensmittelpunkt häufiger wechselnden Kosmopoliten sowie der um seine Sicherheit und die Solidarität seiner Umgebung fürchtende, lokal gebundene große Rest wenig zu sagen haben, ist dies keine ganz neue Konstellation. Schon die Weltbürger Weimar-Jenas fühlten sich unverstanden, weil ihre sozial, räumlich und geistig weniger flexiblen Mitbürger andere Prioritäten setzten. Sie glaubten, die Mängel der eigenen Nation und die kleinstaatliche Tristesse im Weltbürgertum überwinden zu können. Da Kosmopoliten andere oder anderes akzeptierten, war das «Sowohl-als-auch» ihr Motto. Sie mussten sich nur von den bornierten nationalen Eigenarten distanzieren, sollten die positiven aber pflegen, um mit ihnen – wie Herder forderte – die Weltkultur zu bereichern. Für Wieland betrachteten Weltbürger alle Völker als «Zweige einer einzigen Familie, und das Universum als einen Staat, worin sie mit unzähligen andern vernünftigen Wesen Bürger sind».[52] Zum «Orden der Kosmopoliten» zählte er alle aufgeklärten und tugendhaften Bürger, die aus ihrer Gesinnung keinen Hehl machten. Sie unterwarfen sich der staatlichen Ordnung und bildeten keinen Staat im Staat. Den sozialen Wandel überließen sie der natürlichen Entwicklung, sofern nicht Despotismus, Barbarei oder die Verletzung der Menschenrechte ihr Eingreifen erforderte.

Ziel der Kosmopoliten war ein vernünftiges Volk, das von vernünftigen Herrschern nach vernünftigen Gesetzen regiert wurde. In allen Staaten sollten Eigentum, Ehre, Freiheit und Leben der Bürger sicher sein. Um Missstände zu erfassen, war für Wieland wie für Kant die Pressefreiheit das «Palladium» der Menschheit. Sie durfte nur eingeschränkt werden, wenn die Rechte anderer Menschen, die Gesetze, Religion oder die Sittlichkeit angegriffen wurden. Die Meinungsvielfalt schütze vor Despotismus und müsse durch eine Verfassung gesichert werden, die nur aus Gründen der Humanität infrage gestellt werden dürfe. Die höchste Majestät liege im Gesetz, das nicht «der allgemeine Wille des Volks, sondern der Ausspruch der allgemeinen Vernunft ist».[53] Weltbürger waren gute Staatsbürger, und sie waren in Deutschland Verfassungspatrioten.[54]

Im Alten Reich beflügelten der Kosmopolitismus und die Idee einer Weltbürgerrepublik mehr als andernorts die Zukunftserwartungen. Lessing führte 1779 mit *Nathan der Weise* eine ideale weltbürgerliche Gesinnung vor, nachdem er sich ein Jahr zuvor in *Ernst und Falk. Gespräche für Freimaurer*, gegen eine Weltbürgerrepublik gewandt hatte, weil nicht alle Menschen in einem einzigen Staat leben könnten. Benötigt werde auch ein weniger großes Ganzes. Die bürgerliche Gesellschaft erzwinge die fortwährende Teilung, denn «die Menschen sind nur durch Trennung zu vereinigen».[55] Ohne überschaubare politische, gesellige, kulturelle und sozial-ständische Einheiten könne niemand sein Schicksal selbst in die Hand nehmen und die Willensbildung organisieren. Ein aufgeklärter Weltbürger lebte in einem gut regierten Vaterland und würdigte die Vorzüge anderer Staaten und Nationen. Der multiple deutsche Patriotismus harmonierte besonders gut mit diesem Habitus, weil der an geteilte Loyalitäten gewohnte deutsche

Patriot kein bornierter Egoist und Ignorant sein konnte. Wieland hat diese weltbürgerliche Haltung gelebt, und er hat sie – das war für den Ruhm Weimars von größter Bedeutung – nicht nur in seinen Schriften propagiert, sondern auch immer wieder mit dieser Stadt verbunden.

3. *Goethes Weg nach Weimar*

Carl Ludwig von Knebel, ein literaturbegeisterter ehemaliger preußischer Offizier, begleitete zusammen mit dem Grafen Görtz und dem Stallmeister von Stein Ende 1774 den Weimarer Erbprinzen Carl August und seinen jüngeren Bruder Constantin auf ihrer Bildungsreise. In Frankfurt besuchte der Schöngeist Knebel unangemeldet Goethe, der sich bestens informiert zeigte: Die Herzogin Anna Amalia genieße hohes Ansehen, denn sie habe vorzügliche Männer zur Erziehung ihrer Söhne berufen und die Jenaer Akademie daran beteiligt. Sie betreibe die Künste und vertraue Wieland, der ihr Wohlwollen genieße. Dessen *Teutscher Merkur* trage viel zum Ruhm Weimars bei, wo es eines der besten deutschen Theater gebe. Durch den Schlossbrand drohe alles ins Stocken zu geraten; die Hoffnungen richteten sich auf den Erbprinzen.[56] Goethe begleitete Knebel in die Unterkunft der Prinzen, wo Justus Mösers *Patriotische Phantasien* noch nicht aufgeschnitten, also ungelesen, auf dem Tisch lagen. Er nutzte seine Chance, referierte dessen Ansichten und sprach lange mit dem Erbprinzen. Goethe zog sogar mit der kleinen Reisegruppe nach Mainz. Sein Vater befürchtete eine Falle wegen des Mutwillens, den sein Sohn mit seiner Farce *Götter, Helden und Wieland* getrieben hatte.[57] Etwaige Irritationen über seine Spottschrift konnte Goethe aber schnell ausräumen.

Johann Wolfgang war am 28. August 1749 in der Reichsstadt Frankfurt als Sohn Johann Caspars und seiner Frau Catharina Elisabeth geboren worden. Sein Vater hatte ein Vermögen von 90 000 Gulden geerbt, die ihm eine Rendite von 2700 Gulden brachten, das Anderthalbfache dessen, was sein Schwiegervater, der Stadtschultheiß Johann Wolfgang Textor, an Gehalt bezog. Johann Caspar war in Gießen promoviert worden und trug den Titel eines kaiserlichen Rats, den ihm der Wittelsbacher Karl VII. verliehen hatte. Da sich dieser Titel unter Kaiser Franz I. nicht in Ämter umsetzen ließ und er in den Frankfurter Rat nicht aufgenommen werden konnte, weil dort bereits sein Halbbruder saß, kümmerte er sich um sein Vermögen, die Bücher, den Weinkeller und die Erziehung seiner beiden überlebenden Kinder.[58] Johann Wolfgang sollte Jurist werden und die Karriere machen, die ihm selbst versagt geblieben war.

Als Goethe mit über 60 Jahren dichterisch und mit der höheren literarischen Wahrheit auf sein Leben zurückblickte, hatte er seine beiden Langzeitprojekte abgeschlossen, den ersten Teil des *Fausts* und sein Werk *Zur Farbenlehre*. Napoleon hatte die Französische Revolution, das Alte Reich, das Alte Preußen und das Alte Europa hinweggefegt. Schiller, Herder und Anna Amalia waren tot, Wieland alt und Carl August ließ sich schon lange nicht mehr leiten. Weimar-Jenas Glanz begann zu verblassen. Die Zeit schien reif, am eigenen Ruhm zu feilen. Zwischen 1811 und 1814 schrieb er die ersten drei Teile seiner Erinnerungen *Aus meinem Leben. Dichtung und Wahrheit*. Den vierten Teil, der mit dem Aufbruch nach Weimar endet, verfasste er nach 1830. Er erschien nach seinem Tod.

Angeblich wollte Goethe nur seine ihm fremd gewordenen Werke in das Geschehen ihrer Zeit und seiner damaligen Absichten einordnen, um sich selbst Rechenschaft abzulegen und aus der neuen Gesamtausgabe ein Ganzes zu machen. Sein Drang zum epischen Erzählen gewann jedoch die Oberhand, zumal von seinem Leben bisher nur «Bruchstücke einer großen Konfession» bekannt seien.[59] Deswegen schrieb er, wie der Historiker Karl Ludwig von Woltmann treffend formulierte, die große Erzählung «Goethe und sein Jahrhundert».[60] Im siebten Buch begründete er die Misere der deutschen Literatur mit der gängigen Entschuldigung, das von fremden Völkern und Kulturen überformte und auf fremde Sprachen verwiesene Deutschland habe «seine eigene» nicht entwickeln können.[61] Es fehlte «ein Gehalt, und zwar ein nationeller», der «in allen souverainen Staaten [...] für die Dichtkunst von oben herunter» komme.[62] Er habe alles in sich selbst suchen müssen und während seines Studiums aus «Geschmacks- und Urteilsungewißheit» verbrannt, was er zuvor geschrieben hatte.[63]

Johann Wolfgang von Goethe Gemälde von Georg Melchior Kraus (1775/76)

Goethe war der Ansicht, dass ausgerechnet der frankophile Friedrich II., der die deutsche Literatur abgekanzelt hatte, den «erste[n] wahre[n] und höhere[n] eigentliche[n] Lebensgehalt [...] in die deutsche Poesie» gebracht habe, denn «jede Nation» müsse, «wenn sie für irgend etwas gelten will, eine Epopee besitzen».[64] Den Weckruf hatte mit dem Siebenjährigen Krieg ausgerechnet derjenige ausgestoßen, der mit der deutschen Sprache und Kultur nichts zu tun haben wollte. Mit seinen poetisierten Erinnerungen zeigte Goethe die Wege, die ihn nach Weimar geführt hatten. Seine Darstellung von Leben und Werk, Ideal und Weltgeschehen[65] ist keine Autobiografie und kein Bildungsroman, sondern eine Hommage an die Lebensform im Heiligen Römischen Reich, das für Goethe am Beginn jener Entwicklung stand, die zur modernen deutschen Literatur führte.[66] Indem er von Kindheit und Elternhaus, Besuchern und Freunden, Liebeleien und Trennungen, Reisen und Erfahrungen, literarischen und künstlerischen Positionen erzählte, wollte er nicht nur von seinem Leben berichten, sondern der deutschen Nation eine Erinnerung geben.[67]

Während die Prinzen und ihre Begleiter nach Paris weiterzogen, fuhr Goethe im Frühjahr 1775 mit den beiden dichtenden Grafen Christian und Friedrich von Stolberg-Stolberg und ihrer Schwester Auguste in die Schweiz. Auf der Rückreise traf er im Mai Carl August und dessen künftige Gattin Luise von Hessen-Darmstadt, die bei ihrer Schwester Amalie in Karlsruhe lebte. Sie luden ihn nach Weimar ein.[68] Goethe korrespondierte danach mit Knebel und ließ sich von dem in Frankfurt geborenen Maler Georg Melchior Kraus, der zum Direktor der in Weimar geplanten Zeichenschule berufen worden war, Bilder von Weimar und Umgebung zeigen.[69]

Ende September kam der inzwischen regierende Carl August erneut nach Frankfurt. Er war auf der Fahrt zu seiner Hochzeit, die ihn am 3. Oktober in Karlsruhe über die Schwestern seiner Frau zum engen Verwandten der Kronprinzen von Preußen und Russland sowie des Erbprinzen von Baden machte. Der Kammerjunker Johann August Alexander von Kalb sollte Goethe nach Weimar bringen. Nachdem dieser auch vierzehn Tage nach dem verabredeten Termin noch nicht erschienen war – die neue Kutsche war nicht pünktlich fertig geworden –, brach Goethe nach Italien auf. Als ihn jedoch in Heidelberg der Stafettenbrief erreichte, dass der Landauer nun auf ihn warte, eilte Goethe nach Frankfurt zurück und reiste von dort aus mit Kalb nach Weimar.[70] Am 7. November 1775 traf er gegen fünf Uhr morgens in der Residenzstadt ein.[71]

Was zog Goethe nach Weimar? Frankfurt und die Arbeit als Anwalt ödeten ihn an. Die Verlobung mit der Bankierstochter Anna Elisabeth Schönemann genannt Lili löste er auf. Er saß mit 26 Jahren im Haus seines Vaters fest, der für sein Verhalten wenig Verständnis zeigte, war aber auf dessen Geld angewiesen. Von seinen Honoraren konnte er nicht leben. Dabei war sein Romandebüt *Die Leiden des jungen Werther* ein großer Erfolg. Der Briefroman erzählt von einem jungen Mann, dem sich keine großen Aufgaben stellen, dessen Liebe zu Lotte unerfüllbar ist, vor dem ein tristes bürgerliches Leben liegt und der als Ausweg den Freitod wählt. Werther wurde zum Schlüsselroman des Sturm und Drang. Graf Christian von Stolberg hielt es für «ein rechtes Nationalbuch, denn wahrlich niemand als ein Deutscher konnte es schreiben, und kein anderer kann es nachempfinden».[72]

Goethes *Werther* traf die Stimmung der jungen Generation, mit ihr hatte er sein Publikum gefunden. Ihr fehlte der Ankerplatz in einer Krise, die Goethe auf den Punkt gebracht hatte, weil er sie selbst durchlitt. Im Herbst 1774 stimmte er dem Hainbündler Heinrich Christian Boie zu, alles sei in Gärung und eine Revolution nahe.[73] Er suchte folglich keinen fürstlichen Mäzen, wie oft behauptet wird, sondern eine Aufgabe, die ihn ausfüllte. In Weimar gab es einen jungen lernbegierigen Fürsten, der sich beraten und steuern lassen wollte. Goethe blieb, weil die Freundschaft mit Carl August über alle Probleme und Konflikte hinweg hielt.

In *Dichtung und Wahrheit* erzählt Goethe Ursachen und Motive seines Wegs nach Weimar. Das Erdbeben von Lissabon hatte ihn als 6-Jährigen erschüttert, weil es ihn an der Güte des liebenden Gottes zweifeln ließ.[74] Damit begann seine langsame Distanz von den Offenbarungsreligionen. Hatte er in Frankfurt noch in pietistischen Zirkeln verkehrt, löste danach die Literatur den Glauben als Mittel der Selbstverständigung ab. Während Voltaire oder Diderot über die biblischen Mythen und eine korrupte Kirche lästerten, die Ketzer und Hexen verbrenne, im Namen Gottes Kriege führe und die Menschen in Abhängigkeit halte, erschien es vielen deutschen Aufklärern unvernünftig, Gott abzuschaffen: Es hätte ein probates Mittel gefehlt, um die Masse zu sittlichem Verhalten anzuhalten.

Goethes Erinnerungen an den Siebenjährigen Krieg helfen zu verstehen, warum er Tages- und Machtpolitik als Gesprächsthema in geselligen Runden so entschieden ablehnte; sie spalteten. Ob der Überfall Friedrichs II. von Preußen auf Sachsen ein präventiver Angriffskrieg oder ein durch nichts zu rechtfertigender Landfriedensbruch war, entzweite damals die Welt und Goethes Familie. Der über alles geliebte Großvater stritt für Kaiser und Reich, Goethe und sein Vater hielten es mit dem Preußenkönig. «Und so war ich denn auch Preußisch, oder um richtiger zu reden, Fritzisch gesinnt: denn was ging uns Preußen an.»[75] An die einquartierten Franzosen und deren Befehlshaber Thoranc erinnerte sich Goethe gerne, weil sie ihn mit dem Theater und vielen Künstlern bekannt machten.[76] Sein Vater fand kein

Verhältnis zu den Besatzern und machte sich dadurch das Leben noch schwerer als es ohnehin war. Das war dem jungen Goethe eine Lehre fürs Leben: Man musste sich mit den Bedingungen arrangieren, um davon zu profitieren.

1764 las Goethe Diarien und Wahlkapitulationen als Vorbereitung auf die Wahl und Krönung Josefs II. in Frankfurt. Ihn freute, dass sich «das durch so viele Pergamente, Papiere und Bücher beinahe verschüttete deutsche Reich wieder für einen Augenblick lebendig darstellte». Ihm missfiel, dass die Fürsten sich «nur insofern einig waren, als sie den neuen Regenten noch mehr als den alten zu beschränken gedachten».[77] Goethe war stolz auf die Reichsverfassung, die jeden Bürger der Stadtrepublik Frankfurt an der Souveränität beteiligte. «Wir erfreuten uns an dem Mitgefühl dieser Ehre und an dem Hunderttausend-Teilchen einer Souveränität» und fühlten uns «als Deutsche und als Frankfurter von diesem Ehrentag doppelt und höchlich erbaut».[78]

Als Goethe 1813 in seiner Gedenkrede auf Wieland das Reich mit den griechischen Poleis verglich, lobte er die republikanisch verfassten Städte, weil sie ihre Bürger durch die Pflicht zur Mitwirkung politisch erzögen. «Die deutsche Reichsverfassung, welche so viele kleine Staaten in sich begriff, ähnlichte darin der griechischen. Die geringste, unscheinbare, ja unsichtbare Stadt, weil sie ein eigenes Interesse hatte, mußte solches in sich hegen, erhalten und gegen die Nachbarn verteidigen. Daher war ihre Jugend frühzeitig aufgeweckt und aufgefordert, über Staatsverhältnisse nachzudenken.»[79] Goethe begrüßte die politische Beteiligung darauf vorbereiteter Bürger, hasste aber – wie er Eckermann kurz vor seinem Tod wissen ließ – «alle Pfuscherei wie die Sünde, besonders aber die Pfuscherei in Staatsangelegenheiten, woraus für Tausende und Millionen nichts als Unheil hervorgeht».[80] Republikanismus, Liberalismus, Konstitutionalismus stand er reserviert, Patriotismus und Kosmopolitismus neutral und der Demokratie ablehnend gegenüber. Goethe wollte die Monarchie und die feudale Ordnung nicht um jeden Preis bewahren, der soziopolitische Wandel sollte aber nicht revolutionär, sondern wie in der Natur evolutionär, schrittweise und langsam erfolgen.

Zu den Krönungszeremonien bemerkte Goethe, dass eine «politisch-religiöse Feierlichkeit [...] einen unendlichen Reiz besitze». Das

Vivat sei aus Tausenden von Kehlen und aus dem Herzen gekommen, denn das Fest sollte «das Pfand eines dauerhaften Friedens werden, der auch wirklich lange Jahre hindurch Deutschland beglückte».[81] Dass sich nach der Krönung das Volk um den Wein und den Ochsen am Spieß balgte, missbilligte Goethe. Der Pöbel wolle «lieber die Gaben rauben als sie gelassen und dankbar empfangen».[82] Im *Götz von Berlichingen* unterstellt Olearius dem Pöbel, dass er «das Neue höchst verabscheuet, das ihn, aus seinem Gleise leiten will, und wenn er sich noch so sehr dadurch verbessert».[83] Auf die Menge war kein Verlass. Sie rief unter Bedrängnis, «um den Teufel zu bannen, / Gewiß die Schelme, die Tyrannen».[84] In seinen *Venezianischen Epigrammen* verwies Goethe auf die Revolution und das traurige Schicksal Frankreichs, das die Großen bedenken sollten, aber auch die Kleinen. «Große gingen zugrunde: doch wer beschützte die Menge / Gegen die Menge? Da war die Menge der Menge Tyrann.»[85] In den *Venezianischen Epigrammen* heißt es jedoch auch, der Pöbel sei nur «ungeschickt» und «wild», weil er betrogen werde. Ein redlicher Umgang führe ihn zum «Menschlichen».[86]

Goethe tadelte die Fürsten, die dem Krönungsmahl im Römer fernblieben und sich der Einigkeit verweigerten, weil sie «an dem größten Ehrentage ihrer Ehre» nichts vergeben wollten.[87] Der sich von den Alpen bis an die Nord- und Ostsee, in etwa über das heutige Deutschland, Österreich und Südtirol erstreckende Reichs-Staat konkretisierte sich als Verbund von Ständen bei den Wahlen und auf dem Reichstag. Im Goethes *Faust* erhält Frosch auf seine Frage nach dem Zusammenhalt nur die ausweichende Antwort, er solle froh sein, dafür nicht sorgen zu müssen.[88] Voltaire hatte das Reich schon für das 14. Jahrhundert als weder heilig noch römisch, noch als ein Reich charakterisiert.[89] Der Reichs-Staat, das politische Mehrebenengefüge komplementärer Staatlichkeit, war kein expansives Imperium. Das Regiment teilten sich Kaiser und Reichsstände. Während letztere in ihren Landen meist monarchisch herrschten, beriefen sie sich auf die deutsche Freiheit, um ähnliche Ambitionen des gewählten Reichsoberhauptes im Keim zu ersticken. Der Kaiser war ihres Erachtens ein an ihren Konsens gebundener Regent, während sie das Zepter kraft eigenen Rechts führten und nur den Reichsgesetzen gehorchen mussten, die sie sich selbst gegeben hatten.

Eine Gesellschaftsanalyse im engeren Sinn bietet Goethe in *Dichtung und Wahrheit* nicht. Über seine junge Freundin Gretchen kam er in Frankfurt mit den unteren Schichten und jugendlichen Fälschern in Kontakt; das Kriminalverfahren bewies seine Unschuld.[90] Goethe betonte in seiner gedichteten Autobiografie die unterschiedlichen Anlagen der Menschen und lehnte Vernünftler, die das Zusammenleben nach mathematischen Formeln einrichten wollten, ebenso ab wie die Idealisten, die Rousseau vergötterten und romantische Ideen von der Einheit des Volkes verkündeten. Manchmal näherte er sich gegenaufklärerischen Positionen. Als der Humanismus in die Rechtslehre vorgedrungen sei, hätten alle recht menschlich sein wollen; sie verbesserten die Gefängnisse, entschuldigten Verbrechen, linderten Strafen, förderten Scheidungen und Missheiraten. Ein Jurist habe für die Aufnahme eines Scharfrichtersohns in ein Ärztekollegium gestritten, «ein Damm nach dem anderen ward durchbrochen [...] und mit einem noch größeren Einflusse ward die bürgerliche Verfassung bedroht, als man Duldsamkeit gegen die Juden mit Verstand, Scharfsinn und Kraft, der gutmütigen Zeit anzuempfehlen bemüht war».[91] Goethe sah die Emanzipation der Juden skeptisch. Im Herzogtum Weimar lebten um 1800 nur wenige Schutzjuden, im Eisenacher Landesteil waren es deutlich mehr. Ihre Zahl wuchs durch die Gebietsgewinne 1815 im Großherzogtum auf etwa 1200. Die deswegen nötige Judenordnung schien Goethe zu liberal, weil sie zum Beispiel auch Heiraten zwischen Juden und Nichtjuden erlaubte.[92]

Mit der französischen Aufklärung beschäftigte sich Goethe während seines Studiums in Straßburg zu Beginn der 1770er Jahre.[93] Wie seine Freunde hielt er das deutsche Reich für einen Zustand «gesetzlicher Mißbräuche», die französische Verfassung aber für «gesetzlose Mißbräuche».[94] Von der «deutschen Natur und Wahrheitsliebe» getrieben, sei ihnen «die Unredlichkeit Voltaire's und die Verbildung so vieler würdiger Gegenstände immer mehr zum Verdruß» geworden.[95] Sie hätten aber «die Hoffnung immer vernünftiger zu werden [...] nicht aufgeben können».[96]

Goethe verteidigte die Ständegesellschaft, die seines Erachtens im deutschen Vaterland «von dem Höchsten bis zum Tiefsten, von dem Kaiser bis zu den Juden herunter die mannigfaltigste Abstufung aller

Persönlichkeiten anstatt sie zu trennen zu verbinden schien».[97] Er unterschätzte die enormen sozialen Gegensätze, wenn er unterstellte, die Privilegierten seien nicht beneidet worden, weil der Mittelstand Handel und Wissenschaft dominiert habe. Einträchtig wirkten laut Goethe Gelehrte und Adel in Gerichten und Amtsstuben; die Bürger strebten nicht nach Nobilitierung, sondern wollten sich ihren Adel selbst erwerben. Er hob hervor, dass in Frankfurt jeder seine Talente frei habe entfalten können, um in den bürgerlichen Verhältnissen zu bestehen. Patriot war, wer seinen Beruf professionell ausübte und Gemeinsinn zeigte, indem er die Ordnung akzeptierte.[98] Wie die Patrizier wurden «sonstige Wohlhabende und Wohldenkende»,[99] auch Handwerker, in den städtischen Rat gewählt. Der Adel habe seine Rechte bewahrt, der zweite Stand auf vermögendem Familienfundament reüssiert. Der Bürger sei in Frankfurt ebenso frei gewesen wie der Adlige, «sobald er sich in den Grenzen hält, die ihm von Gott durch seinen Stand, worin er geboren, angewiesen».[100] Die adlig-bürgerliche Angleichung habe Karrieren nach Leistung dort ermöglicht, wo die ständisch-hierarchische Ordnung der Gesellschaft nicht infrage gestellt worden sei. Das wollte Goethe auch in Weimar verwirklichen. Ihn reizte die erhoffte Rolle eines Politikers, denn er wollte konkret für die Menschen wirken. Auch er stellte jedoch schnell fest, dass in einem kleinen Herzogtum wie Sachsen-Weimar-Eisenach sein Konzept aufgeklärter Reformen nicht funktionierte, weil die Widerstände und das Festhalten am Gewohnten in allen Schichten nur langsam und mit unendlichen Mühen überwunden werden konnte.

4. *Die Ideengeber Möser, Herder und Winckelmann*

Für seine bisher nicht spezifizierten Aufgaben in Weimar hielt sich Goethe mit seinem an den Frankfurter Verhältnissen gewonnenen Gesellschaftsideal, den Texten des Osnabrücker Staatsmanns und Publizisten Justus Möser sowie den Ideen Johann Gottfried Herders und Johann Joachim Winckelmanns für bestens gerüstet. In Mösers Welten herrschten die Grundeigentümer, alle anderen waren abhängig.

Jeder fand über Stand und Ehre seinen Platz in der Gesellschaft. Die Unterschiede garantierten die notwendige Dynamik; Gleichheit und Gleichförmigkeit führten zu Stillstand. Mösers *Patriotische Phantasien* griffen Ungereimtheiten auf und boten oft überraschende Lösungen. Er lehnte Veränderungen ab, die allein dem Plan der Vernunft folgten, denn das bringe nur Unordnung, fege bewährte Sitten hinweg und zerstöre die Basis von Vertrauen, Freiheit und Eigentum.[101]

Goethe nannte Möser einen der bewährtesten Männer des Vaterlands. Dessen Tochter schrieb er, die kleinen Aufsätze ihres Vaters würden «überall zum Nutzen und Frommen dienen». Er besitze die innigsten Kenntnisse des bürgerlichen Wesens, wie «eine Verfassung auf der Vergangenheit ruhn, und noch als lebendig bestehen» könne.[102] Für Goethe waren Mösers *Phantasien* ein Muster für «Staatsverweser», denn durch sie lerne man die Verknüpfung des Kleinen mit dem Ganzen und die Beurteilung von Gegenwart und Zukunft. «Wenn man sonst dem deutschen Reiche Zersplitterung, Anarchie und Ohnmacht vorwarf, so erschien aus dem Möserischen Standpunkte gerade die Menge kleiner Staaten als höchsterwünscht zur Ausbreitung der Kultur im Einzelnen, nach den Bedürfnissen welche aus der Lage und Beschaffenheit der verschiedensten Provinzen hervorgehn.»[103] In seinem formal wenig gelungenen Drama *Arminius* hatte Möser die Germanen in der gleichen Zwickmühle gefangen gesehen wie die Deutschen des 18. Jahrhunderts: Ihr Freiheitsdrang verhinderte die Einheit. Zwar bedeutete die deutsche Freiheit für Bürger und Untertanen keine politische Teilhabe, aber Rechts-, Sicherheits- und Eigentumsgarantien. Die Gleichheit machte laut Möser in den großen Territorien alle zu Untertanen,[104] die kleinräumige Verfasstheit nicht.

Der Theologe und Schriftsteller Herder hatte 1765 in Riga richtungweisend zwei Hauptformen der Freiheit unterschieden: die alte, die politische Mitbestimmung ermögliche und dazu ermuntere, «selbst das Rad des Staates lenken zu wollen», und die neue, die von Gängelungen und Zumutungen befreie, um als Bürger im Schatten des Thrones die Früchte seiner Arbeit zu genießen und der Schöpfer seines Glücks zu sein.[105] Vaterland und christliche Humanität waren weitere, zentrale Bezugspunkte seines Denkens. Er wollte nationale Eigenarten nicht überwinden, sondern pflegen, weil Pluralität die Weltkultur bereichere.[106] Einen universalen Geschmack gab es für ihn nicht, denn «Wahrheit, Schönheit und Tugend» seien «so national, als es die Sprache war». Da die deutschen Völker durch Vermischung und den römisch-lateinischen Einfluss ihren germanischen Ursprung und ihren Nationalgeist eingebüßt hätten, sollten die Dichter sich weniger an den großen Mythen der Bibel oder Homers als an den Liedern und Sagen des Volkes bilden, um Nationalautoren zu werden und mit «Originalwerken» den Geschmack zu formen.[107] «Shakespears Schriften und die Nordische Edda, der Barden und Skaldrer Gesänge müßen unsere Poesie bestimmen.»[108] Das Vaterland war für Herder eine kulturelle Größe, deren Wesensmerkmale nicht nur die natürlichen Bedingungen, sondern auch Charakter, Neigungen und Sprache seien. Die Literatur solle nicht den Höfen und dem der französischen Kultur verhafteten Adel gefallen, sondern dem Bürgertum als der Nation.[109]

Der als Sohn eines Lehrers im ostpreußischen Mohrungen (Morąg) geborene Herder sah im Volk nicht die Masse oder den Pöbel wie Goethe. Er fühlte sich Bauern und Bürgern verbunden und hegte Ressentiments gegen die Aristokratie. Als Theologe setzte er auf die christliche Moral,[110] als Patriot auf die pangermanische Überlieferung. In Straßburg beeindruckte er Goethe, der in seinem Gefolge das Münster und die Gotik zur wahren «deutsche[n] Baukunst» erklärte. Der vermeintliche Baumeister Erwin von Steinbach, der «die zerstreuten Elemente in ein lebendiges Ganze zusammenschuf», habe «das tiefste Gefühl von Wahrheit und Schönheit der Verhältnisse, würkend aus starker, rauher, deutscher Seele» gebaut. Heute würden die Deutschen umhergeschickt, «fremde Gewächse zu ihrem Verderben einzusammeln». Die bloße Übernahme der Errungenschaften anderer schade dem Genius, der nicht auf fremden Flügeln emporgehoben werden, sondern seine eigenen Kräfte entfalten wolle.[111] Wahre Kunst sei diejenige, die dem Genie entspringe.

Herder würdigte 1774 den «Nationalism», weil er glücklich mache. Er dränge «die Völker zu ihrem Mittelpunkte zusammen, mache sie vester auf ihrem Stamme, blühender in ihrer Art, brünstiger und also auch glückseliger in ihren Neigungen und Zwecken». Die «vorurtheilendste Nation» sei oft die erste, «das Zeitalter fremder Wunschwanderungen, und ausländischer Hoffnungsfahrten ist schon Krankheit,

Johann Gottfried Herder
Gemälde von Johann Friedrich Tischbein (1796)

Blähung, ungesunde Fülle, Ahndung des Todes!»[112] Bornierten Nationalstolz hielt Herder jedoch für lächerlich und schädlich, das Eintreten für die eigene Nation und ihre Ehre für eine patriotische Pflicht.[113] Er verband die Nationalgeist- und Patriotismusdebatten mit dem Weltbürgerdiskurs, weil es ohne Nationen und Völker keinen Kosmopolitismus geben könne. Die Menschheit sei für ihre Fortentwicklung auf die Vielfalt der Kulturen angewiesen. Auch die deutsche Nation wohne in jedem, der die deutschen Eigenarten schätze. Sie müssten gepflegt werden, um, «wenn uns die Schickung werth hält, nicht für uns, Für andere zu seyn».[114] Die Deutschen müssten sich deswegen ein Vaterland einrichten, eine Nation werden und «Deutsche sein auf eignem wohlbeschützten Grund und Boden».[115] Herder überhöhte die geistlose Nachahmung zur produktiven Anverwandlung. «Wenn wir von allen Völkern ihr Bestes uns eigen machten: so wären wir unter ihnen das, was der Mensch gegen alle die Neben- und Mitgeschöpfe ist, von denen er Künste gelernt hat. Er kam zuletzt, sah Jedem seine Art ab, und übertrifft oder regiert sie alle.»[116]

Diese Hoffnung widersprach zumindest vorerst der Realität. Die

Reichsnation war ein zwar abgrenzbares, aber fragiles, die Sprach- und Geblütsnation ein virtuelles und der Reichs-Staat ein umstrittenes deutsches Vaterland. Fürstentümer konnten für einen deutschen Patrioten nur Teilvaterländer sein, die Konzils- und die Adelsnation waren ständische Konstrukte und die deutschen Kaufmanns- oder Studentennationen Solidarität gewährende Abgrenzungen in der Fremde. Das Projekt eines preußisch-protestantischen Vaterlandes erreichte nicht einmal alle norddeutschen Patrioten, und viele Menschen im Königreich Böhmen und im Baltikum, in der Schweiz, in Siebenbürgen, an der Wolga oder im Elsass fühlten sich wegen ihrer Muttersprache als Deutsche.[117]

Friedrich Carl von Moser, der Sohn des berühmten Reichspublizisten, wurde nach dem Siebenjährigen Krieg vom Kaiserhof beauftragt, den deutschen Nationalgeist zu wecken. Er markierte ein von der Reichsverfassung ausgehendes Vaterland, den Raum der deutschen Freiheit, und erinnerte die Deutschen, sie seien «ein Volk von einem Namen und Sprache, unter Einem gemeinsamen Oberhaupt, unter Einerlei unsere Verfassung, Rechten und Pflichten bestimmenden Gesetzen, zu einem gemeinschaftlichen großen Interesse der Freiheit verbunden». Alles müsse getan werden, damit wir «mit uns selbst wieder bekannt werden, wieder Ein Vaterland glauben, so wie wir Eine christliche Kirche glauben». Mosers Appell richtete sich gegen den Potsdamer Militärdespoten und die «Mißgeburt einer militärisch-patriotischen Regierungsform».[118]

Auch Johann Joachim Winckelmann dachte an die deutsche Nation. Er hatte dem Grafen Bünau, der später in Weimar regierte, bei dessen «Teutscher Kayser- und Reichshistorie» assistiert und mitherausgearbeitet, dass im Reich nicht nur ein Monarch geherrscht, sondern «viele andere Herren an der Regierung in Teutschland auf gewisse Masse Antheil» genommen hatten.[119] Winckelmann bestimmte später die griechische Poliswelt zum Ideal, weil die Kunst in diesem Rahmen das unüberbietbare Schöne geschaffen habe.[120] Er griff damit in den alten Präzedenzstreit der europäischen Nationen ein. 1687 hatte der Schriftsteller und Beamte Charles Perrault dem Zeitalter Ludwigs XIV. den Vorrang eingeräumt, weil Künste und Wissenschaften nun einen Höhepunkt erreicht hätten, der alles, auch die Alten, in den Schatten stelle. In der «Querelle des Anciens et des Modernes» stritt die gelehrte Welt über das Schönheitsideal der Antike und Veränderungen des Geschmacks durch Vernunft und Zeitgeist. Perrault gab zu, der wissenschaftliche Fortschritt müsse nicht für die Künste gelten, doch auch das Schönheitsideal könne nicht ein für alle Mal festgelegt worden sein, weil es dem Zeitgeschmack folge.[121]

Winckelmanns *Gedanken über die Nachahmung der Griechischen Werke in der Malerei und Bildhauerkunst* befeuerten die anhaltende Diskussion. Er sah keine aufsteigende Linie, sondern nur das unerreichbare Vorbild der klassischen griechischen Kunst. «Der einzige Weg für uns, groß, ja, wenn es möglich ist, unnachahmlich zu werden, ist die Nachahmung der Alten.»[122] Winckelmann lehnte alles ab, was sich von Rom herleitete: die romanische Kultur, Barock und Rokoko.[123] Die Einfachheit und Klarheit der Griechen – «edle Einfalt und stille Größe»[124] – war sein ästhetisches Muster für alle Zeiten. Das Entstehen des Idealschönen begründete er mit den klimatischen, geografischen und politischen Verhältnissen im antiken Griechenland. Vor allem letztere ähnelten denjenigen, die im 18. Jahrhundert mit Deutschland verbunden wurden. Auf der Suche nach dem klassischen Vorbild sollten sich die Deutschen nicht am kaiserlichen Rom, sondern an den griechischen Poleis und der republikanischen Freiheit orientieren.[125] Die Topoi, die Winckelmann anführte, glichen denjenigen, die für die deutsche Freiheit warben. «Die Freyheit hat in Griechenland allezeit den Sitz gehabt, auch neben dem Throne der Könige, welche väterlich regiereten, ehe die Aufklärung der Vernunft ihnen die Süßigkeit einer völligen Freyheit schmecken ließ.» Die Tyrannen regierten jedoch nur in ihren Vaterländern. «Die ganze Nation hat niemals ein einziges Oberhaupt erkannt.»[126]

Wer in Deutschland dachte dabei nicht an die Fürsten und ihr Verhältnis zu Kaiser und Reich? Zur Vervollkommnung im griechisch-humanistischen Geist bedurfte es keiner Veränderung des politischen Zustandes.[127] Wenn in Preußen die Freiheit nicht blühte, hatte dort auch die Schönheit keinen Platz. Winckelmann schalt Friedrich II. einen Tyrannen und sprach vom Land der Unfreiheit und Unmenschlichkeit.[128] 1763 schrieb er dem Züricher Theologen Leonhard Usteri: «Es schaudert mich [...] die Haut vom Wirbel bis zur Zehe, wenn ich an den preußischen Despotismus und an den Schinder der Völker gedenke, welches das von der Natur selbst vermaledeiete und mit lybischem Sande bedeckte Land zum Abscheu der Menschen machen und mit ewigem Fluche belegen wird.»[129] Die despotische Regierung, die sich Preußen unterworfen habe, suche den Krieg. «In einem Lande, wie Sparta, können die Künste nicht Wurzel faßen, und sie werden gepflantzt ausarten.»[130] Winckelmann widersprach Voltaire, d'Alembert oder Thomas Abbt, die das Zeitalter Friedrichs II. als Höhepunkt der Menschheitsgeschichte priesen.[131] Die doppelte Front gegen das Rom kopierende Frankreich und den der französischen Sprache und Kultur hörigen Despoten – «wo ein Französischer Harlequin mehr als ein wahrer Deutscher gilt»[132] – stieß in Deutschland auf breite Resonanz.

Das griechische Ideal, freie Bürger sowie geachtete Künstler und Gelehrte in einem freien Land, schien den deutschen Autoren die Erfüllung ihrer Träume. Das sittlich-ästhetische Vorbild und die Wahlverwandtschaft mit dem Griechentum wiesen den Weg, um die nationalkulturelle Einheit Deutschlands überzeugend zu vertreten. Es überrascht, dass diese Analogie nicht vom Kopf auf die Füße gestellt wurde, denn Winckelmann übertrug die deutsche Konstellation auf die griechische Antike.[133] Das später von Walter Rehm angeführte Traumgebilde eines Griechischen Reiches deutscher Nation ging auf die Jahre um 1800 zurück.[134] Wilhelm von Humboldt betonte, Deutschland habe «in Sprache, Vielseitigkeit der Bestrebungen, Einfachheit des Sinnes, in der föderalistischen Verfassung, und seinen neuesten Schicksalen eine unläugbare Aehnlichkeit mit Griechenland». Deshalb hätten die Deutschen mit der Bildung und Kultur der Griechen ein tieferes Band geknüpft als mit anderen Nationen.[135]

Für Goethe und seine Leipziger Kommilitonen war Winckelmann die Autorität für Kunst und Altertum schlechthin.[136] Man muss keine griechische Tyrannei über Deutschland behaupten,[137] um festzustellen, dass Winckelmann dort gewaltige Spuren hinterließ, wo die kulturelle Elite nach Eigenständigkeit und Originalität suchte. Herder lobte ihn als den «edlen Griechen unseres Vaterlandes».[138] Das verdrängte naheliegende Fragen: Warum benötigt Freiheit ein bestimmtes Klima? Warum führt politische Fragmentierung zu künstlerisch-kulturellen

Höchstleistungen? Waren es nicht – wie der Philologe Christian Gottlob Heyne hervorhob – Höfe, Despoten und Mätressen, die Genies anzogen und förderten?[139] Wenn die ideale Umgebung eine ideale Kunst schuf,[140] dann mussten die Deutschen nicht verzagen, sondern das griechische Vorbild nachahmen. Goethe hat dies begriffen, als er die Vorstellungen Mösers, Herders und Winckelmanns verwirklichen wollte. Wo sich die Musen entfalteten, waren Freiheit und Wohlstand nicht fern.

Um an die Verbindung von Kleinstaat und Freiheit und an die eigenen Ideale zu erinnern, publizierte Goethe 1805 den Band *Winkelmann und sein Jahrhundert,*[141] der mit seinem Titel das Jahrhundert Friedrichs des Großen konterkarierte. Winckelmann, der auch für das Kunstverständnis der Französischen Revolution eine wichtige Rolle gespielt hatte, sollte für Weimar-Jena, die deutsche Kultur und das siechende Alte Reich gewonnen werden.[142] Davon war man 1775 zwar noch weit entfernt, doch die Idee, Anna Amalias kleinen Witwenhof als Parnass und Elysium zu inszenieren, war genial. Der schöne Schein schuf Freiräume für Kunst, Literatur und Wissenschaften und erlaubte es der Exregentin, weiterhin eine zentrale Rolle in der höfischen Gesellschaft zu spielen. Letztlich schmückte sich Anna Amalia mit den Klassikern, die den Unterschied zu anderen Witwenhöfen ausmachten, denn die gesellige Musenpflege war an sich kein Alleinstellungsmerkmal.[143]

II.

Sachsen-Weimar-Eisenach – Regieren und Dilettieren

Der Regierungsantritt des 18-jährigen Carl August am 3. September 1775 war ein Freudentag. Der Hof zog von Schloss Belvedere in das soeben fertiggestellte Landschaftshaus, das als Residenz diente. Anna Amalia überreichte ihrem Sohn Carl August die kaiserliche Urkunde und verwies die Räte an ihn; er dankte für ihr Regiment, das ihr «unsterblichen Ruhm» einbringen werde.[1] Um die Gunst des Herzogs rangen zwei von seinen Erziehern angeführte Gruppen, die sich nur darin einig waren, die alte Regierung unter dem Geheimrat von Fritsch zu entmachten. Wieland und die reformfreudigen Bürgerlichen setzten sich durch, obwohl Carl August zu Graf von Görtz und den Höflingen tendiert hatte.[2] Dass seine Gemahlin Görtz zu ihrem Hofmarschall machte, war für diesen ein kleiner Trost, vor allem aber ein gezielter Affront der Herzogin gegen ihre «imperiose Schwieger-Frau-Mutter»[3] Anna Amalia, die am Hof Luises ihre Vertrauten platzieren wollte. Das Verhältnis der beiden Frauen blieb angespannt, weil die Witwe ihrer Schwiegertochter den Vorrang neidete. Während sie ihren Nebenhof zum Musenidyll ausbaute und gesellschaftlich präsent blieb, achtete die als spröde geltende Luise auf Form und Etikette am Haupthof.

Herzog Carl August ignorierte jedoch häufiger das Zeremoniell, ohne den Hof infrage zu stellen. Er speiste privat in seinen Zimmern – auch mit Gästen, die kein Hofrecht besaßen. Selbst Goethe durfte erst, nachdem ihn Kaiser Josef II. am 10. April 1782 in den erblichen Adelsstand erhoben hatte, die höfischen Feste nicht nur inszenieren, sondern auch dann daran teilnehmen, wenn der Herzog oder die Herzogin zugegen waren. Er relativierte seine Rangerhöhung, dass er sich als Frankfurter Patrizier (sic!) dem Adel gleichgehalten habe. Das Diplom habe nur bestätigt, «was ich längst besessen».[4]

Was änderte sich in Weimar mit dem Herrschaftswechsel? Die Annahme, dass nun das Spiel mit den Musen und die schöngeistige Literatur den Hof geprägt hätten, wäre verfehlt. Die Elite nutzte Anna Amalias Musenrefugium in ihren Mußestunden. Die tollkühnen Streiche und Grenzüberschreitungen des Herzogs und seiner Begleiter blieben übermütige Einzelerscheinungen. Die Sorgen der Regierung galten dem Schuldenabbau. Die Steuern sollten der Leistungsfähigkeit der Untertanen, die Ausgaben den Einnahmen entsprechen. Es fehlte nicht an gutem Willen, aber an einer planmäßigen Schuldenbewirtschaftung.[5] Der junge Kalb, der Goethe nach Weimar gebrachte hatte, wurde Nachfolger seines Vaters als Kammerpräsident und empfahl, die Anzahl der Soldaten drastisch zu reduzieren, die Investitionen zu steigern und die Steuern gleichmäßig auf alle Stände zu verteilen, am besten durch Verbrauchsabgaben, die jeden träfen. Die Landstände verlangten, Beamte und Kaufleute höher zu belasten.[6] Durchgreifende Reformen ließen jedoch auf sich warten, weil der Herzog neue Ausgaben für Soldaten, den Marstall und andere Dinge anordnete und so alle Sparpläne zunichtemachte.[7] Anfang der 1780er Jahre wurde deutlich, dass es das aufgeklärte Musterfürstentum Sachsen-Weimar-Eisenach nicht gab und auch beim Spiel mit den Musen längst nicht alle Blütenträume reiften.

1. *Das unscheinbare Weimar*

Was Goethe bei seinem ersten Eintreffen in Weimar sah, war ernüchternd. Die kleine Residenzstadt hielt keinem Vergleich mit der mehr als fünfmal so großen Metropole Frankfurt stand. Das Schloss war eine Brandruine; die Dächer der kleinen flachen Häuser waren mit Holzschindeln oder Stroh gedeckt, Fabriken oder größere Manufakturen gab es nicht, Anschluss an die Postrouten nur viermal pro Woche. Ein doppelseitiges Intelligenzblatt erschien zweimal wöchentlich, das

Warenangebot war bescheiden. Neben der Hofapotheke boten drei Geschäfte nicht nur Produkte des eigenen Handwerks an: Der Hofagent Paulsen verkaufte Luxusgüter, Monsieur Gambus Kosmetika und Stichling feine Tücher.[8] In den *Weimarischen wöchentlichen Anzeigen* finden sich allerdings schon bald Inserate des Weinhändlers Ortelli, Steffano Salices, Friedrich Gottlieb Häubleins und des Kammeragenten Braun. Sie warben für Südfrüchte, Tabak, Tee und Kaffee, Trüffel, Austern oder Mailänder Schokolade, ausländische Weine und Champagner. Andere Händler boten Galanteriewaren an, und der Kaufmann Helmershausen Spielwaren aus Nürnberg und Augsburg.[9] In den 1790er Jahren gab es bereits über zwanzig Geschäfte, weil sich nun auch italienische Händler ansiedeln durften.[10] Die größere Vielfalt des Warenangebots deutet sowohl auf eine vermehrte Nachfrage als auch auf eine gewisse Öffnung der engen Zunftordnungen.

Karl Friedrich Siegmund von Seckendorff-Aberdar, ein Schauspieler, Dichter und Komponist aus altem fränkischen Adelsgeschlecht, war von Carl August im Juni 1775 zum Kammerherrn und «maître de plaisir» ernannt worden. Er war neidisch und unzufrieden, weil Goethe ihm ständig vorgezogen wurde.[11] Über seinen ersten Eindruck schrieb Seckendorff einem Freund: «Du kannst Dir keine Vorstellungen von Weimar machen, das wie ein Nest aussieht und die Hauptstadt spielen will.» Er werde sich eine «Equipage» zulegen, denn eine Kutsche werde benötigt, «wenn man in den Straßen nicht schwimmen will». Alles müsse herbeigeschafft werden. «Das Nest liefert durchaus nichts» und sei «häßlich» und «übelriechend».[12]

Das städtische Erscheinungsbild veränderte sich nur langsam. Christian Wölfling, Autor des anonym herausgegebenen Reiseberichts *Reise durch Thüringen, den Ober- und Niederrheinischen Kreis, nebst Bemerkungen über Staatsverfassung, öffentliche Anstalten, Gewerbe, Cultur und Sitten*, wollte nicht in Weimar bleiben, das er sich als «Sitz des Lichtes» ausgemalt hatte. Er fand «keine Menschen, welche der Extrakt aller Aufklärung und Verfeinerung waren, keine Verfassung, welche nach den Idealen dichtender Minister und Philosophen geformt war, kein Athen – kurz, nichts und wieder nichts von alledem, was ich geträumt und phantasiert hatte». Weimar lebe vom «Luxus eines eingeschränkten Hofes», besitze «weder Fabriken und Handel noch Passage». Die

Genies verlören sich in den Studierwinkeln. Die Bürger seien ohne «Geschmack und Eleganz [...] Der Ort ist tot».[13] Willibald Alexis, Begründer des historischen Realismus in der Literatur, fragte sich, ob er würdig sei, das heilige Pflaster zu betreten, «wo Herder, Wieland und Schiller schliefen, Goethe lebte». Er stellte fest, dass sie in Weimar nicht dominierten. Die Bürger kannten sie zwar, redeten aber nur von der Schlacht bei Jena.[14]

Doch es gab auch Stimmen, die das «kommerzialisierbare Warenzeichen» Weimar bestätigten, das die Dichter, Wielands *Teutscher Merkur*, Bertuchs Zeitschriften wie das *Journal des Luxus und der Moden* und Martin Gottlieb Klauers Büsten geformt hatten. Mit Letzteren kam die Inszenierung, «ein Stück jener Freiheit, jenes Ungebundenseins, jener Künstlerwelt ins eigene Heim».[15] Der Reiseschriftsteller Carl Gottlob Küttner nahm die Ilmstadt als «süßen Anblick» wahr. Er lobte die Menge der «guten Köpfe», die «allgemeine Industrie», die schönen Gebäude und Kunsterzeugnisse, die Stiftungen und die englischen Anlagen. Er glaubte, «dass es schwerlich einen zweiten Ort in Europa gibt, der in einem so kleinen Umfange so viel vereinigte».[16] Johann Kaspar Riesbeck sprach 1783 von einem «artigen Städtchen». Der von Wieland gebildete Herzog, dessen romantischer Charakter Goethe zu verdanken sei, spiele Rollen im Liebhabertheater eines Hofes, der aus schönen Geistern bestehe. Der Generalsuperintendent Herder habe das erste Buch Moses als poetische Rhapsodie bezeichnet und Wieland werde bald unter die klassischen Dichter gezählt werden.[17]

Im *Deutschen Museum* erschien 1785 ein wohlmeinender Reisebericht, der die gepflasterten Gassen und die meist alten Steinhäuser lobte, aber die Unterkünfte für Fremde bemängelte. Das neue Schloss, also das Landschaftshaus, sei edel gebaut, hell und geräumig. Jeder Künstler oder Gelehrte werde mehrfach an die höfische Tafel gebeten. Höflinge und Hofdamen führten gelehrte Gespräche, sodass Weimar für ein Land gehalten werde, in dem nur gelesen, geschrieben und poetisiert werde. Jüngere Autoren suchten hier Versorgung, um sich ganz den Musen zu widmen, hätten jedoch die berühmten Autoren bei anderen Tätigkeiten gefunden und seien weitergezogen. Nur Wieland werde wegen seiner literarischen Verdienste genährt. Der hiesige «Klubb» sei kein Tribunal, wo nur über Bücher räsoniert werde. Die

Weimarer Bürger lebten fast alle von Besoldungen und die Damen seien wacker, wenn auch ein halbes Jahr hinter der Mode zurück.[18]

Über Jena urteilte 1781 Friedrich Nicolai wenig schmeichelhaft: Die Bürger lebten von den Studenten, «die ihnen, wie die Raben dem Elias, das Futter bringen sollten».[19] Schiller berichtete hingegen 1787: «Jena ist oder scheint ansehnlicher als Weimar; längere Gassen und höhere Häuser erinnern einen, daß man doch wenigstens in einer Stadt ist.»[20] Madame de Staël verbreitete später das höchste Lob in ganz Europa. «Weimar war keine kleine Stadt; es war ein großes Schloß, wo eine ausgesuchte Gesellschaft sich interessiert über jedes neue Kunstprodukt unterhielt [...]. Hier fand man keinen erbärmlichen Kleinstädter.» Jena hielt sie für «eine der wichtigsten Stätten der Gelehrsamkeit in Deutschland. So fanden sich, im engsten Raume, bewundernswürdige Geistesstrahlen aller Art, wie in einem Brennpunkte, zusammen.»[21]

Die unterschiedlichen Voreinstellungen bestimmten die Urteile. Wer das Vorbildhafte und Schöne suchte, bewunderte die berühmten Dichter und Denker, wer Herausragendes im Stadtbild erwartete, wurde enttäuscht. Darauf machte Joseph Rückert 1799 aufmerksam: «Dem wallfahrtenden Kunstjünger, dem enthusiastischen Freunde der Musen geht bei seinem Eintritt in die Stadt eine Zauberin voran. Ihm erscheint Weimar herrlich [...] Aber daran haben [...] Bauart, Häuser, Straßen und Verzierungen keinen Teil; dies ist das körperliche, jenes das poetische Weimar, das der Eintretende im Geiste anschaut.»[22] Damit traf er den Nagel auf den Kopf. Der inszenierte und vermarktete schöne Schein war die Vorstellung, mit der die Besucher nach Weimar kamen, und dieser überdeckte die Kalamitäten der ackerbürgerlich-kleinstädtischen Wirklichkeit.

Herder, der am 1. Oktober 1776 Weimar erreichte, war – so berichtet er selbst – als «Atheist, Freigeist, Sozianer, Schwärmer» angekündigt worden, seine Predigten hätten jedoch gefallen. Dem Äußeren nach sei Weimar «noch recht lutherisch-papistisch», das Herzogtum befinde sich aber in der Krise. «Ewige Vormundschaften, schwache Tyrannen- und Weiberregierungen haben alles so hinsinken lassen, durcheinander gemengt und geworfen, dass alles weicht, wornach man fasset.» Die Kirchen verfielen, Prediger und Lehrer seien schlecht und seine Arbeitsgebiete so umfangreich, dass ihm der «altlutherische Chorrock und der Hochwürdige MagnifizenzTitel» ziemlich unbehaglich erschienen.[23] Herder wollte an dem Ort, an dem auch Luther gewirkt hatte, den Glauben erneuern – fern der Erbsünde, der unbefleckten Empfängnis oder absoluter Gehorsamsforderungen. Er bezweifelte die kirchlichen Dogmen und glaubte, dass nur Religion und Sprache bzw. Literatur die Bildung des Menschen und eine christliche Humanität ermöglichten.[24]

1775 lebten knapp 6000 Menschen in Weimar; in den 1790er Jahren waren es mehr als 7000, 1817 zählte man 8211 und in der zweiten Hälfte der 1820er Jahre über 10 000.[25] Die Hungerkrise 1771/72 und die große Fleckfieber-Epidemie 1813/14 bedeuteten tiefe Einschnitte. Die Schlacht bei Jena und Auerstedt und die französische Besatzung 1806 erhöhten die Todeszahlen nur moderat. Wie überall war die Mortalität im Kindesalter am größten; 43 Prozent verstarben in Weimar im ersten Lebensjahrzehnt.[26] Im Herzogtum lebten laut einer Volkszählung 1785 106 398 Menschen, weniger als ein halbes Prozent der deutschen Gesamtbevölkerung. 1813 waren es lediglich 7000 mehr. Der Anteil der städtischen Bevölkerung lag mit 40 Prozent im Weimarer Landesteil recht hoch, doch die Städte waren klein, Jena und Apolda stagnierten bei 4000 Einwohnern; Eisenach zählte 1785 mehr als das Doppelte.[27] Es gab die üblichen Handwerke, deren Inhaber oft noch eine kleine Landwirtschaft betrieben und einen großen Teil ihrer Subsistenzmittel selbst erzeugten. Misthaufen und Schweine in den Gassen waren die untrüglichen Merkmale solcher Ackerbürgerstädte. Nach einem Brand im Scheunenviertel wurde jedoch 1797 die Landwirtschaft aus Weimar verbannt.[28] Während der Hof einen gewissen Luxus und entsprechende Angebote forderte, fragten die Professoren und Studenten in Jena vor allem einfache Dienstleistungen wie Essen und Trinken, Putzen und Waschen nach. Hof und Universität waren die mit Abstand wichtigsten Arbeitgeber.

Bei den vitalstatistischen Daten liefert insbesondere die Verdoppelung der illegitimen Geburten von den 1770er zu den 1810er Jahren Anhaltspunkte dafür, dass sich die traditionellen Familienstrukturen langsam auflösten. Prinzipiell sollten Dienstboten, Gesellen und Soldaten ledig bleiben. Sie waren aber häufig Väter illegitimer Kinder und lebten mit deren Müttern in eheähnlichen Gemeinschaften, die irgendwann legalisiert wurden.[29] Trotz aller Dekrete verschwanden die bettelnden Kinder nicht aus den Gassen. In Weimar gab es 1786 offiziell 102 Arme, denen Unterstützung zustand. Die chronisch leeren Almosenkassen deckten den Bedarf nicht annähernd. 1780 mussten alle aus öffentlichen Kassen besoldeten Personen eine Zwangsabgabe entrichten. Als die Lage 1785 außer Kontrolle zu geraten drohte, hatte jeder Neubürger 100 Taler in die Armenkasse zu zahlen.[30] Die Gründung eines Arbeitshauses, das strikte Verbot des Almosengebens und das rigorose Vorgehen gegen die Bettelei zeigten nur geringe Erfolge. Während die armen Kinder zu regelmäßiger Arbeit angehalten wurden, legte die Almosenkasse öffentlich Rechnung ab und bat um großzügige Unterstützung.[31]

Da die illegitimen Geburten in Weimar mit maximal knapp 17 Prozent im der Missernte folgenden Hungerjahr 1817 im Vergleich zu Jena gering waren, liegt der Verdacht nahe, dass die Pfarrer häufiger ein Auge zudrückten und Paare trauten, die nicht alle gesetzlichen Vorgaben erfüllten. Dafür gab es prominente Vorbilder. So verzeichnet das Taufbuch der Hofgemeinde vier der fünf Geburten von Johanna Christiana Sophia Vulpius. Männliche Bezugsperson ist jeweils ihr eigener Vater, Goethe wird als Kindesvater nicht genannt. Nachrichten über ein Einschreiten der Behörden gegen den gemeinsamen Haushalt oder über Strafen wegen unehelicher Schwängerung gibt es in diesem Fall nicht. 1795 stellte der Pfarrer lakonisch fest: «Die Geburt wurde weder als unehelich bezeichnet, noch wurde ihr unehelicher Charakter benannt. Der Vater oder Informationen über dessen Verbleib jedoch komm[en] nicht zur Sprache.»[32]

Goethes Sohn Johann August Walter wurde 1801 rückwirkend legitimiert. Über Goethes wilde Ehe regte sich vor allem seine Intimfeindin auf, die Schauspielerin Caroline Jagemann. Sie warf ihm vor, Christiane Vulpius im Überfluss verkommen zu lassen. Er habe das anständige Mädchen zur Alkoholikerin gemacht, sodass ihre «kindlich naiven Züge den Ausdruck einer Bacchantin annahmen». Dass Goethe seine Beziehung offen lebe, zeige, wie sehr er die öffentliche Meinung verachte.[33] Die Tochter des geschiedenen Bibliothekars Jagemann war in Mannheim zur Opernsängerin ausgebildet worden und 1796 nach

Weimar zurückgekehrt, wo sie den Herzog so begeisterte, dass er sie zur Hofsängerin ernannte[34] und zu seiner Geliebten machte. Sie wurde 1809 als Frau von Heygendorff geadelt und gebar drei Kinder. Als deren Mutter erscheint ihre Schwester im Kirchenbuch. Der Herzog taucht natürlich nicht auf.[35]

Was in Weimar möglich war, zeigt auch das Beispiel des aus Warschau zugewanderten Hofbuchbinders Johann Christian Schultze. Er heiratete 1796 eine verwitwete Hebamme. Das Paar bekam fünf Kinder, 1802 ließ es sich scheiden. Schultze ehelichte danach eine Erfurterin, von der er sich jedoch wieder scheiden ließ, um 1806 seine erste Frau erneut zu heiraten. Als 1812 eine Witwe ihr zweites uneheliches Kind tötete und sechs Wochen später Selbstmord beging, wurde bekannt, dass er der Vater ihres ersten Kindes war. Beim zweiten Kind gab die Mutter einen anderen Vater an, der die Vaterschaft aber leugnete. Auch mit der 22-jährigen Caroline Schoppe hatte Schultze eine illegitime Tochter. Mit ihr floh er schließlich nach Warschau und ließ seine mit Zwillingen schwangere Ehefrau und die vier kleinen Kinder in Weimar zurück.[36] «Neben Stief-Familien aus verwitweten oder geschiedenen Elternteilen erzogen Väter und vor allem Mütter ihre ehelichen und unehelichen Kinder allein und Paare lebten mit ihren gemeinsamen Nachkommen unverheiratet zusammen. Zudem bildeten Alleinstehende und -erziehende mit Bekannten oder Verwandten Versorgungsgemeinschaften und wohnten gemeinsam in einem Haushalt.»[37]

Als Geheimer Rat zählte Goethe mit einem Jahreseinkommen von 3100 Talern zu den Großverdienern in Weimar. Genauere Angaben über die Vermögensverhältnisse ermöglicht die Abschätzungsrolle von 1820, die 2715 Steuerzahler mit ihren Gesellen und Dienstboten nennt. In der höchsten Steuerklasse rangierten unter anderem das Industriekomptoir Bertuch und Froriep mit 6000, der Bankier Ulmann mit 3000, Goethes Kollegen, die Geheimen Räte von Gersdorff und von Fritsch mit jeweils 3000, der Leibarzt Dr. Huschke mit 2900 und der Oberstallmeister von Seebach mit 2125 Talern. Die Wirte des «Erbprinz» und des «Elefant» versteuerten 1000 Taler. Mehr als ein Viertel der Steuerzahler waren staatliche, höfische oder städtische Angestellte. 22 Prozent verdienten ihr Geld als Handwerker, Kaufleute oder Wirte,

17 als Gesellen und 35 als Knechte, Mägde und Tagelöhner. Von den 458 Handwerksbetrieben arbeiteten 280 ohne und 117 mit einem Gesellen; drei oder mehr Gesellen beschäftigten 15 Meister vor allem in den Bauhandwerken. Es gab 16 hauptberufliche und mindestens 22 Bauern im Nebenerwerb. Insgesamt versteuerten zwei Prozent der Veranlagten mehr als 1000, aber 28 Prozent weniger als 100 und ein Drittel zwischen 100 und 400 Taler. Zum Vergleich: In dem als billig geltenden Jena benötigte ein Student etwa 200 Taler im Jahr; Goethe verfügte während seiner Studienzeit in Leipzig über das Fünffache.[38]

Stadtbürger und Hofbedienstete finden sich in allen Steuergruppen. Unabhängig von den Einkünften bedeutete die Zugehörigkeit zum Hof aber eine mit Vorrechten verbundene Besonderheit. Adelige Höflinge, ihre Söhne und Töchter heirateten untereinander. Bei Nichtadeligen spielten Verbindungen zum städtischen Bürgertum eine wichtige Rolle. Generell zeigte die Patenwahl ein Streben nach oben: Bürger wählten höhere Hofbedienstete, umgekehrt war das selten der Fall.[39] Die Hofhandwerker standen entweder in herzoglichen Diensten oder gehörten als Titelträger zum Stadtbürgertum. Letztere suchten ihre Ehefrauen und die Paten vorrangig unter den Zunftbürgern. Die angestellten Hofhandwerker, die herzogliche Livree trugen, bevorzugten ebenfalls Töchter oder Witwen von Handwerksmeistern, weil dies die Aussicht auf eine eigene Werkstatt, soziale Absicherung und die Aufnahme ins Bürgerrecht erhöhte. Der Titel Hofhandwerker bedeutete Prestige und konnte mit gewissen Vorrechten verbunden sein. Dazu gehörte, das Gewerbe ohne Meistertitel betreiben oder mehr Gesellen beschäftigen zu dürfen als die Zunftordnung vorsah.[40] Die generelle Öffnung der Zünfte für mehr Wettbewerb wurde in Weimar zwar diskutiert, aber nicht umgesetzt.

2. *Die Last des Regierens*

Nach seiner Ankunft in Weimar wohnte Goethe zunächst bei den Kalbs. Er schäkerte mit der Tochter Charlotte, spätere Frau von Seckendorff, und der Schwester des Dichters August von Kotzebue.[41] Im März 1776 kaufte er ein verfallenes Häuschen an der Ilm und ließ es renovieren. Carl August schenkte ihm dafür 1200 Taler.[42] Beim Erlernen der höfischen Sitten war ihm die sieben Jahre ältere Charlotte von Stein, Ehefrau des Oberstallmeisters, eine exzellente Lehrerin. Sie half, beschützte und steuerte ihn durch alle Fährnisse, und sie brachte ihn auf den «höfischen» Weg der Vervollkommnung durch Selbstzucht.[43] War sie es, die ihn in Weimar hielt? Die Urteile über sie gehen weit auseinander: nicht schön, aber sanft und offen, kontrolliert und distanziert, mit Verstand und verständnisvoll. Dass sie verheiratet war, gab der Beziehung eine pikante Note. In seinem ersten Weimarer Jahrzehnt widmete sich Goethe dieser Frau und seinen Amtspflichten. Er publizierte wenig. Seiner Mutter schrieb er, er sei durch Prüfungen gegangen, die andere nicht benötigten, «deren ich aber zu meiner Ausbildung äußerst bedürftig war».[44]

Über die Entscheidung seines Sohnes, nach Weimar zu gehen, war Goethes Vater sichtlich verärgert. Als Johann Wolfgang ihn um Geld bat, zögerte er. Die Unterstützung des Herzogs reichte bei seinem Lebenswandel nicht aus; der Vater sprang bald wieder ein.[45] In seinem Dankesbrief an Johann Heinrich Merck, der ihm Geld geliehen hatte, schrieb Goethe, er wisse um «das durchaus Scheißige dieser zeitlichen Herrlichkeit», sei aber «ganz in alle Hof und politischen Händel verwickelt» und könne kaum wieder fort. Seine Lage sei vorteilhaft und das Herzogtum «ein Schauplatz, um zu versuchen, wie einem die Weltrolle zu Gesicht stünde».[46] Eine Frankfurter Bekannte erfuhr, er werde wohl in Weimar bleiben und seine Rolle spielen. Das sei besser «als das untätige Leben zu Hause wo ich mit der größten Lust nichts tun kann. Hier hab ich doch ein paar Herzogtümer vor mir.»[47]

Am 26. Juni 1776 ernannte der Herzog Goethe zum Geheimen Rat mit einem Gehalt von zunächst 1200 Talern.[48] Das war nicht die Machtübernahme eines Dichters, sondern die Platzierung des wohl engsten Vertrauten Carl Augusts im höchsten Regierungsgremium.[49] Über Goethe liefen die Informationen, die der Herzog für sein persönliches Regiment benötigte. Als sich Goethes Amtsantritt im Geheimen Konzil verzögerte, weil von Fritsch deswegen mit Rücktritt drohte, erläuterte ihm Carl August seine Gründe: «Einen Mann von Genie nicht an dem Ort gebrauchen, wo er seine außerordentlichen Talente gebrauchen kann, heißt denselben mißbrauchen.»[50]

Charlotte von Stein
Hofdame der Herzogin
Anna Amalia, enge Vertraute
von Herzogin Luise

Am 8. Oktober 1777 notierte Goethe «Regieren!!» in sein Tagebuch.[51] Er spürte die Last, denn es zeigte sich, dass seine Kollegen ihn aufgrund seiner politischen Unerfahrenheit überspielen konnten, zumal sich seine Reformvorstellungen auch nicht immer mit denjenigen des Herzogs deckten. Im November 1784 erklärte er Letzterem, was er unter Regieren verstand: «Man muß Hindernisse wegnehmen, Begriffe aufklären, Beyspiele geben, alle Theilhaber zu interessieren suchen, das ist freylich beschwerlicher als befehlen, indessen die einzige Art in einer so wichtigen Sache zum Zwecke zu gelangen, und nicht verändern wollen, sondern verändern.»[52] Ungewohnt kritisch reflektierte er: «Welches Recht wir zum Regiment haben, darnach fragen wir nicht – wir regieren. Ob das Volk ein Recht habe, uns abzusetzen, darum bekümmern wir uns nicht – wir hüten uns nur, daß es nicht in Versuchung komme, es zu thun.»[53] In Goethes *Egmont* fordern die Bürger «Sicherheit und Ruhe! Ordnung und Freiheit!». Sie bekommen Herzog Alba und die Friedhofsruhe.[54]

Carl August «tat, was ihm gefiel, ging auf die Jagd, ritt aus, kampierte im Wald […], durchschwamm nackt die kalten Bäche des Herzogtums [...] und jagte mit Peitschengeknall über den Weimarer Marktplatz – und alles im Zeichen Rousseaus, Werthers, der Natur, des Genies und der Freiheit».[55] Frau von Stein rügte deswegen Goethe: «Welchen Sinn hat es denn: dies wilde Jagen, scharfe Reiten, dies Klatschen mit der großen Peitsche, wobei alle, die in der Nähe sind, zusammenschrecken? [...] Das sind Jungenstreiche.»[56] Ende 1781 klagte auch Goethe, der Herzog sei «vergnügt und gut, nur find ich den Spas zu theuer, er füttert 80 Menschen in der Wildniss». Er wolle sich vergnügen und nur Gott wisse, «ob er lernen wird, daß ein Feuerwerck um Mittag keinen Effeckt thut». Er, Goethe, wolle nicht immer der «Popanz» sein, die anderen frage Carl August nicht um Rat und bespreche mit ihnen auch nicht, was er tun wolle.[57]

Goethe stand im Mittelpunkt und bezauberte alle – seine Förderer, die Gleichgültigen und seine Gegner. Wieland erkannte, wenn «aus Weimar was Gescheidtes werde, so wird es seine Gegenwart wirken».[58] Er dachte weniger an den Politiker Goethe als an denjenigen, dessen dichterisches Genie weit über Weimar hinaus strahlte. Tief enttäuscht kommentierte Seckendorff, es regierten nun diejenigen, die bisher «nur zur Unterhaltung des Hofes da waren».[59] Das war nicht richtig. Goethe gehörte zu den 28 höheren Regierungsbeamten, von denen 12 aus dem Adel und 13 aus dem Bürgertum kamen; einer war der Sohn eines Bauern, bei den beiden anderen ist die Herkunft unklar. Die Besoldung einschließlich der Deputate schwankte zwischen 266 und den 1969 Talern, die Fritsch erhielt. Ihm folgten der Weimarer Kanzler Ludwig Karl Schmid, der seinen Platz im Geheimen Konzil für Goethe geräumt hatte, mit 1800, Kammerpräsident von Kalb und Schnauß mit je 1600 Talern.[60] Kalb plante realistische Haushalte. Die Pensionen sollten die Hälfte des Gehalts nicht übersteigen, die Hofetats wurden gekürzt, ohne dass die «Anständigkeit» litt[61]. Gespart wurde an Speisen, Dienern und Ausstattung. Carl August übernahm einen Teil der Kosten des Marstalls.[62]

Als Mitglied des Geheimen Konzils las Goethe unzählige Akten. In seinem ersten Weimarer Jahrzehnt nahm er an 580 von 666 Sitzungen teil und half, 11 000 Tagesordnungspunkte zu erledigen.[63] Eigenhändig verfasste er jedoch lediglich zwölf Vorlagen zu unterschiedlichen Themen, Fritsch kam auf über 100, Schnauß auf mehr als 300.

Dafür leitete Goethe wichtige, vom Herzog eingesetzte Kommissionen wie diejenigen für das Kriegswesen und den Wegebau;[64] er stand seit 1782 dem Finanzwesen vor und organisierte zusammen mit Christian Gottlob Voigt den Bergbau. Nachdem er die Armut im Thüringer Wald gesehen hatte, wollte Goethe den Ilmenauer Bergbau reaktivieren. Die Rechte der bisherigen Mitbesitzer wurden abgelöst, neue Anteilscheine (Kuxen) ausgegeben. Nach einem Gottesdienst und einer Rede Goethes erfolgte am 24. Februar 1784 der erste Spatenstich für einen neuen Schacht. Goethe sprach vom vorbildhaften Tun zum Wohl von Stadt und Region und davon, dass man «einen großen Teil von Teutschland zu Beobachtern und Richtern unsrer Handlungen haben» werde.[65]

Wer außer den Geldgebern blickte auf das kleine Bergwerk? Goethes Ansprache erschien 1785 im *Deutschen Museum*. Dessen Herausgeber Heinrich Christian Boie erläuterte, Goethe habe die Feder niedergelegt, «um zu handeln. Ein Tausch, wobei das Ländchen, dessen Pfleger er ist, unendlich gewonnen hat.»[66] Alle wurden in die Pflicht genommen, um das Bergwerk zum Erfolg zu führen.[67] Die Ankündigung Boies entfernte Goethe weiter vom großen Publikum, das er vermisste und für das er wieder schreiben wollte. Er dachte an eine Auszeit, um mit sich selbst ins Reine zu kommen. Als Politiker eines Kleinstaats konnte er wenig bewirken. Obwohl er sich aufopfernd kümmerte, endete der Ilmenauer Bergbau im Fiasko: Als man 1792 endlich auf erzführende Schichten stieß, war der Metallgehalt viel zu gering. Wegen eines Wassereinbruchs mussten 1796 weite Teile der Grube aufgegeben werden. 1812 sorgte Geheimrat Voigt für die Liquidierung. Es blieben 76 000 Taler Verlust[68] und Goethes spätes Fazit, dass das Ganze sehr viel Zeit, Mühe und Geld gekostet, er sich aber «eine Anschauung der Natur erworben habe, die er um keinen Preis vertauschen möge».[69]

Auch die Leitung der Wegebau- und Kriegskommission machte Goethe nicht glücklich. Technisch folgte er seinem tüchtigen Ingenieur Jean Antoine de Castrop, der ein Buch über den Chausseebau geschrieben hatte. Als Untergrund diente eine Schicht flacher, eng liegender Steine, die mit kleineren Steinen überdeckt wurden, in der Mitte etwas höher als am Rand. Geplant waren befestigte Straßen von Erfurt über

Weimar nach Jena und von Weimar über Auerstedt nach Naumburg, wo letztere auf die alte Handelsstraße zwischen Frankfurt und Leipzig treffen sollte. Von dieser Anbindung hätte das Herzogtum fraglos profitiert, doch dazu hätten die fremden Zoll- und Geleitsrechte abgelöst werden müssen. Dazu kam es nicht. Erfolgreich verlief die Saaleregulierung bei Jena und Dornburg; die zuvor häufigen Überschwemmungen hörten fast vollständig auf.[70]

Der Straßenbau und alle Maßnahmen zur Verbesserung der Infrastruktur waren teuer, gaben aber vielen Menschen Arbeit und Brot. Die Chaussee nach Jena kostete 11 000 Reichstaler und konnte 1787 befahren werden. Die Straße nach Erfurt wurde ausgebessert, für die nach Naumburg fehlte das Geld. Goethe kümmerte sich auch um die Straßenbauarbeiter, «die, da sie ein ordentliches Handwerck nicht erlernt, durch ihrer Hände Arbeit ihr Brod verdienen müßen, hinfolglich die Gelegenheit, sich dadurch ihren Unterhalt zu verschaffen, als eine Wohltat ansehen». Da sie keine Zunft schütze, benötigten sie die Fürsorge der Regierung. Deswegen lehnte Goethe es ab, säumige Steuerzahler zum Straßenbau zu zwingen, denn es schade der Ehre der Arbeiter, wenn ihre Tätigkeit für andere als Strafe verhängt werde. Steuerschuldner seien zudem oft Handwerker, die in der Zeit, in der sie zum Straßenbau gezwungen seien, «ihre Kunden verliehren» und «alsdann dem Publico zur Last fallen» würden.[71]

Für Goethe gebot es der gemeine Nutz, dass weder die Handwerker ihre Kunden noch die Arbeiter ihre Beschäftigung verloren. Seine Intervention ging weit über die zeitgenössischen Schutzmaßnahmen hinaus, zumal weder die Merkantilisten, die Autarkie und Außenhandel betonten,[72] noch die Physiokraten mit ihrer Bevorzugung von Grund und Boden[73] vorrangig an das Wohl der Lohnarbeiter dachten. Goethe aber wollte das kleine Herzogtum zum Musterstaat mit einer effizienten Herrschafts- und Gesellschaftsordnung machen. Wenn er Carl August bestürmte, seine Jagdleidenschaft zu zügeln, oder sich für die Strumpfwirker einsetzte, handelte er zum Wohl der Untertanen und für die Menschheit. Sein Credo hieß «Folge aber, beharrliche, strenge, kann auch vom Kleinsten angewendet werden und wird selten ihr Ziel verfehlen, da ihre stille Macht im Laufe der Zeit unaufhaltsam wächst.»[74] Auf seiner Harzreise Ende 1777 ließ er Frau von Stein wissen, er habe wieder «Liebe zu der Klasse von Menschen» gefunden, «die man die niedre nennt, die aber gewiß für Gott die höchste ist. Da sind doch alle Tugenden beisammen: Beschränktheit, Genügsamkeit, grader Sinn, Treue, Freude und das leidlichste Gute, Harmlosigkeit, Dulden, Ausharren.»[75]

Goethes Fürsorge übertraf die feudalen Schutz- und Hilfspflichten, weil sie auch diejenigen einbezog, die keinen oder nur einen Platz am unteren Ende der Ständegesellschaft gefunden hatten. Er reagierte auf die neue soziale Frage, die viele noch gar nicht erkannt hatten: die Versorgung der weder korporativ organisierten noch in den Fürsorgeverbund des «Ganzen Hauses» eingebundenen Lohnarbeiter. Mit Infrastrukturverbesserungen konnten sie produktiv beschäftigt werden. Doch staatlich finanzierte Arbeit blieb angesichts der klammen Kassen eng begrenzt. Die Landschaft sprang auch 1783 ein, weil ein bankrotter Fürst schlimm sei, das Unglück jedoch viel größer werde, wenn die Landschaftskasse verfalle, «weil hieraus allgemeiner Creditmangel, Hemmung des Handels, der Gewerke und Nahrung der Unterthanen [...] nothwendig erwachsen muß».[76] Im Gegenzug durfte der Herzog diese Kasse nicht mehr direkt belasten, und er musste einer weiteren Reduktion der Soldaten auf 248 Infanteristen zustimmen.[77] Unangetastet blieb das kleine Husarenkorps, das ihn stets begleitete, Patrouillen ritt, repräsentierte und Eilmeldungen übermittelte – auch Briefe Goethes an Frau von Stein.[78] Die Reduzierung des Militärs wird ihm zugeschrieben, doch von Fritsch hatte sie ausgehandelt.[79]

Den Verkauf Weimarer Soldaten in fremde Dienste hat es unter Carl August nicht gegeben. Er lehnte auch fremde Werbungen ab, damit das Land seine jungen gesunden Untertanen nicht verliere.[80] Sie sollten auch daran gehindert werden, freiwillig in auswärtige Dienste zu treten,[81] obwohl die Reichsgesetze dies erlaubten. Bettler, Landstreicher oder Straftäter, die den Nützlichkeitsgeboten nicht entsprachen, wurden hingegen Werbern übergeben. Das war gängige Praxis und für die Betroffenen die Chance auf ein besseres Leben, da in den Zuchthäusern unmenschliche Zustände herrschten. Die zerlumpten Gestalten, die durch Weimar zur Arbeit geführt wurden, waren ein öffentliches Ärgernis.[82]

Der Haushalt konnte auch deswegen nicht saniert werden, weil der

Herzog oft neue Bauwünsche äußerte, den Stalletat überstrapazierte und – so auch auf der kleinlich geführten Mängelliste – Anna Amalia und ihre Höflinge die Hofwäscherei kostenlos nutzten.[83] Der Bau eines Hoftheaters wurde zurückgestellt. Der Hofjägermeister Anton Georg Hauptmann ließ dafür 1779 mit Hilfe eines von Carl August zugesagten Kammerkredits einen neuen Redoutensaal an der Esplanade errichten. Da er die Kostensteigerungen nicht auffangen konnte, sprang die Kammer 1780 mit weiteren 9000 Talern ein, um dann die Immobilie ganz zu übernehmen.[84] Das Beispiel zeigt, wie der Wille des Herzogs Spargebote außer Kraft setzte. Goethe kommentierte in *Faust II*: «Wir wollen alle Tage sparen / Und brauchen alle Tage mehr.»[85]

1782 konnten die Zinsen eines Kredits der Stadt Bern nicht mehr bedient werden. Kammerpräsident von Kalb trat deswegen und wegen eigener Verfehlungen – er hatte sich unter anderem selbst einen Kredit gewährt – so rasch zurück, dass ihm der Herzog eine Gnadenpension bewilligte.[86] Unter der neuen Leitung Goethes sollten feste Steuertermine und Zuständigkeiten wenigstens den kontraproduktiven Wettlauf um die Gelder der Untertanen beenden. Die Mittel für den Herzog und seinen Hof wurden begrenzt. Aufgrund der etwas rigoroseren Haushaltsdisziplin konnte der Neubau des Schlosses nun geplant werden. An eine zielgerichtete Förderung von Künsten, Literatur und Wissenschaften war aber nicht zu denken. Die überschaubaren Kosten für das Liebhabertheater, den Hofmechaniker Neubert, die neuen Techniken zur Brandbekämpfung oder die Einrichtung der Zeichenschule dienten der höfischen Unterhaltung, einer fürstlichen Liebhaberei und der innovativen Ausbildung. Die Kammer investierte zwischen 1775 und 1783 etwa 20 000 Taler für Geräte und Maschinen. Aus der Schatulle des Fürsten erhielten etliche Musiker und Wieland Gelder.[87] Wie gering die Spielräume jedoch insgesamt waren, zeigte sich 1778, als der Göttinger Professor Georg Christoph Lichtenberg, ein Mathematiker, Astronom und Physiker, für Jena gewonnen werden sollte. Sein dortiges Gehalt überforderte die Vorstellungskraft der Weimarer Regierung, die um 25 Taler Zulage zur Abwehr eines Rufes feilschte.[88]

Die Universität erhielt nun einen jährlichen Zuschuss Weimars von

5000 Talern.[89] Für ihre geringe Attraktivität wurden die schlechte Besoldung, der lutherische Diensteid, fehlende Bücher und Sammlungen, das im Vergleich zu Leipzig, Halle oder Göttingen dürftige Freizeitangebot und der die jungen Studenten demütigende Mummenschanz der Initiationsriten verantwortlich gemacht. Adlige Studenten mieden Jena, weil sie eine Reitbahn sowie Lehrer für Fechten, Tanzen und moderne Sprachen vermissten.[90] Ob auch die undisziplinierten Studenten abschreckend wirkten, ist nicht bekannt. In Jena studierten jedenfalls die Söhne vergleichsweise armer Eltern. Neue Angebote wie eine Badeanstalt oder ein Theater wurden auch aus disziplinarischen Gründen abgelehnt.[91]

Für eine erfolgreiche Strukturpolitik fehlte das Geld. Größere Staaten subventionierten ganze Wirtschaftszweige. In Weimar probierte man dies und das; förderte etwa den Anbau von Klee, Maulbeerbäumen und Tabak sowie Feuerwehrtechniken, Salzgewinnung und Porzellanmanufakturen, aber auch die Strumpfwirker und Leinenweber.[92] Abgestimmt war dies nicht. Zudem fehlten natürliche Ressourcen. Die noch intakten Waldgebiete waren schwer zugänglich, die Kohleförderung und einige Salinen unbedeutend und die großbetrieblich organisierte Strumpfwirkerei befand sich in einer tiefen Krise.[93] Obwohl die Schafzucht mehr als 1000 Zentner Wolle lieferte, musste zusätzliche Schafwolle importiert werden, um die fast 1400 Wirkstühle am Laufen zu halten. Wurden zu den besten Zeiten etwa eine halbe Million Paar Strümpfe erzeugt, verödete das Gewerbe im späten 18. Jahrhundert und machte die Stadt Apolda bettelarm. Der Fernabsatz erfolgte über Verleger und auf Messen; die Städte Apolda, Weimar und Jena lagen jedoch an keiner der großen Handelsstraßen. Die Fabrikanten, sozial nicht abgesicherte Ich-Unternehmer, hungerten, weil ihre Verleger das Risiko auf sie abwälzten und die Abnahmepreise bis ins Bodenlose drückten.[94]

Bei den seit 1775 verfolgten Plänen einer Manufaktur für feine Tücher zeigten sich die altbekannten Probleme: Es fehlte an Kapital, Infrastruktur und Kompetenz. Die Handwerker scheuten größere Investitionen. «Der aufgeklärte Geist der Zeit» – so der Buttstädter Obermeister – «scheint bei uns Tuchmachern noch nicht angekommen zu seyn.»[95] Wirtschaftliche Erfolge wie die Schlauchfabrik der

Johanna Maria Buchholz, bekannt als Dr. Buchholzin, gab es dennoch. Ihr Vater betrieb die Ratsziegelei und sie war vom Hofmedicus und Besitzer der Hofapotheke Dr. Wilhelm Heinrich Sebastian Buchholz geschieden. Sie produzierte nahtlose Schläuche aus Hanf, die überregional begehrt waren. Die Vorstellungen der an Arbeit für die notleidende Bevölkerung und an möglichst kostengünstigen Schläuchen interessierten Weimarer Polizeibehörde deckten sich jedoch nicht immer mit den Gewinnabsichten einer selbstbewussten Unternehmerin, die kräftig expandierte.[96]

Die mit staatlicher Unterstützung 1777 gegründete Porzellanmanufaktur in Ilmenau kam dagegen nie aus den roten Zahlen heraus und wurde 1786 an einen sächsischen Unternehmer verpachtet.[97] Zu Beginn der 1780er Jahre gab es Pläne für eine Handelsgesellschaft, die alle zum Export geeigneten Waren im für englische Produkte gesperrten Nordamerika vermarkten sollte. Obwohl der Herzog, seine Frau und seine Mutter jeweils mehr als 1000 Taler investierten, scheiterte das Vorhaben, weil auf dem Transport zu viele Glas- und Porzellanwaren zu Bruch gingen und die Strümpfe und Textilien wegen der sich auf mehr als 30 Prozent des Warenwertes summierenden Zölle, Abgaben und Transportkosten zu teuer waren.[98] Selbst beim Verkauf überschüssigen Getreides nach Bremen quittierte die Kammer 8000 Taler Verlust, konnte dadurch jedoch die heimischen Marktpreise stabilisieren.[99]

Darüber hinaus behinderte die Steuer- und Verwaltungsgrenze zwischen den beiden Landesteilen Sachsen-Weimar und Sachsen-Eisenach die ökonomische Entwicklung. Die Weimarer Landschaftskasse argumentierte beispielsweise, es schade den eigenen Untertanen, wenn fremder Tabak, «dergleichen doch der aus den Eisen[achischen] Landen in Rücksicht des hiesigen Herzogthums und seiner Unterthanen […] immer seyn wird», akzisefrei eingeführt werde.[100] Die ländliche Textilproduktion wurde 1783 gestattet, um dem Landmann im Winter einen Verdienst zu ermöglichen, das steigerte jedoch die Not der städtischen Textilhandwerker.[101] Den Anordnungen zur planmäßigen Düngung der Felder, besseren Nutzung der Brache, Be- und Entwässerung fehlte ebenfalls der lange Atem, weil man die Verhältnisse vor Ort zu wenig berücksichtigte. Erst nach und nach wurden Pfarrer, Dorfvorsteher und einzelne Bauern in die Planungen einbezogen. Das

Projekt, die großen Güter in kleine selbständige Bauernstellen aufzuteilen, wurde diskutiert, aber nur zögernd verwirklicht, obwohl der Herzog seine Kammergüter zur Verfügung stellte. Beim freien Verkauf adliger Güter lösten die Untertanen feudale Rechte ab oder erwarben Grund und Boden. Angesichts der revolutionären Wirren riet jedoch auch Goethe 1794 davon ab, zu diesem Zeitpunkt die großen Güter zu zerschlagen.[102]

Reichlich Mittel flossen in Weimar zur Brandbekämpfung, die Carl August zu seiner ganz persönlichen Aufgabe gemacht hatte. Sein Kümmern, die aus seiner Schatulle bezahlten Prämien und die Brandinspektoren signalisierten den Unterbehörden, dass sie sich keine Nachlässigkeiten erlauben durften. Die landesweite Infrastruktur zur Feuerbekämpfung machte sich bezahlt, denn das ausgebildete Personal konnte mit den verbesserten Spritzen und den leichten Hanfschläuchen viele Brände schnell löschen.[103] Alle Pläne, die Feiertage, Kirmessen und Jahrmärkte im ganzen Land auf bestimmte Tage zu legen, scheiterten allerdings. Die Regierung wollte das unziemliche Feiern und die Saufgelage wenigstens einschränken, die Dörfler machten dagegen geltend, dass der Verlust von Handelsmöglichkeiten auf den Festen dem Wirtschaftskreislauf schade.[104]

Goethe unterstützte die Untertanen, wenn sie berechtigte Interessen vertraten. Die Klage der Ruhlaer Bauern gegen die Vereinheitlichung ihrer Lasten hielt er für nachvollziehbar, denn für sie seien dies neue Abgaben. «Glücklicherweise haben die Einwohner der Gebirge [...] ein Gefühl von Selbständigkeit und Freyheit, das oft in eine Art Trutz ausschlägt.» Während subalterne Beamte das unterdrücken wollten, müsse ein Fürst dies anders bewerten. «Wie ein verständiger Vater die Tugenden und Fehler seiner Kinder anders beurteilt als das beschränkte Gesinde.»[105]

3. *Das polarisierende Genietreiben*

Goethe wollte den ungestümen jungen Herzog erziehen, den er am 23. Oktober 1828 Eckermann rückblickend als ein «edler Wein, aber noch in gewaltiger Gärung» beschrieb.[106] Carl August sollte Grenzerfahrungen sammeln, um Unhinterfragtes abzulegen und die eigenen Fähigkeiten so weit als irgend möglich zu entfalten. Streiche und wilde Hetzjagden über Felder waren freilich ein Ärgernis und erregten Unmut wie das übermütige Treiben im Sommer 1776 in Ilmenau. Goethe war Anfang Mai in das Städtchen geritten, um beim Feuerlöschen zu helfen. Er besichtigte anschließend die alten Gruben, die sein Interesse weckten, zumal der Berghauptmann Friedrich Wilhelm Heinrich von Tebra positiv über eine Wiederaufnahme des Bergbaus geurteilt hatte. Carl August wollte sich selbst ein Bild machen, vor allem aber in der waldreichen Gegend jagen, tanzen und sich amüsieren. Goethe erzählte später, der Herzog und er hätten oft lange über Kunst und Natur gesprochen und seien manchmal auf dem Sofa oder vor dem Feuer unter freiem Himmel eingeschlafen.[107]

Die Ilmenau-Episode wurde wie das sogenannte Genietreiben insgesamt von den Zeitgenossen kritisch beurteilt. Goethe erläuterte Johanna Fahlmer, einer Frankfurter Bekannten: «Wir halten zusammen, sind herrlich un[ter] uns und dramatisieren einander, und halten den Hof uns vom Leibe.»[108] Die jungen Begleiter des noch jüngeren Herzogs trugen die modische Werthertracht, ignorierten Konventionen, lebten Rousseausche Ideale und gebärdeten sich wie eine jugendliche Subkultur.[109] Goethe war 26 Jahre alt, Friedrich Hildebrand von Einsiedel 25, Otto Joachim Moritz von Wedel 24, Kalb 28; Bertuch 30, Knebel und Seckendorff 31 und Graf Georg von Werthern-Beichlingen 36. Letzterer war mit der wesentlich jüngeren Emilie, geb. von Münchhausen, verheiratet, die offensichtlich auch Goethe und Carl August gefiel – nicht ungewöhnlich für den Herzog, der sich in seinem Liebesleben nicht nur auf seine Ehefrau Luise beschränkte. Emilie ließ sich 1785 zum Schein beerdigen, um mit ihrem Geliebten Johann August von Einsiedel-Scharfenstein nach Afrika zu fliehen. In Straßburg wurden sie entdeckt und kamen zurück.

Goethe kommentierte die unglaubliche Geschichte, dass er «der kleinen Werthern [...] lieber eine Wohnung bei ihrem Geliebten in Afrika als im Grabe gönnen» wolle.[110] Emilie wurde 1788 geschieden, heiratete Einsiedel und kehrte an den Weimarer Hof zurück.[111] Ihr Schwager Friedrich Hildebrand von Einsiedel war seit 1776 Kammerherr bei Anna Amalia, wo seine Lust an fröhlicher Geselligkeit die

Langeweile vertrieb. Er spielte Violoncello, schrieb Stücke für das Liebhabertheater und kümmerte sich um das *Journal von Tiefurt*. 1807 wechselte er als Oberhofmeister zur Herzogin Luise und wurde 1817 Präsident des Oberappellationsgerichts in Jena.[112] Im Januar 1776 karikierte Einsiedel als «Mephistopheles» seine Mitstreiter des Genietreibens in Knittelversen. Dort heißt es über Carl August, er habe Geburt und Thron vergessen und lebe mit lockeren Gesellen, «die dem lieben Gott die Zeit abprellen, / Die tun, als wär'n sie Seinesgleichen, / Ihm nicht einmal den Fuchsschwanz streichen ...». Goethes Schriften seien voll von Unsinn, «aber wär' ich der Herr im Land / Würd er und all sein Zeug verbannt».[113]

Klopstock griff die Gerüchte über wüste Trinkgelage und den lockeren Umgang des Herzogs mit Frauen auf und machte Goethe am 8. Mai 1776 erbitterte Vorwürfe. Dieser verbat sich wenige Tage später solche moralischen Belehrungen, die zu nichts führten. Weimar sei nicht so schlimm, wie man ihm berichtet habe.[114] Das Zerwürfnis ging zurück auf die überstürzte Abreise der Grafen von Stolberg-Stolberg. Sie waren Goethe nach Weimar gefolgt und der Herzog hatte Friedrich Leopold die Stelle eines Kammerherrn angeboten, nicht weil er mäzenatisch wirken, sondern weil er mit einem reichsunmittelbaren Grafen das Prestige seines Hofes mehren wollte. Friedrich Leopold nahm an, sagte dann aber wieder ab und berichtete Klopstock, dass das Gute an Carl August bekannt sei, ihn aber «natürliche Wildheit und, was unendlich schlimmer ist, Härte» präge.[115] Der Herzog musste sparen. Seckendorff, Werthern und Wedel warteten auf ihre Beförderung zu Kammerherren.[116] Die Weimarer Bürger kritisierten die vielen schönen Geister am Hof. Dieser Begriff – so Wieland an Merck – sei hier verhasst, weil die Leute konfuse Vorstellungen davon hätten.

Die Grafen von Stolberg warfen dem Weimarer Kreis wüste Zechgelage und Gotteslästerungen vor.[117] Schlechte Erfahrungen machte Goethe auch mit anderen Dichterfreunden. Jacob Michael Reinhold Lenz brach höfische Tabus, sparte nicht mit Kritik am Hofleben und an Goethe, der mit seinen Ämtern und dem Liebhabertheater sein Talent vergeude. Lenz musste Weimar Ende 1776 verlassen, weil er eine «Eseley» begangen hatte. Er hatte wohl der Herzogin Luise seine Liebe gestanden und ihren Streit mit Anna Amalia offen angesprochen.[118]

Nach einem unsteten Wanderleben starb er 1792 in Moskau. Auch Friedrich Maximilian Klinger, dessen Drama *Sturm und Drang* später der ganzen Strömung den Namen gab, kam auf den Spuren Goethes im Sommer 1776 nach Weimar und reiste im Oktober weiter. Ihm folgte Christof Kaufmann, Kraftapostel und Wunderheiler mit langem Bart, ungehobelten Manieren und vegetarischer Lebensweise. Er begeisterte Bertuch, Wieland und Herder. Im Oktober zog er weiter nach Dessau; als er im Februar 1777 erneut erschien, wollte man nichts mehr von ihm wissen.[119]

Die Stürmer und Dränger kämpften gegen die matte Empfindsamkeit und die Regelpedanterie für eine kraftstrotzende deutsche Poeterei. Goethe wollte jedoch die Form bewahren; er wollte wirken, nicht provozieren. Seckendorff, sein interner Kritiker, teilte die höfische Gesellschaft Weimars in «zwei Horden». Während sich die eine langweile, «rennt, jagt, schreit, hetzpeitscht und galoppiert» die andere und halte sich «für geistreich, weil nämlich schöne Geister dazu gehören». Für diese Ratgeber «stammten die geltenden Regeln nur aus menschlichen Grillen, und der erste Mann im Staate ist in der Lage, sie abzuschaffen».[120]

Als Höhepunkt des Sich-Austobens hatte Goethe die Schweizreise im Herbst 1779 geplant. Im Hochgebirge tadelte er den Herzog, weil dieser immer «noch ein Stiegelgen ohne Zweck und Noth mit Müh und Gefahr sucht».[121] Es war der Kick, das Risiko, das ihn reizte. Die größte Gefahr hatte aber Goethe heraufbeschworen, als er gegen alle Warnungen Anfang November in die savoyischen «Eisgebürge» aufbrach.[122] Der Kampf mit Eis und Schnee auf dem Furkapass war lebensgefährlich. Auf dem Rückweg besuchte die kleine Reisegruppe, bestehend aus Goethe, dem Herzog und dem Kammerherrn von Wedel, den Hof in Karlsruhe, wo sich Goethe langeweilte und Frau von Stein meldete: «Gott im Himmel was ist Weimar für ein Paradies.»[123] Danach näherte er sich erneut dem Kreis um Anna Amalia, dessen engagierten Dilettantismus er damals nicht unterschätzte.

Während über die Geniezeit viel geklatscht wurde, berichtete der Herzog betont unaufgeregt: «Hier geht sonst alles ziemlich gut. Verliebt ist fast niemand mehr. Ich mache Feueranstalten, gute und schlechte durcheinander. Mein Bruder ist ziemlich gut, meine Frau schindet ihn etwas, und die übrigen schreiben, spielen Comödien, sehen zu, dejeuniren in der Esplanade und geben Stoff zu herrlich politen Gesprächen.»[124] Schilderte Carl August einen Musenhof? Dieser Typus war – so hat Volker Bauer resümiert – ein Phänomen mittlerer und kleinerer Residenzen.[125] Mit der Pflege, Ausübung und Förderung von Künsten und Wissenschaften wollte auf sich aufmerksam machen, wer nicht mit einer Armee, einer prachtvollen Hofhaltung oder repräsentativen Bauten prunken konnte. Die Weimarer Musenspiele, das Liebhabertheater, die Maskenbälle und das dilettierende Musizieren, Dichten und Malen, fand in Gärten und Parks, im Redoutenhaus oder in den bescheidenen Räumen des Witwenhofes statt, und gerade darin lag der besondere Reiz.[126] Diese Art der Selbstvervollkommnung war unterhaltend und vergnüglich. Der schöne Schein resultierte nicht aus der Freiheit bukolischer Schäferspiele, nicht aus der Rousseauschen Freiheit der Natur und nicht aus der politischen Freiheit der griechischen Polis, besaß aber etwas von alledem.

Die «Horde» um Carl August und Goethe machte aus der Not eine Tugend und das ganze Land zur Bühne – ein Fürst und ein berühmter Dichter zum Anfassen. Wenn die Freunde an Wettschießen teilnahmen und sich zum Tanz unter das Volk mischten,[127] hat das ihrer Beliebtheit nicht geschadet. In Goethes Deutung lebten sie im Geiste Shakespeares und Rousseaus, nur Genie und Natur als Maßstäben verpflichtet. Das unkonventionelle Verhalten fügte sich jedoch nur schwer in die höfische Kultur mit ihren Zeichen, Symbolen oder Riten, die sich um Thron und Altar, Dynastie und Konfession rankten.

Für Wieland oder Frau von Stein gehörte das Genietreiben zur Erziehung des jungen Herzogs, der sich seine Entscheidungsbefugnis jedoch von niemandem nehmen ließ. Machte Goethe nur mit, was er ohnehin nicht ändern konnte? Schon Ende 1778 schien er zu resignieren: «Der Herzog immer sich entwickelnd und wenn sichs bey ihm mercklich aufschliesst, krachts, und das nehmen die Leute immer übel auf. Im ganzen wird spät, vielleicht nie die Schwingung zu mindern seyn die der Ennui unter den Menschen hier erhält.»[128] Langeweile und Überdruss waren die schlimmsten Feinde eines sinnvollen Lebens. Die Aufführung seiner *Iphigenie auf Tauris* durch das Liebhabertheater bestärkte Goethe 1779 dann aber wieder in seinem Vorhaben. Carl August habe mit Vergnügen die Rolle des Pylades gelernt. Er nehme «an innrer Krafft, Fassung, Ausdauern, Begriff, Resolution fast täglich zu [...] ausser dem Herzog ist niemand im Werden.»[129]

Seine eigene Rolle rationalisierte Goethe mit dem auf den 3. September 1783, den 26. Geburtstag Carl Augusts, datierten Gedicht *Ilmenau*, das den Bruch mit der Geniezeit markiert. Er stellte das Genietreiben als sein Werk dar, überhöhte das Vergangene, übte ein wenig Selbstkritik – «wo ist mein Pfad, den sorglos ich verlor» –, beschwor den schönen Schein, die Geister Shakespeares und die durch Rohheit erreichten edlen Sitten.

Ich brachte reines Feuer vom Altar;
Was ich entzündet, ist nicht reine Flamme.
Der Sturm vermehrt die Glut und die Gefahr,
Ich schwanke nicht, indem ich mich verdamme.

Risikoreiche Umwege waren nötig, um beschränkte Horizonte zu öffnen. Der Realität entkam man im Traum oder bei verwegener Unterhaltung. Die Musen halfen, die Angst zu überwinden und den schönen Schein hervorzuzaubern. Das höhere Wissen machte seinen Besitzer zum «Verirrten», weil die ihrem Schicksal verhafteten Anderen ihm nicht folgen konnten. Doch die Zeit werde kommen.

Gewiß, ihm geben auch die Jahre
Die rechte Richtung seiner Kraft.
Noch ist bei tiefer Neigung für das Wahre
Ihm Irrtum eine Leidenschaft.

Im Vaterland werde Neues und Zukunftsfähiges entstehen.

Ein ruhig Volk in stillem Fleiße
Benutzen, was Natur an Gaben ihm gegönnt.
[...]
Es wird der Trug entdeckt, die Ordnung kehrt zurück,
Es folgt Gedeihn und festes ird'sches Glück.

Carl August müsse seine Genusssucht zügeln und aus Überzeugung seinen Herrscherpflichten nachkommen:

> Du kennest lang die Pflichten deines Standes
> Und schränkest nach und nach die freie Seele ein.

Die natürlichen Ressourcen nutzend, könne er mit der nötigen Disziplin die falschen Traditionen überwinden:

> Der kann sich manchen Wunsch gewähren,
> Der kalt sich selbst und seinen Willen lebt;
> Allein wer andre wohl zu leiten strebt,
> Muß fähig sein, viel zu entbehren.

Wenn Carl August «mit männlich steter Hand» klug regiere, werde die Ernte groß sein «und Dich beglücken und die Deinen»,[130] dann kehre die Ordnung zurück und das Vaterland gewinne neue Stabilität. Als Kanzler von Müller in der Loge Anna Amalia am 9. November 1832 an Goethe erinnerte, berichtete er, dass dieser *Dichtung und Wahrheit* bis zum ersten Weimarer Jahrzehnt habe fortführen wollen. Er habe es nicht getan, weil es nur im «Gewande der Fabel oder eines Märchens» möglich gewesen sei. «Als wirkliche Tatsache würde die Welt es nimmermehr glauben. Kommt doch jener Kreis […] mir selbst, […] schon als ein mythologischer vor. Ich würde vielen weh, vielleicht nur wenigen wohl, mir selbst niemals Genüge tun: wozu das?»[131]

4. *Der repräsentative Hof*

Das Genietreiben sollte das Regime strikter Affektkontrolle, Disziplinierung und Vernunft relativieren, das den Hof bestimmte, den Ort, wo der Fürst war.[132] Hier wies das Zeremoniell jedem seinen Platz zu und ließ wenig Spielraum für Improvisationen. Ohne Hofstaat konnte ein Fürst weder angemessen leben noch seine Reputation zur Schau stellen. Die gedruckten Hofkalender listeten penibel Höflinge und Personal namentlich mit Rang, Ämtern und Funktionen auf und luden ein zum Vergleich mit anderen Höfen.[133] Die Prachtentfaltung der Residenzen wurde bewundert, unterlag aber auch dem Kosten-Nutzen-Kalkül. Aufwand musste sein, erborgter Glanz und Schimmer brachten jedoch Hohn und Spott und ließen den Fürsten als Verschwender erscheinen. Während Seckendorff Carl August vorwarf, Hofleute für «ebenso unbequeme, als unnütze und kostspielige Wesen» zu halten, die er wie Möbel behandle, «die man am besten aus dem Weg schafft»,[134] tat der Herzog das Gegenteil. Sein Hof umfasste mehr als 500 Personen – das entsprach Weimars Rang und der für schicklich gehaltenen Größe.[135] Die Höfe in Kassel, Darmstadt oder Gotha waren kleiner, die des Kaisers und der Kurfürsten größer. Carl August vermehrte nach 1806 die Kammerherrenstellen, um seinen Anspruch auf Gleichrangigkeit mit den neuen Königen und Großherzögen zu unterstreichen. Dreiviertel der Stellen gingen an Grafen und (Reichs-)Freiherren.[136]

Der Weimarer Hof blieb ein Adelsrefugium. Der Aufstieg in die höchsten Ämter gelang denjenigen am besten, die von hochadeligen und möglichst auch reichsunmittelbaren Geschlechtern abstammten.[137] Am Herzogshof gab es die notwendigen Offizien von der Küche bis zur Silberkammer, vom Stall bis zur Jägerei sowie die Musikkapelle, die Sammlungen, die Gärtnerei und das Zeicheninstitut. Die Regierung zählte zum Ziviletat.[138] Neben dem Kernhof existierten die kleineren Höfe der Herzogin, der Herzogswitwe, des Herzogsbruders Constantin und der Kinder Carl Augusts. Die Nebenhöfe verfügten zusammen nie über mehr als 20 Prozent des Hofpersonals. Im Unterschied zu den meist verheirateten männlichen Bediensteten waren die weiblichen ledig oder verwitwet. Wurden sie schwanger, mussten sie den Hofdienst verlassen – auch die vom Herzog geschwängerte Sängerin Luise Rudolf.

Die Zeitgenossen blickten auf einen prestigebewussten Weimarer Hof, an dem die weltberühmten Dichter – Goethe vielleicht ausgenommen – eine Nebenrolle spielten. Der Prinzenerzieher Wieland blieb als Pensionist Mitglied des Hofes, Goethe wurde es offiziell erst 1788 als Direktor der Zeichenschule. Der Oberhofprediger Herder gehörte wie Schiller zum Ziviletat. Die vier Klassiker besaßen immerhin den Ratstitel, der als Äquivalent des Hofzugangs galt. Letztlich entschied allein der Herzog, wer am Hof ein- und ausgehen durfte und wer nicht. Laut Fourierbuch nahm Herder zwischen 1790 und 1810 insgesamt an 254, Wieland an 144, Goethe an 1092 Tafeln teil, Schiller nur an drei. Das war ihm nicht egal. Er bat Frau von Stein, der Herzogin mitzuteilen, da er in den beiden Jahren, die er nun in Weimar lebe, nie zu Hofe geladen worden sei, möge sie wegen seiner Krankheit auch künftig darauf verzichten. Er speiste am gleichen Tag an der Mittagstafel.[139] Wurde Schiller der Zugang verwehrt, weil ihm das Odium des Rebellen anhaftete?

Am Weimarer Herzoghof gab es weder eine Verbürgerlichung noch ein Regiment der Musen, obwohl es, wo es ins Image passte, mit dem Adelstitel ausländischer Gäste nicht allzu genau genommen wurde. Die englische Reederfamilie Gore oder die reichen Zöglinge des Erziehungsinstituts, das der ehemalige französische Parlamentspräsident Mounier in Belvedere unterhielt, waren am Hof gern gesehene Gäste. Carl August nutzte seine Hofhaltung in bewährter Form zur Repräsentation. Es gab keine Förderung der Dichter, Künstler oder Gelehrten über das übliche Maß hinaus. Für das Musenspiel lockerte Luise nicht die höfische Etikette und Carl August nicht die Standesschranken. Er wandte die Regeln lediglich flexibel an. Seinen engeren Kreis verlagerte er häufig ins Geheime, dorthin, wo es ihm in der Natur oder auf seinen Zimmern angenehm war. Die Herzogin arrangierte den sichtbaren Hof so, dass die Schicklichkeit gewahrt blieb. Wenn jedoch Carl August die Etikette aufs Äußerste strapazierte, wenn er mit seinen Hunden den Salon betrat und sie die Damen zu Tode erschreckten oder Diplomaten über den Haufen rannten, war der Ehefrieden gestört.[140]

5. *Anna Amalias Witwenmusenhof als Refugium*

Die Blicke der Öffentlichkeit zog der als Musenidyll stilisierte Witwenhof Anna Amalias auf sich. Die Inszenierung war ein aufsehenerregendes Alleinstellungsmerkmal, weil Weimar drei, später vier der berühmtesten deutschen Dichter beherbergte und daher den Anspruch erhob, literarisches Zentrum zu sein. Retrospektiv war der «Musenhof» die

Chiffre, die verzauberte und den Mythos entstehen ließ, die Not der Kleinheit habe in Weimar zur Tugend der Pflege, Ausübung und Förderung von Literatur, Künsten und Wissenschaften geführt. Der damit einhergehende Glanz wurde auf das Musenidyll Anna Amalias projiziert. Die hier mögliche geistreiche und amüsante Geselligkeit unterschied sich von derjenigen des im Zeremoniell gefangenen Herzogshofs. Und die Herzogswitwe tat alles, um die Unterschiede zu betonen und die Dichter und Höflinge bei Laune zu halten. Mit Goethes Hilfe konnte die damals begehrteste Schauspielerin und Kammersängerin Corona Schröter 1776 nach Weimar berufen werden. Sie wechselte von Leipzig an die Ilm.[141] Goethe fühlte sich ihr nahe; der Herzog machte ihr überdeutlich Avancen, denen sie allerdings nicht entsprechen wollte. Anfang 1779 sprachen sich Goethe und der Herzog aus.[142] Noch wichtiger war, dass auf Wielands Empfehlung Goethe den Herzog und das Konzil dazu brachte, das Amt des Oberhofpredigers und Superintendenten Herder anzubieten, der die Zukunft des Christentums in der durch Vernunft und Billigkeit entstehenden christlichen Humanität sah. Wieland begann seine Kampagne: «Denckt doch was Carl August aus Weimar macht! und noch machen wird!»[143]

Herder erschien am 2. Oktober 1776 in Weimar und blieb trotz mancher Zweifel und Wechselpläne. Seckendorff klagte, bald sei genügend «Personal» versammelt, «um die Tempel des Apollo [...] zu bevölkern».[144] Er monierte das Kommen und Gehen der Sturm und Drang-Apostel, dachte dabei aber vor allem an Goethe, Wieland und Herder, die Maler Georg Melchior Kraus und Johann Ernst Heinsius oder den Bildhauer Martin Gottlieb Klauer.[145] Neben von Seckendorff selbst zählten der Kapellmeister Ernst Wilhelm Wolf, Corona Schröter, der Bibliothekar Christian Joseph Jagemann, der Schriftsteller Johann Carl August Musäus, der seit 1769 Professor am Weimarer Gymnasium war, sowie Friedrich Hildebrandt von Einsiedel und Carl Ludwig von Knebel zu den professionellen Musendienern. Über die wachsende Schar frohlockte Wieland, dass «unser kleines Weimar [...] wie ehemals Bethlehem-Juda jetzt nicht die kleinste unter den Töchtern Deutschlands» sei.[146] Anfang Oktober 1776 unterrichtete er den Dichter Johann Wilhelm Ludwig Gleim in Halberstadt, Weimar sei «die wahre Arche Noä, wohin sich die Guten aus einer verdorbenen

Welt von der herannahenden Sündfluth retten könnten». Gleim stimmte in einem Gedicht enthusiastisch zu: «Weimar ist Athen!» London, Paris oder St. Petersburg müssten sich schämen, es nicht zu sein.[147] Schon Anfang 1776 hatte Wieland Anna Louisa Karsch, «die deutsche Sappho», darüber informiert, dass «Göthe, der König der Geister, der liebenswürdigste, größte und beste Menschensohn den ich jemahls gesehen habe», schon zehn Wochen in Weimar sei und vielleicht lange bleiben werde.[148]

Die Vergleiche im Superlativ erregten Aufmerksamkeit. Dass Weimar nicht der Anfang einer neuen Zeit, nicht Zufluchtsort aller Gelehrten, keine Schule der Philosophen und auch keine Weltstadt war, wusste Wieland selbst. Er stilisierte einen Mittelpunkt der deutschsprachigen Literatur. Merck in Darmstadt, Klopstock in Karlsruhe oder Lessing in Wolfenbüttel waren Einzelerscheinungen geblieben. An den deutschen Höfen herrschten die französische Sprache und Kultur. In Weimar war das anders. Die Bethlehem- und Arche-Noah-Vergleiche weckten die Neugier, die Wieland mit seinem *Teutschen Merkur* befriedigte. Das Selbstlob, die Gerüchte und der Klatsch aus einer Residenzstadt ohne Schloss, mit ungepflasterten Gassen und wenig Luxus interessierten das bürgerliche Publikum.

War Weimar mit dem vergleichbar, was Winckelmann als Bedingung und Umfeld des antiken Schönheitsideals genannt hatte? Wie stand es an der Ilm um die republikanische Freiheit? Wielands Vergleiche hinkten insofern, als es in Deutschland zwar eine kleinräumige Staatenwelt gab, doch selbst in den Freien und Reichsstädten regierten sich die Bürger nicht wirklich selbst. Schiller hat später eingewandt, bürgerliche Tugenden, politische Freiheit und ästhetische Kultur seien selten gleichzeitig aufgetreten, die Schönheit müsse die Freiheit vorbereiten und ihr vorangehen.[149]

Vorerst genügte die Imagination. Die Ausschweifungen während der Geniezeit, die den Autor des Sensationserfolgs *Die Leiden des jungen Werther* in Weimar mit einem regierenden Fürsten verbanden, was Wieland, Herder oder die Höfe über deren Ausbrüche aus der Wohlanständigkeit dachten, das bewegte die neugierigen Leser und festigte den Ruf eines deutschen Parnasses, einer Republik unabhängiger Geister. Sie wollten mehr erfahren und Anna Amalia ließ sich gerne –

auch auf Kosten ihres Sohnes Carl August – als Förderin der Musen feiern. Um diesen Anspruch zu unterstreichen, beschäftigte sie einen Bibliothekar und einen Musiker, was die Hofkalender für jeden sichtbar machten.[150]

Goethe hat das Wollen der Herzogswitwe in seinem Nekrolog feinfühlig herausgearbeitet. Nachdem sie ihre Pflicht als Regentin erfüllt hatte, habe sie sich zu einem Privatleben entschlossen, «wo sie sich von Kunst und Wissenschaft, so wie von der schönen Natur ihres ländlichen Aufenthaltes umgeben, glücklich fühlte. Sie gefiel sich im Umgang geistreicher Personen.»[151] Goethe arbeitete aus guten Gründen weiter am Image des Witwenmusenhofes, dessen Dilettantismus die großen Vier in Weimar längst hinter sich gelassen hatten. Anna Amalia hatte sich seit Mitte der 1770er Jahre als alternatives Zentrum etablieren können, weil sie im Winter im Stadtpalais des Freiherrn von Fritsch an der Esplanade, dem «Wittumspalais», im Sommer in Ettersburg, später in Tiefurt und nicht auf einem fernen Witwensitz in der Provinz lebte. Sie füllte eine gesellige Leerstelle oder gab dies mit Hilfe Wielands glaubhaft vor. In seinem Gedicht *An Olympia* zum 38. Geburtstag Anna Amalias am 24. Oktober 1777 wies er ihr ihre Rolle zu: Nach alter deutscher Sitte habe sie die Freiheit, die Natur und einen Ruhesitz im Wald gewählt. Sie solle sich aus ihrem «schönen Hain» «ein Elysium» schaffen, «[w]as hold den Musen ist soll da willkommen sein!»[152]

Das Liebhabertheater, der Kern des Musenidylls, war ein gewaltiges Unternehmen. Anna Amalia komponierte für die Goethestücke *Erwin und Elmire* und *Das Jahrmarktsfest zu Plundersweiler* die Musik. Sie spielte verschiedene Instrumente und setzte sich 1799 in ihren *Gedanken über die Musick* mit theoretischen und ästhetischen Fragen auseinander. Nach mehr als 100 Aufführungen 60 verschiedener Stücke zwischen 1776 und 1780, also etwa 12 pro Jahr,[153] verloren der Herzog und andere die Lust an dem straffen Programm. An der Mittwochstafel kam es zum Streit, als Herder und Wieland die Stücke kritisierten, und 1783 wurde eine professionelle Schauspieltruppe engagiert.[154]

Als Ersatz für das Liebhabertheater erblickte 1781 mit dem *Journal von Tiefurt* eine durch ihre handschriftliche Verbreitung in nur elf Exemplaren exklusive und deswegen hochbegehrte Zeitschrift das Licht der Welt. Sie wurde von einer «Gesellschaft von Gelehrten, Künstlern, Poeten und Staatsleuten, beyderley Geschlechts» verfasst und einem ausgewählten Publikum vorgelegt.[155] Zwischen August 1781 und Juni 1784 brachte es das Journal auf insgesamt 47 Hefte. Inhaltlich dominierten die Antike, das Landleben und das Spiel der Musen.[156] Louise von Göchhausen bezeichnete das Journal als «Tempel der Musen». Für ein paar Jahre war es das Forum, mit dem sich die höfische Elite Weimars auch in «satirisch verkleidete[r] Hofkritik» über sich selbst verständigte.[157] Da alle Beiträge anonym erschienen, der Autorenkreis aber bekannt war, konnte sich jeder als ein Goethe oder Herder fühlen.

Die dilettierenden Autoren, die zugleich einen Großteil der Leserschaft bildeten, schrieben zum Vergnügen und zur eigenen Vervollkommnung. Goethes Stücke ragten heraus. Das Gedicht *Auf Miedings Tod*, das er im Jahr 1782 zu Ehren des Weimarer Hoftischlers und Bühnenbildners Johann Martin Mieding, der vor der Generalprobe des Maskenzugs *Pantomimisches Ballett* verstorben war, verfasste und im 23. Stück des *Journals* erscheinen ließ, huldigte dem titelgebenden Mieding sowie Corona Schröter. Die Muse solle Miedings Namen ausrufen, damit dieser nicht vergessen werde. Im Gedicht, das mit dem Handwerker und der Schauspielerin dem technischen und dem künstlerischen Bühnenzauber in Weimar ein Denkmal setzt,[158] wirft Corona einen Trauerkranz ins Grab. Das Gedicht verdeutlicht den enormen Anspruch, den auch schon Wieland erhoben hatte.

> O Weimar! dir fiel ein besonder Los:
> Wie Bethlehem in Juda, klein und groß!
> Bald wegen Geist und Witz beruft dich weit
> Europens Mund, bald wegen Albernheit.
> Der stille Weise schaut und sieht geschwind,
> Wie zwei Extreme nah verschwistert sind.[159]

Bemerkenswerte Journalbeiträge kamen von Herder, Einsiedel und Seckendorff, Louise von Göchhausen, Emilie von Werthern und Frederike Sophie Eleonore von Schardt, der Schwägerin Charlotte von Steins. Auch einige auswärtige Autoren wie Karl Theodor von Dalberg oder Jakob Michael Reinhold Lenz lieferten Texte. Dieser Kreis darf als Nukleus der weimarspezifischen Witwenmusenhofidylle angesehen werden, die Anna Amalia unsterblich machte. Der von Merck aus Darmstadt eingesandte Beitrag bezweifelte die Möglichkeit einer solchen Idylle, weil es keinen offenen Austausch zwischen Adel und bürgerlichen Gelehrten gebe, denn der hohe Herr könne «seine Gesellschafter sammt und sonders zum T … l schiken», wenn es ihm gefalle. Der Artikel wurde nicht aufgenommen.[160]

Louise von Göchhausen ließ in der 24. Ausgabe den titelgebenden *Ritter Eckbert von Tiefurt,* der im 12. Jahrhundert lebt, in einen Zauberspiegel schauen, in dem er das Tiefurt der 1780er Jahre erblickt: Dort sieht er den von Anna Amalia den Musen gewidmeten kleinen Tempel, in dem Goethe das Bild der Phantasie und Wieland die Bilder der Grazien aufstellen. Herder bringt Weisheit und Tugend und er zeigt den Musen ihren Platz.[161] Verwirklicht wurde das Musentempelchen 1784 im Tiefurter Park, 1803 wurde es durch einen Neubau ersetzt, in dem Kalliope, die Muse der epischen Dichtkunst, der Wissenschaft und der Philosophie im Zentrum steht und den professionellen Anspruch des klassischen Weimar-Jena repräsentiert. Anna Amalia focht das wenig an. Sie musizierte, schrieb und komponierte, zeichnete unter Anleitung des Hofmalers Kraus und des Leipziger Professors Adam Friedrich Oeser, bei dem Goethe einst studiert hatte und der ihn ebenfalls unterrichtete, wenn er im Sommer nach Weimar kam. Von ihrer Radierung des Schlosses Ettersburg ließ Anna Amalia 120 Abzüge anfertigen.[162]

Zur Entstehung des Journals trug der Umzug Anna Amalias in das zuerst Prinz Constantin zugewiesene Landschlösschen Tiefurt maßgeblich bei.[163] Hier hatte dessen Erzieher Knebel mit der Umgestaltung des Gartens begonnen und schon 1776 von Tibur (Tivoli) gesprochen. Herder berichtete Gleim, dass der Prinzenerzieher den Ort «im Luftsprunge in ein Horazisches Tibur umgeschaffen» habe.[164] In diesem Landsitz mit Park und Wasserspielen[165] tummelten sich wie auf dem Parnass die Musen – ein die Sinne betörender Ort vergnüglicher Geselligkeit. Anna Amalia griff Anregungen auf, die sie beim Besuch des Wörlitzer Gartenreiches erhalten hatte. Der natürliche Schauplatz erlebte am 22. Juli 1782 die glanzvolle Uraufführung von Goethes Sing-

Schloss Tiefurt
Tuschezeichnung von Conrad Westermayr (1793)

spiel *Die Fischerin,* das seinen Beitrag zur zeitgenössischen Verklärung der Natur und natürlicher Empfindungen leistete.

Unterdessen suchte Constantin, der jüngere Sohn Anna Amalias, nach seiner Rolle und einer Aufgabe. Die frühe Liaison mit Caroline von Ilten, einem adeligen Waisenkind, unterband seine Mutter, weil sie nur zu Bettelprinzen führen könne.[166] Vor seiner Rückkehr von der Kavalierstour erschien eine von ihm geschwängerte Madame Desaincourt. Goethe quartierte sie bis zur Niederkunft in der Försterei Tannenroda ein, dann wurde sie nach Frankreich zurückgeleitet. Wenig später kam der Prinz mit einer englischen Geliebten, die das Herzogtum nicht betreten durfte. Constantin wurde in Wilhelmstal bei Eisenach isoliert. 1784 brachte ihn Carl August in der kursächsischen Armee unter. Er starb 1793 an Typhus.[167]

Abendgesellschaft bei Anna Amalia («Tafelrunde»)
Aquarell von Georg Melchior Kraus (um 1795)

Um in Tiefurt mit ihrem kleinen Hofstaat nicht mit Zeichnen, Lesen und Komponieren zu vereinsamen, veranstaltete Anna Amalia ihre musischen Gesellschaften, die der Maler Kraus typisierend 1795 in dem berühmten kleinformatigen Aquarell *Abendgesellschaft bei Anna Amalia Herzogin von Sachsen-Weimar-Eisenach* darstellte. Die Anwesenden beschäftigen sich mit Sticken oder Lesen, einige sinnieren vor sich hin. Heinrich Meyer, Goethe, Einsiedel, die Frau des Ministers von Fritsch, Elizabeth (genannt Elise), Charles und Emily Gore, Louise von Göchhausen, Johann Gottfried Herder und Anna Amalia selbst sitzen so dicht nebeneinander am Tisch, dass Malen wie im Fall der im Zentrum sitzenden Herzogin schwierig gewesen sein dürfte. Signalisiert wird Nähe und Ungezwungenheit in einer gesellig-kreativen «Tafelrunde» – ein schöner Schein, keine reale Situation.[168] Mit

Wieland und Karl August Böttiger fehlen zudem zwei Akteure, die oft in Tiefurt zu Gast waren.

Über das Tiefurter Musenidyll sinnierte Knebel im August 1784, bei der Herzogswitwe in Tiefurt gebe es eine Freiheit, die «bei keiner Privatperson wohlthuender sein könnte und die dennoch nicht gemißbraucht wird».[169] Er selbst war unzufrieden, weil er mit 600 Talern Pension und dem Titel eines Majors, aber ohne Amt, in den Ruhestand versetzt worden war. Carl August hatte ihm deswegen einen langen Brief geschrieben. Die rhetorischen Fragen zu Beginn variierten das Leitmotiv, Knebel ohne Amt könne seinen Freunden mehr nutzen. «Sind denn die, die sich deiner Freundschaft und Umgangs freuen, so sklavisch, so sinnlicher Bedürfnisse voll, dass du nur durch Graben, Hacken, Ausmisten und Aktenverschmieren ihnen nützen kannst?»[170]

Der Witwenmusenhof war das geistig-kulturelle Zentrum Weimars, ein fast privater Musenhain mit höfischem Flair, der die Elite zusammenführte, die Dichter zu wenig verpflichtete und sie nicht in die Rolle von Hofpoeten drängte. Anna Amalias Refugium war ein höfischer Salon mit Goethe als Zentralgestirn. Doch die Idylle war endlich und der Schein trügerisch. Als das *Journal von Tiefurt* 1784 das letzte Mal erschien, war die große Zeit des Witwenmusenhofs bereits vorüber. Die Konflikte zwischen den Dilettanten und den Autoren, die das große Publikum vermissten, konnten im geselligen Miteinander nur noch unter Aufbietung aller Kräfte überbrückt werden.

6. Maskierte Botschaften Goethes

Goethe tat alles, um vor allem die beiden Herzoginnen bei Laune zu halten. Gelegenheit dazu boten ihm die organisierten Maskeraden, deren Drehbücher er schrieb. Während er Kaspar Lavater, dem Schweizer Hauptvertreter der Physiognomie, von «Aufzügen der Thorheit» berichtete, die er schmücken müsse,[171] erklärte er Frau von Stein, dass diese notwendig seien, weil sie die Gelegenheit böten, «das Gute zu thun indem man zu scherzen scheint».[172] Außer höfischen Livréebediensteten und Domestiken durften sich alle «die Ehrbarkeit nicht beleidigenden Masquen» dem Treiben anschließen.[173] Die höfische Gesellschaft wollte sich nicht nur selbst begegnen.[174] Die Masken, die der «HofJude» Jacob Elkan oder der Jude Jacob Israel verkauften,[175] suggerierten eine Gleichheit, die es nicht gab; auch im Karneval wurde die ständische Ordnung nur scheinbar durchbrochen.[176] Originelle Aufzüge zeigten die eigene Leistungsfähigkeit und überspielten Konflikte. Zum 20. Geburtstag Luises am 30. Januar 1777 hatte Goethe das Singspiel *Lila* geschrieben, in dem das Ehepaar dank des von ihm selbst gespielten Arztes Dr. Verazio wieder in Liebe vereint wird.[177] Die Anspielungen auf den fehlenden Erbprinzen waren überdeutlich.

In dem Huldigungsgedicht *«Ein Zug Lappländer zum 30. Januar 1781»* überstrahlt die Herzogin Luise sogar das Nordlicht. Am *Aufzug des Winters* nahm Goethe als «Schlaf» kostümiert teil, Frau von Stein verkörperte die «Nacht». Für die Maskeraden im Februar 1782 schrieb Goethe *Die weiblichen Tugenden* und den *Aufzug der vier Weltalter* sowie ein *Pantomimisches Ballett*, das am Geburtstag Luises uraufgeführt wurde. Hier thematisierte er die Zweckgemeinschaft eines Zauberers und einer Zauberin, die, einander feindlich gesinnt, nur gemeinsam die ewige Jugend zurückgewinnen können. Das gelingt, als Amor aus dem Karfunkel, einem großen Stein, befreit wird. Das Ganze endet mit einer Huldigung an die Herzogin, der Amor ein Spruchband gibt, das erneut auf den noch immer fehlenden Thronerben anspielt:

Doch auf einmal bilden wieder
Herzen sich, dem meinen gleich;
Ewig jung komm' ich hernieder
Und befestige mein Reich.

Diese Erwartung konnte nur das Fürstenpaar erfüllen. Goethes Spiel besaß allerdings noch weitere Bedeutungsebenen. Kaiser Josef II. spaltete den Reichs-Staat, als er Bayern erwerben wollte. «Zwei mächtige Nachbarn sind selten ruhig, keiner bringt dem andern Vorteil. Doch wenn sie auf Augenblicke zu einem großen guten Werke sich verbinden, dann nützen sie, gewaltsam eilend, der Welt und sich.» Nur die Verständigung zwischen Preußen und Österreich konnte den Deutschen Krieg verhindern. Die kleineren Stände (dargestellt durch «Gnome» und «Feen») waren bloße Zuschauer. Das war Kritik am Herzog, der versuchte, am Rad der großen Politik zu drehen. Der tief in den Bergen liegende Karfunkel, der Jugend und Glück verheißt, lässt sich auch auf den Ilmenauer Bergbau beziehen. Wirkten alle zusammen, konnten die Schätze gehoben werden. Goethe sprach die drängendsten Probleme an: Die Dynastie benötigte einen Erben, der Bergbau versprach Wohlstand und die große Politik Carl Augusts war mit Risiken behaftet.[178]

Die beiden Herzoginnen dominierten den am Fastnachtsdienstag 1782 uraufgeführten *Aufzug der vier Weltalter*. Goethe ging es um die Harmonie im Herzogshaus; er wollte zwischen den beiden weiblichen Zentralgestalten vermitteln. Anna Amalia führte den Aufzug an. Sie verkörperte das «Goldene Alter», den Morgentraum, den zwei Knaben begleiteten, die «Freude und Unschuld» darstellten, das dilettierende Spiel mit den Musen. Herzogin Luise stellte das «Silberne Alter» dar, das von «der Fruchtbarkeit» und «den Gaben des Geistes und der geselligen Fröhlichkeit» begleitet wurde. Sie trug die Verantwortung, trieb die Dinge voran, überbot ihre Schwiegermutter und führte das Ganze zum Höhepunkt:

> Was tief verborgen ruht, ruf' ich hervor;
> Ich gebe zwiefach was der Mensch verlor.
> Durch Kunst gepflegt wird nur in meinem Schoß/
> Das Schöne prächtig und das Gute groß.

Die folgenden Alter, das «eherne» und das «eiserne», bedeuten Stagnation und Abstieg, denn mit ihnen kommen «Sorge», «Geize», «Stolz» und «Gewalttätigkeit». Die eherne Ära, die in königlicher Tracht mit den Attributen Krone und Zepter auftritt, preist das «Große», «Ehr und Reichtum spenden Glück und Lohn». Die eiserne Zeit, in kriegerischer Rüstung und als Barbar, lobt die Machtpolitik, die alles unter sich begräbt. Am Ende tanzen die Knaben der Goldenen und Silbernen Ära, bevor diejenigen der ehernen die Eintracht zerstören. Sie behängen Geiz und Ehrgeiz mit goldenen Ketten. Die Harmonie des Schönen ist dahin, jeder sucht nur egoistisch seinen Erfolg. Die Knaben der eisernen Epoche überwältigen alle anderen und rauben sie aus. Macht will herrschen. Erst die «Zeit» schlichtet

Herzogin Luise von Sachsen-Weimar mit Erbprinz Carl Friedrich
Gemälde von Johann Friedrich August Tischbein (um 1783)

das Chaos; sie gibt jedem das Seine zurück und stiftet neue Harmonie.[179]

Doch brachte die Zeit von selbst die Einigkeit, heilte sie alle Wunden? Auch Goethes eigene? Er saß in einem goldenen Käfig, aus dem er sich nicht befreien konnte. Die reformpolitischen Erfolge waren überschaubar und Carl August drängte zur großen Politik. Goethe entdeckte neue literarische Ambitionen und informierte Frau von Stein, dass er ein anderes Leben beginnen werde.[180] Die Maskenzüge waren Warnungen, ohne Einigkeit musste die Weimarer Konstellation zerfallen. Zunächst aber konnte die Geburt des Erbprinzen Carl Friedrich am 2. Februar 1783 gefeiert werden. 1784 zeichnete Goethe mit dem *Planetentanz*, zu dem Hofkapellmeister Ernst Wilhelm Wolf die Musik schrieb, ein neues Bild der Herzogin. Es erscheinen die Sterne, Luna, Sol und die «Liebe», begleitet von «Leben» und

«Wachstum», um Luise zu huldigen und die Geburt des Erbprinzen zu würdigen.[181]

Fürstinnen wurden überall panegyrisch gefeiert und zur Musenpflege aufgefordert. Goethe und die Weimarer Dichter bürgten jedoch dafür, dass ihre Gelegenheitsdichtungen auch ein größeres Publikum erreichten. Obwohl Goethe an der literarischen Qualität und insbesondere an seiner Rolle als Hofpoet zweifelte, ließ er einige dieser Stücke drucken, nicht jedoch sein *Pantomimisches Ballett*. Er agierte an der Schnittstelle von Politik, Kultur und Plaisir. Nun reflektierte er sein ihm selbst suspekt werdendes Dasein, setzte sich mit Weimar in eins und griff den Bethlehem-Vergleich Wielands auf, um eine neue Zeit mit noch unbestimmten Konturen zu skizzieren.

Da aber die großen Ideen mit den kleinen Wirklichkeiten nicht harmonierten, gestand Goethe im November 1782 Knebel seine herbe Enttäuschung: Der Herzog sehe «seine Existenz im Hezen und Jagen». Die Herzogin lebe ihr Hofleben. Beide sehe er selten. Über sich selbst schreibt Goethe: «Und so fange ich an mir selber wieder zu leben, und mich wieder zu erkennen. Der Wahn, die schönen Körner die in meinem und meiner Freunde daseyn reifen, müssten auf diesen Boden gesät, und iene himmlischen Juwelen könnten in die irdischen Kronen dieser Fürsten gefaßt werden, hat mich ganz verlassen.»[182] Goethe wollte sich aus seinem selbstgezimmerten Käfig befreien. Er gestand Frau von Stein, er sei ein Privatmensch und «begreife nicht, wie mich das Schicksal in einer Staatsverwaltung und eine fürstliche Familie hat einflicken mögen».[183]

Auch in Wien, Berlin und anderswo lebten um 1780 bedeutende Künstler und Schriftsteller. Der Vorzug Weimars war der kulturelle Reunionspunkt, das Nebeneinander und der Gegensatz von Genies und Höflingen, das Klein und Groß, Polis und Kosmopolis, unscheinbar und weltbedeutend. Die Einigkeit und das sich gegenseitig Akzeptieren war die Basis des Weimarer Ruhms. Goethe erläuterte von Müller, ihn habe nur die entschiedenste Uneigennützigkeit aufrechterhalten; er habe seine Honorare «und zwei Drittel meines väterlichen Vermögens hier zugesetzt und erst mit 1200 Talern, dann mit 1800 Talern bis 1815 gedient».[184] Das taten andere auch – und für weniger Geld. Goethe aber wusste, dass er für Weimar systemrelevant war.

Was verband die unterschiedlichen Charaktere, was hielt die Genies in der kleinen Residenzstadt? Anna Amalias Zeit als Zentralmuse war Ende der 1780er Jahre schon mehr oder weniger Erinnerung; ihre Geselligkeiten boten kaum noch Anstöße. Carl August sicherte mit Ämtern die Existenz der Dichter. Er tastete ihre Autonomie nicht an, erwartete aber Loyalität. Wer sich darauf einließ, fühlte sich gebunden.

7. Herders Predigt

Mit dem Gedicht *Ilmenau* antwortete Goethe auch auf Herders Predigt beim Dankgottesdienst eine Woche nach der Geburt des Erbprinzen Carl Friedrich. Der Superintendent hatte vor dem versammelten Hof, den Ständen und der Bürgerschaft Stabilität und christliche Humanität angemahnt.[185] Seine Philippika richtete er zwar als Hoffnung an den jungen Prinzen, doch Herder rechnete mit dem wilden Treiben und unchristlichen Verhalten des Vaters in der Geniezeit ab. Nur die «Vestigkeit der Seele» bewahre vor den größten Lastern, die man sich bei einem Herrscher denken könne, «nemlich Tyrannei und Wollust». Ein weiser Regent müsse weder Gelehrter noch Künstler sein, aber erkennen, «was zur Last und zur drückenden Zierde; oder was zum Wohle des Landes gehöre? was dem Staat diene, oder was ihn untergrabe und von ihm zehre?» Die Religion sichere «das Leben und die Regierung der Fürsten».[186] Herder forderte weniger Aufwand bei Theater, Maskeraden und Vergnügen, dafür soziales Gewissen und Demut vor Gott, der die Fürsten als Regenten der Menschheit eingesetzt habe.

Die gepredigte Fürstenschelte kommentierte Wieland distanziert: «Je nun! weil der Herzog sonst nicht in die Kirche kommt, so hat Herder vermutlich den Augenblick ergriffen, da er ihn hatte.» Goethe äußerte sich kritisch-ironisch: «Nach solch einer Predigt bleibt einem Fürsten nichts übrig, als abzudanken.» Diesen Eklat vermied Carl August, der von einer «braven Predigt» sprach und sich lediglich über die Hoffnungen wunderte, die ein Oberhofprediger in ein kleines Kind setze.[187]

Mit seiner Fürstenpredigt profilierte sich Herder als moralische

Instanz. Als Pfarrer blieb er umstritten, weil er sich nicht immer schwarz kleidete, gerne ausritt und ins Theater ging.[188] Der regelmäßige Kirchgang war in den Dörfern selbstverständlich, in Weimar hingegen nicht. Der Karlsruher Hof- und Stadtvikar Christian Friedrich Rinck besuchte im November 1783 Herder und berichtete von einer nur zu einem Viertel gefüllten Jakobs- und einer fast leeren Stadtkirche. Er zitierte den Weimarer Kanzlisten Roth: «Wieland hat dem Herzog die Religion aus dem Herzen philosophiert, Göthe den Rest herausgelacht.» Herder habe man als «gelinden BeichtVater» nach Weimar geholt. Er rede dem Herzog nie ins Gewissen, damit Goethe tun könne, was er wolle.[189] Dass Herder 1783 sein Predigtmanuskript vor dem Druck mit Goethe absprach, war ein geschickter Schachzug. Er band ihn ein und entspannte so ihr Verhältnis. Goethe wünschte sich «ein trostlich, wohltätig Wort für den Herzog» und bemängelte, dass Herder sittliche Herrschaft und Humanität nur an die Religion binde. Über die Hoffnung auf eine bessere irdische Zukunft möge er noch einmal nachdenken und dies als «Vorbitte für die schönen Künste» verstehen. Alle Leidenschaften, die Mächtige und Reiche um einen «stärckern Genuß des Lebens suchen», kosteten Zeit und Geld, «ohne die Seele zu erheben, das doch die Gaben der Musen um einen wohlfeilern Preis gewähren».[190]

Goethe setzte auf sinnliche Erfahrungen, auf harmonische Geselligkeit und das Schöne, um Einigkeit und Frieden zu stiften. Literatur, Künste und Wissenschaften wirkten seines Erachtens ebenfalls auf die Seele und stärkten Moralität und Sittlichkeit. Für Herder war hingegen die Religion der höchste Ausdruck der Humanität und Zweck des irdischen Daseins. Das verband die Menschheit. Die Völker waren nur aufgrund ihrer natürlich-physischen, historischen und sozialen Entwicklungen verschieden. Jedes besitze spezifische Anlagen, die nicht in einer Universalgeschichte oder dem Weltbürgertum homogenisiert werden dürften. Da die Gesetze und Ordnungen aber nun einmal verschieden waren, musste Herder in seinen seit 1784 erscheinenden *Ideen zur Philosophie der Geschichte der Menschheit* auch die Regimentsformen behandeln. Über die konkrete Ausgestaltung dieser Passagen und den Druck seiner harschen Kritik schrieb er an Knebel, «[d]er Pontifex maximus (zu deutsch: oberste Wegaufseher und Straßenkehrer)

Goethe soll den Ausschlag geben».[191] Dieser stellte lapidar fest, «daß füglich kein Wort davon stehen bleiben könnte»[192]. Herder hatte die vertraglich geregelte Herrschaft von der Erbherrschaft abgesetzt, bei der die Machtübernahme eines Eroberers ohne vernünftige Legitimation verewigt sei, weil sie durch «schweigenden Kontrakt Recht ward». Die Leidenschaften hätten «Völker wie wilde Tiere zusammen- und gegeneinander getrieben». Es sei ein Grundsatz der Geschichte, dass «kein Volk unterdrückt wird, als das sich unterdrücken lassen will, das also der Sklaverei wert ist». Völker gewöhnten sich an ihr Joch; wählten sie die Tyrannei, sollten sie diese Last tragen. Der unmündige Mensch benötige einen Herrscher, gewinne er Vernunft und werde Mensch, brauche er keinen Herrn mehr. Der «edelste Zweck» sei, dass die Regierung «entbehrlich werde und jeder sich selbst regiere».[193]

Herder war unzufrieden mit seinem Einfluss in Weimar und neidisch auf Goethe, den er gegenüber dem Philosophen Johann Georg Hamann bissig kritisierte: «Er ist also jetzt wirkl. geh. Rath, Kammerpräs., Präsident des Kriegscollegii, Aufseher des Bauwesens bis zum Wegebau hinunter, dabei auch directeur des plaisirs, Hofpoet, Verfaßer von schönen Festivitäten, Hofopern, Ballets, Redoutenaufzügen, Inscriptionen, Kunstwerken etc. Direktor der Zeichenakademie [...], selbst überall der erste Akteur, Tänzer, kurz das fac totum des Weimarschen u. so Gott will, bald der maior domus sämmtl. Ernestinischer Häuser, bei denen er zur Anbetung umherzieht. Er ist baronisiert u. an seinem Geburtstage [...] wird die Standeserhebung erklärt werden. Er ist aus seinem Garten in die Stadt gezogen u. macht ein adlich Haus, hält Lesegesellschaften, die sich bald in Aßembleen verwandeln werden etc. etc.»[194]

Die Vorschläge Herders zu Bildungs- und Kirchenreformen wurden immer wieder vertagt. Selbst als Goethe ihm 1783 beisprang, dauerte es noch fünf Jahre, bis das Lehrerseminar verwirklicht wurde.[195] Der unermüdliche Pläneschmied Herder regte überdies die Verbesserung der Grundschulen an, entwarf ein *Buchstaben- und Lesebuch* und forderte eine höhere Besoldung für Lehrer. 1785 empfahl er, die unteren Klassen zu einer Realschule für brauchbare Bürger umzugestalten, während die oberen auf ein Studium vorbereiten sollten. Daraufhin wurden auch Naturgeschichte, Mythologie, Deutsche Sprache und Physik unterrichtet.[196] Da mit dem Zusammenlegen von Garnisons- und Hofkirche eine Pfarrstelle eingespart wurde, erhielten die Lehrer am Gymnasium eine Gehaltszulage. Herder wollte überdies die Anzahl der Gottesdienste verringern, denn die Leute müssten unter der Woche arbeiten und könnten keine Predigten hören. Gegen den Widerstand des Konsistoriums wurden 1788 auf seine Empfehlung hin die Liturgie vereinfacht und das Singen eingeschränkt.[197]

Der Superintendent kämpfte unverdrossen gegen den obrigkeitlichen Despotismus; er verlangte die Herrschaft der Gesetze sowie politische und bürgerliche Freiheit. Mit Winckelmann hielt er eine republikanische Verfassung nach dem Vorbild Athens für den Rahmen, im dem sich Wissenschaften und Künste am besten entfalten könnten. Die Muse der antiken Dichter sei die jeweilige Staatsverfassung gewesen, während unter dem Despotismus nur die Theologie oder eine Tyrannei der Pracht, des Übermaßes, der Willkür und kolossalischer Größe gegolten habe. Er widersprach Rousseau, der behauptet hatte, Künste und Wissenschaften hätten die Sitten nicht verbessert.[198] Herder glaubte hingegen, dass in den modernen Monarchien vieles von dem verwirklicht sei, was an den antiken Republiken gelobt werde: Künste könnten zwar auch negativ wirken, doch dann müsse die Öffentlichkeit oder der Staat regulierend eingreifen.[199]

Soweit war es in Weimar aber noch nicht. Der Herzog, der sich angeblich mit 18 Jahren «von der kirchlichen Sitte» befreit hatte,[200] wandte sich nicht gegen die Kirche und dachte nicht daran, das Luthertum und seine sozialdisziplinierenden Funktionen infrage zu stellen. Die Kirche bot die gespeicherte Ästhetik, die niemand überforderte. Ihr durch Zeichen, Symbole und politisch-kulturelle Regeln gesteuerter Code unterschied das Herzogtum von den katholischen Nachbarn. Zudem waren dem Herzog reichsrechtlich die Hände gebunden; der Westfälische Frieden hatte die Landeskonfession festgeschrieben.[201] Was Herder ärgerte, war die Ironisierung des Glaubens. 1787 antwortete Carl August beispielsweise auf Knebels Problem, er könne sich nicht entscheiden, «Götter zu glauben oder zu leugnen», mit einer Szene aus Wielands Lukian-Übersetzung, «wo ein Stoiker einem Epikureer beweist, daß es Götter geben müßte, weil doch Altäre vorhanden wären».[202] Auch Herder hielt das Christentum nur wegen seiner

Humanität für zukunftsfähig,[203] doch für ihn war es der einzig legitime Ort der Kultursynthese, weil es die Menschheit zur höchsten Form der Menschlichkeit bringe. Goethe, der sich als «dezidirter Nichtkrist»[204] bezeichnete, bezweifelte dies.

Herder interpretierte die lutherische Tradition als Befreiungskampf. Als Seelsorger musste er auf die Stimmungen und Hoffnungen des Volkes achten und plädierte für behutsame Veränderungen. Seine Predigten spiegelten sein tastendes Suchen nach zeitgemäßen Formen und Antworten. Jeder Mensch war einmalig und gab seine Eigenarten mithilfe der Sprache weiter. Deswegen untersuchte Herder, wie die Poesie die Sitten der Völker beeinflusse.[205] Alle Kulturen waren schützenswert. Sie gehörten zu der einen Welt, in der sich die vielfältigen Anlagen entfalten und bewähren mussten. Die Eigenarten der Völker waren die Ankerpunkte der nationalen Einheit.[206] Allgemeine Begriffe wie Wahrheit, Schönheit oder Tugend wurden durch die Sprache national codiert. «Doch bleibts immer und ewig, daß wenn wir kein Volk haben, wir kein Publikum, keine Nation, keine Sprache und Dichtkunst haben, die unser sei, die in uns lebe und wirke.»[207] Der Kosmopolitismus war Herder zu abstrakt, wenn er nicht in einer humanisierten Nation wurzelte.[208]

Wie die meisten deutschen Autoren unterschätzte Herder die Bedeutung von Herrschaft und Staat für Völker und Nationen, in denen er König und Bauern vereinigt glaubte. «Kabinette mögen einander betrügen; politische Maschinen mögen gegeneinander gerückt werden, bis Eine die andre zersprengt. Nicht so rücken Vaterländer gegen einander; sie liegen ruhig neben einander und stehen sich als Familien bei.»[209] Im Sinn von Mosers Nationalgeist träumte er, Kaiser Josef II. werde ein «Deutsches Vaterland, und Ein Gesetz und Eine schöne Sprache und redliche Religion» bringen.[210] Die Probleme, die etwa Kant oder Schiller quälten, wenn sie an die künftigen Weltbürger dachten, stellten sich für Herder nicht, weil seiner Ansicht nach allen Menschen und Völkern von Natur aus der Hang zur Humanität innewohnte.

8. *Carl Augusts Reichspolitik*

Das Machtgleichgewicht zwischen Österreich und Preußen blockierte die notwendige Reform des Reichs-Staats. Die beiden deutschen Großmächte instrumentalisierten Kaiser und Reich für ihre Zwecke und auch die weltlichen Kurfürsten wie Sachsen oder Bayern strebten nach Souveränität. Den anderen Reichsständen blieben die Anlehnung an die regionale Hegemonialmacht und ein risikoreiches Lavieren zwischen den Fronten.[211] Sie hatten den Einmarsch Friedrichs II. in Sachsen und die polnische Teilung nicht vergessen, als sich Kaiser Josef II. 1778 anschickte, Bayern zu erobern. Preußen ließ seine Truppen aufmarschieren. Die Erinnerungen an den letzten Krieg, an die preußischen Werber und die Durchzüge kehrten zurück. Das «Kriegsgeschwätz» und das «erwachende Kriegsgefühl»,[212] das auch Carl August ergriff, irritierten Goethe. Die Lage war brisant. Goethe schrieb an Merck: «Jetzt macht uns der eindringende Krieg ein ander Wesen. Da unser Kahn zwischen den Orlogschiffen gequetscht werden wird.»[213]

Carl August reiste mit Goethe nach Berlin. Unterwegs bewunderten sie den Wörlitzer Landschaftspark. Goethe berichtete, er müsse in den «Lärm der Welt und der Kriegsrüstungen», komme aber dem Ziel seines dramatischen Wesens näher, «wie die Grosen mit den Menschen, und die Götter mit den Grosen spielen».[214] Als sie in Berlin ankamen, war Friedrich II. bereits zur Armee abgereist. Die aufdringliche Pracht, die vielen Soldaten und das militärische Gehabe schüchterten Goethe derart ein, dass er sich nicht getraute, seine Briefe abzusenden. Frau von Stein berichtete er: «Es ist ein schön Gefühl an der Quelle des Kriegs zu sizzen in dem Augenblick da sie überzusprudeln droht. Und die Pracht der Königstadt, und Leben und Ordnung und Überfluss, das nicht wäre ohne die tausend und tausend Menschen bereit für sie geopfert zu werden [...] ie gröser die Welt desto garstiger wird die Farce [...] Aber den Werth, den wieder dieses Abenteuer für mich für uns alle hat, nenn ich nicht mit Nahmen.»[215]

Die Beobachtungen, die Goethe im Mai 1778 in Berlin machte, waren eine bedrückende Erfahrung, die den Dramatiker allerdings reizte. Er sah, wie die Menschen dem König ins Verderben folgten. Sie steckten in ihren Aufgaben, Rollen und Vorurteilen fest. Es gab keinen Fortschritt. Da das Christentum oder die Götter keinen Frieden stifteten, suchte Goethe die innerweltliche Wende zum Besseren. Gefragt waren nun Dichter, Künstler und Gelehrte, die Anwälte des Schönen und Harmonischen, nicht die den Krieg vorbereitenden Politiker oder Militärs. In Berlin waren ihm «tausend Lichter aufgangen. Und dem *alten Fritz* bin ich recht nah worden, [...] und hab über den großen Menschen seine eignen Lumpenhunde räsonniren hören. [...] Mit Menschen hab ich sonst gar Nichts zu verkehren gehabt und hab in preußischen Staaten kein laut Wort hervorgebracht, das sie nicht könnten drucken lassen.»[216]

Als Carl August Anfang 1779 den preußischen König bat, die Werbungen im Weimarischen zu unterlassen, lehnte dieser rundweg ab und forderte, freiwillig Rekruten abzustellen.[217] Goethe notierte: «Zwischen zwey übeln im wehrlosen Zustand. Wir haben noch einige Steine zu ziehen, dann sind wir matt.»[218] Das Geheime Konzil empfahl abzuwarten, sich notfalls an den Reichstag zu wenden. Zudem tauchte der Plan eines Fürstenbundes auf, um Übergriffe und mögliche Belastungen durch die kriegführenden Mächte gemeinsam abzuwehren.[219] Obwohl der Bayerische Erbfolgekrieg schnell endete, zog es Carl August unwiderstehlich in die große Politik. Er wollte mit dem Fürstenbund die Reichsreform vorantreiben[220] und Ruhm ernten, um seinen Namen «bei den Nachkommen nicht vergessen zu wissen».[221]

Als die Absichten des Kaisers publik wurden, die habsburgischen Niederlande gegen Bayern zu tauschen, startete Fürst Franz von Anhalt-Dessau im Herbst 1782 eine neue Bündnisinitiative.[222] Der badische Minister Wilhelm von Edelsheim informierte Carl August[223] und präsentierte ein Jahr später einen Verfassungsentwurf, der die gemeinsame Entschuldung der Mitglieder, die Zurückweisung aller Eingriffe des Reichshofrats und eine Bundesarmee vorsah. Geplant war eine Föderation des sogenannten Dritten Deutschland – eine Reichskorporation ohne Österreich und Preußen. Carl August unterrichtete den preußischen Thronfolger Friedrich Wilhelm und stellte 1784 das Projekt an verschiedenen Höfen vor. Goethe begleitete ihn nicht in den deutschen Südwesten. Carl August konnte den Reichserzkanzler Carl Friedrich Josef von Erthal überzeugen,[224] doch Karl II. August von

Herzog Carl August von Sachsen-Weimar Punktierstich nach einem Gemälde von Georg Melchior Kraus (1791)

Pfalz-Zweibrücken, der als Erbe des bayerischen Kurfürsten Karl Theodor eine Schlüsselrolle spielte, empfing ihn nicht, sondern wandte sich Anfang 1785 an König Friedrich II., der sich die Chance, seinem Bündnisprojekt neuen Schwung zu geben, nicht entgehen ließ.

Gegen jeden Machtzuwachs des Kaisers hatten sich viele Generationen deutscher Fürsten gewehrt – Carl August und seine Mitstreiter knüpften an diese Tradition an. Auch sie bemühten den Topos der deutschen Freiheit[225] und beschworen in der Sprache der alten Patrioten ihre Liebe zum Reich und zum deutschen Vaterland. Franz von Anhalt-Dessau forderte einen tatkräftigen Kaiser, um mit gutwilligen Fürsten eine «einzige, einige und unteilbare Conföderation» zu schaffen.[226] Ernst II. von Gotha eröffnete dem Weimarer Herzog seine patriotischen Gefühle: Man werde «kräftigere Maßregeln» ergreifen oder sich «willig dem Joche darbieten müssen, das unseren Schultern droht […]. Noch fließt deutsches Blut in meinen Adern, und gerne werde ich's fürs Vaterland vergießen; auch lieber unter den Trümmern der Reichsverfassung mein Grab suchen und finden, als mich untätig und kleinmütigerweise unter ein schändliches Joch schmiegen.»[227] Goethe war geschockt: «Die Kriegslust, die wie eine Art von Krätze unsern Prinzen unter der Haut sitzt, fatigiert mich wie ein böser Traum […]. Das kluge Betragen der Großen wird hoffentlich den Kleinen die Motion ersparen, die sie sich gerne auf andrer Unkosten machen möchten.»[228]

Die patriotische Aufwallung Ernsts II. ging ins Leere. Der Adressat musste nicht überzeugt werden und die Öffentlichkeit erfuhr davon nichts, denn die Außen- und Reichspolitik zählte zu den Bereichen, die von den Fürsten selbst traktiert und abgeschottet wurden. Der alternde Friedrich II. dachte aber nicht daran, sich an die Spitze einer ständischen Freiheitsbewegung zu setzen. Carl August unterstützte in blindem Eifer ein Vorhaben, das seine eigenen Pläne zunichtemachte. Goethe notierte, «der Herzog war heute lang bei mir, um sich in einer Sache raten zu lassen, die schon durch Leidenschaft bei ihm ausgemacht ist.»[229] Während der preußische Diplomat Christian Wilhelm Dohm nach seinen Gesprächen mit Carl August in einer publizierten Denkschrift die Berliner Politik als patriotisch pries,[230] unterließ es der Herzog, die Öffentlichkeit zu mobilisieren. Wieland hielt dies für einen Fehler, denn alles «was wir wissen können, das dürfen wir auch wissen». Wo wie in Deutschland der «Staatskörper […] aus so mannichfaltigen und ungleichartigen Theilen zusammengewachsen ist», müsse über das aktuelle Geschehen genau berichtet werden. «Es ist widersinnig, Staats-Geheimnisse aus Dingen machen zu wollen, die aller Welt vor Augen liegen.»[231]

Berlin instrumentalisierte die alte Angst vor der Universalmonarchie und dem kaiserlichen Despotismus. Wien verwies auf die Rechtmäßigkeit eines freiwilligen Ländertausches und die eigene Absicht, die Reichsverfassung vor einem preußischen Übergewicht zu schützen.[232] Nur die Ende 1785 anonym erschienenen *Blicke über Bayerns politische Lage* vertraten die Position der fürstlichen Reichsreformer. Eine dritte Partei kleinerer Fürsten sei nötig, um die Machtbalance zu sichern, da man Deutschland als «aristokratischen oder als einen aus mehreren Monarchien zusammen gesetzten Staat betrachten» müsse. «Die drey teutschen Mächte (Austria, Borussia, Corpus Principum Germanorum) wären einzeln genommen, ewige Bürgen für die Verfassung des Reichs und (zusammen genommen) ewige Schiedsrichter für die Angelegenheiten von Europa.»[233] Carl August hatte das richtige Gespür, doch er wurde von Berlin hintergangen. Ende 1785 wusste er, dass ihm in der Sache, in der er die Fäden zu ziehen glaubte, übel mitgespielt worden war.

9. *Sinnkrisen allenthalben*

Goethe nörgelte über den täglichen Kleinkram: «So steig ich durch alle Stände aufwärts, sehe den Bauersman der Erde das Nothdürftige abfordern, das doch auch ein behäglich auskommen wäre, wenn er nur für sich schwizte. Du weißt aber wenn die Blattläuse auf den Rosenzweigen sitzen und sich hübsch dick und grün gesogen haben, dann kommen die Ameisen und saugen ihnen den filtrirten Safft aus den Leibern. Und so gehts weiter, und wir habens so weit gebracht, daß oben immer in einem Tage mehr verzehrt wird, als unten in einem organisirt [darüber: beygebracht] werden kann.»[234] Seinen ganzen Unmut schilderte er Ende 1784 dem Herzog: «Es kostet mich mehr mich zusammen zu halten als es scheint, und nur die Überzeugung der Nothwendigkeit und des unfehlbaren Nutzens hat mich zu der passiven Diät bringen können an der ich jetzo so fest hange.»[235] Es folgte das Eingeständnis, dass er über die Weimarer Jahre nachgedacht habe, um schließlich auf die Wildschweine zu kommen, die auf dem Ettersberg die Felder verwüsteten. Diese «Erbfeinde der Cultur» sollten «der Tafel aufgeopfert» werden. Das wünschten «Gutsbesitzer, Pächter, Unterthanen, Dienerschaft, Jägerey».[236]

Goethes Enthusiasmus schwand. Die Wirklichkeit deckte sich nicht mit dem inszenierten schönen Schein. Das Gedicht *Zueignung*, ursprünglich als Einleitung in das Freimaurer-Epos *Die Geheimnisse* gedacht, zeigte im August 1784 die innerlich bereits vollzogenen Veränderungen:[237]

Für andre wächst in mir das edle Gut,
Ich kann und will das Pfund nicht mehr vergraben!
Warum sucht ich den Weg so sehnsuchtsvoll,
Wenn ich ihn nicht den Brüdern zeigen soll?[238]

Goethe vermisste das große Publikum. Er hatte in seinen ersten Weimarer Jahren zwar das eine oder andere geschrieben, es aber meist nur wenigen zugänglich gemacht. Ihn hatte der 1780 erschienene Essay *De la littérature allemande* aufgeschreckt, in dem Friedrich II. von Preußen die deutsche Literatur abkanzelte und in dem auch sein *Götz von Berlichingen* als schlechtes Beispiel genannt wurde. Goethe versagte sich eine Erwiderung. Es schmerzte ihn jedoch, dass der von ihm wegen seiner Tatkraft geschätzte Friedrich II. den deutschen Dichtern ungeniert das französische Vorbild empfahl. Doch der König glaubte an Besserung: «Indeß übertreffen die Spätern zuweilen ihre Vorgänger. Dieß könnte vielleicht bey uns eher der Fall seyn, als man es glauben sollte [...]. Wenn wir Medicis haben, werden auch unsre Genies hervorkeimen [...] Wir werden dann auch unsre klassischen Schriftsteller bekommen; Jeder wird sie lesen wollen; unsre Nachbarn werden Deutsch lernen und die Höfe es mit Vergnügen reden.»[239] Lobte Goethe deswegen in *Dichtung und Wahrheit* den König als großen Anreger? Dessen Kritik provozierte und wurde zum Politikum. Die Autoren verwahrten sich gegen einen König, der als «Despote des Geschmacks und der Wissenschaften» auftrat.[240] Lessing, dem dieses Zitat zugeschrieben wurde, urteilte, dass der König für die deutsche Literatur nichts getan habe, dennoch werde ein Schmeichler «die gegenwärtige Epoche der deutschen Litteratur, die Epoche Friedrichs des Grossen, zu nennen für gut finden».[241]

Warum hatte Friedrich II. diese Konfrontation gesucht? Justus Möser vermutete einen großen Plan. Er habe seinem Staatskörper «Stärke und Festigkeit» und «ein Herz und eine Seele» geben wollen. Nun komme er zu den Wissenschaften, die «den Putz dieses zu allen Verrichtungen fähigen Körpers besorgen sollen». Aber es fehlten «große Begebenheiten», die «große Empfindungen» entstehen ließen. Die Deutschen hätten wie die Engländer «die Mannigfaltigkeit der höchsten Schönheit vorgezogen». Möser verteidigte Goethes *Götz* als

Gemälde aus dem «National-Leben unserer Vorfahren», ein «schönes Produkt unsers Bodens», das nicht dem aristokratischen Überheblichkeitsduktus huldige. Die föderative deutsche Nation könne kulturelle Bedeutung ohne maschinenmäßig organisierte politische Macht generieren. «Tausend Mannigfaltigkeiten, zur Einheit gestimmt, täten mehr Wirkung [...] als eine Einheit, worin nur fünfe versammlet sind.»[242] Die Schelte Friedrichs II. weckte neue Energien.

Ein Weg aus der Krise schien die Freimaurerei.[243] Goethe wurde im Juni 1780 in die zur Strikten Observanz gehörende Loge Anna Amalia aufgenommen. Er versprach sich neue Erfahrungen und bessere Kontakte zur alten Elite unter Führung des Freiherrn von Fritsch. Als er am 2. März 1782 zusammen mit Carl August und dem Jenaer Mediziner Loder den Meistergrad empfing, hoffte er, die Freimaurerei werde auf den Herzog ethisch-moralisch wirken. Die Loge wurde aber kurz danach wegen interner Querelen geschlossen. Carl August und Goethe traten daraufhin in den Illuminatenorden ein,[244] den Adam Weishaupt an der katholischen Universität Ingolstadt 1776 gegründet hatte. Auch hier sollten sich die Mitglieder im Geheimen vervollkommnen, um Herrschaft nicht durch eine Revolution, sondern «durch allgemeine sittliche Wirkung sowohl auf Fürsten wie auch auf Untertanen langfristig überflüssig zu machen».[245] Weishaupt erklärte 1782, Fürsten und Nationen würden verschwinden, sobald die Menschen das Reich der Freiheit beträten.[246] Wollten Goethe und der Herzog den Orden überwachen und verhindern, dass er sich in die Politik einmischte?[247]

Adolf Freiherr von Knigge, der führende Illuminat Norddeutschlands, wandte sich 1784 in Weimar gegen die Tyrannei Weishaupts, den er des «Jesuitism» beschuldigte.[248] Obwohl auch Knigge Freiheit mit Unfreiheit erkaufen wollte, trat er 1788 für die Pressefreiheit ein und nannte den Ordensgeist einen Gräuel.[249] Goethe rechnete mit den Geheimbünden 1783 ab, weil «in der kleinen Welt der Brüder alles zugeht wie in der großen [...] Und aufrichtig, wenn man vernünftig und wohltätig seyn will und weiter nichts, so kann das jeder für sich und am hellen Tage in seinem Hauskleide.»[250]

Herder, der 1783 zu den Illuminaten gestoßen war, dachte ähnlich. In seiner Denkschrift *Idee zum ersten patriotischen Institut für den Allgemeingeist Deutschlands,* die er Ende 1787 für den Markgrafen Carl

Friedrich von Baden verfasste, riet er zum Aufbau einer staatlichen Akademie,[251] um den kulturellen Zusammenhalt zu stärken. Gebe es einen Mittelpunkt, könne der Föderalismus für die Entwicklung der Kultur besser genutzt werden. Die Akademie solle die deutsche Sprache, die Historie und die praktische Philosophie fördern. Realisiert wurde sie nicht.

Goethe und Herder wollten die Kommunikationsbedürfnisse der Gelehrten und Künstler nicht den Geheimgesellschaften überlassen.[252] Ernst August Anton von Göchhausen beschuldigte diese, nach der Weltherrschaft zu streben. «Dencken sie sich bey der Kirche allzeit Rom; bey Rom den Sitz der Cäsarn, und der Universalmonarchie; bey Catholicism, Cosmopolitism; bey Jesuiten Cosmopoliten, und bey Freymaurerey Jesuiterey. Das ist der rechte Schlüssel.»[253] Goethe nahm in seinem Lustspiel *Der Groß-Cophta* die Geheimgesellschaft aufs Korn. Er hinterfragte aber auch die Weimarer Geselligkeiten vom Liebhabertheater und dem *Journal von Tiefurt* über die Maskenzüge bis hin zum Musenidyll Anna Amalias. Von den Frauen abgesehen waren die Teilnehmer die gleichen wie in den Geheimbünden: Staatsdiener und Pensionäre, reiche Kaufleute und interessierte Adlige, die sich ein «kulturell-tätiges» Leben leisten konnten.

Hatte Goethe 1777 noch gereimt, «was weiß ich, was mir gefällt, / In dieser engen kleinen Welt / mit leisem Zauberband mich hält!»,[254] so wurden ihm die Zirkel selbsternannter Vorbilder immer suspekter. Auch Wilhelm von Humboldt lehnte es ab, ohne die «Selbsttätigkeit» der Betroffenen über deren «Glückseligkeit» zu befinden.[255] Statt auf Kirche und Hof, Musenidyll und Geheimgesellschaften setzte Goethe auf Künstler, Wissenschaftler und die zum Publikum versammelten Privatleute[256] als Ort der Kultursynthese. Mit der Französischen Revolution geriet jedoch sein patriarchalisches Politikverständnis in die Kritik. Wieland, Herder oder Schiller standen dem Geschehen in Frankreich aufgeschlossener gegenüber. Johann Gottlieb Fichte rief dazu auf, «jenem Satze: daß es die Bestimmung des Fürsten sei, für unsre Glückseligkeit zu sorgen, den unversöhnlichsten Krieg» zu erklären.[257] Das passte zu seiner Betonung des Ichs und dem Vorrang des Begriffs über die Wahrnehmung. Goethe verteidigte dagegen die politische Steuerung von oben. «Das Vernünftige ist immer, daß jeder sein Metier treibe, wozu er geboren ist und was er gelernt hat, und daß er den andern nicht hindere, das Seinige zu tun. Der Schuster bleibe bei seinem Leisten, der Bauer hinter dem Pflug und der Fürst wisse zu regieren. Denn auch dies ist ein Metier, das gelernt sein will, und das sich niemand anmaßen soll, der es nicht versteht.»[258]

Die angestrebte harmonische Gesellschaftsordnung wollte sich jedoch nicht einstellen. Nach einem Jahrzehnt des Regierens war bei Goethe die Begeisterung verflogen, zumal das Herzogtum Sachsen-Weimar-Eisenach mit Ausnahme seiner als Musenidyll bestaunten Künstlerkolonie anderen Fürstentümern wie ein Ei dem anderen glich. Goethe sah, wie wenig er als Politiker bewirken konnte. Wenn er Knebel im Februar 1784 weismachen wollte, er sei «glücklich», war dies pure Ironie, denn er fuhr fort: «Die Geschäffte, die Wissenschafften ein paar Freunde, das ist der ganze Kreis meines Daseyns in den ich mich klüglich verschanzt habe.»[259]

III.

Jena – Wissenschaften und Politisierung

Die Möglichkeiten des politischen Reformers Goethe waren Mitte der 1780er Jahre ausgereizt, seine Illusionen verflogen. Er fühlte sich mit amtlichen Pflichten überhäuft und ausgebrannt, strebte zum großen Publikum, zu den Wissenschaften nach Jena und zur Regeneration nach Italien. Carl August herrschte, frönte seinen Leidenschaften und suchte in der Reichspolitik den Ruhm, den er als Landesvater nicht erringen zu können glaubte. Anna Amalia und Herder folgten Goethe nach Italien; Herzogin Luise hielt Hof. Die übergroßen Hoffnungen zerplatzten wie Seifenblasen und aus dem Charme der Geniezeit und des Musenidylls bei Anna Amalia, von Heinrich Heine als Musenwitwensitz bespöttelt,[1] wurden lästige Routinen. Das Projekt Weimar siechte, als Goethe 1788 sichtlich erholt aus Italien zurückkehrte. Er glaubte, mit der «Urpflanze» den Ausgangspunkt aller botanischen Metamorphosen und seiner wissenschaftlichen Karriere gefunden zu haben. Es traf sich, dass in diesen Jahren die Medizin und die naturkundlichen Studien in Jena einen ungeahnten Aufschwung erlebten. Die Kombination von Universität und Dichterkolonie verlieh der Residenzstadt Weimar neuen Glanz. Im Schatten der Französischen Revolution und der Koalitionskriege machte Weimar-Jena als Literatur-, Wissenschafts-, Bildungs- und Medienzentrum Furore.

Unterdessen scheiterte Carl August mit seinen Reichsreformplänen und seine Mutter wurde auf ihren Witwenhof abgedrängt. Während Wieland und Herder mit den revolutionären Ideen sympathisierten, hielt sich der amtliche wie der dichtende Goethe zurück. Schiller wandte sich mit dem beginnenden Terror in Frankreich von der Geschichtsschreibung ab, um Schönheit und den Weg zur Freiheit neu zu denken. Bertuch, dessen Journale und Zeitschriften das große Publikum erreichten und den Ruhm Weimars mehrten, erläuterte im Januar 1789 dem Herzog seine Sicht: Weimar und Jena seien «zwei der hellsten LichtPunkte von Teutschland, wo die Sonne frey scheinen darf, die alle Welt für Freystätten der Wahrheit, gesunden Vernunft und Wißenschaften hält». Als deren Beschützer verehre «der ganze bessere Theil der Nation» den Herzog, dem er «in den Lehrbüchern der Geschichte unserer Zeit gewiß ein würdiges Denkmal für die Nachwelt stiften wird».[2]

1. *Wiedergeburt in Italien*

Mehr als zwei Jahre zuvor, am 3. September 1786, am Geburtstag des Herzogs, war der damals 37-jährige Goethe, gelangweilt vom politischen Kleinkram, von der Kur in Karlsbad inkognito nach Italien aufgebrochen.[3] Carl August war eingeweiht und finanzierte die Auszeit. Goethe dankte ihm, denn «es ist für die Elasticität meines Geistes das Beste, wenn er, eine Zeitlang sich selbst gelassen, der freyen Welt genießen kann».[4] Er wollte die Kunstwerke mit eigenen Augen sehen, die Winckelmann das Idealschöne der Griechen gelehrt hatten, und er versprach sich von der südländischen Natur neue Erkenntnisse. Über München, Bozen, Verona, Vicenza, Padua, Venedig, Ferrara und Bologna erreichte er Rom, wo er vier Monate blieb. Dann besuchte er Neapel und Sizilien, um anschließend ein weiteres Jahr in Rom zu leben, bevor er kurz nach Ostern 1788 – unter Tränen, weil er hier «das erste Mal unbedingt glücklich war» – den Rückweg nach Weimar antrat, wo er am 18. Juni eintraf. Zwischen 1813 und 1817 schrieb er seine Reiseerinnerungen mithilfe von Briefen und Notizen aus der Zeit in Italien sowie seines *Tagebuch der Italienischen Reise für Frau Stein* nieder. Sie berichten über kulturelle, geografische und naturgeschichtliche, weniger über soziopolitische Auffälligkeiten.[5]

Goethe war mit dem Wissen eines Welt- und Bildungsbürgers in der geschichtsträchtigen Kulturlandschaft unterwegs. Er sah die antiken

Bau- und Kunstwerke mit den Augen Winckelmanns, die Architektur mit denjenigen des Baumeisters Andrea Palladio und die gesellschaftlichen Verhältnisse mit den Idealen eines aufgeklärten deutschen Kosmopoliten. Dem Geheimen Rat von Fritsch berichtete er, sich um den römischen Staat wenig bekümmert zu haben. «Es ist ein betrübter Anblick.»[6] In den *Venezianischen Epigrammen* rechnete er schonungslos mit dem Land seiner Träume ab: «Deutsche Redlichkeit suchst du in allen Winkeln vergebens; / Leben und Weben ist hier, aber nicht Ordnung und Zucht; / Jeder sorgt nur für sich, mißtrauet dem andern, ist eitel, / Und die Meister des Staats sorgen nur wieder für sich.»[7] Auch Goethe bediente sich vieler Klischees: «Not lehrt beten, man sagts; will einer es lernen, er gehe / Nach Italien / Not findet der Fremde gewiß.»[8]

Seine Weimarer Erfahrungen sah Goethe in Italien bestätigt. Reformen von oben führten zu nichts, wenn die Betroffenen nicht mitzogen.[9] Tief beeindruckt war er vom Ausbruch des Vesuvs und dem italienischen Lebensgefühl, das ihn sogar mit dem römischen Karneval versöhnte. Er fühlte sich in der deutschen Künstlerboheme Roms sichtlich wohl. Goethe wohnte bei dem Maler Johann Wilhelm Heinrich Tischbein, der ihn porträtierte und auch das «verfluchte» zweite Kissen in seinem Bett in einer Tintenzeichnung festhielt. Goethe sprach viel mit dem Reise- und Kunstschriftsteller Karl Philipp Moritz, der von der Autonomie des Kunstwerks schwärmte, das im Unterschied zu den schönen nützlichen Dingen nur für die Vollkommenheit da sei.[10] Deswegen rege es die Phantasie des Betrachters an und rufe immer neue Bilder hervor. Dies bestärkte Goethe in seiner mittlerweile großen Skepsis gegenüber den dilettierenden Weimarer Musenspielen und dem Konzept Bertuchs, den guten Geschmack über Konsumartikel zu propagieren. Dass Moritz alle Ansprüche an Künstler ablehnte, tangierte Goethes Wirken am Weimarer Hof, war aber anregend für seine Arbeit am Künstlerdrama *Torquato Tasso*.

Die politische Immobilität schien mit dem Tod Friedrichs II. am 17. August 1786 beendet. Mit dessen Nachfolger, König Friedrich Wilhelm II., plante Carl August, den Erfurter Statthalter Karl Theodor von Dalberg zum Mainzer Koadjutor und Nachfolger des Erzbischofs und Kurerzkanzlers wählen zu lassen, was am 5. Juni 1787 erfolgte. Der Fürstenbund und die Reichsreform scheiterten allerdings. Der patriotische Gedankenaustausch mit Herzog Ernst II. von Gotha-Altenburg und die larmoyante Klage gegenüber dem Dresdener Minister von Loeben zeigten Carl Augusts reichspatriotische Gesinnung, änderten aber nichts. Der Herzog hatte sich politisch verrannt und trat als Generalmajor in die preußische Armee ein. Er nahm im Herbst 1787 am Hollandfeldzug teil und verbrachte viele Monate in Aschersleben, wo er eine kleine Hofhaltung aufbaute. Goethe meldete aus Frascati, er sei «an der friedlichen Seite der Welt, Sie am kriegerischen Ende und alles berechnet man könne keine antipodischere Existenz haben».[11] Anfang Februar 1790 mahnte er den Herzog, von seinen Geschäften den Frieden mitzubringen, «denn da eigentlich der Zweck des Kriegs nur der Friede seyn kann; so geziemt es einem Krieger gar wohl wenn er ohne Krieg Friede machen und erhalten kann.»[12] Auch Knebel erinnerte Carl August daran, «das Gefühl dieser Nation richtiger zu bestimmen, ihren Geist und Charakter mehr zu erhöhen». Es gelte, dem «Charakter dieser wahrlich noch so rohen Nation eine Bildung [zu] geben und so gleichsam das Hirn von dem ungeschlachten Körper Germaniens [zu] werden».[13]

Während Goethe in Italien weilte, tauchten Gerüchte auf, der preußische König und Carl August wollten zum katholischen Glauben konvertieren und Goethe solle zwischen Papst Pius VI. und dem Mainzer Erzbischof vermitteln. Überdies sollte er angeblich die Abstammung des Magiers Alessandro Graf von Cagliostro klären, der eigentlich Giuseppe Balsamo hieß und in den Geheimgesellschaften Europas für Furore sorgte.[14] Goethe besuchte dessen Familie in Palermo und skizzierte einen Stammbaum. Den Stoff verarbeitete er 1791 in seinem Lustspiel *Der Groß-Cophta*. Über etwaige politische Hintergründe seines Italienaufenthaltes gab es viele Gerüchte. Der österreichische Gesandte Kardinal Franz Herzan konnte Staatskanzler Kaunitz allerdings nur berichten, dass er sich Müller nenne, bei Tischbein wohne und eine Reisebeschreibung plane.[15] Im Briefwechsel mit dem Herzog finden sich zwar politische Erörterungen, doch diese hatten wenig mit Rom und Italien zu tun. Das, was in Weimar mündlich besprochen worden war, musste nun verschriftlicht werden. Goethe lechzte nach Informationen[16] und äußerte bemerkenswerte Ansichten über den Despotismus der Zarin Katharina und Kaiser Josefs II. sowie das

Ende des europäischen Balancesystems. Um mit archivierten Fehleinschätzungen nicht seine Projektion eines idealen Lebens zu gefährden, forderte er den Herzog auf, seine Briefe sofort zu verbrennen, dass «sie von niemandem gesehen werden, ich kann in dieser Hoffnung desto freyer schreiben».[17]

Goethe deutete Ende Mai 1787 Wünsche für seine künftigen Aufgaben in Weimar an. «Geben Sie mich mir selbst, meinem Vaterlande, geben Sie mich Sich selbst wieder.» Er wolle nicht mehr mit Details überhäuft werden.[18] Mitte März 1788 kündigte er seine Rückkehr an: «Ich darf wohl sagen: ich habe mich in dieser anderthalbjährigen Einsamkeit selbst wiedergefunden; aber als was? – Als Künstler»![19]

Goethe war als Dichter, Maler und Wissenschaftler in Italien unterwegs; er beobachtete viel und beschäftigte sich mit Pflanzen, ihrer Ordnung und dem Linnéschen System. Im botanischen Garten von Padua kam ihm die Idee, «daß man sich alle Pflanzengestalten vielleicht aus einer entwickeln könne».[20] Nach dieser «Urpflanze» suchte er in Palermo, und aus Neapel schrieb er Frau von Stein, sie solle Herder sagen, dass er dem Geheimnis nahe sei. Mit dem Modell einer Urpflanze ließen sich «Pflanzen ins unendliche erfinden, […] die, wenn sie auch nicht existieren, doch existieren könnten […], eine innerliche Wahrheit und Notwendigkeit haben. Dasselbe Gesetz wird sich auch auf alles […] Lebendige anwenden lassen.»[21] Knebel erfuhr, durch seine «Harmonia Plantarum» könne «das Linnéische System aufs schönste erleuchtet […], alle Streitigkeiten über die Form der Pflanzen aufgelößt, ja sogar alle Monstra erklärt werden».[22]

In Rom vollendete Goethe die *Iphigenie* und den *Egmont*, und er arbeitete an *Faust* und *Tasso*. Er erkannte, dass man nicht einfach zur Schönheit der Antike zurückkehren könne, sondern dieses Ideal mit den aktuellen Bedürfnissen – auch den politischen – vermitteln müsse.[23] Ihm wurde bewusst, dass er sich weniger in Italien als in der deutschen Künstlerkolonie wohl fühlte. Die Anregungen ausgewiesener Koryphäen hatten seine Wiedergeburt beflügelt; er wollte sich deswegen sein Rom in Weimar schaffen.

Goethes Berichte aus Italien regten unabhängig voneinander sowohl Anna Amalia als auch Herder an, seinen Spuren zu folgen. Herder brach im August 1788 auf und kehrte ein knappes Jahr später enttäuscht zurück. Im Unterschied zu Goethe fremdelte er in Italien und fand wenig Bereicherung durch das sinnliche Treiben oder den römischen Klerus. Louise von Göchhausen urteilte, Herder könne fern von Weib und Kindern wenig genießen. Sie fürchte, «wem's in Rom weh ist, dem wirds nirgend wohl werden».[24] Herders Wahrnehmungen orientierten sich an den deutschen Mustern. Er hielt es für einfacher, in Tiefurt von Arkadien, also den deutschen Sehnsüchten nach dem Süden, zu träumen, als es vor Ort zu finden. Sein Interesse galt nicht dem Land, sondern der antiken Kunst.[25]

Anna Amalia reiste als fast 50-jährige Witwe zum reinen Vergnügen, um die Kunst und das milde Klima zu genießen. Die Weimarer Bürger waren davon wenig angetan, denn 1787 waren aus ihrer Schatulle 16 000 Taler in ihre Kassen geflossen. In Rom und Neapel gab sie viel mehr aus und erfreute sich vor allem an der Musik. Goethe hatte seine Freunde mobilisiert, die sich rührend um sie kümmerten. Sie stand im Mittelpunkt und genoss dies sichtlich. Ihr Italienbild schwankte zwischen der Bewunderung einer Weltbürgerin und dem Unverständnis einer deutschen Fürstin. Beeindruckt war sie von Giuseppe Capecelatro, dem Erzbischof von Tarent, einem Juristen und Aufklärer, den sie zeitweise täglich traf.

Anna Amalia blieb fast zwei Jahre in Italien und gab mehr als 65 000 Taler aus. Der Herzog bat Goethe, sie zurückzuholen. Er wartete in Venedig auf sie und fühlte sich intoleranter.[26] Er glaubte, «außerhalb des Vaterlandes» nicht mehr leben zu können,[27] und sehnte sich zurück zu Christiane Vulpius und seinem kleinen, Ende 1789 geborenen Sohn Julius August Walther. Dem Herzog schrieb er: «Dazu kommt meine Neigung zu dem zurückgelaßnen Erotio und zu dem kleinen Geschöpf in den Windeln.»[28] Über Goethes wilde Ehe wurde viel geklatscht. Er hatte in Rom – auch das gehörte zu seiner Wiedergeburt – die körperliche Liebe entdeckt und war 16 Jahre älter als Christiane, die in Bertuchs Fabrik Stoffblumen fertigte, als er sie mit ihrer Tante und ihrer Schwester in sein Haus aufnahm. Der soziale Abstand schien riesengroß, doch erst Christianes Vater war durch eigenes Verschulden verarmt, ihr Großvater war noch Hofadvokat gewesen, ihr Bruder Christian August hatte in Jena und Erlangen Jura studiert und hegte literarische Ambitionen. Goethe beschäftigte ihn

Christiane Vulpius
Zeichnung von Johann
Wolfgang von Goethe
(um 1788/89)

als Dramaturg am Weimarer Theater und in der Bibliothek. Sein 1798 erschienener Roman *Rinaldo Rinaldini. Der Räuberhauptmann* war ein Bestseller.[29]

Christiane hielt sich im Hintergrund und Goethe den Rücken frei. Sie führte den Haushalt, kam aber selten mit dem Geld zurecht. Mit Goethes amtlichen Aufgaben, seinen Forschungen und seinen Freunden verband sie wenig. Stattdessen feierte sie mit Theaterleuten und half auf ihre Art, Intrigen zu meistern. Goethe ignorierte den boshaften Klatsch; er suchte Ruhe und Geborgenheit in seiner häuslichen Umgebung. Erst nach der Hochzeit 1806 erstritt er für seine Frau den ihr gebührenden Platz in der Gesellschaft mit der Drohung, sich ansonsten sein Wohlwollen zu verscherzen.[30] Christiane war nach Goethes Rückkehr aus Italien die auffälligste Veränderung in seinem Leben. Aufschluss gibt das fünfte jener zwanzig Gedichte des Zyklus *Römische Elegien*, die er 1795 in Schillers *Horen* publizierte.

Froh empfind' ich mich nun auf klassischem Boden begeistert;
Vor- und Mitwelt spricht lauter und reizender mir.
Hier befolg' ich den Rat, durchblättre die Werke der Alten

Mit geschäftiger Hand, täglich mit neuem Genuß.
Aber die Nächte hindurch hält Amor mich anders beschäftigt;
Werd' ich auch halb nur gelehrt, bin ich doch doppelt beglückt.
Und belehr' ich mich nicht, indem ich des lieblichen Busens
Formen spähe, die Hand leite die Hüften hinab?
Dann versteh' ich den Marmor erst recht; ich denk' und vergleiche,
Sehe mit fühlendem Aug', fühle mit sehender Hand.
Raubt die Liebste denn gleich mir einige Stunden des Tages,
Gibt sie Stunden der Nacht mir zur Entschädigung hin.
Wird doch nicht immer geküßt, es wird vernünftig gesprochen;
Überfällt sie der Schlaf, lieg' ich und denke mir viel.
Oftmals hab ich auch schon in ihren Armen gedichtet
Und des Hexameters Maß leise mit fingernder Hand
Ihr auf den Rücken gezählt. Sie atmet in lieblichem Schlummer,
Und es durchglühet ihr Hauch mir bis in's Tiefste die Brust.
Amor schüret die Lamp' indes und denket der Zeiten,
Da er den nämlichen Dienst seinen Triumvirn getan.[31]

Goethes Offenheit stieß auf Befremden. Er fühlte sich zu der Persönlichkeit gereift, bei der Neigung und Pflicht sich ergänzten, und er nahm nun den Umbau des Musenidylls zur Kulturmetropole im Geist Winckelmanns und der ästhetischen Autonomie eines Philipp Moritz in Angriff. Dazu sollten weitere Künstler, Musiker, Architekten und Gelehrte gewonnen und die Verbindungen mit der Universität Jena ausgebaut werden.

2. *Das kleine Jena*

Im gut 20 Kilometer östlich von Weimar gelegenen Jena hatte Kurfürst Johann Friedrich von Sachsen 1548 eine Hohe Schule gegründet, um das wahre Luthertum zu retten. Sie wurde 1558 Universität, entwickelte sich prächtig und ernährte im 18. Jahrhundert die etwa 4000 Einwohner. Im alten Dominikanerkloster gab es vier kleine Hörsäle. Die Lehre fand jedoch meist in den Häusern der Professoren statt. In der nach seinem Besitzer Johann Friedrich Wucher benannten Wuche-

Jena von Süden um 1790
Kolorierte Radierung von Johann Lorenz Julius von Gerstenberg

rei am Fürstengraben und der sogenannten Schrammei in der Jenergasse 26 – jenes Haus, in dem auch Friedrich Schiller zwischenzeitlich eine Wohnung hatte, in der ihn Goethe besuchte – lebten jeweils etwa 30 Studenten. Jena war eine kleine und arme Universitätsstadt. Nur die Familien Paulsen und Pfündel waren überregional im Handels- und Bankgeschäft vertreten.[32] Eine Wollstrumpf-, eine Hut- und eine Ofenmanufaktur, ein Buchdrucker und 15 arme Strumpfwirker komplettierten das bescheidene Bild. Die 1788 gegründete Leinwandfabrik von August Heinrich Sachse beschäftigte angeblich 280 Personen.[33] Sie ragte aus den 18 sogenannten Fabriken unterschiedlicher Größe heraus, die es damals in Jena gab.[34] Die Bevölkerung sank von 4366 Einwohnern 1784 auf 3537 im Jahr 1810 und dies, obwohl die Universität ihre Glanzzeit erlebte. Die Einwohnerzahlen stiegen erst nach den Befreiungskriegen; die 5000er Marke wurde Mitte der 1820er Jahre überschritten. In den Hungerjahren 1771/72 starben 476 Menschen mehr als geboren wurden, 1813 führten die Ruhr-Krankheit und das

Nervenfieber zur Übersterblichkeit von 259, 1806 die verheerende Niederlage in der Schlacht bei Jena und die französische Besatzung von 100 Personen.[35] Auffällig ist die extrem hohe Zahl illegitimer Geburten mit einem Spitzenwert von 37 Prozent im Jahr 1804. Sie lässt sich auf die vielen jungen Leute – Studenten, Soldaten, Dienstpersonal –, die in der Stadt lebten, zurückführen und darauf, dass zeitweise alle unehelich Schwangeren aus dem ganzen Herzogtum im Jenaer Accouchierhaus entbinden mussten.[36]

Von den Jenaer Einwohnern unterlagen vor der Stadtrechtsreform 1810 etwa 80 Prozent der stadtgerichtlichen, knapp 15 der akademischen und der Rest der herrschaftlichen oder militärischen Gerichtsbarkeit.[37] Diese Unterschiede führten häufig zu Konflikten. Akademiker zahlten nur als Hausbesitzer städtische Steuern und konnten deswegen Waren und Dienstleistungen günstiger anbieten. Das an ein eigenes Haus geknüpfte Bürgerrecht besaßen elf Prozent der Einwohner; nur sie waren durch Wahlen an der städtischen Willensbildung beteiligt. Die Grenzen der Statusgruppen blieben um 1800 intakt, wie das Beispiel der 25 Jenaer Hofhandwerker zeigt. Die Hofbuchdrucker und die Hofmechaniker, die Geräte für wissenschaftliche Zwecke entwickelten, galten als Künstler und zählten zu den akademischen Bürgern.[38] Sie heirateten innerhalb des städtischen Bürgertums, wählten als Taufpaten ihrer Kinder jedoch gerne Professoren oder Hof- und Verwaltungspersonal. Von diesen trug allerdings niemand einem Hofhandwerker die Patenschaft seiner Kinder an.[39]

In Jena benötigte man etwa 150 Taler jährlich, um eine Familie zu ernähren. Laut Steuernachweis verdienten 1814 80 Prozent der veranlagten Bürger diese Summe nicht. Die Hälfte der Steuerpflichtigen war lohnabhängig, ein Viertel betrieb ein Handwerk und fünf Prozent waren Soldempfänger oder übten einen freien Beruf aus.[40] Die meisten Handwerker konnten von den Einkünften ihres Gewerbes nicht leben; Vermietung, Aufwartung und die Nebenerwerbslandwirtschaft kamen hinzu. Die Studenten brachten Geld in die Stadt, jährlich zwischen 70 000 und 180 000 Taler. Goethe sprach 1796 vom aufblühenden Jena und von regen Bürgern; «jeder fängt an den Wert des Besitzthums zu fühlen, mancher wendet Geld und Kräfte hierher, weil er Geld und Kräfte findet».[41]

Nicht alle Studenten konnten ihre drei Taler Kolleggeld sowie die Miete, Waren und Dienstleistungen sofort bezahlen. Sie ließen anschreiben und machten Schulden. Kleinkredite waren ein Motor der Wirtschaft.[42] Die Studenten, die meist das erste Mal in ihrem Leben mit Geld und den Wechseln ihrer Eltern umgehen mussten, kamen nur so über die Runden. Schulden waren selten das Resultat von Verschwendung. In Jena benötigte ein Student etwa 300 Taler jährlich. Die Universität warb mit den niedrigen Preisen; das Pfandleihhaus half, finanzielle Engpässe zu überbrücken. Über die Schulden wachte die Universität, die Höchstsummen festsetzte. Verboten wurde das Borgen nie, denn das hätte die Studenten vertrieben und die Bürger ruiniert. Um die Gläubiger zu stärken, konnte die Universität Wechsel beschlagnahmen, um mit dem Geld dann vorrangig die Schulden bei den akademischen Bürgern zu begleichen.

Die Hälfte der Studenten stand bei durchschnittlich fünf Kreditgebern in der Kreide. Die Summen waren gering und wurden meist zurückgezahlt, das gebot die studentische Ehre. Das in Liedern und Stammbüchern beschworene «Prellen» der Gläubiger kam selten vor – das angeblich liederliche, unmoralische und verschwenderische Studentenleben entsprach nicht der Realität. Waren noch Schulden zu bezahlen, verhinderten die Gläubiger die Abreise oder Flucht der Studenten, und die Universität wandte sich an die Eltern, was auch deren Ehre und Kredit bedrohte. Kam trotzdem kein Geld, wurden die Schuldner öffentlich in Journalen und Intelligenzblättern denunziert – eine wirksame Methode, um Zahlungen zu erzwingen.

Mit der Zeile, «in Jena weiß man frey und burschikos zu leben», huldigte der anonyme Verfasser eines Lobgedichts 1763 dem Burschenbrauch, zu dem auch der Einsatz von Fäusten und Degen zählte. Er grenzte davon die Studenten der benachbarten Universitäten ab: den Leipziger Stutzer mit «Putz und Pracht», den Hallenser «Mucker», heimlich und verdruckst, sowie den armen «Kaldaunenschlucker» in Wittenberg.[43] Das waren zusammen mit dem als mondän geltenden Göttingen die wichtigsten Konkurrenten Jenas. Das Bild von den Jenaer Sauf- und Raufbolden hatte sich festgesetzt. Die schlechte Disziplin hing auch damit zusammen, dass die Universität zum Gesamtbesitz der Ernestiner gehörte. Die vier Linien teilten sich die Kosten und auch die Verantwortung ungleichmäßig: Weimar und Gotha zahlten drei Viertel, Meiningen drei Sechzehntel und Coburg ein Sechzehntel. Die polizeiliche Aufsicht hatte zwar Weimar, doch oft musste der Konsens der anderen drei Regierungen eingeholt werden. Bis sich alle geeinigt hatten, konnte viel Zeit vergehen. Die Studenten nutzten die sich daraus ergebenden Freiräume, um ein blühendes Netz akademischer Orden aufzubauen.[44]

3. *Zukunftweisende Universitätsreformen*

Die Reformoffensive an der Salana begann mit der Visitation 1766/67, als die Universität einen Etat und jeder der 18 ordentlichen Professoren 100 Gulden Gehaltszulage bekam. Die zusätzlichen Kosten trug Sachsen-Weimar-Eisenach, das sich für die Salana verantwortlich fühlte. Mit Ernst Jacob Danovius begann 1768 die neologische Neuausrichtung der lutherischen Theologie. Die historisch-kritische Deutung der Bibel und ein ethisch definiertes Christentum rückten ins Zentrum; 1785 wurde der Konfessionseid abgeschafft.[45] Der einflussreichste Professor der Salana war Ende des 18. Jahrhunderts der Anatom Justus Christian Loder, erster Direktor des am 21. November 1779 eröffneten Accouchierhauses, Aufseher des herzoglichen Museums im Jenaer Schloss, Leibarzt des Herzogs und Stadtphysikus in Jena. Sein Hauptwerk *Tabulae Anatomicae* machte ihn weltberühmt;[46] seine Vorlesungen hörten 1798/99 fast 200 Studenten; 198 waren in der medizinischen Fakultät eingeschrieben.[47] Loder wohnte im Alten Schloss und die Regierung erfüllte ihm fast jeden Wunsch. Sie finanzierte seine Studienreise, die ihn 1782/83 nach London, Paris und Leiden führte.[48]

Loder förderte den 1779 zum außerordentlichen Professor ernannten Johann Christian Stark, der mit einem Gehalt von 400 Reichstalern zum herzoglichen Leibarzt berufen wurde. Auch er betonte die praxisbezogene Ausbildung und gründete eine private Klinik,[49] aus der das Herzogliche Klinische Institut hervorging. Jena verfügte damit über zwei moderne Krankenanstalten, die Studenten aus ganz Europa anzogen. Christoph Wilhelm Hufeland, der zehn Jahre lang in Weimar praktiziert hatte, wurde auf Vorschlag Carl Augusts 1793 Privatdozent. Sein Buch *Die Kunst, das menschliche Leben zu verlängern* erschien in vielen Sprachen. Als er 1795 einen Ruf nach Padua erhielt, konnte der Herzog ihn nur mit einem finanziellen Kraftakt halten; 1801 zog es ihn dann aber nach Berlin. Weder Stark noch Hufeland waren Ordinarien, begeisterten jedoch wie der Botaniker August Johann Georg Karl Batsch ihre Studenten. Sie blieben in Jena, weil dort exzellente Forschungsbedingungen herrschten und ihre Gehälter erhöht wurden.[50] Das Jenaer Gesamtpaket beeindruckte auch im überregionalen Vergleich. Kamen in den 1780er Jahren etwa 55 Medizinstudenten nach Jena, waren es Mitte der 1790er Jahre 240.[51]

Goethe unterstützte diesen Aufschwung, nachdem er seine Interessen für die Wissenschaft entdeckt und seine anatomischen Kenntnisse unter Anleitung Loders ergänzt hatte.[52] Ob er aufgrund seiner Annahme eines Ganzen in der Natur und der Diskussionen mit Herder und Merck über die Unterschiede von Menschen und Affen den Zwischenkieferknochen am 27. März 1784 fand, oder ob ihm Loder diese Beobachtung auf dem Tablett servierte, ist unerheblich. Bei den Gelehrten stieß Goethe mit seinen «beobachteten Erfahrungen» zwar auf Skepsis, er glaubte aber fest, Herders Theorie des Auseinanderentwickelns von der anorganischen Natur bis hin zum Menschen bestätigt zu haben.[53] Es gelang ihm, die Lehr- und Forschungskapazitäten in Jena ohne die üblichen Rang-, Prestige- und Verteilungskämpfe zu erweitern. Die neuen Lehrer und Institute wurden nicht in, sondern an der Universität angesiedelt und unterstanden nicht der akademischen Selbstverwaltung, sondern der Regierung. Der Herzog wollte die naturkundlich-technischen Bereiche stärken und orientierte sich am Göttinger Vorbild. Seine Investitionen verbesserten den Ruf Jenas, das nicht mehr nur als billig, sondern auch als in der Lage galt, ein modernes Studium anzubieten.

Die Doppelgleisigkeit von traditioneller und «extraordinärer» Universität war sicherlich eine Ursache der wachsenden Studentenzahlen.[54] Der Aufbau neuer Bereiche begann 1779, als Loder der Witwe des Geologen Johann Ernst Immanuel Walch dessen Naturalienkabinett abkaufte, um es der Universität Jena zu erhalten. Die ausgestopften Tiere, Mineralien und Fossilien wanderten ins Alte Schloss, wo sie mit Exponaten der Weimarer Kunst- und Naturalienkammer ergänzt wurden, da dort die Räume im Roten Schloss für die neue Zeichenschule benötigt wurden.[55] 1783 erwarb der Herzog für 40 000 Taler und eine Leibrente die über 10 000 Bände umfassende Bibliothek des gelehrten Sonderlings Christian Wilhelm Büttner, der mit seinen Büchern ebenfalls ins Jenaer Schloss zog. Nach Büttners Tod ordnete Christian August Vulpius 1801 den Bestand und verteilte ihn auf die verschiedenen Bibliotheken des Herzogtums.[56] Damit war ein erster Schritt zur besseren Ausstattung mit naturkundlichen Büchern gemacht; zum kontinuierlichen Ausbau fehlte jedoch das Geld und eine Buchhandlung. 1785 konnte der Gothaer Buchhändler Carl Wilhelm Ettinger für Jena angeworben werden.[57]

Zu den geförderten Fächern gehörte die Chemie, die Johann Friedrich August Göttling vertrat. Dem Gehilfen des Weimarer Mediziners und Apothekers Dr. Buchholz hatte der Herzog ein Studium in Göttingen und eine Studienreise nach England und Frankreich finanziert. Als er 1788 seine Professur antrat, stand ihm ein eigenes Laboratorium zur Verfügung. Er konnte so sein Fach unabhängig von den Medizinern profilieren und versuchen, Theorie und Praxis zu verbinden. Seine Bemühungen, Zucker aus Runkelrüben zu gewinnen, misslangen; die Bleiweißfabrik, die das gut deckende Pigment für weiße Farbe produzierte, entsprach den merkantilen Interessen des Herzogs.[58] Göttlings Nachfolger Johann Wolfgang Döbereiner gilt als Vordenker des chemischen Periodensystems, erfand das Platinfeuerzeug und gründete 1812 eine Stärkezuckerfabrik.[59]

Wie Göttling förderte die Regierung auch den ebenfalls 1788 berufenen und 1792 zum ordentlichen Professor für Naturgeschichte ernannten Batsch. Er leitete seit 1793 die naturforschende Gesellschaft, ein Jahr später auch den botanischen Garten.[60] Dieser geriet ein wenig ins Abseits, weil Goethe und er die Idee eines natürlichen Systems verwirklichten und auf Seltenheiten, Artenvielfalt und prachtvolle Bauten zugunsten «einer möglichst lückenlosen Reihe der Gattungen mit ihren typischen Vertretern» verzichteten.[61]

Auch der Mineraloge Johann Georg Lenz zählte zu den Extraordinarien. Er war seit 1779 Unteraufseher des herzoglichen Museums und wurde Ende 1794 außerordentlicher Professor; seit 1796 leitete er die «Societät für die gesamte Mineralogie zu Jena».[62] Welchen Zustrom diese Fächer hatten, verdeutlicht das Beispiel des Physikers Johann Heinrich Voigt, der 1802 vor mehr als 100 Zuhörern experimentierte.[63] Seine «Physikalisch-mechanische Anstalt» entwickelte Instrumente zur Verbesserung der Lehre. Überdies baute der Mechaniker Johann Christian Friedrich Körner optische Geräte und hielt Vorlesungen. Hinzu kamen die in Schillers Garten gebaute Sternwarte und eine Tierarzneischule – staatliche Einrichtungen, die Goethes Oberaufsicht unterstanden. Die Universität warb mit der Möglichkeit zu praktischen Erfahrungen im anatomischen Theater, im Accouchierhaus, in der medizinischen Klinik sowie in den Sammlungen und Bibliotheken.[64] Auch das praktisch-ökonomische Institut in Cospeda, das sich dem Landbau widmete und das Johann Georg Stumpf leitete,[65] gehörte zur Universität.

Goethe meinte rückblickend, seinen Beitrag ein wenig überschätzend, dass er für «Chemie, Botanik und Mineralogie [...] besondere Lehrstühle eingeführt» habe.[66] Er besorgte vor allem die Gelder und da diese knapp waren, mussten die ausgetretenen Pfade verlassen werden. Die neuen Extraordinarien finanzierten Weimar und Gotha im Verhältnis von 2:1. In den Herzogtümern Sachsen-Meiningen und Sachsen-Coburg, letzteres stand wegen Überschuldung seit 1773 unter kaiserlicher Debitverwaltung, fehlten dafür die Mittel. Die Anzahl der Dozenten stieg zwischen 1775 und 1795 von 37 auf 55; 19 waren Ordinarien, 5 Honorar- und 9 außerordentliche Professoren sowie 22 Privatdozenten.[67] Das Miteinander von traditioneller und extraordinärer Universität erwies sich schnell als Modernisierungsimpuls. Die Wissenschaftler gerieten zwar zunehmend unter staatliche Kontrolle, doch obwohl die innovativen Bereiche der universitären Selbstverwaltung entzogen waren, regte sich kaum Widerspruch. Alle profitierten von den gestiegenen Einschreibungen.

Für Weimar-Jena war es von mehr als nur symbolischer Bedeutung, dass das *Journal von Tiefurt* 1784 eingestellt wurde und ein Jahr später die *Jenaische Allgemeine Literatur-Zeitung* die gelehrte Welt bereicherte. Sie wurde das Herzstück der Universität und wirtschaftlich ein großer Erfolg. Mit diesem Rezensionsorgan verdienten Bertuch und der Rhetorikprofessor Schütz angeblich jeweils 2500 Taler im Jahr. Besprochen wurden literarische, künstlerische und wissenschaftliche Werke. Die Zeitung besaß 1787 mehr als 2000 Abonnenten und erschien fünf- bis sechsmal pro Woche. Sie wurde in Jena und Umgebung täglich zugestellt, lag in fast allen Postämtern aus und konnte gebunden auch über den Buchhandel bezogen werden.[68] Dass mit den um Sachlichkeit bemühten Rezensionen viel Geld verdient wurde, merkten auch die Autoren. Schiller nannte 1787 ein Bogenhonorar von 15 Talern, das sich auf 25 steigern lasse. Die besprochenen Bücher bekam die Universitätsbibliothek. Die berühmteste Kritik des ersten Jahrgangs schrieb Kant, der Herders *Ideen zur Philosophie der Geschichte der Menschheit* die Wissenschaftlichkeit absprach und ihm vorwarf, «das, was man nicht begreift, aus demjenigen erklären zu wollen, was man noch weniger begreift».[69]

Am Aufbruch der Jenaer Universität in den 1780er Jahren waren auch die Studenten beteiligt. Der Magister Christian Friedrich Mylius gründete im Herbst 1784 eine Lesegesellschaft, deren aufklärerische Statuten Selbstbildung und gesittete Verhaltensweisen forderten und überdies verlangten, für das «Wohl der Menschheit, nicht allein des Vaterlandes zu wirken».[70] Der Theologe Johann Christoph Döderlein lobte die «gutgesinnten und lehrbegierigen Studenten», die gegen die landsmannschaftliche Absonderung arbeiteten und auch außerhalb Aufmerksamkeit erregten. Sie versprächen viel «für die öffentliche Ruhe, die Verfeinerung der Sitten und die Bildung der Studierenden zur Ehre der Universität».[71] Die Sozietät gewann 130 Mitglieder und florierte auch wegen ihrer Geselligkeiten; samstags war Tanz und sonntags gab es ein gemeinsames Abendessen.

In Jena hatten sich um 1740 noch 400 bis 700 Studenten jährlich neu eingeschrieben, in den 1770er Jahren waren es weniger als 300, in den 1790ern dann wieder 400 und mehr.[72] Die meisten besuchten die öffentlichen Vorlesungen, nicht die gebührenpflichtigen Privatkollegien, in denen wissenschaftliches Argumentieren geübt wurde. Beliebt waren auch die Exerzitien, das Erlernen von Fertigkeiten wie Fechten, Reiten, Tanzen oder moderne Fremdsprachen. In Jena fehlten allerdings weiterhin Freizeitangebote wie ein Theater und eine Badeanstalt, über die neue Universitäten wie Halle, Göttingen oder Erlangen verfügten. Der Aufstieg zu einer der frequenzstärksten deutschen Universitäten kam auch deswegen überraschend, zumal zwei Drittel der Studenten nicht aus der engeren Umgebung stammten.[73] Der preußische Universitätsbereiser Friedrich Gedike notierte 1789: «Es ist ein großer auffallender Kontrast, wenn man von Erfurt nach Jena kommt. Dort findet man eine veraltete, gleichsam schon im Todesschlummer liegende Universität, hier eine andere voll Leben und frischer Jugendkraft. In der That gehört Jena zu den Universitäten, die die meiste Aufmerksamkeit und Achtung verdienen».[74] Wilhelm von Humboldt, der von 1794 bis 1796 in Jena lebte und das Zusammenspiel von Universität, Klinik, Sammlungen, botanischem Garten und gelehrten Gesellschaften kannte, übernahm vieles davon bei der Gründung der Berliner Universität 1809/10.

4. Goethes Neuausrichtungen

Als Goethe aus Italien zurückkam, war Carl August angeschlagen. Der Fürstenbund stand vor dem Aus, sein verletzter Fuß heilte nur langsam und seine unglückliche Leidenschaft zu Elise, der Tochter des verwitweten englischen Reeders Charles Gore, hinterließ Spuren. Goethe fand sich erneut in der Rolle des intimen Vertrauten. Er müsse täglich, ja stündlich beim Herzog sein, berichtete Caroline Herder ihrem Mann nach Italien.[75] Die alte Geschäftigkeit kehrte nahtlos zurück. Die Arbeiten in der Ilmenauer Bergwerk- und in der Steuerkommission gingen weiter und als Leiter der Wasserbaukommission beschäftigte ihn die Saaleregulierung bis 1803. Goethe kümmerte sich um die Besoldung der Jenaer Professoren, den Schlossbau und das Theater, die Kammerfinanzen und die Schlauchfabrikation der Dr. Buchholzin, und er verhinderte die Neugründung einer Freimaurerloge.[76] Angeblich – so schreibt er zumindest seinem Herzog – interessierten ihn die Geschäfte aufs Neue.[77] Das hing auch mit der Revolution in Frankreich und dem drohenden Krieg zwischen den beiden deutschen Vormächten zusammen. Zusätzliche Unruhe brachte die unausgegorene Idee, Carl August könne ungarischer König werden. Der Herzog war klug genug, das Projekt dilatorisch zu behandeln.[78] Es erledigte sich mit der Konvention von Reichenbach am 27. Juli 1790, die Österreich und Preußen im Kampf gegen die Revolution zusammenführte.

Carl August hatte gehofft, wenigstens eine kaiserliche Bestätigung seiner Anwartschaft auf die sächsische Kur zu erhalten.[79] Die preußischen Unterhändler sprachen diese Frage aber nicht einmal an. Erwerbspläne wie die Herrschaft Jever oder Erfurt zerschlugen sich ebenfalls.[80] Der Herzog musste sich von der großen Politik verabschieden. Er kämpfte im Dienst Preußens gegen die Französische Revolution und als Landesherr gegen Aufruhr und Ungehorsam. Da er wusste, wie schmal der Grat war, auf dem er balancierte, tat er alles, um Preußen und Kursachsen keinen Anlass für Repressionen zu bieten. Den neuen Kurs des «Sowohl-als-auch» organisierte Christian Gottlob Voigt. Er hatte in Jena Jura studiert und war in Allstedt Justizamtmann und 1777 Regierungsrat in Weimar geworden. Ende 1791 erhielt er 500 Taler Gehaltszulage und einen Sitz im Geheimen Konzil,[81] das er in den folgenden Jahren dominierte. Für Goethe war die Freundschaft mit Voigt eine Art Rückversicherung gegen die Launen des Herzogs, denn über ihn behielt er Einfluss auf das politische Geschehen und das war ihm ausgesprochen wichtig.

Carl August übertrug Goethe 1789 die Kommission zum Wiederaufbau des Schlosses, machte ihn Anfang 1791 zum Leiter des neu einzurichtenden Hoftheaters und ließ ihn die Universität modernisieren.[82] Angeregt vom Niveau der italienischen Bühnen hatte Anna Amalia ihren Sohn überredet, ein eigenes Hoftheater zu gründen. Obwohl Goethe wusste, dass seine Ansichten nicht dem Unterhaltungsbedürfnis des Publikums entsprachen, übernahm er die Leitung, damit die dichterische und ästhetische Seite nicht zu kurz komme.[83] Sein *Bürgergeneral*, das Erziehungsstück gegen die Revolution,[84] gefiel dem Herzog. In den 26 Jahren unter seiner Leitung wurden 118 Stücke von Iffland und Kotzebue, nur 37 von ihm selbst und Schiller aufgeführt – das Weimarer Theater war nicht die Bühne der Klassiker.[85] Das Trio Carl August, Goethe und Voigt erhielt jedoch den Musenjüngern ihre Freiräume, die nur eingeschränkt wurden, wenn die wissenschaftliche Meinung in politische Agitation umschlug und die bestehende Ordnung gefährdete.

Für die Gesamtausgabe zu seinem 40. Geburtstag musste Goethe seine angekündigten Werke fertigstellen, um die acht Bände zu füllen. Der Leipziger Verleger Georg Joachim Göschen zahlte ihm 2000 Taler Honorar. Die Ausgabe wurde ein eklatanter Misserfolg. Goethe hatte sein Publikum verloren. Ihm fehlte als Autor eine klare Linie. Schiller tadelte in der Jenaer *Allgemeinen Literatur-Zeitung* fehlende Stringenz und Ernsthaftigkeit des Helden. Egmont wird von Herzog Alba in den Tod geschickt, Albas Sohn bekennt sich zu Egmont – ein Stückchen Humanität. Es gelinge Goethe aber vorzüglich, die politische Situation dramatisch zu inszenieren und die Personen zu charakterisieren.[86]

Mit der Frage nach der Autonomie des Künstlers beschäftigte sich Goethe in *Torquato Tasso*. Das Stück, ein bürgerlicher Hofpoet im goldenen Käfig, beschreibt zwar nicht die Weimarer Konstellation, weist aber einige Parallelen zu Goethes Leben auf und ist ein Schlüssel zu seinem Gefühl der Machtlosigkeit. Goethe hielt den *Tasso* für ein «Bein von meinem Bein und Fleisch von meinem Fleisch».[87] Niemand fragt Tasso am Hof von Ferrara nach seiner Meinung oder erwartet etwas anderes von ihm als das Epos über die ruhmreiche Rolle des Vorfahren bei der Befreiung Jerusalems.[88] Er ist weder abhängiger Höfling noch freier Autor, will aber Einfluss nehmen.[89] Als er einen Adligen zum Duell fordert und die Prinzessin umarmt, verletzt er grob die Etikette. Der Fürst muss ihn bestrafen. Tasso erfüllt dennoch seine Pflicht und liefert das Epos.

In seinem Schauspiel geht es Goethe um die Konfiguration am Hof. Durch den Fürsten ist – so die Gräfin Leonore – Ferrara groß geworden, denn «ein edler Mensch zieht edle Menschen an / und weiß sie festzuhalten wie ihr tut».[90] Der wendige Politiker Antonio kennt die Formel aufgeklärter Herrschaft: Der Fürst muss überzeugen, «indem er uns gebietet».[91] Er lobt den Papst, der Kunst und Wissenschaft fördere, «sofern sie nutzt […]; Was gelten soll, muß wirken und muß dienen».[92] Das widerspricht der Idee einer autonomen Kunst. Der Konflikt wird offenkundig, als der ästhetische Anspruch die höfischen Normen, die Macht oder die Staatsräson tangiert. In diesem Künstlerdrama ist es der sinnlicher und klüger gewordene Höfling Antonio, der dem Poeten Halt bietet. Daraufhin wählt Tasso den pragmatischen Weg; er lässt sich auf die höfischen Bedingungen ein, die sich verändert haben, denn der Hof ist nun bereit, das Schöne zu akzeptieren. Gegen das Wollen des mächtigen Papsts, der die Kunst zum Instrument der Macht degradiert, setzt hier das Epos den bleibenden Wert. Ist das Goethes Vision für Weimar? Der Herzog hat sich wie Antonio selbst gebildet; er fördert Künstler und Wissenschaftler und lässt ihnen die notwendige Freiheit, wenn sie sich mit den Verhältnissen arrangieren. Das beschreibt Goethe in den *Venezianischen Epigrammen*. Er dankt seinem «August und Mäzen» für alles, was ihm sonst niemand geboten habe, betont aber zugleich seine eigenen Verdienste.

> Klein ist unter den Fürsten Germaniens freilich der meine,
> Kurz und schmal ist sein Land, mäßig nur was er vermag.
> Aber so wende nach innen, so wende nach außen die Kräfte
> Jeder. Da wär es ein Fest, Deutscher mit Deutschen zu sein.[93]

Die Huldigung verbindet auf neuartige Weise Fürstendank, Kritik und Eigenlob.[94] Anna Amalia, der Fürstin, «die uns Italien noch jetzt in Germanien schafft»,[95] widmete Goethe zu ihrem Geburtstag 1790 eine Auswahl seiner Epigramme, die sich gegen die Revolution richten.

> Alle Freiheits-Apostel sie waren mir immer zuwider,
> Denn es suchte doch nur jeder die Willkühr für sich.
> Willst du viele befrein, so wag es vielen zu dienen!
> Wie gefährlich das sei, willst du es wissen? Versuchs.
>
> Nie gelingt es der Menge für sich zu wollen, wir wissens,
> Doch wer verstehet für uns alle zu wollen? Er zeig's.
>
> Frankreich hat uns ein Beispiel gegeben, nicht daß wir es wünschten
> Nachzuahmen, allein merkt, und beherzigt es wohl.[96]

Goethe hielt das Volk für unberechenbar, es drohte der Umsturz, der in die Anarchie führte und alles vernichtete. Um dem vorzubeugen und ein positives Beispiel zu geben, gründete Goethe 1791 eine jeweils am ersten Freitag des Monats zusammenkommende Gesellschaft. Künstler und Gelehrte aus Weimar und Jena trafen sich dann in Goethes Haus zu Lesungen und gelehrten Gesprächen. Er war der Ansicht, man könne mit den eignen Kräften «viel thun wenn nur manchmal ein Reunionspunckt wäre».[97] Goethe stellte sich Weimar und Jena als Bildungs- und Kulturzentrum vor – ein Gegenpol zum Geist der Revolution. In seiner Rede anlässlich der Eröffnung dieser Freitagsgesellschaft am 9. September betonte er, den Forschern und Künstlern ein verständiges Publikum bieten zu wollen. Beifall und Widerspruch könnten viel bewirken. Das sei der Vorteil großer Städte, doch auch in Weimar gebe es Interessierte, Kunstschätze und Kenntnisse darüber. Die Alten hätten den Gipfel erklommen, weil ganze Nationen an ihrem Wirken teilnahmen, «weil ein edler Wetteifer einen jeden nöthigte, mit der äußersten Anstrengung dasjenige zu leisten, dessen unsere Natur fähig ist».[98]

Goethe wollte den römischen Freundeskreis in Weimar nachbilden. Deswegen imaginierte er Weimar-Jena als urbanes geistiges Zentrum, als Verschmelzung von schönen Künsten, Literatur und Wissenschaften. Die eigenen Kräfte betonte er, weil es ihm nicht gelang, die Freunde aus der Casa Moscatelli nach Weimar zu lotsen. Ende 1788 kam Karl Philipp Moritz, blieb aber nur zwei Monate. Der Hamburger Architekt Johann August Arens, den Goethe auf seiner Italienreise kennengelernt hatte, sollte den Neubau des Schlosses gestalten, erschien jedoch nur dreimal für zwei Wochen, bevor er 1791 seine gutbezahlten Dienste quittierte. Erfolgreicher verlief Goethes Werben um den Kupferstecher Johann Heinrich Lips, dem er Weimar als Zentrum für «buchhändlerische Entreprisen» geschildert hatte. Aufgrund der Nähe zu Leipzig und Gotha, reger Gelehrter und Künstler und der Wirkung der *Literatur-Zeitung* könne man viel erreichen, «wäre ein geschickter Kupferstecher hier am Orte». Lips nahm die Einladung an, lehrte für 150 Taler an der Zeichenakademie und vertraute Bertuch, der ihm Aufträge von 500 Talern pro Jahr versprochen hatte. Er blieb bis 1794.

Aus Goethes römischen Freundeskreis ließ sich nur der Schweizer Maler und Kunstschriftsteller Johann Heinrich Meyer dauerhaft in Weimar nieder. Er formte die Kunstszene im Geiste Winckelmanns, organisierte den Umbau von Goethes Wohnhaus im klassizistischen Stil und leitete später auch die Zeichenschule. Absagen erhielt Goethe vor allem von Tischbein und dem Musiker Philipp Christoph Kayser. Herder, der wissen wollte, warum Tischbein seine Versprechen gegenüber dem Gothaer Herzog, der ihm ein Stipendium für Rom bezahlt hatte, nicht eingehalten habe,[99] antwortete ein sichtlich verärgerter

Goethe: Tischbein sei bei «allen guten Qualitäten ein wunderliches Thier, eine Art Hasenfuß, […] faul, unzuverlässig, seitdem er von den Italiänern in das Metier der Falschheit, Wort- und Bundbrüchigkeit zu pfuschen gelernt hat».[100]

Goethe musste akzeptieren, dass seine römischen Freunde sich ihm nicht unterordnen und nicht helfen wollten, den matt gewordenen Glanz des Musenidylls aufzupolieren.[101] Goethe dirigierte die Zeichenschule, den Wiederaufbau des Schlosses und das Hoftheater, seit 1797 auch die Bibliothek und das Münzkabinett. Er leitete die Kommission zum Auf- und Ausbau des botanischen Gartens in Jena und seit 1803 die zoologische, mineralogische, anatomische und physikalisch-chemische sowie die Sammlung der naturforschenden Gesellschaft, seit 1807 auch die Universitätsbibliothek. Goethe saß an den Hebeln der Kultur, die auch für den Herzog immer wichtiger wurde, denn sein Ausflug in die große Politik hatte keinen Ruhm gebracht. Politisch wuchern konnte er jedoch mit dem kulturellen Konglomerat, das maßgeblich von Goethe geformt worden war und 1815 unter ihm als Minister zusammengefasst wurde.[102]

In den neunziger Jahren des 18. Jahrhunderts war Goethe aber nicht nur Verwalter, sondern auch wieder Dichter und Wissenschaftler. 1784 hatte er in einer kleinen Schrift den Granit als «das Höchste und das Tiefste, die Grundfeste unserer Erde» bezeichnet.[103] Er legte sich fest: In der Natur gebe es keine Sprünge oder Brüche. Nicht Feuer und Eruptionen wie die Vulkanisten lehrten, sondern die allmähliche Sedimentation durch Wasser hätten den Basalt entstehen lassen und die Landschaft und alles Leben geformt.[104] Goethe folgte den Neptunisten, unterirdische Feuer und Explosionen hielt er für brennende Kohlenflöze.[105] Das war überholt seit William Hamilton, den er in Neapel getroffen hatte, anhand der Vesuvausbrüche gezeigt hatte, wie Berge und Basalt entstanden waren.[106] Alexander von Humboldt bestätigte dessen Auffassung. Goethe bekannte 1823, es mache ihn verlegen, dass seine Überzeugung abgelehnt werde.[107] Widerrufen hat er sie nicht. Sein Interesse für die Natur und ihre Entwicklung habe, so schrieb er 1817, mit seinen amtlichen Aufgaben im Bergbau sowie im Holz- und Forstwesen begonnen. Ihm ging es um das Große und Ganze, denn «Trennen und zählen lag nicht in meiner Natur».[108] 1790 publizierte er seinen *Versuch die Metamorphose der Pflanzen zu erklären*. Er schilderte Formen des Blattes, die angeblich alle Pflanzen durchliefen, und war bemüht, innere Gesetzmäßigkeiten, nicht Zwecke in den Vordergrund zu rücken.[109] Die Idee des autonomen Kunstwerkes wirkte auch auf seine Forschungen. Mit Knebel war er sich einig, die Schönheit der Natur beruhe auf regelmäßigen Gesetzen, diejenige des Kunstwerks auf der Ahnung des Künstlers.[110] Kunst solle den materiellen Dingen gewidmet sein, keine Geschichten erzählen und frei von Gefühlen bleiben.[111]

Goethe strebte eine wissenschaftliche Laufbahn an.[112] Mit dem Blatt glaubte er, den wahren Proteus gefunden zu haben, der verschiedene Gestalten annehmen könne. Er nannte dies «Metamorphosen». Seinen beim Betrachten eines Hammelschädels gefassten Plan, diese auch im Tierreich mit dem Wirbelknochen als Ausgangspunkt nachzuweisen, gab er auf, als er eine Entdeckung machte, die ihn noch mehr faszinierte: Er beobachtete, dass die Wand weiß blieb, obwohl das Licht durch ein Prisma darauf fiel. Das Farbenspektrum zeigte sich nur dort, wo die Lichtzufuhr unterbrochen wurde. Übereilt hielt er Newtons Farbenlehre für falsch und behauptete, die Farben entstünden im Trüben, im Zusammenspiel von Licht und Finsternis.[113] Goethe hielt später nicht seine literarischen Leistungen für die Ursache seines «Bewußtsein der Superiorität über viele», sondern seine *Farbenlehre*, da er der einzige sei, «der das Rechte weiß».[114] Das Licht und die Optik ließen ihn nicht mehr los; 1810 erschien seine dreibändige *Farbenlehre*. Der Dichter, der Professionalität forderte und Dilettantismus geißelte, setzte seine eigenen Beobachtungen absolut. Die Kritik war groß, Zustimmung signalisierten vor allem wissenschaftliche Außenseiter. Das ändert nichts daran, dass der wissenschaftsgeschichtliche Teil der *Farbenlehre* mit der These, dass auch die Erkenntnis der Natur von der historischen Erfahrung abhänge, Furore machte, und seine Bemühungen, die «unmittelbare Wahrheit des sinnlichen Eindrucks gegen die Angriffe der Wissenschaften zu retten», wurden etwa auch von Hermann von Helmholtz gewürdigt.[115]

Als Friedrich Heinrich Jacobi ihm Ende 1794 berichtete, es werde geredet, er habe seine optischen Studien aufgegeben, dementierte Goethe. «Die Phänomene zu erhaschen, sie zu Versuchen zu fixiren, die Erfahrungen zu ordnen und die Vorstellungsarten darüber kennen zu lernen», sei viel zu wichtig, um sie auf sich beruhen zu lassen.[116] Ihn zog es daher immer häufiger nach Jena. Während er 1793 nur 15 Tage dort verbrachte, ein Jahr später immerhin 34 und 1795 bereits 68 Tage, lebte Goethe 1797 mehr als ein Drittel des Jahres in Jena.[117] Seine Idee einer Natur ohne revolutionäre Umbrüche übertrug er auf die Lebenswelt, auch hier musste sich alles Stufe für Stufe entwickeln.

5. *Bertuchs Wirtschaftsimperium*

Friedrich Justin Bertuch – Goethes Kumpan der Geniezeit – wurde 1747 als Sohn eines Weimarer Garnisonsarztes geboren, studierte in Jena Theologie und Jura und übersetzte spanische Literatur. Seit 1775 war er Geheimer Sekretär und Schatullier Carl Augusts. Parallel zum Hofdienst gab er das *Magazin der Spanischen und Portugiesischen Literatur* heraus und beteiligte sich am Dessauer Selbstverlag der Gelehrten. In den 1780er Jahren führte er Wielands *Teutschen Merkur* aus der Krise und wurde Miteigentümer.[118] Er kaufte eine alte Mühle und baute ein großes Haus. Hier ließ er in einer Fabrik, in der auch Christiane Vulpius arbeitete, seit 1782 Kunstblumen herstellen. 1784 gründete er mit Wieland sowie den Professoren Schütz und Hufeland die *Allgemeine Literatur-Zeitung* und zusammen mit Wieland und dem Jenaer Drucker Johann Michael Maucke die «Typographische Societät», die auch Schillers *Allgemeine Sammlung Historischer Memoires* publizierte.[119] 1786 gab Bertuch mit Georg Melchior Kraus das *Journal des Luxus und der Moden* heraus. Der Autor und Verleger, Versandhändler und Unternehmer verdiente mit «Schönheit und Geschmack», die er zu einer Ware machte, ein Vermögen. Seine Journale bildeten einen Gegenpol zur elitären Ästhetik der Klassiker.[120]

Bertuch verlegte nicht Goethe und Schiller, sondern vermarktete den schönen Schein Weimar-Jenas. 1774 hatte er mit seinen *Gedanken über den Buchhandel* und dem Vorschlag, Dichter anzusiedeln sowie Papierfabriken und einen Großverlag zu gründen, einen möglichen Weg aus der Wirtschaftskrise gewiesen. Die ebenfalls von ihm stammende Idee einer Zeichenschule war rasch verwirklicht worden. Von

Friedrich Justin Bertuch
Gemälde von Johann Friedrich August Tischbein (1796)

dieser Ausbildung profitierte neben Bertuchs Blumenfabrik die Kunstbackstein- bzw. Toreutica-Fabrik Klauers, der 1779 mit einer Goethebüste aus Gips erste Erfolge feierte und seit 1781 Büsten von Herder, Wieland und anderen anbot. Aus der leicht formbaren Tonmischung schuf er Vasen, Öfen und Antikenkopien, aber auch Repliken moderner Bildwerke. Damit weckte er Bedürfnisse und das Publikum verlangte massenhaft nach seinen Produkten, die er in illustrierten Katalogen bewarb und seriell herstellte.[121] Jeder konnte nun die Weimarer Größen in plastischer Form besitzen; Bertuch verkaufte sie in ganz Europa. Mit herzoglichem Privileg fasste er seine Geschäfte in einem «öffentlichen kaufmännischen Commissions-Comptoir» zusammen, das die Waren einheimischer Künstler, Fabrikanten und Handwerker außerhalb der Landesgrenzen absetzen und für die pünktliche Bezahlung sorgen sollte.[122] 1793 schrieb Bertuch über seine eigenen Unternehmungen: «Ich verstehe unter Landes-Industrie-Institut eine gemeinnützige öffentliche oder private Anstalt, die sichs zum einzigen Zwecke macht, teils die Natur-Reichtümer ihrer Provinz aufzusuchen und ihre Kultur zu befördern, teils den Kunstfleiß ihrer Einwohner zu beleben, zu leiten und zu vervollkommnen.»[123] Bertuch betätigte sich als «General-Import-Export-Handelsvermittler», besorgte Luxuswaren, Kleidungs-, Schmuck- und Möbelstücke sowie Bücher aus fremden Ländern und vermittelte Darlehen.[124] Ihm gehörte das Geographische Institut in Weimar, das Landkarten und Globen fertigte, und eine Druckerei. Er förderte die Ansiedlung geschickter Handwerker, um Ästhetik und Ökonomie zu verbinden.[125] 1795 lebten 87 Personen in Weimar und Jena vom Industrie-Comptoir, zehn Jahre später waren es mehr als hundert.[126]

Rückblickend bewertete Bertuch sein Leben als Engagement für das Vaterland, die deutsche Literatur und die wissenschaftliche Aufklärung.[127] Goethe und Schiller, auch Wieland und Herder sahen in ihm jedoch den Homo oeconomicus, der Literatur und Kunst zur bloßen Ware degradierte, weil er aus Gewinnsucht dem Geschmack des Publikums folgte und sich mit fremden Federn schmückte. Als Beispiel führten sie die *Grundzüge der Naturgeschichte* von August Batsch an. Der aber widersprach, denn durch Bertuchs Werbung werfe seine Schriftstellerei erstmals Gewinn ab. «Das verdank' ich großentheils dem verrufenen Juden Bertuch.»[128] Kanzler von Müller fand 1822 in seiner Rede am Grab Bertuchs den richtigen Ton, indem er auch dessen Bedeutung für die Wissenschaft hervorhob. «Wie ein befruchtender Strom führten seine weltbürgerlichen Verbindungen die Ausbeute vielseitigsten Forschens den entferntesten Ländern zu; jeden neuen Lebenskeim im Gebiete des Wissens verstand er aufs Zweckmäßigste auszubilden, jede schlummernde Kraft in seinem Kreise zu wecken und zu steigern.»[129]

6. *Schillers freie Republik*

Der am 10. November 1759 in Marbach am Neckar als Sohn eines württembergischen Offiziers geborene Schiller kam als 13-Jähriger in die Stuttgarter Karlsschule, eine Kadettenanstalt und Militärakademie. Neben modernem Unterricht lernte er militärischen Drill kennen. Er gewöhnte sich daran, las verbotene Texte, schrieb seine Dissertation *Versuch über den Zusammenhang der thierischen Natur des Menschen*

Friedrich Schiller
Gemälde von Anton Graff
(1786/1791)

mit seiner geistigen und *Die Räuber,* ein Drama gegen Willkür und Tyrannei. Es wurde Anfang 1782 unter großem Beifall am Mannheimer Nationaltheater uraufgeführt und machte den inzwischen zum Militärarzt ernannten Schiller über Nacht berühmt. Er entfernte sich unerlaubt vom Regiment, um an der Premiere teilnehmen zu können. Als er ein weiteres Mal ohne Erlaubnis nach Mannheim reiste, wurde er vom Herzog mit 14 Tagen Arrest bestraft und das Schreiben wurde ihm verboten. Er floh und verbrachte einige Zeit bei der Mutter seines Studienfreundes Wilhelm von Wolzogen im thüringischen Bauerbach, bevor Wolfgang Heribert von Dalberg ihn 1783 für drei Jahre als Theaterdichter in Mannheim beschäftigte.[130]

Während sein *Fiesko,* ein republikanisches Trauerspiel, beim Publikum durchfiel, wurde *Kabale und Liebe* der nächste Erfolg. Es ist das einzige Werk, in dem Schiller die sozialen Verhältnisse seiner Zeit direkt thematisiert. Schiller brachte ansonsten charismatische Gestalten auf die Bühne, die für ihre Ideale «buchstäblich über Leichen gehen».[131] Er machte das Theater zum Gerichtssaal und beurteilte die Fürstenherrschaft aus bürgerlicher Sicht. 1784 führte er aus, die Bühne verstärke «Religion und Gesetze», weil hier «Anschauung und lebendige Gegenwart ist, wo Laster und Tugend, Glückseligkeit und Elend, Torheit und Weisheit in tausend Gemälden faßlich und wahr an dem Menschen vorübergehen [...], wo das menschliche Herz auf den Foltern der Leidenschaft seine leisesten Regungen beichtet, alle Larven fallen, alle Schminke verfliegt und die Wahrheit unbestechlich wie Rhadamanthus Gericht hält. [...], wo das Gebiet der weltlichen Gesetze sich endigt. [...] Das ganze Reich der Phantasie und Geschichte, Vergangenheit und Zukunft stehen ihrem Wink zu Gebot. [...] Richtigere Begriffe, geläuterte Grundsätze, reinere Gefühle fließen von hier durch alle Adern des Volks; der Nebel der Barbarei, des finstern Aberglaubens verschwindet, die Nacht weicht dem siegenden Licht.»[132] Das Theater mache den Menschen zum Menschen.

Als Schiller Ende 1784 am Darmstädter Hof aus *Don Karlos* las, ernannte ihn der zufällig anwesende Carl August zum Weimarischen Rat. In dem «dramatischen Gedicht» fordert Marquis Posa Gedankenfreiheit und den Vorrang der Verfassung, doch um diese Ziele zu erreichen, manipuliert und intrigiert er.[133] In vielen von Schillers Werken gerät die Freiheitsidee unter den Druck eines tragischen Geschicks und geht unter. In *Die Räuber* führt der Freiheitsdrang ins Chaos, im *Fiesko* wird der Freiheitsheld zum Despoten, in *Kabale und Liebe* bleibt die Freiheit dem Jenseits vorbehalten.[134]

Schiller widmete Carl August das erste Heft seiner *Rheinischen Thalia*, in der er als Weltbürger schreiben wollte, der keinem Fürsten diene und sich nur dem Tribunal des Publikums unterwerfe, das sein Souverän sei.[135] Der Herzog wird als «der edelste von Deutschlands Fürsten, und der gefühlvollste Freund der Musen» überschwänglich gelobt.[136] Doch nicht Carl August, sondern der Jurist und Schriftsteller Christian Gottfried Körner wurde sein Gönner, und in Georg Joachim Göschen fand er einen Verleger, der die *Thalia* weiterführte.[137] Schiller zog im Juli 1787 nach Weimar, um Goethe, Wieland und Herder nahe zu sein. Seine damalige Geliebte Charlotte von Kalb führte ihn in die Gesellschaft ein. Zu Wieland und Herder fand er schnell Kontakt; Goethe war noch in Italien, der Herzog unterwegs. Der als Dramatiker berühmt, wenn auch nicht reich gewordene Schiller[138] wandte sich 1787 der Geschichte zu,[139] um seine historischen und künstlerischen Interessen zu verbinden und Geld zu verdienen,[140] ohne sich «auszuschreiben», denn für ein Schauspiel brauche er die «ganze Seele und alle meine Zeit. Zu einer historischen Arbeit tragen mir die Bücher die Hälfte bei.»[141] Ganz ähnlich argumentierte er sieben Jahre später: Zum Philosophieren reiche der halbe Mensch, «die andere Hälfte kann ausruhen; aber die Musen saugen einen aus».[142]

Auch Schillers historische Arbeiten beschäftigen sich mit dem Ideal der Freiheit und sie verkauften sich deutlich besser als seine Dramen.[143] Körner berichtete er, in Jena dominierten die Studenten. «Sie wandeln mit Schritten eines Niebesiegten», weil vier Erhalterstaaten sich die Gewalt über die Universität teilten. Dies mache Jena «zu einer ziemlich freien und sichern Republick, in welcher nicht leicht Unterdrückung Statt findet». Die Professoren seien unabhängig, das «hat Jena unter den academieen voraus». Da sich die Sitten der Studenten besserten, wachse der Ruhm der Universität, zu dem die *Allgemeine Literatur-Zeitung* viel beitrage.[144]

Was verstand Schiller unter einer freien Republik? Meinte er die freie Bürgerrepublik, wie er sie in seiner ersten Monografie *Die Geschichte des Abfalls der vereinigten Niederlande von der spanischen Regierung* skizzierte? Ging es ihm um die politische Selbst- und Mitbestimmung der Führungsschichten wie in seiner *Geschichte des Dreißigjährigen Krieges*? Oder suchte er die Menschenfreiheit, die er in seiner Antrittsvorlesung 1789 beschwor?[145] Unpolitisch war dies alles nicht.[146] Die Diskussionen um die Bändigung von Herrschaft durch Gesetze, Mitbestimmung und Gewaltenteilung waren Schiller vertraut, mussten seines Erachtens aber um die Tugenden des Bürgers ergänzt werden. Bei seinem Patriotismus nach antikem Muster[147] unterschied er zwischen Lykurgs Republik, die in Sparta zur totalitären Unterdrückung führte, und Solons Athen, das eine freie Republik war, in der Künste und Wissenschaften blühten.[148] Schiller war – wie Gordon A. Craig in seinem Buch *Die Politik der Unpolitischen* hervorhebt – «ein durch und durch politischer Mensch».[149]

Der Gedanke, dass die Tugenden und das Verhalten der Bürger wichtiger seien als die nominelle Staatsform, durchzieht Schillers politische Ideale. Als er Goethe 1788 das erste Mal bei den Lengefelds in Rudolstadt traf, sprang kein Funke über, «seine Welt ist nicht die meinige, unsere Vorstellungsarten scheinen wesentlich verschieden».[150] Goethe griff jedoch Voigts Vorschlag auf und setzte sich für Schillers Berufung auf eine Geschichtsprofessur in Jena ein. Dessen Schriften ließen erwarten, dass er «das historische Fach mit Glück» bearbeite und «auf junge Leute guten Einfluß haben werde».[151] Schiller nahm die Professur ohne Gehalt in der Hoffnung auf reichlich fließende Kolleggelder an.[152] Im März 1789 beschrieb er in einem Brief, in dem er Goethe als denjenigen bezeichnete, der ihm im Wege stehe, was er sich erwarte: «eine leidliche gesellige Existenz. [...] Ich bin in Jena zum erstenmale eigentlicher bürgerlicher Mensch, [...] da ich dort niemand über mir habe, so hoffe ich mich darein finden zu können».[153] Er wollte Charlotte von Lengefeld heiraten und kalkulierte, 1000 Taler jährlich zu benötigen; 600 konnte er verdienen, 200 brachte Charlotte als Mitgift mit, fehlten noch 200, die ihm der Herzog Ende 1789 als fürstliche Rente gewährte.[154]

Schiller war Feuer und Flamme für sein neues Fach. Caroline von Beulwitz, der Schwester seiner Frau, erläuterte er, die Geschichtserzählung habe gegenüber dem Roman den Vorzug der Wahrheit. «Es fragt sich nur, ob die innere Wahrheit, die ich die philosophische und Kunstwahrheit nennen will, und welche in ihrer ganzen Fülle im Roman oder in einer andern poetischen Darstellung herrschen muß, nicht eben soviel Werth hat als die historische.» Sie werde gefühlt, ohne dass entsprechende Begebenheiten wirklich stattgefunden haben müssten. «Die Geschichte ist überhaupt nur ein Magazin für meine Phantasie, und die Gegenstände müssen sich gefallen lassen, was sie unter meinen Händen werden.»[155] Schiller erzählte Geschichte nach Ideen, um die Wahrheit der überlieferten Bruchstücke mit der poetischen zu verbinden. Und er betonte, das «willkührliche in ihr» könne «einen philosophischen Geist reitzen, sie zu beherrschen».[156]

Am 26. Mai 1789 hielt Schiller vor etwa 400 Zuhörern im völlig überfüllten Hörsaal des Griesbachschen Hauses, dem größten Jenas, die vielleicht berühmteste Antrittsvorlesung aller Zeiten mit dem Titel *Was heißt und zu welchem Ende studiert man Universalgeschichte?* In der veränderten gedruckten Fassung wurde sie zum Klassiker. Schiller glaubte, «dem Publikum etwas mehr ausgearbeitetes schuldig zu seyn, als einem Haufen unreifer Studenten».[157] Er unterschied zwischen dem «Brotstudium», das auf den künftigen Beruf vorbereite, und dem Wissensdurst des philosophischen Kopfes. Während der eine «im Reiche der vollkommenen Freiheit eine Sklavenseele» trage, sei der andere erst zufrieden, wenn alle «Begriffe zu einem harmonischen Ganzen sich geordnet haben» und er selbst «im Mittelpunkt seiner Kunst, seiner Wissenschaft steht». Er liebe die Wahrheit mehr als sein System und werde vom «ewig wirksamen Trieb nach Verbesserung gezwungen», sein Wissen zu vervollkommnen.[158] Dennoch unterwerfe er das oft zufällige und sperrige historische Geschehen nicht dem aufklärerischen Plan des Fortschritts, wenn die empirische Wahrheit dem widerspreche.

Schiller betonte die stetige Verbesserung, die in der idealisierten Gegenwart gipfele. Alle Menschen lebten in Frieden: Staaten und Nationen seien nicht mehr in feindseligem Egoismus abgesondert. «Alle denkenden Köpfe verknüpft jetzt ein weltbürgerliches Band.»[159] Es herrsche – so Schiller ein Jahr später – «Menschenfreiheit», die «an Wert zunimmt, je größer die Anzahl derer wird, die es mit uns teilen».[160] In diesem Sinn konstruierte Schiller seine Geschichte. Der Historiker nimmt «die Harmonie aus sich selbst heraus und verpflanzt sie ausser sich in die Ordnung der Dinge d. i. er bringt einen vernünftigen Zweck in den Gang der Welt, und ein teleologisches Prinzip in die Weltgeschichte».[161] Er muss den Prozess erkennen, der die Freiheit ermöglicht, wo Gesetze regieren, die sich der freie Mensch aus eigener Einsicht gegeben hat.[162]

Schillers Geschichte sollte jedoch nicht nur die Einheit der Naturgesetze, die «ungesellige Geselligkeit» Kants und das Ziel «einer allgemeinen das Recht verwaltenden bürgerlichen Gesellschaft» beglaubigen.[163] Er gab sich auch nicht mit Herders Mannigfaltigkeit als Ergebnis der natürlichen Evolution zufrieden, sondern suchte die empirische Erfahrung,[164] die den Kampf zwischen Herrschsucht und Freiheitsstreben, zwischen Neigung und Pflicht, vermittelnd auflöse.[165] Der subjektive Faktor der Erkenntnis müsse vom «menschlichen Gemüth» bestätigt werden, denn nur durch die Bildung von Analogien und den «Trieb nach Übereinstimmung» werde aus den ausgewählten Begebenheiten eine zu einem Ganzen verknüpfte Kette.[166]

Dies alles findet sich in ähnlicher Form auch bei Kant und anderen

Universalhistorikern. Die wertende Seite der Erzählung ließ sich für Schiller aber nur objektivieren, weil es seines Erachtens am Zweck und Ziel der Geschichte keine Zweifel geben könne.[167] Jeder war aufgefordert, «zu dem reichen Vermächtniß von Wahrnehmung, Sittlichkeit und Freyheit, das wir von der Vorwelt überkamen und reich vermehrt an die Folgewelt wieder abgeben müssen, auch aus unsern Mitteln einen Beytrag zu legen».[168] Die europäische Entwicklung zeichnete er in seinen kleineren historischen Arbeiten nach. Am Beginn des Mittelalters rangen römische und päpstliche Herrschsucht mit der germanischen Freiheit: «Kräftig wehrt sich der deutsche Geist gegen den herzumstrickenden Despotismus, der den zu früh ermatteten Römer erdrückte.»[169] Mit den Kreuzzügen begann die einzigartige Symbiose von Freiheit und Kultur: «Rom und Athen gehen aus dem Bürgerkriege zur Knechtschaft über – das neue Europa zur Freiheit.»[170] Ruhe und Ordnung wurden in der Antike – hier widersprach Schiller Winckelmann – mit despotischer Unterdrückung erkauft, heute herrsche die Freiheit, sich die Gesetze selbst zu geben. Die Geschichte heile «von der übertriebenen Bewunderung des Altertums».[171]

Für Schiller war es das Ziel des Geschichtsprozesses, der Menschheit die jeweils mögliche Freiheit verfügbar zu machen. Dazu bedurfte es eines bestimmten sittlich-kulturellen Niveaus und eines ordnenden Rahmens. «Kein Schriftsteller so sehr er auch an Gesinnung Weltbürger seyn mag, wird in der Vorstellungsart seinem Vaterland entfliehen.» Doch es sei «ein armseliges kleinliches Ideal, für eine Nation zu schreiben; einem philosophischen Geiste ist diese Grenze durchaus unerträglich. Dieser kann bey einer so wandelbaren zufälligen und willkührlichen Form der Menschheit, bei einem Fragmente (und was ist die wichtigste Nation anders?) nicht stillestehen. Er kann sich nicht weiter dafür erwärmen, als soweit ihm diese Nation oder Nationalbegebenheit als Bedingung für den Fortschritt der Gattung wichtig ist.»[172] Als sich mit dem jakobinischen Terror und den Studentenunruhen in Jena die Ableitung der Freiheit aus der Geschichte vorerst erledigt hatte, beendete Schiller sein Historikerdasein.

7. Revolution in Gedanken

Die Französische Revolution überrollte Europa mit Krieg, Gewalt, Umsturz und den Menschenrechten. Die systemunabhängige bürgerliche oder negative Freiheit von Einschränkungen und Bevormundungen wurde nun ergänzt um die Forderung nach der politischen oder positiven Freiheit zur Mitbestimmung. Die Herrschenden fürchteten die Rache der Beherrschten. Ende 1792 entschied die Weimarer Regierung, die «Kleinigkeiten» in Eisenach – Sympathiebekundungen für die Revolution, Verweigerung des Kriegsdienstes und Forderungen nach Arbeit und Brot – zu ignorieren, um das Volk nicht zu reizen.[173] Goethe war über die Unruhen betroffen, deren Ursachen er im Koalitionskrieg und dem Rückzug der Alliierten sah. Sein berühmtes Urteil – «Von hier und heute geht eine neue Epoche der Weltgeschichte aus, und ihr könnt sagen, ihr seid dabei gewesen» – formulierte er allerdings erst später.[174] Die deutsche Öffentlichkeit war elektrisiert. Das französische Volk hatte sich von einem verrotteten Regime selbst befreit, als Nation konstituiert und seine Abgeordneten hatten sich als deren Repräsentanten an die Stelle des Königs gesetzt. Die Franzosen hatten den Überbietungswettbewerb um Freiheit, Gleichheit und Brüderlichkeit gewonnen. In Weimar sprach Knebel aus, was andere dachten. «Uns alle reizt jetzt das grosse Schicksal von Frankreich. In der Tat setzt dieses der Aufklärung und den Fortschritten dieses Jahrhunderts gleichsam die Krone auf.»[175] Carl August ließ ihn und den von der Revolution schwärmenden Herder an ihre Pflichten erinnern. Er war froh, dass Letzterer 1792 nicht die Nachfolge Döderleins in Jena anstrebte, passe doch sein Charakter jetzt nicht dorthin «und am Ende wäre wenig Nutzen für die Universität, Schaden für ihn, und Unannehmlichkeiten für mich daraus entstanden».[176]

Wieland lobte die Freiheit. Goethe berichtete Jacobi, er könne sich ja denken, dass «die Französische Revolution auch für mich eine Revolution war».[177] Er sprach an anderer Stelle von «Frankreichs traurigem Schicksal». Die französischen Schreihälse seien toll, «doch redet ein Toller in Freiheit Weise Sprüche, wenn ach! Weisheit im Sklaven verstummt».[178] In seinen *Epigrammen* äußerte er sich unverblümt:

Studentenunruhen in Jena

Dich betrügt der Staatsmann, der Pfaffe, der Lehrer der Sitten,
Und dieß Kleeblatt wie tief betest du Pöbel es an.[179]

Später erläuterte Goethe, er habe kein Freund der Revolution sein können, weil die Gräuel ihm zu nahestanden und die wohltätigen Folgen noch nicht zu sehen waren, zumal «man in Deutschland künstlicherweise ähnliche Szenen herbeizuführen trachtete, die in Frankreich Folge einer großen Nothwendigkeit waren».[180] Wie die meisten deutschen Aufklärer hielt er die französische Monarchie für verrottet und die Reichsverfassung für eine Barriere gegen den Freiheitswahn, und er fürchtete die Gewalt des Pöbels, den man, einmal an der Macht, nicht mehr loswerde.

Die deutschen Regierungen misstrauten Versicherungen, wie sie etwa der Jenaer Professor Carl Leonhard Reinhold formulierte: «Teutschland ist unter allen übrigen europäischen Staaten am meisten zu Revolutionen des Geistes, am wenigsten zu politischen aufgelegt.»[181] Sie vermuteten hinter jedem Pasquill, jedem Freiheitsbaum und jeder Jakobinermütze den Umsturz. Die Obrigkeiten verschärften die Zensur, kontrollierten die Universitäten und verboten den Vertrieb revolutionärer Schriften. Als der Reichstag deren Postversand untersagen sollte, erinnerte Graf Görtz, nunmehr preußischer Gesandter am Reichstag, das Konzil daran, dass es in Jena und Weimar genügend Publizisten gebe, die über echte Menschenrechte und Bürgerpflichten schreiben könnten. Der Ilmenauer Justizamtmann Ernst Christian Wilhelm Ackermann forderte 1794 nicht Zensur, sondern Pressefreiheit, die zur Versöhnung mit der Staatsgewalt und den guten Fürsten beitragen könne.[182] Der Herzog vermutete jedoch «Aufhetzer», denn der «gemeine deutsche Mann ist mit dem Sinne der Subordination geboren».[183] Man müsse die Rädelsführer dingfest machen und dürfe nicht nachgeben. Die Bitten um Steuernachlässe wurden daher ebenso abgelehnt wie die Ablösung der Fronen, obwohl beides ganz oben auf der Liste der Agrarreformen stand. Gegen den Willen Goethes, der 1794 für den falschen Zeitpunkt hielt, wurden einige Kammergüter aufgeteilt und verkauft, um die Einnahmen zu erhöhen.[184]

Bedrohlich waren die Unruhen im Juni 1793 in Apolda, wo zwei Verleger misshandelt und ein Haus angezündet wurde. Schnauß berichtete dem Herzog, die Fabrikanten ließen «sich von dem Freyheits- und Gleichheits Teufel verführen».[185] Bei dem Aufruhr handelte es sich jedoch nicht um einen revolutionären Akt, sondern um eine typische alteuropäische Hungerrevolte, die Abhilfe schaffen und die Schuldigen bestrafen sollte. Wenn es um Leben oder Tod ging, konnte der Rechtsweg nicht abgewartet werden.[186] Da die armen Strumpfwirker mit Abzug drohten, musste die Obrigkeit aus Prestigegründen eingreifen, verbieten konnte man es ihnen nicht, denn sie waren keine Leibeigenen.

1793 schrieb Goethe zwei Lehrstücke. Im *Bürgergeneral* verlangt ein Wanderbarbier namens Schnaps, der sich mit einer französischen Uniform, Jakobinermütze und Kokarde ausstaffiert hatte, von den Bauern, mit Flinten und Pistolen zum Edelhof zu ziehen. Ein Adliger schlichtet den Klamauk, denn er weiß, dass in Deutschland kein Umsturz bevorsteht: «Unzeitige Gebote, unzeitige Strafen bringen erst das Übel hervor.» In einem wohlgeordneten Land würden keine Parteien entstehen.[187] Anspruchsvoller waren *Die Aufgeregten*.[188] Im Zentrum steht ein Agrarkonflikt: Die Bauern berufen sich auf einen Vertrag, der ihnen gegen die Abtretung von Land das Ende der Frondienste zugesagt hatte. Der Graf hatte die Abmachung nicht eingehalten und nach seinem Tod ist der Vertrag verschwunden, den die Bauern dem Reichskammergericht vorlegen wollen. Der Amtmann hat ihn versteckt. Der Barbier Breme ruft zur Rebellion auf. Die Untertanen verweigern die Straßenbaufronen. Letzteres bleibt jedoch ein Sturm im Wasserglas, weil die Gräfin, die in Paris die Revolution erlebt hat, keine unbilligen Handlungen mehr dulden will. Sie erkennt den Rezess an und der Aufruhr ist zu Ende.[189] Die Gerechtigkeit hat gesiegt. Es gibt keine Revolution, wenn klug und gerecht gehandelt wird. Der Hofrat lobt die Gräfin; er findet in ihr «einen Zögling der großen Begebenheiten, die uns einen lebendigen Begriff geben von Allem was der wohldenkende Staatsbürger wünschen und verabscheuen muß».[190]

Der Hofrat entspricht der Rolle, die Goethe für sich selbst in Weimar reklamierte. Er akzeptiert den höheren Stand und die Herrschaft, plädiert jedoch für Zugeständnisse. Der in *Die Aufgeregten* geschilderte Konflikt erinnert an die Ilmenauer Bauern, die 1792 die Straßenbaufronen verweigerten, weil diese aus ihrer Sicht einem alten Vertrag widersprachen. Goethe wollte deeskalieren, denn die Untertanen strebten nicht den Umsturz, sondern ein Rechtsurteil oder einen Vergleich an. Die Angst vor der Revolution durfte nicht dazu führen, dass die Gegenmaßnahmen das bewirkten, was sie eigentlich verhindern sollten. Auch im Alter hielt es Goethe mit der Gräfin, die erkannt habe, dass das «Volk wohl zu drücken, aber nicht zu unterdrücken ist, und daß die revolutionären Aufstände der unteren Klassen eine Folge der Ungerechtigkeit der Großen sind».[191] Aufschlussreich für Goethes Sicht der Revolution ist auch sein Epos *Reineke Fuchs*, in dem Tiere in höfischen Rollen agieren. Als begabter Redner spielt Reineke alle gegeneinander aus. Er besiegt in einem unfair geführten Duell den Wolf und wird Kanzler. Rhetorische Brillanz, List und unmoralisches Verhalten haben gesiegt. Die Menge lässt sich verführen. Was Goethe anhand einer mittelalterlichen Fabel vorführt, war für ihn die Realität in Frankreich.

Carl August äußerte Anfang Juni jedoch Bedenken gegen die Reichshilfe, die mit der Forderung nach einer Rückkehr zur «constitutionsmäßigen Verfassung» sich nicht nur gegen den äußeren Feind richte, sondern auch auf die «Behauptung des inneren Ruhestandes der einzelnen Staaten» ziele.[192] Graf Franz Anton von Hartig, der kaiserliche Minister in Dresden, berichtete daraufhin Reichskanzler Kaunitz, «daß die Gesinnung dieses vormaligen Apostels des gehässigen Fürstenbundes noch nicht ganz gereinigt ist».[193] Carl August führte nun sein preußisches Regiment in den Krieg. Goethe folgte ihm 1792 und meldete Jacobi, das Lagerleben interessiere ihn nicht, «besonders da mir weder am Todte der Aristocratischen noch Democratischen Sünder im mindesten etwas gelegen ist».[194] Seines Erachtens hätte das Gemetzel verhindert werden müssen, zumal die Franzosen im Oktober Speyer, Worms und Mainz besetzten und bis Frankfurt vordrangen; die Reichsstände verloren Besitz, Rechte und Einkünfte im Elsass. Die Revolutionäre propagierten die «natürlichen» Grenzen Frankreichs und den Umsturz in ganz Europa; am 21. Januar 1793 ließen sie Ludwig XVI. köpfen.

Goethe sah betrübt, «daß das Geh. Con. unbewunden diesen Krieg für einen Reichskrieg erklärt hat. Wir werden also auch mit der Heerde ins Verderben rennen – Europa braucht einen 30jährigen Krieg um einzusehen was 1792 vernünftig gewesen wäre».[195] Er hasste Krieg und Gewalt, Länderschacher und Machtpolitik: «Ich bin ein Kind des Friedens und will Frieden halten für und für, mit der ganzen Welt, da ich ihn einmal mit mir selbst geschlossen habe.»[196] In seiner 1822 publizierten *Campagne in Frankreich* erwartet ein Zivilist, dass Goethe über die Fehler der preußischen Kriegführung berichten werde. Ein Husarenoffizier weiß es besser: «Glaubt es nicht, er ist viel zu klug! Was er schreiben dürfte, mag er nicht schreiben, und was er schreiben möchte, wird er nicht schreiben.»[197]

Was wäre 1792/93 vernünftig gewesen? Hätte man der Revolution ihren freien Lauf lassen sollen, wie Herder es wünschte? «Kein Deutscher [ist] ein gebohrner Franzose, der Verpflichtung und Beruf habe, für die alte Ehre des Königs der Franzosen auch nur einen Athem zu verlieren.»[198] Die Deutschen hätten wegen ihrer besseren Verfassung nicht unter den Übeln gelitten und der deutsche Nationalcharakter tauge nicht «für das drückendere Joch der Volksherrschaft».[199] In seinen Predigten erinnerte Herder an das Glück, unter einer menschenfreundlichen Regierung und einer guten Verfassung zu leben.[200]

Der selbsternannte Kosmopolit Wieland kommentierte das Geschehen im *Teutschen Merkur*, ohne die Mächtigen zu verärgern. Er hatte sich 1786 gegen den Voluntarismus gewandt, mit dem sich viele Patrioten ein deutsches Vaterland konstruierten. Sie sollten lieber die Reichsverfassung beachten, denn solange sie bestehe, werde «kein großes politicirtes Volk in der Welt einen höhern Grad menschlicher und bürgerlicher Freiheit genießen und vor allgemeiner auswärtiger und einheimischer, politischer und kirchlicher Unterjochung und Sklaverei sicherer seyn [...], als die Deutschen». Die Reichsverfassung garantiere, dass sich «alle Talente [...] mit größerer Freyheit, Mannigfaltigkeit und Originalität entfalten» könnten. «Wenn unsere dermahlige gesetzmäßige Konsituzion das einzige ist, was uns Deutsche zu einer Nazion macht, und wenn sie augenscheinlich der Grund unsrer wesentlichsten Vortheile ist: was kann denn also deutscher Patriotismus anders sein, als Liebe der gegenwärtigen Verfassung des gemeinen Wesens und aufrichtiges Bestreben, zu Erhaltung und Vervollkommnung derselben beyzutragen, was jeder nach seinem Stande, Vermögen und Verhältnisse zum Ganzen dazu beyzutragen fähig ist.»[201] Im Juni 1791 kritisierte Wieland: «Ein Volk, das frei sein will und in zwei vollen Jahren noch nicht gelernt hat, daß Freiheit, ohne unbedingten und unbegrenzten Gehorsam gegen die Gesetze, in der Theorie ein Unding, und in Praxi ein unendlichmal schändlicherer und verderblicherer Zustand ist als die asiatische Sklaverei; – ein Volk, das auf Freyheit pocht, und sich alle Augenblicke von einer Faction von Menschen [...] zu den wildesten Ausschweifungen, zu Handlungen, deren Cannibalen sich schämen würden, aufhetzen und hinreißen läßt, – ein solches Volk ist, aufs gelindeste zu reden, zur Freiheit noch nicht reif.»[202]

1793 formulierte Wieland in seinen *Betrachtungen über die gegenwärtige Lage des Vaterlandes* weltbürgerliche und patriotische Vorstellungen zum Nachdenken für seine Leser. In Europa sei die Menschheit mündig geworden; die untersten Klassen ließen sich nicht mehr mit Vorurteilen oder von Autoritäten abweisen. Da es auch in Deutschland an persönlicher Freiheit, freiem Eigentum und an der Gleichheit der Staatsbürger fehle, führe dies zu Gedanken, «daß ähnliche Ursachen auch bey uns ähnliche Wirkungen hervorbringen könnten». Die Reichsverfassung sei trotz aller Mängel «für die innere Ruhe und den Wohlstand der Nazion [...] zuträglicher, und ihrem Karakter und dem Grade von Kultur, worauf sie steht, angemessener als die französische Demokratie». 28 Millionen Deutsche dürften nicht als «Sklaven» und die «durch Gesetze und Herkommen eingeschränkten Fürsten» nicht als «Despoten» beschimpft werden. «Wo ist ein Volk in Europa das sich [...] einer hellern und ausgebreitetern Aufklärung zu rühmen hätte, als die Teutschen, im Ganzen genommen?» Der Reichstag habe jedoch den Krieg beschlossen und den Revolutionären den Vorwand geliefert, das deutsche Reich als Feind zu behandeln. Frankreich werde durch diesen Krieg seine innere Zwietracht überwinden und sich bis an den Rhein ausdehnen.[203] Der Kosmopolit fürchtete um die Zukunft Deutschlands. «Was sollte unsern großen Völker- und Staaten-Verein noch zusammenhalten, wenn das gewohnte alte Band, das nur enger und fester zusammengezogen zu werden braucht, einmal zerrissen wäre?»[204] Wie ließ sich die Einheit Deutschlands bewahren? Die konstituierte französische «nation» implizierte die Volksherrschaft. War dies in der staatlichen und kulturellen Vielfalt Deutschlands denkbar? Gab es Alternativen?

8. Politisierung in Jena

Goethes Mahnung, unzeitiger Druck bringe das Übel erst hervor, war eine Warnung angesichts der Unruhen in Jena, die sich immer wieder am undisziplinierten Verhalten der Burschenschaften und an deren Rivalität entzündeten. Die Studentenverbindungen waren – so hatte Goethe 1786 festgestellt – zwar zu schwächen, aber nicht auszurotten.[205] Als Anfang März 1790 Soldaten brutal gegen die Studenten vorgingen, sollte Goethe schlichten. Er hielt das Vorgehen des Militärs für ungerechtfertigt, sah aber keine «Anzeige eines tiefer liegenden complicirten Übels». Der Forderung der Studenten, ihre Anliegen dem Herzog direkt vorzutragen, könne man stattgeben, da sie die beiden von ihnen festgehaltenen Soldaten inzwischen dem Hauptmann übergeben hätten. Für Goethe herrschte in Jena «eine Ordnung in dieser Anarchie, die oft ins Lächerliche fällt». Wenn die Studenten patrouillierten, um Unfug zu verhüten, seien die Folgen fatal. «Leipzig hieß sonst klein Paris, Jena verdiente jetzt wohl eher diesen Nahmen.»[206]

Hatten die Professoren ihre Studenten mit der Kantischen Philosophie und dem Revolutionsbazillus infiziert? Johann August Heinrich Ulrich, Professor für Moral und Politik, las 1784 über die Lehren Kants; Schütz erläuterte dessen Philosophie, Justus Christian Hennings stellte die *Kritik der reinen Vernunft* vor, ebenso Carl Christian Erhard Schmid, während Carl Leonhard Reinhold die Philosophie Kants neu deutete.[207] Letzterer stammte aus Wien, hatte sein Mönchsgelübde gebrochen und war zum Luthertum konvertiert. Über Leipzig kam er nach Weimar, arbeitete am *Teutschen Merkur* mit und heiratete Wielands Tochter Sophie Katharina Susanne. Seit 1787 Professor für Philosophie machten ihn seine *Briefe über die Kantische Philosophie* berühmt. In seiner Antrittsvorlesung über den Einfluss des Geschmacks erklärte er das antike Griechenland zum Muster und behauptete, wo der Geschmack nicht gedeihe, verdorrten die Wissenschaften. Deutschland sei das Geburtsland der Ästhetik, der empirischen Psychologie und der Kritik der Vernunft. Es werde «die Schule der höheren Aufklärung des übrigen Europas werden, da es bisher allein bescheiden und wißbegierig genug war, von allen übrigen Ländern Europas zu lernen». Der Geschmack begünstige die Wissenschaften. Die Natur habe ihre Werke mit Schönheit geschmückt, und Künste und Wissenschaften bereiteten das höchste Vergnügen, «welches den freyen Bürger der Verstandeswelt für die Befolgung der Gesetze belohnt, die er sich selbst gegeben hat».[208]

Eine Minderheit der Studenten griff die Idee der Versittlichung auf, wollte aber nicht mehr wie Kinder, sondern wie Bürger behandelt werden und die eigenen Angelegenheiten mit obrigkeitlichem Konsens selbst regeln. Der Streit zwischen denjenigen, die sich bilden und verbessern wollten, und den Sauf- und Raufbolden war eine Ursache der Unruhen in den 1790er Jahren. Die korporative Selbstverwaltung gehörte als Pendant der Herrschaft zur alteuropäischen Ordnung. Von den Gesellenverbänden über die Zünfte bis zu Kommunen oder Landtagen setzte sich der gemeine Mann selbst Regeln und sorgte für deren Einhaltung. Die Studenten verlangten nichts anderes. Um die Lage zu entschärfen, ließ der Herzog die Soldaten aus Jena abziehen.[209] Einige Studenten feierten dies als Sieg und verhöhnten die Kommilitonen als «Schokoladisten», die Duelle und Ehrengerichte ablehnten und angeblich alle Streitigkeiten bei einer Tasse Schokolade lösen wollten. Ihr Anführer Heinrich Stephani hatte in einer Druckschrift betont, auch Studenten müssten die Gesetze der Vernunft beachten. Sie besäßen keine höhere sittliche Bildung, solange sie sich duellierten.

Die alte Diskussion um ein Verbot der Orden erhielt durch die Revolution neue Nahrung. Im *Journal von und für Deutschland* erschien 1791 ein Bericht, der den Orden eine falsche Vorstellung von akademischer Freiheit vorwarf. Sie brächten die jungen Menschen in eine Art Sklaverei und in Abhängigkeit von den despotischen Ordensoberen. Die Rivalität untereinander münde in Schlägereien und Duelle, die geduldet würden, weil die Universitäten auf fremde Studenten angewiesen seien.[210] Im gleichen Jahrgang erschien der anonyme Bericht *Fragmente über Jena und die dortige Universität*, der in Wortwahl und Inhalt Georg Friedrich Rebmanns *Briefe über Jena* ähnelt, die der Publizist 1793 veröffentlichte. Er hatte in Jena studiert, kannte die Verhältnisse und zeichnete ein eher positives Bild. Die Attraktivität der Salana resultiere aus den Reformen und dem Glauben, billig in Jena leben zu können. Es herrsche die «uneingeschränkteste Lehrfreyheit».[211] In den Briefen heißt es: «Und hier ist vollkommene Freiheit zu denken, zu lehren und zu schreiben». Die Zensur greife nur bei Zügellosigkeiten ein. Der Herzog schätze die Wissenschaften und wisse, «daß weder Dragonaden noch Edikte den Gang des menschlichen Denkens hemmen […] können […]. Jeder Denker trägt die Resultate seiner Spekulation ungehindert seinen Schülern vor.»[212] Die Rohheit der Studenten habe abgenommen; Duelle würden gesitteter ausgetragen und die berüchtigten Züge zu den Trinkgelagen in die Dörfer gebe es nicht mehr. Die Studenten ernährten Jena, würden aber ständig betrogen. «Die Schilderung der dortigen Bürger liefert einen traurigen Beytrag zur Geschichte der Menschheit.»[213]

Die Briefe der Wiesbadener Brüder Wilhelm und Karl Lautz an ihre Eltern bestätigen Rebmanns Einschätzungen.[214] Ein Artikel im *Almanach für Ärzte und Nichtärzte* beschuldigte diejenigen, sittliche Einwände gegen Jena zu erheben, die sich nicht trauten, die dortigen Wissenschaften anzugreifen. Diese Universität habe «durch die Ungezwungenheit und Unabhängigkeit» und die «glückliche Mittelmäßigkeit» manche Vorzüge. Die medizinischen Lehranstalten könnten sich mit den besten messen.[215]

Goethe glaubte, wenn die vernünftigen jungen Leute einige Dinge selbst regeln dürften, werde man «ein neues Licht über die ganze Akademie sich verbreiten sehen». Der Allgemeingeist fordere, dass «man kein Gesetz zu halten brauche, in das man nicht ganz freiwillig konsentiert habe». Unter den Studenten gebe es rohe und vernünftige, die «diese edelste Herrschaft über sich selbst ausüben [...] und gleichsam dem Gesetze Realität geben» wollten. Das sei zu fördern, damit die Studenten «den Begriff von Ausübung einer vernünftigen Gewalt auch von der Akademie mit nach Hause» nehmen könnten.[216] Die Professoren lehnten dies ab. Auch Schiller hielt die Studenten für unreif, obwohl 300 von ihnen das «Sendschreiben [...] die allgemeine Abschaffung der Duelle und die Gründung einer wahren akademischen Freiheit betreffend» unterschrieben hatten. Der Herzog, auf dem Sprung in den Krieg gegen die Revolution, verbot die Orden.[217] Das ungeschickte Taktieren des Prorektors löste daraufhin die Tumulte aus, die am 10. Juni 1792 zur Verwüstung seines Gartenhauses und zur schweren Misshandlung des Studenten führten, der die Namen der Ordensoberen preisgegeben hatte.[218] Der Universitätssenat befürchtete einen Jenaer Bastillesturm, denn Studenten und Bürger hatten sich verbündet.[219]

Angesichts der drohenden Anarchie verlangten am 8. Juli 1792 neun Professoren, darunter Schiller, Reinhold, Schütz und Hufeland, Soldaten zu ihrem Schutz, ansonsten würden sie die Universität verlassen.[220] Die Regierung schickte 16 Husaren und 50 Jäger. Ein Großteil der Studenten beschloss daraufhin am 19. Juli den Auszug – ein bewährtes Kampfmittel. Carl August plädierte aus der Ferne für Härte, obwohl die Studenten eine Fahne mit der Aufschrift «Vivat Carl August» flattern ließen. Ihr Auszug endete in Nohra, wo Goethe mit ihnen verhandelte und Zugeständnisse machte. Die Soldaten wurden aus Jena abgezogen, die Relegationen und die Ausnahmegesetze aufgehoben. Am 24. Juli kehrten die Studenten zurück – vorneweg die Fahne, auf der nun zu lesen war «Vivat libertas academica». Voigt meldete dem Herzog: «unsere Jenaischen Jakobiner sind ruhig.»[221] Er wollte beschwichtigen, denn Carl Augusts Briefe aus dem Feldlager klangen, als stünde die Revolution unmittelbar bevor. Der Mittelstand in allen Ländern wolle sich «zu den Herren der Schöpfung machen» und keine Regierung wage, die Missbräuche zu bekämpfen, weil alle fürchteten, «daß wenn ein Riegel verschoben wird, aller Bänder und Balken nachlassen».[222]

Die deutschen Revolutionsfreunde fielen nach der Hinrichtung Ludwigs XVI. von einer Verlegenheit in die andere. Reinhold meinte, die Menschen hätten mit ihrem «Streit zwischen politischer Herrschsucht und dem Bestreben politischer Zügellosigkeit, wovon die Eine bürgerliche Ordnung, das andere bürgerliche Freyheit als das Losungswort im Munde führt», die Misere selbst verursacht.[223] Für Fichte mussten sie «weiser und gerechter» werden: «Aus dem Kerker des Despoten entronnen, werden sie mit den Trümmern ihrer zerbrochenen Fesseln sich untereinander selbst morden.»[224] Für Goethe fielen nur schwache Könige: «Warum denn wie mit einem Besen / Wird so ein König hinausgekehrt? / Wären's Könige gewesen / Sie stünden noch heute unversehrt.»[225]

Justizamtmann Ackermann fürchtete, die germanische Freiheit könne in «germanischen Despotismus» umschlagen. Das «Laster [habe] das Gewand der Freyheit» gestohlen, doch die deutsche Wirtschaft gedeihe nur in Freiheit, die konstitutionell abzusichern sei.[226] Unterdessen gerieten die Revolutionsfreunde in Weimar und Jena ins Visier der Regierung – allen voran Gottlieb Hufeland, der über die französische Revolutionsverfassung las. Carl August musste sich im Feldlager viel Kritik anhören. Er bat Voigt, er solle Hufeland bewegen, nach und nach der Sache eine andere Richtung zu geben.[227] Voigt erklärte seinem Neffen, die französischen Vorgänge würfen die «Denk- und Preßfreiheit» in Deutschland auf Jahre zurück. Kein Fürst werde geschehen lassen, «was Landesreligion und Unterwürfigkeit» beeinträchtige.[228] Es sei nicht die Zeit für Gelehrte, «zu Volksbewegungen beizutragen».[229] Über die Vor- und Nachteile der Pressefreiheit könne man zwar diskutieren, doch die Menschenrechte dürften dem Volk nicht als «unverjährbare Befugnisse» vorgestellt werden. Er wolle lieber «die Hälfte meiner Kunst- und Grunderzeugnisse für den Staat hingeben und mit dem Überrest in Sicherheit leben als in der Willkür des großen Haufens stehen, auf welchen ein Bösewicht mehr wirken kann als zehn brave Leute». Aus der Vorlesung solle Hufeland verwischen, was als «allzu lebhafte Billigung des französischen Aufstandes» erscheinen könne.[230] Ganz so frei, wie Schiller meinte, waren die Jenaer Gelehrten dann doch nicht.

Anfang September versicherte Carl August, er wolle weder «Despotismus» einführen noch die «Denckensfreyheit» in Jena einschränken, doch sollten die Gelehrten keine «auf leere[n] Abstraktionen [beruhenden, G. S.] Grundsätze in die Welt schreiben», sich nicht als Lehrer des Volkes und der Regenten ansehen und es nicht als ihre Pflicht betrachten, «das Volk gegen scheinbare unterdrückungen aufzurufen, u. regenten die erfundene[n] Pflichten einzuschärfen».[231] Ansonsten werde der Hass gegen die Gelehrten größer und am Ende litten die Wissenschaften darunter. Ohnehin schiebe man jetzt alles Unglück den «sogenannten Professers in die Schue, u. im Grunde, in einem groben Verstande genommen, ist es nicht zu läugnen dass diese leute unendl. Schaden gestiftet haben».[232] Gelehrte sollten räsonieren, sich aber nicht in öffentliche Angelegenheiten einmischen oder Partei gegen die Regierungen ergreifen. Die Grenze zog der Herzog analog zur Zensur: In dicken Büchern dürften politisch brisante Fragen behandelt werden, in der öffentliche Rede, in Vorlesungen oder Predigten nicht.

Carl August befand sich in einer Zwickmühle. Als preußischer Offizier kämpfte er gegen die Revolution, als Landesvater sorgte er sich um seine auch dank der Denkfreiheit florierende Universität. Der Reichstag hatte am 22. März 1793 den Reichskrieg gegen Frankreich erklärt.[233] Goethe erlebte im Gefolge des Herzogs die Belagerung und Zerstörung von Mainz. In den *Tag- und Jahresheften* notierte er: «Einem tätigen, produktiven Geiste, einem wahrhaft vaterländisch gesinnten und einheimische Literatur befördernden Manne wird man es zugute halten, wenn ihn der Umsturz alles Vorhandenen schreckt, ohne daß die mindeste Ahnung zu ihm spräche, was denn Besseres, ja nur anderes daraus erfolgen solle. Man wird ihm beistimmen, wenn es ihn verdrießt, daß dergleichen Influenzen sich nach Deutschland erstrecken und verrückte, ja unwürdige Personen das Heft ergreifen.»[234]

Die Angst der Elite vor der Tyrannei der Masse ließ Carl August auch über eine Verschärfung der Zensur nachdenken. Die «Bücher Fabricanten und Schreiber» sollten «nicht so gar viel unverdautes und unverdauliches in die Welt» jagen, wovon sie nicht die geringste Kenntnis hätten.[235] Auch hielt er die Idee, das Anfang 1792 verhängte Verbot von Studentenverbindungen auf Professoren auszudehnen, für ganz vortrefflich. Diese «Claße ex cat[ed]rischer theoretiquer in der Staats Kunst, die aus Eitelkeit, Herrschsucht, und unbekanntschaft menschlicher zerstörung lehren, verdienen ein solches öffent[liches] blame, denn sie sinds die die jungen köpfe verderben».[236]

Carl August hatte das Verbot der Studentenorden angeregt und Preußen daraufhin im Februar 1793 einen entsprechenden Antrag im Reichstag eingebracht. Wien unterstützte die Initiative, wollte aber alle Geheimen Gesellschaften verbieten. Baden und Württemberg hielten es für falsch, jugendlichen Leichtsinn mit lebenslangen Berufsverboten zu bestrafen. Die Beratungen zeigten, dass die katholischen Stände nicht nur die Revolution, sondern die Aufklärung insgesamt eindämmen wollten, die evangelischen aber befürchteten, wenn nur sie gegen die Studenten vorgingen, dass dann ihre Universitäten gemieden würden. Wien erkannte überdies die Möglichkeit, seinen Einfluss auf den zunehmend wichtiger werdenden Bereich von Bildung und Kultur auszudehnen, die Reichsstände suchten dies zu verhindern. Das Reichsgutachten verbot die studentischen Gesellschaften und sah Berufsverbote vor, gab den Landesherren jedoch ein Begnadigungsrecht. Der Kaiser ratifizierte diese Vorlage nicht. Da keine Einigung zustande kam, untersagten nur die evangelischen Länder 1794/95 studentische Verbindungen.[237]

Carl August kritisierte nun jedes Nachgeben, wo er Aufruhr und Rebellion witterte. Letztlich ließ er aber nur Dampf ab, denn er wollte die Studenten oder Professoren nicht aus Jena vertreiben und nicht demjenigen den Garaus machen, was Voigt einen «geistigen Freyhafen» genannt hatte.[238] Er selbst hatte 1789 noch geäußert, «Wahrheit ist frey, und muß mit offenem Gesichte einhergehen».[239] Es wurde nur vorsichtig reglementiert und Hufeland 1793 zum ordentlichen Professor ernannt. Der Kantianer Carl Christian Erhard Schmid konnte aus Gießen, wo zwei seiner Schriften konfisziert worden waren und ihm ein Verfahren wegen Atheismus und Demokratismus drohte, nach Jena zurückkehren.[240]

Die Niederlagen, der Rückzug und die frustrierende Mainzer Belagerung hatten den Herzog desillusioniert. Er las im Mainzer Lager Herders Humanitätsbriefe und bedankte sich mit der launigen Bemerkung, er sei nicht bei der «humanesten Beschäftigung», helfe aber, die «fränkischen Unmenschlichkeiten von deutschem Boden» zu vertreiben.[241] Anfang 1794 quittierte Carl August den Militärdienst.[242] Ihn zog es nach Weimar, um den «Männern, deren werth mir u. dem auslande bekannt sind, u. die ihres gleichen weit suchen können, aber nicht finden werden», nah zu sein.[243] Das war der andere Carl August. Wenn das Reich dem Ansturm der Revolution nicht standhielt, war Weimar-Jena das Pfund, mit dem sich wuchern ließ. 1794 wurde deswegen für den nach Kiel abgewanderten Reinhold mit Johann Gottlieb Fichte ein Philosoph berufen, der im Verdacht stand, Jakobiner und Demokrat zu sein. Er hatte sich in der Vorrede seines *Beitrags zur Berichtigung der Urtheile des Publikums* festgelegt: Ihm schien die Französische Revolution wichtig für die Menschheit.

9. *Klassizismus in Weimar*

Mit dem Luisenfest, einem Diner zu Ehren der Herzogin Luise, begann am 9. Juli 1778 der Ausbau des Welschen Gartens am linken Ufer der Ilm.[244] Im Gegensatz zum Wörlitzer Gartenreich, das als Vorbild diente, war das Ilmtal schmal und für einen auf Weite angelegten englischen Park denkbar ungeeignet. Es wurde gerodet, Erde bewegt und gepflanzt, um den neuen Landschaftsgarten zur «durch Neigung, Arbeit und hohen Kunstverstand stilisierten, gesteigerten Natur» zu machen,[245] die den fürstlichen Gestaltungswillen[246] als Freiheit in der Ordnung ausdrücken sollte. Für Schiller war ein solches Vorhaben schon deswegen zum Scheitern verurteilt, weil es «die Gartenkunst in die Malerei hinüberführte». Der verkleinerte Maßstab funktioniere nicht, wo «die Natur durch sich selbst repräsentiert» werde.[247]

Wieland informierte Merck, dass Goethe dies- und jenseits der Ilm Poesien schaffe, nachdem er ihm kurz zuvor noch geklagt hatte, der Genius habe ihn ganz verlassen und um ihn herum herrsche politischer Frost.[248] Im Herbst 1778 war Wieland, der Hauptverkünder des Weimarer schönen Scheins, dann überzeugt, er werde auch «diese Seite von Weimar zu einem Tempel und Elysium» machen,[249] zur paradiesischen Urnatur. Goethe verzichtete auf künstliche Monumente. 1792 erschien in *Der Neue Teutsche Merkur* ein Lobgedicht auf den Ilmpark, das der Schwabe Karl Philipp Conz verfasst hatte, dem auch Schiller oder Hölderlin wichtige Anregungen verdankten.

> Wo Teutschlands große Dichter oft geweilt,
> wo sie Musen, Grazien und Horen
> bey Lunas Schein zum Zaubertanz beschworen,
> und ihren ewig frischen Kranz getheilt,
> wo Plato Herder zu Begeisterungen
> der ernsten Weisheit sich emporgeschwungen.[250]

Nicht nur poetisch verband der Landschaftsgarten Gegenwart und Antike. Die Musen, die Grazien, also Anmut, Schönheit und Festfreude, und die Horen, das geordnete Leben, hatten sich zum gemeinen Besten mit der Weisheit und den Wissenschaften vereint. Die Ästhetisierung der Natur schuf Gärten, die den Anspruch besaßen, die natürliche Ordnung sichtbar zu machen, das Publikum zum Promenieren einzuladen. Das Niederreißen der Zäune feierte Goethe als Befreiungstat.[251] Es war aber auch ein Mittel zur Selbstdisziplinierung, denn die Untertanen wurden nun auf den rechten Weg gewiesen, auf die angelegten Pfade. Die Spaziergänger unterwarfen sich den ästhetischen Erfordernissen, um die schöne Natur nicht zu zerstören. Diente der Landschaftspark nur der Repräsentation der vom Fürsten geschaffenen prächtigen Natur? War er eine Aufforderung zum Schauen und Staunen, nicht zum Mitwirken? Goethe zeigte den kontrollierten Aufbruch ins Freie im Osterspaziergang Fausts. Aus der Enge der Häuser und Gassen in das Licht der freien Natur, das diesseitige Paradies, eine Wohltat, für die der Fürst als Gegenleistung Loyalität erwarten durfte. Goethe und Schiller notierten in ihrer Schrift *Über den Dilettantismus*: «Eine reinliche und vollends schöne Umgebung wirkt immer wohltätig auf die Gesellschaft.»[252] Die Gärten und Parks sollten die Bürger ablenken; die Schönheit der Natur disziplinierte, weil das Schöne die Scheu vor der Zerstörung merklich erhöhte.

Auch die großen Bauprojekte der 1790er Jahre – das Schloss und das Römische Haus – dienten der Repräsentation von Herrschaft. Der neue Stil des Klassizismus orientierte sich am griechischen Tempelbau und an der italienischen Palastarchitektur der Renaissance, berücksichtigte aber auch moderne Bedürfnisse nach Wohnlichkeit. Goethe plante zwischen 1789 und 1791 mit dem Architekten Arens beide Vorhaben. Aus Kostengründen wurde die alte Bausubstanz des Schlosses bewahrt, das Ganze aber im klassizistischen Stil mit Anleihen am französischen Empire umgeformt.

Das Residenzschloss, dessen Richtfest 1796 gefeiert wurde, entstand als nach Süden offene Dreiflügelanlage. Für den Innenausbau zeichneten der württembergische Architekt Nikolaus Friedrich von Thouret und seit 1800 der Berliner Heinrich Gentz verantwortlich, ein Verfechter des strengen Klassizismus. Er ließ das Treppenhaus in eine große Halle mit einer Kuppel und vier dorischen Säulen münden und gab dem Festsaal eine griechische Anmutung. Die Ausstattung des Treppenhauses, die Friedrich Tieck besorgte, bezog sich mythologisch auf die Segnungen einer glücklichen Landesherrschaft; die Reliefs zeigen Kunst und Wissenschaft, Gewerbe, Handwerk und Ackerbau. Die «griechische Säulenordnung, der römisch inspirierte umlaufende Fries, die ägyptischen Löwen vom Kapitol in Rom und schließlich die dekorativ zu verstehenden assyrischen Keilschrifttafeln» im Festsaal gehen auf Goethe und Meyer zurück. Das Ganze wurde «im Sinne des Klassizismus zu einer modernen Synthese zusammengeführt».[253] Am 1. August 1803 bezogen Carl August und seine Familie den Ostflügel.

Aus dem klassizistischen Rahmen des Neubaus sticht der von Carl August gewünschte Traditionsraum im zweiten Stock heraus.[254] Mit dem im neugotischen Stil ausgestatteten Bernhardzimmer wollte er an den Ernestiner erinnern, der im Dreißigjährigen Krieg für Furore gesorgt hatte. Goethe sollte für seinen Herzog – das erinnert an Tasso – die Biografie Bernhards schreiben, gewann jedoch kein eindeutiges Bild von demjenigen, der «in der jammervollen Iliade des dreyßigjährigen Krieges» eine «würdige Rolle» gespielt habe, «sich aber von jener Gesellschaft nicht absondern lasse».[255] Schiller hatte in seiner Geschichte des Dreißigjährigen Krieges ein lobendes Muster geliefert: «Ein tapferes Geschlecht von Fürsten geht hervor aus Thüringens Wäldern [...] und sterben einen glorreichen Tod – als die tapfersten

Soldaten der Freiheit. […] Der Besitz von Ländern und Würden ertötete den Mut; Mangel an beiden macht Helden.»[256]

Böttiger berichtete 1797, Goethe habe die Akten zu Herzog Bernhard dem Geheimrat Voigt und dem Geschichtsprofessor Woltmann übergeben,[257] der aber die Biografie ebenfalls nicht schrieb. 1808 bot sich der Jenaer Historiker Heinrich Luden an.[258] Er fand selbstredend keine Vorarbeiten Goethes und die Weimarer Quellen reichten nicht aus. Luden hatte Bernhard als «Held des Glaubens und des Vaterlandes» präsentieren wollen, doch es fielen zu viele Schatten auf dieses Bild. Laut Luden teilte Goethe dieses Urteil: «Es gab keine andere Politik, als die Lust zu rauben, zu plündern, zu erobern. […] Die Gedanken: Vaterland und Nationalität, waren dem Zeitalter fremd.» Selbst wenn der Dichter einen Ausweg fände, kämen die Historiker «mit Dem, was Ihr Wahrheit nennt».[259] Tatsächlich schien es Luden in der Zeit des Rheinbundes wenig opportun, Bernhards Zusammenarbeit mit den Franzosen zu würdigen oder zu kritisieren. Carl August wollte mit der neugotischen Ausgestaltung des Gedenkraumes an die altdeutsche Tradition der Freiheit erinnern. Er kannte das Gotische Haus im Wörlitzer Landschaftspark, das diesem Zweck diente und zu dessen Ausstattung er dem Fürsten Franz den Harnisch geschenkt hatte, den Bernhard in der Schlacht bei Lützen 1632 getragen hatte.[260]

Während das Residenzschloss repräsentativen Bedürfnissen genügen musste, sollte das Römische Haus den Ilmpark krönen und als herzogliches Refugium dienen. Es darf als Summe der Architekturvorstellungen Goethes gelten. Der Grundstein wurde 1792 gelegt, zwei Jahre später war Richtfest, bezogen wurde es am 26. Juni 1797. Carl August wünschte eine Architektur nach «dem soliden Geschmack der Baukunst der Alten», ließ sich das Innere jedoch nach seinen Bedürfnissen einrichten.[261] Das Haus diente ihm als Ersatzresidenz und Wohnraum mit seiner Nebenfrau Caroline Jagemann und den gemeinsamen Kindern. Es erinnert an einen antiken Tempel und zeigt die wichtigsten Merkmale klassizistischen Bauens: schwere tragende dorische Säulenpaare im zum Ilmpark gewandten Untergeschoss und eine schlanke und hebende ionische Front mit Vorhalle auf der Vorderseite. Gegenüber den verspielten Formen und überladenen Dekors des Barock oder Rokoko verkündete der neue Stil auf den ersten Blick

Das Römische Haus im Herzoglichen Park bei Weimar
Kolorierte Radierung von Georg Melchior Kraus

die Botschaft: Der Bauherr ist kein Verschwender. Die Bauten wirken durch Größe, klare Konturen und aufwärtsstrebende Säulen. Sie signalisieren die edle Einfalt und stille Größe Winckelmanns. Das Kunstwerk verbindet sich im Klassizismus mit dem Eindruck der Nützlichkeit. Das umgestaltete Residenzschloss und das Römische Haus boten diese solide Kulisse.

10. *Schillers Ästhetischer Staat*

Die Pariser Nationalversammlung hatte Schiller wegen seiner Verdienste um die Freiheit am 26. August 1792 zum «Citoyen français»[262] gemacht. Er wusste dies, erhielt die Urkunde aber wegen einer Verballhornung seines Namens zu Monsieur Gillé erst am 1. März 1798.[263]

Goethe gratulierte «zu dem Bürgerdecrete, das Ihnen aus dem Reiche der Todten zugewendet worden», ihn aber «noch unter den Lebendigen angetroffen» habe.[264] Schiller informierte den Herzog, deponierte das Diplom in der Bibliothek und ließ die Auszeichnung 1803, ein Jahr nach seiner Nobilitierung, in den Hofkalender aufnehmen. Das war ein kleiner Skandal, obwohl er sich mit dem jakobinischen Terror 1793 von der Revolution und deren Entwicklung längst distanziert hatte. Ende 1792 hatte er nach Paris reisen wollen, um den König zu verteidigen,[265] denn es gebe Zeiten, «wo man öffentlich sprechen muß».[266] Die Menschen hatten die Freiheit missbraucht und dem Zwangsstaat neuerlich Vorschub geleistet.

> Wo rohe Kräfte sinnlos walten,
> Da kann sich kein Gebild gestalten;
> Wenn sich die Völker selbst befrein;
> Da kann die Wohlfahrt nicht gedeihn.[267]

Der Menschenfreiheit, jener revolutionären Idee, die Schiller befürwortete, wollte er allerdings weiterhin zum Sieg verhelfen. Nach seinen Gesprächen mit Philipp Moritz über die Autonomie des Kunstwerks, das Schönheit mit dem Erhabenen verbinden sollte, seiner Kantlektüre und dem Abschluss seiner *Geschichte des Dreißigjährigen Krieges* wähnte er sich «frank und frey».[268] Angesichts des Terrors in Frankreich schien die Geschichte die Freiheit nicht mehr zu verbürgen. Was dort geschah, war ein veritabler Systemabsturz, denn das Volk hatte unter dem Druck der Freiheit versagt und war in die Barbarei zurückgefallen. Die Menschen mussten auf die neue Freiheit vorbereitet werden. Sie hatten den Moment verspielt. Sie benötigten einen neuen Ansatz und ein Medium: «Dieses Werkzeug ist die schöne Kunst.»[269]

Schiller kannte die Allgemeinen Theorien der schönen Künste. Er folgte Johann Georg Sulzer, für den das sinnliche Empfinden für das Schöne erzieherische Wirkung entfaltete, zum Erkennen des Wahren und Guten führte und das Sittliche bewirkte.[270] Schiller wollte es genauer wissen und gab sich weder mit Kants Vorstellung von Schönheit als dem freien Spiel der Einbildungskraft und «Objekt eines allgemeinen Wohlgefallens»[271] noch mit der Behauptung zufrieden, dass die Kunst der sittlichen und wissenschaftlichen Kultur vorarbeite.[272] Wenn das Schöne in die Freiheit führte, musste klar sein, was die Schönheit eines Kunstwerks ausmachte und welche Gefühle sie auslöste. Schillers Überlegungen finden sich in seinen Briefen an Herzog Friedrich Christian von Holstein-Sonderburg-Augustenburg. Diese als Augustenburger Briefe bekannt gewordenen Texte erschienen 1795 in überarbeiteter Form als Abhandlung in Briefform mit dem Titel *Über die ästhetische Erziehung des Menschen* in Schillers *Die Horen*. Im Februar 1793 vermutete er: «Auch die Schönheit, dünkt mir, muß wie die Wahrheit und das Recht auf ewigen Fundamenten ruhen.»[273]

Schiller ging davon aus, dass Schönheit positiv wirke, weil sie im freien Spiel der Kräfte zwischen Vernunft und Gefühlen vermittele. Was unter Zwang geschehe oder so erscheine, gelte nicht als schön. Da die Natur keine «Freiheit in der Tat, sondern bloß Freiheit in der Erscheinung» besitze, sei Schönheit ein schöner Schein.[274] Darauf gründete seine «ästhetisch fundierte Staatstheorie»[275] – eine politisch brisante Alternative zu Revolution und bloßem Beharren. Die Menschen besaßen das Recht, den Naturstaat, der dem Gesetz des Stärkeren verpflichtet war, durch den frei gewählten sittlichen Staat zu ersetzen, in dem sich die gegeneinander wirkenden Kräfte in der Balance hielten. Die Umwälzungen brauchten jedoch Zeit, ansonsten führten sie zu Anarchie und Barbarei.

Wäre «die politische Gesetzgebung der Vernunft übertragen, der Mensch als Selbstzweck respektiert und behandelt, das Gesetz auf den Thron erhoben, und wahre Freiheit zur Grundlage des Staatsgebäudes gemacht worden, wollte ich auf ewig von den Musen Abschied nehmen, und dem herrlichsten aller Kunstwerke, der Monarchie der Vernunft, alle meine Thätigkeit widmen». Die «Ereignisse der Zeit» raubten ihm freilich «alle Hoffnungen dazu auf Jahrhunderte». Das französische Volk habe seine Unwürdigkeit gezeigt und einen Teil Europas «und ein ganzes Jahrhundert, in Barbarey und Knechtschaft zurückgeschleudert». Der Moment war günstig, «aber er fand eine verderbte Generation, die ihn nicht werth war, und weder zu würdigen noch zu benutzen wußte». Die Menschen seien noch nicht reif für die bürgerliche Freiheit, da ihnen «noch so vieles zur menschlichen fehlt». Die Rohheit der niederen Klassen sei nur durch Zwang zu bändigen. «Es waren also nicht freie Menschen, die der Staat unterdrückt hatte, es waren bloß wilde Tiere, die er an heilsame Ketten legte.» Die Aufklärung sei bloß theoretisch; sie veredele die Gesinnung nicht, sondern systematisiere die Verderbnis und mache sie unheilbar. Nur das «Gleichgewicht der Laster» halte das Ganze noch zusammen. Die beste Verfassung nütze nichts, wenn sie nicht beachtetet werde. «Politische und bürgerliche Freiheit bleibt immer und ewig das heiligste aller Güter [...], und das große Centrum aller Kultur – aber man wird [...] damit anfangen müssen, für die Verfassung Bürger zu erschaffen, ehe man den Bürgern eine Verfassung geben kann.»[276]

Wenn nicht Staatsumwälzungen freie Bürger, sondern nur diese einen freien Staat schaffen konnten, mussten sie sich zunächst entsprechend bilden. Die ästhetische Erziehung war für Schiller das Mittel, das Freiheit möglich machte.[277] Der moderne Mensch war sich selbst entfremdet, im Gegensatz zur Antike in Rollen gespalten und frönte seinen egoistischen Trieben ohne Rücksicht auf die gesellschaftlichen Folgen. Dieses Verhalten war eine Konsequenz des Fortschritts und ließ sich nur um den Preis der Stagnation unterbinden. In Schillers Schrift *Über das Erhabene*, die im September 1793 in der Zeitschrift *Neue Thalia* erschien, fehlte der Optimismus der Antrittsvorlesung: «Nähert man sich nun der Geschichte mit großen Erwartungen von Licht und Erkenntniß – wie sehr findet man sich da getäuscht!»[278] Die Erkenntnisse der Wissenschaften und die wirtschaftliche Prosperität hatten zur inneren Zerrissenheit des nur noch in seinen verschiedenen Rollen und damit in Bruchstücken existierenden Menschen geführt. Hier musste angesetzt werden. Wenn der schöne Schein der Kunstwerke zu einer inneren Harmonie zwischen Gefühl und Verstand führte, dann konnte die ästhetische Erziehung auch den Menschen wieder zu einem Ganzen formen und zu sich selbst bringen, ohne die Rationalitäts- und Wohlstandsgewinne aufgeben zu müssen. Die schöne Kunst und die Wissenschaften erschienen als autonome, vom menschlichen Willen nicht zu beeinflussende Reparaturwerkzeuge, denn sie «erfreuen sich einer absoluten Immunität von der Willkühr der Menschen. Der politische Gesetzgeber kann ihr Gebieth sperren, aber darinn herrschen kann er nicht.»[279]

Allerdings benötigte die ästhetische Erziehung eine äußere Ordnung, da Freiheit den Pöbel zügellos machte. Nur der Zwangsstaat, Garant von Recht und Gesetz, konnte den Rückfall in die Barbarei verhindern und wurde benötigt, obwohl er der Vernunft widersprach. «Die physische Gesellschaft» dürfe «keinen Augenblick aufhören [...], indem die moralische in der Idee sich bildet, [...] das lebendige Uhrwerk des Staats muß gebessert werden, indem es schlägt, und hier gilt es das rollende Rad während seines Umschwunges auszutauschen». Der von den Philosophen begründete, von den Werken der Dichter und Künstler umgesetzte schöne Schein musste durch das Herz den Kopf erreichen, die allseitige Bildung bewirken und die Entfremdungen der arbeitsteiligen Gesellschaft aufheben. Dann würde das neue Gleichgewicht zwischen Normen und Gefühlen den Übergang «von der Herrschaft bloßer Kräfte zu der Herrschaft der Gesetze»[280] ermöglichen, denn der so gebildete Mensch konnte seine eigenen mit den Freiheitsansprüchen der anderen in Einklang bringen und unter der frei gewählten Gesetzesherrschaft friedlich leben.

> Die Künste, die an goldnen Ringen
> Ihn aufwärts zu der Freiheit ziehn,
> Und durch den Reiz veredelter Gestalten
> Ihn zwischen Erd und Himmel schwebend halten.[281]

Dem schönen Schein der Künste und Wissenschaften oblag es, zwischen den beiden Trieben des Menschen, dem Stofftrieb – von Schiller auch als sinnlicher Trieb bezeichnet –, der nach Anverwandlung der äußeren Impulse strebe, und dem Formtrieb zu vermitteln, der solche Übernahmen an Wahrheit und Recht messe, um die Identität zu bewahren. Letztlich aber sei es – so Schiller – der Spieltrieb der Poesie, der den Balanceakt bewirke, weil «er nicht auf den Staatsbürger in dem Menschen, sondern auf den Menschen in dem Staatsbürger zielt».[282] Nur im Spiel werde der Mensch zum Menschen, der den schönen Schein in seinem Eigenwert würdige und der Freiheit den ihr gebührenden Platz einräume.

Seine Gedanken zur ästhetischen Erziehung machen Schiller nicht zu einem unpolitischen Dichter, der sich in idealistischen Spekulationen verliert. Da sich die Menschheit an den Abgrund manövriert hatte, musste sich seines Erachtens jeder «Selbstdenker» für Politik interessieren, weil sie über die Gesetze entscheide, «die er als mitbestellter Repräsentant der Vernunft zu diktiren berechtigt und aufrecht zu erhalten verpflichtet ist». Doch nur der ästhetische Weg führe zu einer freien Gesellschaft. Der «philosophische Untersuchungsgeist» müsse sich mit dem «vollkommensten aller Kunstwerke, mit dem Bau einer wahren politischen Freyheit» beschäftigen, denn «die Kunst ist eine Tochter der Freyheit». Die Freiheit werde aber kleiner, wenn «die Wissenschaft ihre Schranken erweitert».[283] Im Gedicht *Die Künstler* hatte Schiller schon 1788/89 moniert, dass die titelgebenden Künstler, die durch das Schöne in das Land der Erkenntnis vorgestoßen seien und den Fortschritt eingeleitet hätten, nun von den Wissenschaften zurückgedrängt würden.[284] Der Autonomieanspruch sollte wenigstens den schönen Schein von tages- und parteipolitischen Zwecken freihalten, denn die Schönheit erzeuge im Spiel die Harmonie, die Egoismus und Begehrlichkeiten mit den verfügbaren Ressourcen in Einklang bringe.

Die Französische Revolution war zwar gescheitert, hatte aber gezeigt, wie Freiheit möglich sein könne.[285] Schillers Briefe *Über die ästhetische Erziehung* durchziehen Begriffe wie Staat und Republik, Verfassung und Freiheit. Sie gelten auch für den von ihm propagierten Politikwechsel, denn der Weg führt über den schönen Schein der Musen zur Freiheit, nicht in die Erlösung oder ins Paradies. Bei Solon fand Schiller das Prinzip, das für alle Staaten gelten sollte, «sich selbst die Gesetze zu geben, denen man gehorchen soll, und alle Pflichten des Bürgers aus Einsicht und aus Liebe zum Vaterland, nicht aus sklavischer Furcht vor der Strafe, nicht aus blinder und schlaffer Ergebung in den Willen eines Obern zu erfüllen».[286] Dieser Staat bürgerlicher Tugend und Selbstherrschaft existiere in jeder feingestimmten Seele und «in einigen wenigen auserlesenen Zirkeln».[287] Doch zwischen dieser «Auswahl einer Nation und der Masse derselben [ist] ein sehr großer Abstand sichtbar» und dieser lasse sich nur schließen, indem der Dichter oder Künstler an entsprechenden Stoffen zeige, «was im Menschen bloß menschlich ist».[288] In *Über Anmut und Würde* reflektierte Schiller über die «schöne Seele» und über Formen, in denen «Sinnlichkeit und Vernunft, Pflicht und Neigung harmoniren»,[289] weil der Stoff- und

Formtrieb sich so verbanden, dass das Individuum die selbstgesetzten Grenzen auch beachtete. Ob Schiller dabei die Jenaer Zirkel und Deutschland als Vorreiter im Blick hatte, ist strittig.[290] Die von ihm maßgeblich mitbestimmte klassische Ästhetik begründete jedenfalls die Hoffnung, im zweckfreien Spiel der Kunst werde in den Köpfen der Menschen die Humanität siegen und die Gegensätze in und zwischen ihnen mit Folgen für die gesellschaftliche Entwicklung aufheben.

IV.

Die Doppelstadt – das Ereignis Weimar-Jena

Die Angst vor Krieg und Umsturz griff in den 1790er Jahren um sich. Die Revolutionsarmeen besetzten weite Teile Deutschlands; Wien und Berlin waren uneins: Krieg oder Frieden? Die geistige Elite sah die Machtspiele skeptisch, fragte nach den Ursachen der Krise und glaubte, diese in den Übeln der neueren Zeit – dem ungebremsten Egoismus, der Herrschsucht, den entwurzelten Individuen und einer fragmentierten Gesellschaft – gefunden zu haben. Dagegen halfen weder soziale Revolutionen noch aufgeklärte Reformen. Die Hoffnung war, dass Künste, Literatur und Wissenschaften mit ihrem Anspruch des Wahren, Guten und Schönen die Impulse setzen konnten, die zu Harmonie und Frieden führten. Weimar-Jena schien auf dem besten Weg, das Forum dieser neuen «Kunstreligion» zu werden, in der sich die griechische Klassik mit den neuen Entwicklungen zu einer Einheit verband.

Künstler, Schriftsteller und Gelehrte waren aufgerufen, unter Anleitung der Weimar-Jenaer Vordenker zu experimentieren, sich wie in einem Laboratorium gegenseitig zu befruchten und den schönen Schein zu verbreiten, der den zertrennten Menschen spielerisch zu einem Ganzen wiedervereinigte. Sie mussten ihrem Bildungsauftrag gerecht werden, den Publikumsgeschmack formen, nicht sich ihm ausliefern. In *Über Kunst und Altertum* erläuterte Goethe 1821, ein Autor achte seine Leser am meisten, wenn er nicht schreibe, was erwartet werde, sondern «was er selbst auf der jedesmaligen Stufe eigener und fremder Bildung für recht und nützlich hält».[1] Mit der spezifischen Verbindung von klassischen Formen und einer autonomen Kultur, die das Gewöhnliche und Routinierte ignorierte, sollte den Sachzwängen und scheinbaren Alternativlosigkeiten begegnet werden. Die Klassiker wollten mit ihrer Kunst und Literatur anleiten – jeder auf seine Weise und mit spezifischen Zielen.

Der Anschluss Sachsen-Weimar-Eisenachs an den Basler Frieden schuf 1796 die äußere Voraussetzung für die Blütezeit der Doppelstadt. Weimar-Jena wurde zur machtfernen Friedenszone und zog diejenigen an, die im Umkreis berühmter Dichter und Gelehrter leben und sich bilden wollten. Hier wurden zudem – so die französische Sicht – auch die politischen Meinungen geprägt.[2] Ganz falsch war das nicht, obwohl die Klassiker vorgaben, ihre Ziele in Distanz zur Tagespolitik zu verfolgen. Wer ihnen «politische[s] Desengagement vor dem Hintergrund der Französischen Revolution» oder «metapolitische[s] Jenseits von Ancien Régime und Revolution» vorwirft,[3] übersieht, dass ihr Medium die Literatur und die Philosophie war. Friedrich Schlegel konnte behaupten: «Die Französische Revolution, Fichtes Wissenschaftslehre und Goethes Meister sind die größten Tendenzen des Zeitalters. Wer an dieser Zusammenstellung Anstoß nimmt, wem keine Revolution wichtig scheinen kann, die nicht laut und materiell ist, der hat sich noch nicht auf den hohen weiten Standpunkt der Geschichte der Menschheit erhoben.»[4]

War Weimar-Jena der Reunionspunkt, der die alte Klage, «es fehlet das Centrum der gemeinschaftlichen Ehre, des Geschmacks, der vereinigten Kraft, wo alles ausgeht und alles zusammenfließt»,[5] gegenstandslos machte? Der Intention nach sicherlich. Kritiker und Neider wie die Berliner oder Wiener Aufklärer lehnten allerdings jeden Anspruch auf einen Mittelpunkt ab, der nicht sie selbst ins Rampenlicht rückte. Auch die Idee eines Nationaldenkmals oder eines «deutschen Nazional-Pantheons» scheiterte daran. Pluralität, nicht Zentralität sei das Merkmal der deutschen Nation. Sie habe sich nie dem Zwang einer Hauptstadt gebeugt und solle sich «an kein allgemeines Pantheon an einem einzigen Orte» binden.[6] Die Weimarer Dioskuren, Goethe und Schiller, spürten den Gegenwind und reagierten überraschend dünnhäutig.

1. *Glückliches Ereignis*

Am 20. Juli 1794, einem Sonntag, trafen sich gegen 14 Uhr die Mitglieder der Jenaer Naturforschenden Gesellschaft im Haus ihres Direktors Batsch in der Löbderstraße hinter dem Rathaus.[7] Unter den Zuhörern waren auch Goethe und Schiller. Ob das Gespräch der beiden, die bis zu diesem Zeitpunkt distanziert miteinander verkehrten, nach der Sitzung geplant war oder eine «literarische Erfindung» ist,[8] ändert nichts an den weltbewegenden Folgen. Schiller hatte Goethe am 13. Juni in einem Brief um die Mitarbeit an seiner neuen Zeitschrift *Die Horen* gebeten und dieser hatte zugesagt. Am Ausgang, so Goethes Darstellung in *Glückliches Ereigniß*, kamen die beiden in ein anregendes Gespräch über die Metamorphose der Pflanzen, das sie in Schillers nahegelegener Wohnung fortsetzten. Schiller verstand Goethes Ansatz, meinte aber, «das ist keine Erfahrung, das ist eine Idee». Goethe entgegnete, es könne ihm sehr lieb sein, «dass ich Ideen habe ohne es zu wissen, und sie sogar mit Augen sehe».[9] Für Goethe drehte sich das Gespräch um die Natur, für Schiller um die Kunst.[10] Obwohl sich der Gegensatz schärfer nicht ausdrücken ließ, war dies der Beginn einer Freundschaft, deren Folgen kaum zu überschätzen sind. Der Dissens in der Sache – Erfahrung oder Idee – blieb allerdings und wurde zu einer wichtigen Basis ihrer Kooperation.

Schiller dozierte in seinem Geburtstagsbrief an Goethe, dieser vertraue sinnlichen Eindrücken, strebe vom Besonderen zum Allgemeinen und begreife intuitiv, was die Analyse mühsam suchen müsse.[11] Er hingegen wolle das Allgemeine spekulativ erfassen, um die «Mannigfaltigkeit», die dem Inhalt fehlt, «durch die Form [zu] erzeugen». Jedoch übereile ihn «der Poet, wo ich Philosophiren sollte, und der philosophische Geist, wo ich dichten wollte».[12] Goethe freute sich über die Aussicht, mit Schiller in einer Zeit zusammenzuarbeiten, «wo die leidige Politik und der unselige körperlose Partheygeist alle freundschaftlichen Verhältnisse aufzuheben, und alle wissenschaftlichen Verbindungen zu zerstören droht».[13] Nachdem die beiden auf Einladung Goethes lange miteinander in Weimar gesprochen hatten, kam dieser zu seinem Anliegen, gute Künstler zu bilden und sie in

Stand zu setzen, «sich über unsre Erwartung in der Folge selbst auszubilden».[14]

Als Hans Christoph Ernst von Gagern ihn um Mithilfe bat, das deutsche Volk zu einen, antwortete Goethe, alles in seiner Macht Stehende tun zu wollen. Ein Bund der Großen, Guten und Gelehrten bringe aber wenig, da niemand auf sie höre. Sie müssten verstummen, «um nicht, wie Kassandra, für wahnsinnig gehalten zu werden, wenn man das weissagt, was schon vor der Tür ist». Als Privatmann tue er alles, um den Parteigeist zu vermindern.[15] Darin war er sich mit Schiller einig. Dieser hatte über Anmut und Würde sowie die Schönheit des Umgangs in den *Kallias-Briefen* nachgedacht und sich den Positionen Goethes angenähert: «Das erste Gesetz des guten Tones ist: Schone fremde Freiheit. Das zweite: Zeige selbst Freiheit.» Das sei schwer, doch nur beides mache «den vollendeten Weltmann».[16] Für seine Idee von Weimar-Jena, für die Bildung junger Autoren, Wissenschaftler und Künstler, brauchte Goethe diesen Schiller, das Sprachrohr der Jugend.[17]

Nach zweieinhalb Jahren gegenseitiger Befruchtung gestand Goethe, diese habe beiden manche Vorteile und ihm «eine zweite Jugend» verschafft, die ihn «wieder zum Dichter gemacht» habe.[18] Es war «ein neuer Frühling, in welchem alles froh nebeneinander keimte und aus aufgeschlossenen Samen und Zweigen hervorging».[19] Nicht nur Goethe nennt die Beschreibung seiner ersten Begegnung mit Schiller «Glückliches Ereigniß»,[20] auch Schiller sprach von diesem Freundschaftsbund als dem «wohlthätigste[n] Ereigniß meines ganzen Lebens».[21] Er hielt den Beobachtungsrealismus Goethes für überholt und betonte die entscheidende Funktion des Denkens im Erkenntnisprozess. Schon 1787 hatte er Körner berichtet, Goethe und sein Kreis verachteten philosophische Spekulationen: «Da sucht man lieber Kräuter oder treibt Mineralogie, als dass man sich mit leeren Demonstrationen verfienge.»[22]

Goethe gab zu, dass das Wahrgenommene durch unterschiedliche Standpunkte und Experimente überprüft und das Übereinstimmende und Allgemeine durch Denken gefunden werden müsse. Die Gesetze der Natur seien jedoch der Welt eingeschrieben und kein nur menschliches Ordnungsprinzip. Anfang 1798 skizzierte ihm Schiller seine

Sicht zur Bestimmung objektiver Naturgesetze. Der gemeine Empirismus gehe nicht über die Phänomene hinaus und beziehe sich immer nur auf einen Fall. Zu objektiven Naturgesetzen führe nur der rationelle Empirismus, der die «ganze Natur in einer reciproken Wirksamkeit» wahrnehme und die Willkür ausschließe, die entweder «der Geist des Menschen gegen das Object, oder der blinde Zufall im Objecte [...] gegen die Denkkraft ausübt».[23]

Die «ungeheure Kluft» zwischen ihren beiden Sichtweisen erklärte Goethe 1816 Arthur Schopenhauer: «Idee und Erfahrung werden in der Mitte nie zusammentreffen, zu vereinigen sind sie nur durch Kunst und That.»[24] In *Glückliches Ereigniß* relativierte Goethe sogar seine zentrale These des langsamen Wachsens und Werdens. Dem gesunden Menschenverstand, der nicht an den Gegenständen und der Möglichkeit sie zu erkennen zweifle, sei es unmöglich, alle Übergänge zu erfassen. Dabei sei «von Irr- Schleif- und Schleichwegen, und sodann von unbeabsichtigtem Sprung und belebtem Aufsprung zu einer höhern Cultur» auszugehen.[25]

Der Freundschaftspakt mit Schiller war der Sprung auf ein höheres Level; er machte aus dem Weimarer Musenidyll das Ereignis Weimar-Jena. In dieser Kulturarena fanden die Dilettanten nur noch im Publikum Platz. Der Ereignisraum, der in der Mitte zwischen Wien und Berlin, Paris und St. Petersburg lag, sollte das Klassik und Moderne verbindende Wissens- und Deutungsangebot bereitstellen. Die Verlagerung der Erziehung auf die Ästhetik und vom eher privaten in den öffentlichen Bereich mit dem Ziel, die Menschen zu befähigen, sich selbst zu bilden, ist der deutsche Beitrag beim Übergang von der ständischen zur bürgerlichen Gesellschaft. Goethe und Schiller teilten die Überzeugung, dass Dichtung «aus dem ganzen Menschen [...] als geistigem und sinnlichem Wesen» schöpfen müsse und jede Einseitigkeit das Humane verfehle.[26] Ihr Briefwechsel belegt, dass sie mehr verband als eine Zweck- und Arbeitsgemeinschaft. Sie wollten die Literatur regieren und das Publikum dirigieren. Mitbestimmung war nicht vorgesehen; beide waren sich in einer für andere oft abstoßenden Weise selbst genug.

Wieland und Herder verloren an Bedeutung; Fichte geriet ins politische Abseits und über die Romantiker waren Goethe und Schiller geteilter Meinung. Jean Paul, der nach Weimar kam, fand keinen Einlass in ihren Zirkel. Er hielt nichts von der Autonomie der Kunst und nannte Schiller «verworren, hartkräftig [...] und ohne Liebe».[27] Dieser wusste sich in seiner Distanz zu dem exzentrischen Besucher mit Goethe einig, der in Jean Pauls Roman *Hesperus* einen Konkurrenten seines Bildungsromans *Wilhelm Meisters Lehrjahre* sah und zwei *Xenien* gegen denjenigen schrieb, der angeblich nur Fratzen male und nur halb gebildet sei.[28]

Während es Goethe wegen seiner naturwissenschaftlichen Forschungen auch weiterhin nach Jena zog, in die «Stapelstadt des Wissens und der Wissenschaft»,[29] versicherte Schiller Voigt, der ihm für den Fall einer Verschlechterung seines Gesundheitszustandes eine Gehaltsaufbesserung zugesagt hatte, nicht nach Tübingen zu gehen: «Kein Ort in Deutschland würde mir das seyn, das Jena u. seine Nachbarschaft mir ist, denn ich bin überzeugt, daß man nirgends eine so wahre u. vernünftige Freyheit genießt u. in einem so kleinen Umfang soviel vorzügliche Menschen findet.»[30] Meinte er die feingestimmten Seelen, die sich nach dem Staat des schönen Scheins sehnten? Sie ließen sich «wie die reine Kirche und die reine Republik, in einigen wenigen auserlesenen Zirkeln finden, wo nicht die geistlose Nachahmung fremder Sitten, sondern eigene schöne Natur das Betragen lenkt, wo der Mensch [...] weder nöthig hat, fremde Freiheit zu kränken, um die seinige zu behaupten, noch seine Würde wegzuwerfen, um Anmuth zu zeigen».[31]

2. *Frieden, französische Emigranten und Engländer*

Während Schiller über die ästhetische Erziehung nachdachte und Goethe am *Wilhelm Meister* arbeitete, besetzten die Revolutionstruppen das linksrheinische Reichsgebiet und drangen weiter vor. Das kriegsmüde Deutschland stöhnte unter der Last des Krieges und verlangte Frieden. Goethe hatte nach seinen Kriegserfahrungen – «das größte Unglück, was Bürgern, Bauern und Soldaten begegnen kann» – auf ein ruhigeres 1794 gehofft. Doch die ungeheuren Vorgänge in Frankreich ängstigten die Deutschen und die Armeen «der im Innersten aufgeregten Nation» gefährdeten «alles Bestehende mit Umschwung, wo nicht mit Untergang».[32] Der Reichstag beauftragte Österreich und Preußen zu Verhandlungen mit Frankreich. Carl August und seine Regierung fürchteten, die Kontrolle über das unruhige Jena zu verlieren. Während der Kaiser taktierte, unterzeichnete Preußen am 5. April 1795 den Basler Frieden, überließ das linksrheinische Reichsgebiet Frankreich und sollte nördlich des Mains eine Neutralitätszone organisieren. Deutschland zerfiel in eine nördliche Friedens- und eine südliche Kriegszone. Der Kaiser zwang mit seiner Armee den Süden, sich weiter am Krieg zu beteiligen. Er verständigte sich mit Russland und Preußen im Oktober 1795 auf die dritte und vollständige Teilung Polens, die ihnen im Osten jene Gebietsgewinne brachte, die ihnen im Westen verwehrt geblieben waren.

Die meisten Reichsstände nördlich des Mains, auch Sachsen-Weimar-Eisenach, drängten unter den preußischen Neutralitätsschirm. Kurfürst Friedrich August III. von Sachsen wollte aber keinen Frieden gegen Kaiser und Reich und keinen zu den preußischen Bedingungen schließen. Carl August empfahl ein Bündnis unter kursächsischer Führung,[33] das mit einer eigenen Armee die Mainlinie sichern sollte. Dresden lehnte ab, weil auch dies gegen die Reichsverfassung verstoße.[34] Die Verbitterung wuchs, denn die Einquartierungen und Reichssteuern lasteten schwer auf den kleineren Reichsständen. Während Bayern, Baden, Württemberg und der Schwäbische Kreis Waffenstillstände schlossen, beendete Frankreich den Revolutionsexport und stützte wie einst die Bourbonen die Reichsstände gegen den Kaiser.

Carl August schrieb Mitte des Jahres 1796 dem Kurfürsten von Sachsen, es gebe keinen Reichskrieg, denn der allgemeine Wille neige zum Frieden und zu Preußen, da «der bestbewaffnete und geldkräftigste Teil Deutschlands» Frieden geschlossen habe. Österreich und England würden sich leichter dazu bereitfinden, wenn auch Deutschland seine Kriegsbeteiligung reduziere.[35] Als die Franzosen Frankfurt eroberten, ging der Herzog nach Eisenach, wo die Gefahr am größten schien. Goethe berichtete Schiller, man wolle Zeit gewinnen, um den Frieden zu vermitteln.[36] Eine Woche später konnte er wegen des Krieges nicht mehr an *Wilhelm Meisters Lehrjahre* arbeiten. Er wollte, da das «französische Ungewitter[...] noch immer jenseits des Thüringer Waldes» sei, «das Gebürge, das uns sonst die kalten Winde schickt, künftig als eine Gottheit verehren, wenn es diesmal die Eigenschaften einer Wetterscheidung hat».[37]

Sachsen nahm nun doch noch das Vermittlungsangebot Preußens an. Am 13. August wurde in Erlangen der Waffenstillstand zwischen Frankreich und dem Obersächsischen Reichskreis unterzeichnet. Für Goethe war die Gefahr auf wundersame Weise an den eigenen Grenzen vorbeigegangen, doch hätte man die Franzosen mit allen verfügbaren Truppen angegriffen, dann hätte «die ganze Stellung der lustigen, bunten Reihe sich zu ihrer höchsten Desavantage verändert».[38] Was störte den bekennenden Pazifisten an der Neutralität? Befürchtete er, die Franzosen könnten Deutschland beherrschen? Immerhin begann nun die wohl produktivste Phase Weimar-Jenas. Während Hans Tümmler 1949 vom «Frieden des klassischen Weimar»[39] sprach, kritisierte Friedrich Sengle 1993 die «politisch-militärische Entsagung der Deutschen» – auch der Literatur. Sie seien den «Problemen der Gegenwart» ausgewichen und hätten kurzsichtig gehandelt. Ansonsten wäre die deutsche Dichtung «lebensnäher, kräftiger, weltliterarisch bedeutender geworden».[40] Mag sein. Die Neutralität und das Ereignis Weimar-Jena führten jedoch zu den Werken, von denen die Deutschen und nicht nur sie bis heute zehren.

Auch die französischen Emigranten waren für das Herzogtum ein Gewinn;[41] sie brachten neue Techniken und Weltläufigkeit. Der lothringische Industrielle François Ignace de Wendel ließ sich 1793 mit seiner Familie in Ilmenau nieder und engagierte sich im Eisenhämmergewerbe. Er war allerdings opiumabhängig und beging 1795 Selbstmord. Goethe nannte ihn ein «Opfer der grenzenlosen Umwälzung».[42] Charles Eugène Gabriel de Castries, Marineminister unter Ludwig XVI., kam 1795 nach Eisenach und wurde vom Herzog unterstützt. Graf Jean Louis Dumanoir bereicherte die höfische Geselligkeit. Schiller informierte allerdings Humboldt, der Herzog habe Emigranten in die Landstädtchen aufgenommen, «worüber man sehr böse ist».[43] Diese königstreuen Flüchtlinge berichteten nach Hause, die Deutschen verhielten sich kalt und feindselig, begeisterten sich für die revolutionären Ziele und für Denker wie Kant oder Fichte. Dadurch entstand in Frankreich der Eindruck, die Revolution stehe in Deutschland unmittelbar bevor.[44]

Europaweite Aufmerksamkeit erreichte der gemäßigte Monarchist Jean Joseph Mounier, der 1797 an die Ilm kam, mit seinem Erziehungsinstitut für die Söhne wohlhabender englischer Familien, das auf Schloss Belvedere bei Weimar untergebracht wurde. Er hatte die Nationalversammlung zum Ballhausschwur aufgerufen, die Erklärung der Menschen- und Bürgerrechte mitveranlasst und war 1789 für 14 Tage Präsident der Konstituante gewesen. Das Programm des von ihm geleiteten Internats orientierte sich am Selbstverständnis der englischen Oberschicht – liberty and property – und bereicherte die Erziehung zum Gentleman mit klassischer Bildung.[45] Dafür waren 900 Reichstaler jährlich zu bezahlen.[46] Mounier warb mit den Dichtern und einem Hof mit Geschmack. Weimar liege im aufgeklärten Teil Deutschlands in der Nähe von Städten, in denen die Wissenschaften und Künste blühten; es biete alles außer den Gefahren einer Großstadt.[47]

Obwohl Mounier keinen Adelstitel besaß, wurde er am Hof als Baron geführt.[48] Der Herzog ließ sich von ihm beraten. Goethe äußerte Vorbehalte, denn er gehe wie alle Franzosen von einem Verstandesbegriff aus und weiche weiteren Diskussionen aus.[49] Schiller pflichtete ihm bei: Mounier sei ein «Repräsentant des gemeinen Verstandes». Man dürfe ihm nicht böse sein, da er «das gar nicht ahnet worauf es ankommt».[50] Herder riet, den Erbprinzen nicht von Mounier unterrichten zu lassen, denn er sei «eine fremde Person, ein Franzos», von rauem Charakter, um «ans Anmassende, Ruhmräthige u. dabei höchst Einseitige der Nation nicht zu gedenken».[51] Es fehle die Authentizität, wenn ein Franzose eine britische Erziehung anbiete. Wieland hingegen schätzte den «praktischen Mann»[52]. Mounier schalt die deutsche Empfindsamkeit «sentimalité», eine gefühlsduselige Krankheit, und betonte die Vorbildhaftigkeit der französischen Klassik.[53]

Für die englischen Schüler konnte diese Erziehung ein Gewinn sein. Sie besuchten das Theater, erhielten Zugang zum Hof und wurden im Salon von Charles Gore, dem Kristallisationspunkt der deutsch-britischen Begegnungen, mit den Weimarer Größen bekannt gemacht. Als Mounier 1801 nach Frankreich zurückkehrte, löste er das Institut auf. Carl August ließ es 1803 unter Leitung des britischen Obristlieutenants und Weimarer Kammerherrn Freiherr Albrecht David Gabriel von Gross fortsetzen.[54]

Während die deutsch-französische Kulturrivalität auch in Weimar mit den traditionellen Vorurteilen – Tiefe und Schwermut gegen Pragmatismus und Leicht(fert)igkeit – geführt wurde, siegten die französischen Heere. Kaiser Franz II. musste 1797 im Frieden von Campo Formio die linksrheinischen Gebiete abtreten. Wieland kommentierte bissig: «Die Amputation ist gemacht, und die blutende Kriegerin Germania kommt als Krüppel aus dem Lazareth des Friedenskongresses [...] hervorgehinkt.» Während Frankreich auch nach großen Verlusten ein vollständiger Staat bleibe, besitze das Reich als Föderativstaat nur moralische Glieder. Was diese Abtretung für die deutsche Sprache und Literatur bedeute, sei noch offen, denn die Französische Republik müsse «Amalgamierung» betreiben, um die Leute «zu entteutschen». Wieland spekulierte über eine zweisprachige «paritätische Centralschule», wo «teutsche Musensöhne» mit republikanischer Gesinnung herangezogen werden könnten.[55]

Die beiden deutschen Großmächte nahmen auf den Reichs-Staat keine Rücksicht mehr. Der Rastatter Friedenskongress zeigte das ganze Ausmaß des Verrats. Den reichsständischen Gesandten blieb nur ohnmächtige Wut. Als Österreich 1799 die Verhandlungen mit dem Beitritt zur Zweiten Koalition torpedierte, suchten die süddeutschen Staaten den Ausgleich mit Frankreich. Im Frieden von Lunéville musste Österreich 1801 seine Zusagen von Campo Formio bestätigen.

Wielands Briefroman *Aristipp und einige seiner Zeitgenossen* entstand, als alle Hoffnungen auf eine Restitution des Reichs-Staates schwanden. Die fiktiven Briefe, die Aristipp auf seiner Reise schreibt, setzen sich mit ästhetischen und philosophischen Fragen, mit Platons Staatsphilosophie, den Rechten und Pflichten der Bürger, verschiedenen Verfassungen und der politischen Einheit in der staatlichen Vielheit Griechenlands auseinander.[56] Freiheit genießen die Bürger, die dafür aber nur bedingt sittlich reif sind. Athen und Sparta konkurrieren um die Führung, auch die anderen Poleis verhalten sich egoistisch, sodass das Perserreich seinen Einfluss geltend machen kann. Das alles ließ sich bis hin zu den Appellen zur Affektkontrolle und zur Mäßigung, der Forderung nach Urbanität oder dem Verhältnis von Mensch und Bürger mit dem Reichs-Staat parallelisieren. Mit der zur Monarchie umgestalteten Verfassung konnten die Perser – auch die Franzosen? – besiegt und die alte Freiheit gerettet werden.[57] Der Kosmopolit Wieland rief nach einem Herrscher als Retter, denn im Unterschied zu Herder glaubte er nicht, dass allein die Sprache die Deutschen zusammenhalten werde.

3. *Herders Humanität als Unruhefaktor*

Abseits des wissenschaftlichen Diskurses verlangte Carl August Distanz zur Revolution. Herder tat sich damit schwer und seine Frau berichtete Jacobi von der «gewaltigen großen Wendung der Dinge [...]. Die Sonne der Freiheit geht auf, das ist gewiß» – auch in Deutschland. Herder erläuterte, sie laboriere «nicht am Freiheitsschwindel, sondern ist in terra obedientiae eine gute Deutsche. Aber die Dinge, die vorgehen, öffnen den Mund, und weil man ihr Ende nicht absieht, so übermannen Sie die Seele.»[58]

In den *Briefe[n] zu Beförderung der Humanität*, die zwischen 1793 und 1797 erschienen, gelangen Herder einige verblüffende Umdeutungen. Die föderative Verfassung ermögliche eine pluralistische Kultursynthese. Alles im Vaterland sei zerteilt, das schütze «Religion, Sekten, Dialekte, Provinzen, Regierungen, Gebräuche und Rechte». Rivalität fördere auch den Wettbewerb und das Streben nach Verbesserung. «Was hindert uns Deutsche, uns allesamt als Mitarbeiter an Einem Bau der Humanität anzuerkennen, zu ehren und einander zu helfen? Haben wir nicht alle eine Sprache, ein gemeinschaftliches Interesse, eine Vernunft, ein und dasselbe menschliche Herz? [...] Ruhm und Dank verdienet also ein jeder, der die Gemeinschaft der Länder Deutschlands durch Schriften, Gewerbe und Anstalten zu befördern sucht [...]; er bindet die Provinzen Deutschlands durch geistige und also die stärksten Bande».[59]

Herders Volks- und Nationsbegriff war nie eindeutig; er beruhte auf kulturellen und soziopolitischen Merkmalen.[60] Im 57. Brief kritisiert er die Deutschen, weil jeder gegen jeden streite und das Vaterland zerrüttet werde. Es fehle an «edlem Stolz, sich nicht von andern einrichten zu lassen, sondern sich selbst einzurichten [...] Deutsche zu sein auf eignem wohlbeschützten Grund und Boden».[61] Die Mannigfaltigkeit dürfe aber nicht geopfert werden, denn sie verhindere Stillstand und übertriebenen «Nationalwahn». Warum aber solle nicht Wahrheit sein, was ein Volk durch «Sprache, Gesetze, Erziehung und tägliche Lebensweise» verteidige?[62] Im 113. Brief bezeichnet Herder den Nationalruhm jedoch als einen «täuschenden Verführer», der den Kopf mit einer «ehernen Binde» umklammere: «Behüte der Himmel uns vor solchem Nationalruhm; wir sind noch nicht und wissen, warum wir noch nicht sind; wir streben aber und wollen werden.»[63]

Herders friedliche Vaterländer und sein Völkerpluralismus münden im 101. Brief in eine deutsche Mission. «Wahr ist's, wir kamen spät; desto jünger aber sind wir. [...] Wenn wir von allen Völkern ihr Bestes uns eigen machten, so wären wir unter ihnen das, was der Mensch gegen alle die Neben- und Mitgeschöpfe ist, von denen er Künste gelernt hat. Er kam zuletzt, sah jedem seine Art ab und übertrifft oder regiert sie alle.»[64] Herders Umdeutung von der Nachahmung zur Anverwandlung war ein großer Wurf und ist ein Beleg dafür, dass es unter den Klassikern «sehr wohl ein nationalkulturelles Epochebewußtsein gibt [...], das kollektive Gefühl nationaler Stärke und Fülle».[65]

In der Druckfassung verzichtete Herder auf die zunächst vorgesehenen Aktualisierungen und auf jede Kritik an der Monarchie, die seines Erachtens zwischen Despotismus und Republik hin und her schwanke.[66] Das hatten ihm Voigt und Goethe nahegelegt. In seinen Konzepten wetterte er gegen Erbregierungen, die sich durch Aggression nach außen und Despotismus nach innen an der Macht hielten, obwohl sich vernünftige Menschen selbst regieren könnten. Der Staat besitze als Maschine keine Vernunft und diene Privatinteressen, sofern er nicht Frieden, Wohlfahrt und Bildung fördere. Zwar hätte es Gesellschaften ohne Staat gegeben, doch wo Gemeingeist und Patriotismus nicht wie in den griechischen Poleis oder freien Stadtrepubliken Allgemeingut seien, sei dies keine Option.[67]

Statt die Revolution als Ziel der Humanität zu loben, beließ Herder es bei der Humanität im Allgemeinen. Zudem wappnete er sich mit der Briefform sowie mit Rede und Gegenrede gegen die drohende Zensur,[68] denn so sei er «eigentlich für keine geäußerte Meinung responsabel».[69] Seine Selbstzensur rationalisierte er wie Goethe oder Schiller: Die enge Verbindung der Dichter mit politischen Angelegenheiten sei problematisch, weil sie der Sache möglicherweise schade. Die Poesie solle in ihrem «reinen Äther bleiben, der Sphäre der Menschheit».[70] Im 106. Brief heißt es: «Hinweg also Politik aus dem Gebiet der Musen! und verwünscht sei jede Aftermuse, die der Politik frönet. Treue und Glauben, Unschuld der Sitten, Biederkeit und Einfalt das sei'n unsre Kastaliden!»[71]

Mit dem Terrorregime änderte auch Herder seine Haltung zur Revolution, ihren Idealen fühlte er sich jedoch weiterhin verpflichtet. Er betonte den kulturellen Kosmopolitismus, dessen Basis Völker oder Nationen seien. Sie gründeten auf Sprache, Seele und Charakter, existierten unabhängig vom Staatengefüge und trügen alle Anlagen, um Vernunft und Humanität zu realisieren. Keine Nation sei auserwählt, alle besäßen Eigenschaften, die der Menschheit nützten. Sie sollten nicht verschmelzen, sondern friedlich neben- und miteinander leben. Als das linksrheinische Deutschland an Frankreich fiel, fand Herder den Hass gegen die Nation in sich verwurzelt, gegen die er seit jeher eine Antipathie gehabt und die nun «die Welt so jämmerlich schändlich betrogen, aufgeregt, verwirrt und verwüstet [...]. Ach, wenn wir Deutsche nur was ausmachten, und unsere Fürsten nicht.»[72] In seinem Gedicht *Germanien* hatte er schon 1791 mehr deutsche Macht gefordert:

> Wer sich selber nicht schützt, ist er der Freiheit werth?
> [...]
> Wirf die lähmende Deutschheit
> Weg und sei ein Germanien![73]

Solange Herder nicht direkt der Revolution das Wort redete, ließ Carl August ihn gewähren, denn er brauchte ihn, um die Angriffe der orthodox-lutherischen Landeskirche auf die Jenaer Theologen abzuwehren. Dazu war er nach Weimar geholt worden. Herder erfüllte diese Erwartungen. Im Januar 1794 klagten der Herzog von Sachsen-Meiningen und das Eisenacher Oberkonsistorium über Irrlehren in der theologischen und philosophischen Fakultät. Der Eisenacher Superintendent Christian Wilhelm Schneider witterte Gefahren für den wahren Glauben durch die «falschen Aufklärer und Vernunftprediger». Der Herzog müsse die Professoren zwingen, die reine lutherische Lehre vorzutragen, eine «höhere akademische Polizei-Anstalt» einrichten und die Zensur nach preußischem Vorbild einführen. Bei Neubesetzungen sei mehr auf christliche Gesinnung statt auf Schriftstellerruhm zu achten. Die «zügellose Preßfreiheit» sei «das Ungeheuer, das jetzt seine Klauen über Deutschland ausstreckt, um Religion und politische Ordnung zu zerstören».[74] Herder wollte davon nichts wissen. Solche Anschuldigungen brächten in der «jetzigen Zeitkrise» nur Nachteile, da «der Same der Horcherei, des Auflaurns, des Verläumdens gleichsam mit Fleiß ausgesäet» werde. Die Gleichgültigkeit gegenüber der Religion komme nicht von den akademischen Lehrern, sondern von den höheren Ständen, die «dem öffentlichen Bekenntniß der Religion ganz entsagt haben».[75]

Herder blieb jedoch ein Unruhefaktor. 1795 kritisierte er die nur auf die Außenwirkung bedachte Kulturpolitik: «Zwei Dinge sind schändlich hier in Weimar. Der falsch erborgte Schimmer, mit dem wir auswärts Gleisnerei treiben, u. die jämmerliche Geistes und Bücherarmuth, in der wir hier schmachten.»[76] Statt in den Schlossbau und die Gartenanlagen sollte das Geld in die Bildung investiert werden.

4. *Programmatische* Horen

Schiller wollte mit seiner monatlich erscheinenden Literaturzeitschrift *Die Horen* die besten Autoren versammeln, um die Leser im Geist der Schönheit und Wahrheit zu unterhalten und ihren Geschmack zu heben.[77] Er hatte Goethe werbend geschrieben, wenn man die «vorzüglichsten Schriftsteller» der Nation versammele, so vereinigten «sie eben dadurch das vorher geteilt gewesene Publicum».[78] Das hatte Goethe überzeugt. Schiller strotzte vor Selbstbewusstsein und glaubte, der *Merkur* und andere Journale würden dieser neuen Konkurrenz nicht standhalten können.[79] Angesichts der hohen Kosten, die er Cotta vorrechnete, und einem Verkaufspreis, der drei Taler nicht übersteigen dürfe, benötige man mehr als 1300 verkaufte Exemplare. Schiller war allerdings überzeugt, dass es eine «Kleinigkeit» sei, von solch einem Werk 2000 Hefte und mehr abzusetzen.[80]

Am 10. Dezember 1794 kündigte Schiller *Die Horen* in der *Allgemeinen Literatur-Zeitung* als alternative Unterhaltung zu dem Krieg an, der die Musen und Grazien verscheuche. Das Journal werde die Gemüter «in Freyheit [...] setzen und die politisch getheilte Welt unter der Fahne der Wahrheit und Schönheit» wiedervereinigen, sich allem verweigern, was mit dem «unreinen Partheygeist» zusammenhänge und auf diese Weise den Lesern «eine fröhliche Zerstreuung gewähren». Die Scheidewand zwischen der schönen und der gelehrten Welt müsse fallen, um «gründliche Kenntnisse in das gesellschaftliche Leben und Geschmack in die Wissenschaft einzuführen». Die Göttinnen Eunomia (Wohlanständigkeit und gute Ordnung), Dike (Gerechtigkeit) und Eirene (Frieden) regierten das Journal, sorgten für Stabilität und garantierten die «welterhaltende Ordnung, aus der alles Gute fliesst». Sie bewachten den Eingang in den Olymp, das Reich der Freiheit, denn auch das Schöne müsse sich Regeln fügen, «weil Anmuth und Ordnung, Wohlanständigkeit und Würde unzertrennlich sind».[81]

Politische Neuigkeiten schienen Schiller für diesen Zweck belanglos. Statt Machtpolitik zu kritisieren, ohne etwas bewirken zu können, setzte Schiller auf historische Erfahrungen und philosophisch begründete Erwartungen.[82] Für Schiller war «die Bedingung der Möglichkeit eines Weltbezugs der Kunst [...] die Distanz der Kunst zur Welt».[83] Das empfahl er auch Herder, als er dessen Plädoyer für die nordische Sagenwelt abkanzelte.[84] Für den poetischen Genius sei es ein großer Gewinn, sich seine eigene Welt zu formen und mit den «Griechischen Mythen der Verwandte eines fernen, fremden und idealischen Zeitalters» zu bleiben, «da ihn die Wirklichkeit nur beschmutzen würde».[85] Die Realität, der sich der Dichter im wirklichen Leben nicht entziehen könne, entzaubere den schönen Schein. Auch Goethe meinte, dass ein Dichter, der politisch wirken wolle, sich einer Partei zuwenden müsse und dann «als Poet verloren» sei.[86]

Schiller beruhigte jedoch Jacobi, dass es nicht verboten sei, über Politik zu reflektieren, allerdings ohne Partei zu ergreifen: «Wir wollen, dem Leibe nach, Bürger unserer Zeit seyn und bleiben [...]; sonst aber [...] der Zeitgenose aller Zeiten [...] seyn».[87] Schönheit könne nur verändern, wenn die Autonomie der Imagination nicht infrage stehe.[88] Wer die Briefe *Über die ästhetische Erziehung des Menschen* als «Programmschrift des Apolitizismus der Weimarer Klassik»[89] liest, verfehlt ihre Intention der politischen Erziehung mit anderen Mitteln als Befehl und Gehorsam oder Appellen und gleichsam im Rücken der Subjekte. Selbst Schiller, der sich alle Mühe gab, die eigene Programmatik zu beachten, als er die Augustenburger Briefe für *Die Horen* umarbeitete und die Kritik am Revolutionsterror zugunsten allgemeiner Formulierungen tilgte, konnte nicht apolitisch über dasjenige räsonieren, was eine Revolution der Gesinnung herbeiführen sollte. Ohne das politische Vokabular ließ sich über Staat, Republik und Verfassung, Freiheit und Gehorsam, Unterwerfung und Widerstand, Gesetzes- und Willkürherrschaft, Selbst- und Fremdbestimmung nicht reflektieren.[90]

Die 1795 mit einer Auflage von 2300 Exemplaren gestarteten *Horen* verkauften von ihrem letzten Heft nur noch 800 Stück.[91] Sie scheiterten an den eigenen Ansprüchen und dem Geschmack des Publikums. Goethe warnte in seinem Eröffnungsbeitrag, der *Ersten Epistel*, Schiller wünsche das Wohl aller Menschen, der Deutschen und des nächsten Bürgers. Texte bewirkten jedoch wenig, denn «es liest doch nur jeder / Aus dem Buch sich heraus, und ist er gewaltig, so liest er / In das Buch sich hinein, amalgamiert sich das Fremde». Der Leser wolle seine Wünsche befriedigt sehen. «Sprichst du zum Volke, zu Fürsten und Königen, allen / Magst du Geschichten erzählen worinn als wirklich erscheinet / Was sie wünschen und was sie selber zu leben begehrten.»[92]

Schillers Briefe schienen Goethe als Journalbeitrag ungeeignet, weil sie den philosophisch nicht geschulten Leser überforderten und langweilten. Schiller informierte Christian Garve über die Briefe, die sein «politisches Glaubensbekenntniß» seien.[93] Zu Beginn werden die Entfremdungen und Egoismen festgestellt und alle Hoffnungen auf eine lineare Rationalisierung zurückgewiesen. Es folgt eine Theorie des Schönen, um dann den Begriff des «ästhetischen Staats» einzuführen, der den Zustand charakterisiert, zu dem der Mensch sich bilden soll. Die einseitige Betonung von Nutzen und Vernunft habe auch in den Wissenschaften die schöne Kunst verdrängt, den Menschen und die

Gesellschaft in die Sackgasse von Revolution und Barbarei geführt. Nur die ästhetische Erziehung könne die Ideale friedlich verwirklichen, da diese sie nicht nur im Kopf, sondern auch im Herzen verankere.

Das erste Heft der *Horen* enthielt außer einem kurzen Aufsatz Fichtes nur Beiträge Schillers und Goethes. Dessen *Unterhaltungen deutscher Ausgewanderten* beschäftigten sich mit den Folgen der Französischen Revolution. Schiller empfahl Korrekturen an der Rahmenerzählung, weil vor allem die Äußerungen des Geheimrats von S. als Parteinahme für die alte Ordnung erscheinen könnten.[94] Goethe tat ihm den Gefallen, doch Schiller blieb bei seiner Einschätzung: Den Geschichten fehle die Leichtigkeit. Eine vor der französischen Revolutionsarmee aus dem Linksrheinischen geflohene Adelsfamilie diskutiert das revolutionäre Freiheitsversprechen. Der eine vertraut «der blendenden Schönheit [...], die unter dem Namen Freiheit sich erst heimlich, dann öffentlich so viele Anbeter zu verschaffen wußte»; der andere tadelt den «Unterdrückungsgeist derer, die das Wort Freiheit immer im Munde führten». Er will alle Kollaborateure hängen sehen. Darüber kommt es zum Streit und zum Bruch; der Geheimrat reist empört vom Gut der Baronesse von C. und ihrer Familie auf der rechten Rheinseite ab. Nun folgen alle ihrem Rat, «daß jeder, so lange die Welt stehn wird, um gesellig zu seyn, wenigstens äusserlich sich wird beherrschen müssen».[95]

Die Verbliebenen verabreden, sich Geschichten zu erzählen, die der Zerstreuung und Unterhaltung dienen, aber auch «die menschliche Natur und ihre innern Verborgenheiten auf einen Augenblick eröffnen». Das «Märchen», das der Geistliche an einem Abend vorträgt, beflügelt die Phantasie seiner Leser – ein großes Spiel mit Symbolen und Assoziationen.

Goethe forderte Toleranz und Selbstbeherrschung. Gesprächsteilnehmer müssen sich nach der Gesellschaft richten, von der sie abhängig sind. Er selbst nannte das Märchen «bedeutend und deutungslos».[96] Die höchst komplexe Handlung, in deren Zentrum ein trennender Fluss und ein ihn überwindender Fährmann stehen, lässt sich als Plädoyer für die Wiederherstellung der Monarchie in Frankreich und als Hommage an das seinem Ende entgegengehende deutsche Reich mit dem «zusammengesetzten König» lesen, der ein «unangenehmes Ansehen» habe.[97] Die Lilie, Frankreich, muss erlöst werden. Alles stirbt, was sie berührt, der Liebesbund mit dem jungen kränkelnden Prinzen, dem Reich, hebt diesen Fluch auf, und dieser wird wieder gesund und mächtig. Als sich die beiden über den trennenden Fluss, den Rhein, in Liebe und Einigkeit verbünden, besiegen sie den Riesen, den Krieg, der zur Säule erstarrt. Das Volk huldigt dem neuen Herrscherpaar. Das Reich der Väter, dasjenige Karls des Großen, ist – so der weise Alte – durch Liebe auf ewig gesichert, ein neues Weltzeitalter bricht an.[98]

Goethes *Märchen* antwortete auch auf Schillers Briefe, denn es zeigt die Möglichkeit des Ausgleichs, ohne die Unterschiede aufzuheben. Schiller reagierte mit seiner Elegie *Der Spaziergang*, die den Abstieg der Zivilisation versinnbildlicht, die in der von den Naturwissenschaften geprägten modernen Zeit an ihr Ende gekommen scheint. Die Zukunft ist ein reißender Strom, der alles fortschwemmt, sie erlaubt dem Menschen aber, sich seiner Fesseln zu entledigen.[99] Das Gedicht verdeutlicht, dass nicht die rational kalkulierte Geselligkeit, sondern die Künstler und Wissenschaftler mit ihren schönen Werken die Gegensätze aufheben und eine Kultivierung erlauben, die in die Freiheit mündet.[100]

Schiller diskutiert einen Weg zum fernen Ideal; Goethes Fiktion bietet pragmatische Vorschläge für die Gegenwart. Einig waren sich beide, dass die Orientierung an höfisch-aristokratischen Normen zu den «zivilisierten Verkehrsformen» führe, die einen Ausgleich ermöglichen, weil sie die Freiheit des anderen achten.[101] Der seit dem glücklichen Ereignis unterschwellig mitgeführte Konflikt – Idee oder Erfahrung – brodelte auch in den *Horen*. Schiller wollte durch den schönen Schein die zertrennten Individuen zur Harmonie erziehen. Da Goethe glaubte, die Gegensätze nicht überwinden zu können, gab er sich damit zufrieden, diese durch Geselligkeit und rationales Verhalten zu neutralisieren. Der Dissens besaß eine prinzipielle Dimension, denn die (Selbst)Bildung zur Schönheit war eine individuelle Angelegenheit; Geselligkeit zielte auf eine Gemeinschaft und setzte Gleichgesinnte voraus, die im Miteinander Konflikte lösen.[102]

Im fünften Heft der *Horen* publizierte Goethe seinen bekanntesten Essay *Literarischer Sansculottismus* – eine Auseinandersetzung mit der von dem Popularphilosophen Daniel Jenisch aufgeworfenen Frage nach den Voraussetzungen eines deutschen Nationalautors.[103] Goethe lehnte alle unbilligen Forderungen ab. Ein «classischer Nationalautor» müsse «vom Nationalgeist durchdrungen, [...] mit dem Vergangenen wie mit dem Gegenwärtigen» sympathisieren. Er benötige eine nationale Kultur und ein entsprechendes Bildungsniveau. Der deutschen Nation dürfe die politische Zerstückelung nicht vorgeworfen werden, denn niemand wünsche die Umwälzungen, «die in Deutschland classische Werke vorbereiten könnten». Es fehle ein moderner Staat samt monarchischer Herrschaft und ein orientierender Mittelpunkt. «Die Bildung der höheren Klassen durch fremde Sitten und ausländische Litteratur, so viel Vortheil sie uns auch gebracht hat, hinderte doch den Deutschen als Deutschen sich früher zu entwickeln.» Mittlerweile sei jedoch «eine Art von unsichtbarer Schule entstanden» – gemeint war Weimar-Jena –, sodass der Kritiker, der «mit seinem Lämpchen vorleuchten» wolle, zu spät komme, sei doch der Tag bereits angebrochen.[104]

War der Friede von Basel ein Weckruf wie der Siebenjährige Krieg? Goethe wandte sich im Mai 1795 an Friedrich Carl von Moser. Früher hätten würdige deutsche Männer dasjenige im Kleinen getan, «was sie von der Nation im Großen hätten erwarten können». Nun aber herrsche große Not.[105] Es gab Parallelen. Der Sezessionsversuch Friedrichs II. hatte Mosers Essay *Vom deutschen Nationalgeist* provoziert;[106] 1795 beschwor Goethe die Bildung zur deutschen Nation durch stilbildendes Vorbild und geselliges Miteinander. Seine «unsichtbare Schule» orientierte sich an den Wissenschaften, der klassischen Antike und an der deutschen Sprache. Die Jüngeren verwies er auf Weimar-Jena, um ihre Kreativität in die von ihm gewünschten Bahnen zu lenken.[107]

Politischer als Goethes Reflexionen über den klassischen Nationalautor können literarische Entwürfe kaum sein. Die kluge Regie Schillers setzte neben Goethes Aufsatz einen Text des Jenaer Historikers Karl Ludwig Woltmann, der sich mit dem französischen Nationalcharakter beschäftigte. Ihm schien eine fränkische Universalmonarchie der Weg aus der Krise. Die Vorsehung habe die Deutschen dem Kosmopolitismus geopfert. Während sie wegen ihres Mangels «an Individualität weltbürgerlichen Werth» besäßen, hätten die Franzosen diesen durch ihren starken Charakter, der sie aus ihrem Reich herausgetrieben habe, «um Flammen des Enthusiasm andern Nationen mitzutheilen». Die Deutschen würden den verdienten Ruhm ernten, wenn sie sich mehr als Weltbürger betrachteten. «Alsdann wird man ihre Verfassung [...] gern segnen, weil vorzüglich durch sie wir geschickt wurden, so früh Weltbürger zu werden.»[108]

Schillers Beitrag *Belagerung von Antwerpen durch den Prinzen von Parma in den Jahren 1584 und 1585* lässt sich als subtiler Kommentar zur Belagerung von Mainz 1793 verstehen. Er schalt die Regierung inkonsequent, weil sie sich «Rath bey der Menge holt, über welche sie herrschen sollte».[109] Die rechte Gesinnung thematisierte Johann Heinrich Voß, der Herausgeber des *Musenalmanach*, mit dem Gedicht *Weihe der Schönheit*. Hier heißt es:

> Der Weise lehrt das Herz der Menge
> Sich edler Menschlichkeit erfreun;
> Ihm wards, durch Red' und durch Gesänge
> Ein Volkverschönerer zu sein.
> Wenn gleich, durch Zwang gelähmet,
> Sein armes Volk sich grämet;
> Durch ihn an Geist und Sinn geklärt,
> Erhebt sichs einst, der Freiheit werth.[110]

Zur Skandalnummer der *Horen* wurde das sechste Heft, in dem Goethe seine *Römischen Elegien* mit erotischen Inhalten drucken ließ. Der Herzog bedauerte die Veröffentlichung; die Herzogin schäumte und Herder erklärte – Böttiger berichtet es –, die *Horen* müssten «nun mit dem u gedruckt werden».[111] Dalberg, die Schlegels, Wilhelm von Humboldt oder Sophie Mereau waren hingegen begeistert.[112]

Bei den Rezensenten stießen *Die Horen* insgesamt auf ein gemischtes Echo. Schütz lobte «mit inniger patriotischer Freude» in der verabredeten und von Cotta bezahlten Rezension der *Allgemeinen Literatur-Zeitung* das erste Heft, denn es befriedige «den Leser von Geist und Geschmack».[113] War Schiller Anfang März 1795 noch zuversichtlich, dass sie das Publikum gewinnen könnten,[114] wollte er Mitte Juni «einen kritischen Fechtplatz in den Horen» eröffnen und selbst angreifen.[115] Kurz darauf lehnte er einen Beitrag Fichtes ab.[116] Dieser argumentierte erbost mit dem Publikum; Schiller entgegnete: «Es giebt nichts roheres als den Geschmack des jetzigen deutschen Publikums, und an der Veränderung dieses elenden Geschmacks zu arbeiten, nicht meine Modelle von ihm zu nehmen, ist der ernstliche Plan meines Lebens.»[117]

Seine «philosophische Bude» schloss Schiller mit der in drei Teilen publizierten Abhandlung, die später unter dem Titel *Über naive und sentimentalische Dichtung* selbständig erschien. Naiv ist der Dichter, dem wie in arkadischer Zeit, als Kunst und Natur noch eine Einheit bildeten, nur die Natur und das in Nachahmung der Wirklichkeit geschaffene Objekt in den Blick gerät. Der heutige Poet formt hingegen die verlorene Natur, in dem er die Wirklichkeit zum Ideal erhebt. Er ist sentimentalisch, weil er die Gefühlsbeziehung zu dem von ihm geschaffenen Objekt betont. Da die Realität der Poesie entgegenstehe, müsse sich der Dichter aus ihr zurückziehen.[118] Die Menschen liebten jedoch Naturschönheiten und die durch sie dargestellten Ideen. Das gelte auch für antike Kunstwerke. «Sie sind, was wir waren, sie sind, was wir wieder werden sollen. Wir waren Natur, wie sie, und unsere Kultur soll uns, auf dem Wege der Vernunft und der Freiheit, zur Natur zurückführen.»[119] Sucht der naive Dichter die Nähe zur Natur und Realität, ist sich der Sentimentalische des Verlustes bewusst. Er will die Schönheit mit der Vernunft zurückgewinnen. Demnach galt Goethe als naiver Realist und Schiller als sentimentalischer Idealist.[120] Dieser Spannungsbogen, der die vielfältigen Schattierungen einer mehr idealistischen oder mehr realistischen Weltauffassung einschließt, erweist sich als die geistige Kraft, die das Ereignis Weimar-Jena beflügelt hat.

5. *Giftige* Xenien

Um Schiller und Goethe wurde es einsam. Wieland stand abseits, Fichte und Herder fühlten sich brüskiert; Humboldt war nach Berlin gezogen, Woltmann enttäuschte, Hölderlin war unstetig, schwärmerisch und wurde Hauslehrer bei der Bankiersfamilie Gontard in Frankfurt. Die Zeit der jüngeren Autoren wie Schelling, den Schlegels, Hardenberg (Novalis) oder Sophie Mereau war noch nicht gekommen.

Goethe und Schiller agierten als Richter über Kunst und Geschmack; sie wollten das Publikum bilden und ihre Kritiker züchtigen. Goethe schlug vor, alles zu sammeln und Gericht zu halten. «Wenn man dergleichen Dinge in Bündlein bindet, brennen sie besser.»[121] Schiller stimmte zu: «Wir leben jetzt recht in den Zeiten der Fehde. Es ist eine wahre *Ecclesia militans* – die Horen meine ich.»[122] 1799 formulierte er aggressiver: «Das einzige Verhältniß gegen das Publikum, das einen nicht reuen kann, ist der Krieg.»[123]

Im November 1795 forderte Goethe eine «Art Kriegserklärung gegen die Halbheit, die wir nun in allen Fächern beruhigen müssen».[124] Kurz vor Weihnachten schlug er vor, «Epigramme, jedes in einem einzigen Disticho, zu machen, wie die Xenia des Martials sind».[125] Ein paar Tage später meinte er, mit etwa hundert *Xenien* könne man sich beim Publikum und den Kollegen nachdrücklich empfehlen.[126] Das war ebenso ironisch gemeint wie die Verwendung des griechischen Begriffs Xenien, der eigentlich Gastgeschenke bedeutet, hinter dem sich jedoch polemische Angriffe auf die literarische Welt verbargen. Schiller war begeistert und Goethe erwiderte kampfeslustig, die *Xenien* versprächen «ein rechtes Wunderding», ihre Konkurrenten stürzten sich mit «Heißhunger» darauf, und es gebe «gewiss wider Händel».[127]

Während die *Horen* dahinsiechten, erschienen nicht weniger als 676 dieser vergifteten Gastgeschenke in Schillers *Musenalmanach* auf das Jahr 1797. Sie richteten sich gegen fast alles, was Goethe und Schiller ablehnten, und gegen jeden, der ihnen unwürdig erschien. Sie taten so, als entschieden nur sie, wer an der literarischen Zukunft mitwirken dürfe, weil sie oder er sich der Mühe «einer Selbstausbildung für die Kunst» unterzogen und sich nicht als Dilettanten dem Publikum anbiederten.[128] Da für sie nur Literatur schrieb, wer professionell nach Verbesserung drängte, wähnten sie sich in einer von den Feinden des Schönen und Wahren umzingelten Festung. Wer ihr Projekt einer hochwertigen Nationalliteratur sabotierte, sollte demaskiert werden, doch die Rundumverteidigung mit dem Säbel war keine kluge Strategie, denn die auch poetisch nicht immer gelungenen Angriffe verstörten alle. Die *Xenien* waren schnell vergriffen; es wurden 500 Bände nachgedruckt, dann war der Spaß zu Ende.[129]

Goethes *Xenien* gelten als «bissiger», Schillers als «belehrender».[130]

Den Universalhistoriker Schiller hatten «Nation oder Nationalbegebenheiten» nur interessiert, wenn sie «als Bedingung für den Fortschritt der Gattung wichtig» waren;[131] nun stellte ein Xenion die Frage: «Deutschland? Aber wo liegt es? Ich weiß das Land nicht zu finden, Wo das gelehrte beginnt, hört das politische auf.»[132] Es wandte sich an die Gelehrtennation, die sich neu gebildet hatte, während das Reich verblasste. Die Deutschen waren – so berichtete Humboldt aus Paris – im Vergleich zu den Franzosen auf dem besseren Weg.[133] Woltmann behauptete sogar, die Weimarer Autoren hätten mit ihrem universalen Anspruch die deutsche Nation gerettet.[134] Schiller aber behielt sein Ziel im Auge: «Zur Nation euch zu bilden, ihr hoffet es, Deutsche, vergebens, Bildet, ihr könnt es, dafür freyer zu Menschen euch aus.»[135] Statt der nationalen Einheit war zuerst die innere Harmonie des Individuums und auf dieser Basis der ästhetische Staat das Ziel.

Während die «zahmen» oder «unschuldigen» *Xenien* anthropologische Strukturen, philosophische Fragen und Zeitumstände aufs Korn nahmen, kanzelten die satirischen Einzelpersonen oder Institutionen in einem oft verletzenden Tonfall ab. Ihre Bedeutung ist nicht vollständig entschlüsselt. Die deutschen Jakobiner und Frühromantiker wurden ebenso angegriffen wie Vertreter der Trivialliteratur. Herder blieb unerwähnt, Wieland wurde eher porträtiert. Fichte durfte über sich lesen: «Ich bin ich und setze mich selbst, und setz ich mich selber / Als nicht gesetzt, nun gut! Setz ich ein Nicht-Ich dazu.»[136] Frühere Freunde wie die Grafen Stolberg oder der Kapellmeister und Revolutionsanhänger Johann Friedrich Reichardt erfuhren viel Häme.[137] Während Letzterer sich «mit Wut und Ingrimm in die Revolution geworfen» habe, hielt Goethe am Bestehenden fest, «an dessen Verbesserung, Belebung und Richtung zum Sinnigen, Verständigen ich mein Leben lang bewußt und unbewußt gewirkt hatte». Er konnte und wollte diese Gesinnung nicht verhehlen.[138]

Die *Xenien* wurden wie zu erwarten ein Skandal. Es gab «Gegengeschenke an die Sudelköche in Jena und Weimar». Johann Kaspar Friedrich Manso warf Schiller vor, die alten Sprachen nicht zu beherrschen, und Böttiger pflichtete ihm mit dem Vorwurf mangelnder Schulkenntnisse bei.[139] Schillers Gönner, der Herzog von Augustenburg, wollte ihn ächten. Wieland sprach vom «Unwillen, den das widerliche Gemisch von Witz, Laune, Galle, Gift und Unrath» erzeugt habe. Garve erstaunte das kleingeistige Revanchedenken Goethes und Schillers, die alles ablehnten, was ihren Idealen widersprach.[140] Frau von Stein wusste, dass der Herzog, die Herzogin und alle anderen die massive Kritik an den «zwei Herren, welche glaubten, allein auf dem Parnaß zu befehlen», für berechtigt hielten.[141] Gräfin Charlotte von Schimmelmann erinnerte Schiller, die Literatur solle «der Politischen welt ein schönes beyspiel geben – bey jenem krieg fliehen alle musen und grazien, so wie bey diesen weißheit und gerechtigkeit fliehen – immer sind die nahen folgen traurig.»[142]

Goethe notierte völlig richtig: Die *Xenien* «wurden, als höchster Mißbrauch der Preßfreiheit, von dem Publicum verdammt».[143] Sie beschädigten das Ansehen ihrer Autoren, unterstrichen aber den Anspruch Weimar-Jenas, Zentrum der Kultur und der ästhetischen Bildung zu sein. Körner erinnerte Schiller im Juli 1796, da deutschen Dichtern die Hauptstadt fehle, bedürfe «die unsichtbare Kirche [...] eines Repräsentanten» und dazu «schickt sich niemand besser als Du».[144] Er und Goethe mussten nun liefern, wie auch Wieland erkannte, doch sie besäßen die Macht, durch «Geisteswerke [...] jede Spur der von ihnen verübten Leichtfertigkeiten wieder auszulösen».[145]

Goethe dankte Schiller für seine beharrliche Arbeit am *Wallenstein*, denn nur «mit großen und würdigen Kunstwerken» könnten sie ihre Gegner beschämen.[146] Es dürfte ihn gefreut haben, dass die Kritik auch seinen Bildungsroman *Wilhelm Meisters Lehrjahre* positiv aufnahm. Nicht nur Humboldt hielt ihn für «unglaublich gelungen».[147] Geschildert wird die Selbstbildung des nach geistiger und gesellschaftlicher Ordnung strebenden Bürgers. Goethe unterschätzt allerdings den Gegensatz zwischen Adel und Bürgertum, den er durch Erziehung und Einblicke in die Welt der jeweils anderen vermindern will. Der Bürger bietet die Vernunft, das aufgeklärte Wissen in Anlehnung an die erkannten Gesetze der Nation, der Adel seine über Jahrhunderte hinweg eingeübten Verhaltensweisen des geselligen Umgangs und der Konfliktvermeidung.

In der Urfassung *Wilhelm Meisters theatralische Sendung* lehnt sich der Held gegen ein Leben im bürgerlichen Stand auf und strebt ans Theater, weil er glaubt, sich dort selbst verwirklichen zu können.[148]

Und auch am Anfang der *Lehrjahre,* die von einem Theater- zu einem Bildungsroman werden, möchte der Titelheld und Kaufmannssohn aus der bürgerlichen Enge seines Elternhauses ausbrechen, um seine künstlerischen Talente zu erproben. Wilhelm verlässt seinen angeborenen Stand, um sich zu bilden und das zu werden, was er in sich fühlt. Das war das Vorrecht des Adels, denn der Bürger sollte im Beruf und für das Ganze nützlich sein und deswegen seine Fähigkeiten verbessern. Auf der Bühne darf Wilhelm ein Edelmann sein. Hier lernt er die Welt des Adels kennen, wo sich ungezwungene Anmut und Grazie, Ordnung und Freiheit verbinden. Der adelige Lothario bringt ihn zur «Turmgesellschaft», einer Loge, die vor Ort das Freiheit verheißende «Amerika» verwirklichen will. Als Wilhelm von der Existenz seines Sohns Felix erfährt, lässt er die dilettierende Ausübung der Kunst hinter sich und integriert sich in die bürgerliche Gesellschaft. Seine Lehrjahre sind vorüber. Seine Entwicklung zu sich und zum Staatsbürger hat die Turmgesellschaft stets überwacht.[149] In der später geschriebenen Fortsetzung *Wilhelm Meisters Wanderjahre* verwirklicht Wilhelm sich selbst, indem er ein tätiges Leben in der Spezialisierung führt, wie es die Moderne erfordert.[150] Madame de Staël urteilte bissig, das einzige Interesse des Romans *Wilhelm Meisters Lehrjahre* sei, «die Meinung Goethes über jeden Gegenstand zu erfahren».[151]

Die *Lehrjahre* gingen im Trubel um die *Xenien* beinahe unter, zumal Goethe Ende 1796 in einem Brief an Friedrich August Wolf und der beigefügten Elegie *Hermann und Dorothea* sein gleichnamiges Epos ankündigte.[152] Zu Beginn der Elegie benennt er die ihm angelasteten Vergehen, seine Epigramme, seine Erotika, seine Naturbeobachtungen und sein Verhalten in Wissenschaften, Religion und Kunst. Es sei die Muse, die ihm befehle und ihm seine innere Jugend durch Veränderung erhalte, doch das dichterische Genie brauche den häuslichen Rahmen.[153] Frau von Stein war angetan, bedauerte aber: «Nur schade, daß bei der Gattin, die am reinlichen Herd kocht, die Jungfer Vulpius die Illusion verdirbt.»[154] Goethe folgte Schillers Rat und veröffentlichte die Elegie erst, als das Epos vorlag. Dessen neun Gesänge sind nach den Musen benannt, seine Helden sind Bürger. Es endet mit einem Appell an die Standhaftigkeit der Deutschen:

Sophie Mereau
Porträt nach einer Bleistiftzeichnung (undatiert)

Nicht dem Deutschen geziemt es, die fürchterliche Bewegung
Fortzuleiten, und auch zu wanken hierhin und dorthin.
Dies ist unser! So laß uns sagen und es behaupten!
Denn es werden doch stets die entschlossenen Völker gepriesen,
Die für Gott und Gesetz, für Eltern, Weiber und Kinder
Stritten und gegen den Feind zusammenstehend erlagen.[155]

Goethe rief zum Kampf gegen die Revolutionsarmeen. Die Franzosen beherrschten mit ihren falschen Werten das linksrheinische Deutschland und weite Teile Europas. Sie mussten aus nationalen und weltbürgerlichen Gründen gestoppt werden. Deutschland hatte dafür jedoch zu wenige Soldaten und Autoren, die Goethes und Schillers Ansprüchen genügten. Den *Horen* fehlten Beiträge; der Jahrgang 1797 lebte von Übersetzungen sowie von den Arbeiten Caroline von Wolzogens und Sophie Mereaus. Letztere stammte aus Altenburg, war mit dem Universitätsbibliothekar Friedrich Ernst Carl Mereau verheiratet und hatte eine Affäre mit dem Studenten Johann Heinrich Kipp, später Bürgermeister in Lübeck. 1798 tat sie sich mit dem acht Jahre jüngeren Clemens Brentano zusammen, den sie nach ihrer Scheidung heiratete. Sie schrieb zahllose Gedichte, zwei Romane und etliche Erzählungen.[156] Schiller förderte sie und andere weibliche Talente wie Friederike Brun, Amalie von Imhoff, Elisa von der Recke und Luise Brachmann.[157]

Als Friedrich Schlegel das letzte Horenheft des Jahrgangs 1796 in der Zeitschrift *Deutschland* des Niveauverlustes bezichtigte, reagierte Schiller erbost und schloss auch dessen Bruder August Wilhelm von der weiteren Mitarbeit aus. Für Schiller war das Vertrauensverhältnis zerstört, das er in seinem Freundeskreis erwartete.[158] Damit aber legte er den Grundstein für das *Athenäum*, ein Journal, das auf den gleichen Leserkreis wie *Die Horen* zielte, die 1798 eingestellt werden mussten. Schiller informierte Goethe im Januar 1798: «Eben habe ich das Todesurtheil der drei Göttinnen Eunomia, Dike und Irene förmlich unterschrieben.» Das letzte Heft des Jahrgangs 1797 werde nicht vor März erscheinen. Die Alternative sei, dort «einen tollen politisch-religiösen Aufsatz» zu platzieren, um die Zensur zu einem Verbot zu provozieren.[159]

6. *Die* Propyläen *und das Theater*

Goethe referierte Ende 1795 vor der Weimarer Freitagsgesellschaft über die kulturellen Institutionen im Ereignisraum, die er als seine Geschöpfe betrachtete. Wilhelm von Humboldt erfuhr am 3. Dezember, dass mit dieser Veranstaltung «das Licht der Kenntnisse, das übrigens ziemlich unter dem Scheffel steht, wenigstens einmal die Woche in meinem Hause leuchtet». Er habe die Weimar-Jenaer Tätigkeiten in ein Schema gebracht. «Diese Kunst- und wissenschaftliche Republik sieht bunt genug aus und besteht, wie die deutsche Reichsverfassung, nicht durch Zusammenhang, sondern durch Nebeneinandersein.»[160] Seinen Vortrag begann Goethe mit der Behauptung, die deutsche Nation neige mehr zur Wissenschaft als zur Kunst, am stärksten zur Literatur. Zwar spotte man über Gelehrte, dürfe aber nie vergessen, dass sie das bürgerliche Leben beeinflussten. Dann sprach Goethe über den Neubau des Schlosses und die Gartenkunst, über das Theater, wo seit 1784 über 90 Schauspieler aufgetreten seien, über Sammlungen und Institute, Literatur und Zeitschriften sowie die Bibliotheken, die in Jena vereinigt werden müssten, auch Chemie und Mechanik fehlten nicht. Er hob die Feuerlöschgeräte des Hofmechanikers Neubert hervor und manches mehr. Der Hof blieb unerwähnt.[161]

Eigentlich wollte Goethe zu dieser Zeit das Kulturphänomen Italien als Folie der Zivilisation beschreiben.[162] Er hatte seinen Freund Meyer vorausgeschickt, doch die französischen Eroberungen und der Kunstraub, der in Paris das Musée Napoléon füllte, vereitelten seine Pläne. Goethe beschloss, stattdessen seine und die Kunstauffassungen seiner Freunde dem gebildeten Lesepublikum zu präsentieren.[163] Cotta stimmte einem vierteljährlich erscheinenden Journal, den *Propyläen,* und Goethes stattlichem Honorar von fast 400 Talern pro Heft zu, machte aber zur Bedingung, endlich das *Faust*-Manuskript zu bekommen. Der Name der Zeitschrift für bildende Kunst verweist auf jenen monumentalen Torbau, der zum heiligen Bezirk der Athener Akropolis führt. Goethe erläuterte: «Der Jüngling, wenn Natur und Kunst ihn anziehen, glaubt mit einem lebhaften Streben bald in das innerste Heiligtum zu dringen; der Mann bemerkt nach langem Umherwandeln, daß er sich noch immer in den Vorhöfen befinde.»[164] Mit dem Namen und dem Programm einer Wiedervereinigung von Schönheit und Wissen setzte Goethe einen dreifachen Kontrapunkt – zum Brandenburger Tor, der Propyläen-Nachbildung in Berlin, zum *Athenaeum* – jene Zeitschrift, die die Schlegelbrüder seit 1798 herausgaben, die zum Zentralorgan der Frühromantiker wurde und deren Name Klassizismus, republikanische Freiheit und Urbanität signalisierte[165] – und vor allem zum Louvre in Paris, wo auch der allseits gescholtene französische Kunstraub seine neue Heimat fand.

In seiner Vorrede ermahnte Goethe die Leser, die antike Kunst nicht nur zu loben, sondern ihre Lehren zu beachten. Die Neueren «nennen die Alten ihre Lehrer, sie gestehen jenen Werken eine unerreichbare Vortrefflichkeit zu und entfernen sich in Theorie und Praxis doch von den Maximen, die jene beständig ausübten». Das Journal werde die modernen Werke an diesen Idealen messen. Es berücksichtige auch naturkundliche Themen, denn Schönheit entstehe durch das

Verstehen der Natur. «Der echte, gesetzgebende Künstler strebt nach Kunstwahrheit, der gesetzlose, der einem blinden Trieb folgt, nach Naturwirklichkeit; durch jenen wird die Kunst zum höchsten Gipfel, durch diesen auf ihre niedrigste Stufe gebracht.» Wie Schiller beschwor Goethe die nationale Dimension der ästhetischen Bildung. Der französische Kunstraub in Italien sei ein riesiger Verlust, denn jetzt zeige sich, «was die Welt in diesem Augenblick verliert, da so viele Teile von diesem großen und alten Ganzen abgerissen wurden». Goethe erkannte allerdings auch die Möglichkeiten, die der neue «ideale» Kunstkörper in Paris bot. Er fragte, was etwa Deutschland und England tun könnten, um «mit einem wahren, weltbürgerlichen Sinne, der vielleicht nirgends reiner als bei Künsten und Wissenschaften stattfinden kann, die mannigfaltigen Kunstschätze, die bei ihnen zerstreut niedergelegt sind, allgemein brauchbar zu machen, und einen idealen Kunstkörper bilden zu helfen, der uns mit der Zeit, für das was uns der gegenwärtige Augenblick zerreißt, wo nicht entreißt, vielleicht glücklich zu entschädigen vermöchte».[166]

Goethes Antwort waren die *Propyläen*, ein virtueller Kunstkörper, der in gewisser Weise auch Schillers *Horen* als Reunionspunkt fortsetzte. Goethe war Aufklärer und Weltbürger genug, um Anverwandlungen in jeder neuen Umgebung für möglich und fruchtbar zu halten.[167] Auch die Deutschen, deren Bestimmung es nun einmal war – wie er später sagen wird –, «sich zum Repräsentanten der sämtlichen Weltbürger zu erheben»,[168] mussten ihre Kunstschätze konzentrieren. Doch auch die *Propyläen* scheiterten nach zwei Jahren. Schiller erklärte Cotta, er hätte sich die Deutschen «so höchst erbärmlich [...] doch nicht vorgestellt».[169]

Inzwischen stießen Goethe und Schiller auch am Weimarer Theater auf Widerstand. Weder die Schauspielerinnen und Schauspieler noch das Publikum verhielten sich so, wie sie es wünschten. Wegen der vielen Pannen und der Kritik an den Aufführungen, vor allem wegen seiner geplanten Italienreise, bat Goethe den Herzog im Dezember 1795, ihn von seinen Pflichten als Theaterleiter zu entbinden, und empfahl Schiller als Nachfolger. Der Herzog lehnte ab.[170] Schiller verhielt sich abwartend, dramatisierte jedoch auf Wunsch Goethes *Egmont* 1796 für die Weimarer Bühne.[171]

Im Sommer ging das Weimarer Theater auf Tournee. Am 25. Juli 1796 bat Goethe Voigt, den Herzog zu informieren, dass in Lauchstädt gute Gewinne gemacht worden seien. Ob sie auch in Rudolstadt spielen könnten, sei noch offen. Jena wolle die Truppe engagieren, doch Carl August habe dies verboten. Momentan sei dort alles ruhig und kein Exzess zu befürchten. Theateraufführungen könnten diese Beruhigung sichtbar machen, wenn der Herzog zustimme.[172] Carl August spielte jedoch den Ball an Goethe zurück, der diese Angelegenheit aber nur dem Senat vorlegen wollte, wenn zuvor eine Mehrheit gesichert sei.[173] Dass die Weimarer Theatertruppe in Jena spielte, ist nicht bekannt.

Das Theater galt als Ausgangspunkt möglicher Politisierungen. Goethe brachte jedoch keine brisanten Themen auf die Bühne. Er bevorzugte ein Literaturtheater, das durch die Schönheit der Kunst das Publikum bilden und verbessern wollte; Gefühlsäußerungen unterband er. Schiller leitete die Proben zu *Wallensteins Lager* selbst. Mit dessen Uraufführung am 12. Oktober 1798 wurde das Weimarer Theater nach dem klassizistischen Umbau wiedereröffnet. Was unter der Leitung des Stuttgarter Architekten Nikolaus Thouret mit 500 Sitzplätze umrahmt von Marmorsäulen und Granitpfeilern entstanden war, galt als bester deutscher Theaterneubau.[174] Er unterstrich die kulturelle Vorbildhaftigkeit Weimars. In der Mitte der dreigeteilten Galerie saß der Herzog mit seiner Familie, rechts und links davon gab es adlige und bürgerliche Logen.[175]

Schiller wollte anstößige Stellen streichen und zusätzliche Komplimente an den Kriegshelden Bernhard von Weimar einfügen. Goethe lehnte dies ab. Bei der Inszenierung waren nicht politische Vorgaben das Problem, sondern die Schauspieler, denen die richtige Deklamation beigebracht werden musste. Die Uraufführung von *Wallensteins Lager* wurde ein großer Erfolg. Die Zuschauer waren ergriffen und Schiller vergnügt – ein bei ihm eher seltener Gemütszustand.[176] Das Drama basierte auf seiner Geschichte des Dreißigjährigen Krieges, in der er ein positives Bild des Feldherrn Wallenstein gezeichnet hatte. Da die Koalitionskriege mit dem großen deutschen Krieg verglichen wurden, war der Stoff aktuell. Darauf spielte Schiller in der Vorrede an, denn «in diesen Tagen» zerfiel die «alte feste Form» des Westfälischen Friedens. Der Dichter führt sein Publikum auf einen «höhern Schauplatz».

> Wo wir den Kampf gewaltiger Naturen
> Um ein bedeutend Ziel vor Augen sehn
> Und um der Menschheit große Gegenstände,
> Um Herrschaft und um Freiheit wird gerungen –
> Jetzt darf die Kunst auf ihrer Schattenbühne
> Auch höhern Flug versuchen, ja sie muß,
> Soll nicht des Lebens Bühne sie beschämen.

Nicht der Inhalt, die ästhetische Form, die Zutat der Kunst, bietet Trost und Hoffnung: «Ernst ist das Leben, heiter ist die Kunst».[177] Obwohl kaltsinnig, ehrsüchtig und stolz fiel Wallenstein – so heißt es in Schillers Geschichte – «nicht weil er Rebell war, sondern er rebellierte, weil er fiel».[178] Diese Einschätzung ließ sich so nicht auf die Bühne bringen, denn als tragische Hauptfigur durfte Wallenstein weder als Verbrecher noch als makelloser Held seinem Schicksal entgegengehen. Wallenstein musste in bestimmten Situationen despotisch reagieren und vom Machtstreben getrieben erscheinen. Die Umstände zwangen ihn zum Manipulieren; seine Willensfreiheit war begrenzt.[179] Der Kaiser dachte nur an Österreich, nicht an das Reich. Diese Klage durchzieht das Drama und verband es mit der Gegenwart. Wallenstein will das Reich weder zerstückeln noch einer fremden Macht in die Hände spielen. Er möchte es retten, muss deswegen aber so handeln, dass er als Verräter erscheint und zum Verräter wird. Das Reich als ein freies, weder ausländischen Mächten noch dem Kaiser unterworfenes Vaterland bleibt der Bezugspunkt einer Handlung, die im letzten Teil – wie Goethe anerkennend bemerkte – «aufhört politisch zu seyn und blos menschlich wird».[180]

Wallenstein muss sterben, weil er den Anschein erweckt, dem Kaiser nicht mehr zu gehorchen. Octavio Piccolomini, Kommandant von Wallensteins Leibgarde, vertritt dagegen die unbedingte Loyalität zum Kaiser, die ihn zum Verrat an seinem militärischen Vorgesetzten zwingt. Octavios von Schiller erfundener Sohn Max lehnt das Verhalten des Vaters ab; er will die politischen Winkelzüge durchkreuzen.

Sein Glück und sein Friedenstraum scheitern, weil Wallenstein keinen Frieden stiften kann, den der Kaiser nicht will. Octavio verrät Wallenstein, dieser den Kaiser, und Wallenstein fordert von Max, sich zwischen ihm und seinem Vater zu entscheiden. Max erwidert erschrocken: «Mein General! – Du machst mich heute mündig.»[181] Um dem Dilemma zu entgehen, stürzt er sich in den Kampf und fällt.

Der Erfolg des *Wallenstein* überzeugte Schiller. Wegen seiner Arbeit am Theater zog er Ende 1799 mit seiner Familie nach Weimar.[182] Er kaufte für 4200 Taler ein geräumiges Haus an der Esplanade. Obwohl er inzwischen gut verdiente und zu den zwölf höchst besteuerten Bürgern zählte, musste er genau kalkulieren.[183] Er lieferte fast jedes Jahr ein heroisches Stück, das literarische Qualität mit Bühneneignung verband, weil Liebesszenen und spannende Momente die Reflexionen gefälliger machten. Von seinen älteren Dramen ließ er nur noch eine überarbeitete Version des *Don Karlos* in Weimar aufführen.[184]

Die klassischen Dramen boten dem Weimarer Publikum idealisierte Charaktere und Verhaltensweisen, die von der Geheimdiplomatie über Betrug und Aggression bis hin zu Intrigen und Tyrannei reichten. Schillers Dramaturgie zielte auf ästhetische Wirkung und fand ihr Publikum. Er ließ sich 1804 nicht von Iffland abwerben, obwohl ihm in Berlin 3000 Taler Jahresgehalt geboten wurde. Schiller missfielen die opulent ausgestatteten und spektakelhaften Berliner Inszenierungen, zumal politische Bedenken den Inhalten Schranken setzten. Er wollte keine größeren Eingriffe in seine Freiheit als Autor dulden.[185] In Weimar bezogen sich die Änderungswünsche des Herzogs stets nur auf einzelne Szenen. *Wilhelm Tell*, aufgeführt zu Ehren der Großfürstin Maria Pavlovna, kürzte Schiller 1804 nicht aus politischen, sondern aus aufführungspraktischen Gründen um die Hälfte. Auch ohne den fünften Akt, den Tyrannenmord,[186] blieb das Stück brisant, denn der Untergang der Eidgenossenschaft galt als Menetekel für Deutschland. Auf den üblichen politischen Wegen waren Freiheit und Einigkeit nicht zu erreichen. Das imaginierte Idyll – «und frei erklär ich alle meine Knechte»[187] – gab es so nie, und es besaß als bloße Manifestation eines politischen Wollens keine Zukunft.

Der Erfolg gab Schiller jedoch recht; er war um 1800 neben Kotzebue der meistgespielte lebende Dramatiker.[188] Am Ende seines Lebens hatte Schiller auch keine größeren finanziellen Sorgen mehr. Seine Stoffe suchte er in der Historie, um seine Freiheit über die Erzählung zu behalten und keine Konzessionen an politische Opportunitäten machen zu müssen. Im historischen Gewand konnte er die Voraussetzungen der Gegenwart und das zeigen, was weiterhin galt: das Scheitern großer politischer Visionen an Egoismus, Herrschsucht und einer Rationalität, der nicht alle zu folgen vermochten. Inhaltlich schilderte er bevorzugt die Dilemmata zur Entscheidung gezwungener Menschen, um die stets begrenzte Freiheit und die Macht struktureller Kräfte und Zwänge zu verdeutlichen.

Voll wurde das Weimarer Theater bei Stücken von Kotzebue und Schiller und vor allem bei Mozartopern, obwohl die musikalische Qualität dürftig gewesen sein muss. Joseph Rückert berichtete über den Geschmack des Publikums, das bei Opernkompositionen gähne und nach Mozart rufe. Zudem werde die Schauspielkunst Ifflands sehr gewürdigt.[189] Die Sängerin und Schauspielerin Caroline Jagemann, der ganz Weimar zu Füßen lag, kritisierte die Qualität des Theaters und Goethes Inszenierungen. Er habe sich, als die Zuschauer bei Friedrich Schlegels Trauerspiel *Alarcos* in Gelächter ausbrachen, von seinem Stuhl erhoben und mit donnernder Stimme gerufen: «Man lache nicht!»[190] Das mündige Publikum wollte sich aber nicht still und andächtig belehren lassen, sondern seine Meinung kundtun. Das in der Fiktion des Theaters geschaffene Ideal eines über Standesgrenzen hinweg handlungsfähigen bürgerlichen Individuums zeigte sich in unmittelbaren Reaktionen, wenn auch nicht immer im Sinn der «sozialharmonischen Gemeinschaft».[191] Der Sohn von Professor Schütz, dem Herausgeber der *Allgemeinen Literatur-Zeitung*, erhielt beispielsweise einen Verweis, weil er während der Aufführung «Bravo» gerufen und einen Beifallsturm ausgelöst hatte.[192]

Goethe und Schiller orientierten sich an der französischen Schauspielkunst und an antiken Mustern. Das Theater sollte die Fiktion dramatisierter menschlicher Konflikte und den schönen Schein von Frieden und Freiheit vermitteln sowie die Selbstbildung anregen. Das Niveau stieg, doch das Literaturtheater stieß beim Publikum auf wenig Gefallen. Die Kassen füllten die populären Stücke Kotzebues, der in den höheren Kreisen Weimars wegen «unerträglicher Eitelkeit» und «boshafter Ausfälle» unbeliebt war, von Goethe und Schiller gesellschaftlich missachtet wurde und der, «ohne eigentlich bös zu sein, viel böses stiftete».[193] Dazu zählte die von ihm als Vergeltung für Goethes Nichteinladung zum Mittwochskränzchen am 5. März 1802 geplante Ehrung Schillers, die einen Keil zwischen Goethe und Schiller treiben sollte. Als sich die Weimarer Gesellschaft auf dieses Spektakel vorbereitete, flüchtete Goethe nach Jena. Schiller hatte seine Teilnahme zwar zugesagt, plante aber, krank zu werden. Die in der Bibliothek aufgestellte, einzig verfügbare Büste Schillers wurde nicht zur Verfügung gestellt. Zudem standen die Handwerker vor einem verschlossenen Stadthaus, weil der Bürgermeister offiziell fürchtete, sie könnten bei den Umbauten den neuen Fußboden beschädigen. Goethe geriet in den Verdacht der Sabotage. Weimar hatte seinen Skandal und Kotzebue durfte sich als Verfolgter fühlen.[194] Als er den Theaterdespotismus anprangerte, wurde er als «Todfeind aller Weimarischen Thätigkeit»[195] des Herzogtums verwiesen.

Erstaunlich erfolgreich war Goethes *Mahomet* – eine Übertragung der Streitschrift Voltaires in Blankversen. Der Stifter des Islams wird hier als ehrgeiziger militärischer Führer präsentiert. Am Ende erdolcht sich die Tochter des weisen Richters, die Mahomets Bosheiten erkannt hat. Sie spricht: «Die Welt ist für Tyrannen, lebe du!»[196] Der Pfarrer und Schriftsteller Ignaz Aurelius Feßler nannte *Mahomet* ein Kunstwerk, weil die Schauspieler «in einer Manier» spielten und das Ganze ein «höchst wohltätiges Gefühl der Harmonie erzeugte».[197] Das hätte ihm Goethe diktiert haben können. Das Werk fand wegen seiner französischen Schicklichkeit aber auch den Beifall des Herzogs. Schiller antwortete dem Publikum, das die Ideale der Klassiker nicht verstand, mit dem Gedicht *An Goethe, als er den Mahomet von Voltaire auf die Bühne brachte*. Die letzte Strophe schuf Klarheit:

Nicht Muster zwar darf uns der Franke werden!
Aus seiner Kunst spricht kein lebend'ger Geist;
Des falschen Anstands prunkende Geberden
Verschmäht der Sinn, der nur das Wahre preist!
Ein Führer nur zum Bessern soll er werden,
Er komme, wie ein abgeschiedner Geist,

Zu reinigen die oft entweihte Scene
Zum würd'gen Sitz der alten Melpomene.[198]

Die künstlerische Qualität wurde nach französischem Vorbild verbessert und der schöne Schein durch Idealisierung und Individualisierung betont. Um das die wahre Kunst konterkarierende «Natürliche» zu vermeiden, wurden Gesten, rhythmische Deklamation und sorgfältiges Memorieren geübt. Für sein auf die Kunstwahrheit[199] zielendes Theater formulierte Goethe Regeln für Schauspieler. Sie sollten nicht die Natur nachahmen, sondern «das Wahre mit dem Schönen» vereinigen.[200] Obwohl er in den Verdacht geriet, sich der französischen Kultur zu unterwerfen, beharrte er auf klassizistischer Sprachästhetik und Körperkontrolle[201] – weder zu naturalistisch noch zu gekünstelt.[202] Goethe und Schiller wollten die klassische Ästhetik und die idealistische Philosophie vereinigen, um ein neues Geschmacks- und Schönheitsideal zu etablieren und das Publikum auf ein höheres Level zu führen.

7. *Die Jenaer Frühromantiker*

1796 kamen August Wilhelm Schlegel und seine Frau Caroline nach Jena. Schiller hatte ihnen den Umzug nahegelegt. Caroline, Tochter des Göttinger Orientalisten Johann David Michaelis, war nach dem Tod ihres ersten Mannes und ihrer beiden Kinder dem Naturforscher Georg Forster und dessen Frau Therese, Tochter des Altertumswissenschaftlers Christian Gottlob Heyne, nach Mainz gefolgt. Sie wurde schwanger von einem französischen Offizier und in Königstein interniert. Auf Intervention ihres Bruders kam sie frei. Schiller verunglimpfte sie als «Madame Lucifer» und auch Friedrich, der jüngere Bruder ihres Mannes, hielt ihren Lebenswandel für unschicklich.[203] 1803 ließ sich Caroline von August Wilhelm scheiden, heiratete Schelling und sprengte den zerfallenden Jenaer Romantikerkreis endgültig.[204]

Friedrich Schlegel war mit Friedrich von Hardenberg befreundet, der als Ingenieur im nahen Weißenfels lebte und unter dem Pseudonym Novalis schrieb. Sie alle forcierten den Kult um Goethe und

Caroline Schelling (geschiedene Schlegel) Gemälde von Johann Friedrich August Tischbein (1798)

halfen, Jena als Brennpunkt der schönen Literatur und des intellektuellen Aufbruchs zu inszenieren. Wegen seines Streits mit Schiller, der ihm eine negative Rezension in den *Horen* verargte, zog Friedrich Schlegel im Sommer 1797 nach Berlin, wo er Heinrich Wackenroder, Ludwig Tieck, Friedrich Schleiermacher und, im Salon der Henriette Herz, seine spätere Frau Dorothea Veit kennenlernte, eine Tochter Moses Mendelssohns.

Im Herbst 1799 kehrte Friedrich Schlegel mit Dorothea Veit nach Jena zurück, weil ihr weiterer Aufenthalt in Berlin durch seinen Roman *Lucinde*, der autobiografische Züge trägt – neben ihm selbst lässt sich darin auch seine nonkonformistische Freundin erkennen –, unmöglich geworden war. Ludwig Tieck und seine Frau folgten ihnen. In der Jenaer Leutragasse 5 entstand die Lebensgemeinschaft, die Dorothea als «ewiges Concert von Witz und Poesie und Kunst und Wissenschaft» lobte, die sie die «ganze übrige Welt» vergessen mache.[205] Im Schatten Goethes, Schillers und Fichtes fand in Jena zwischen 1796 und 1801 eine Gruppe zorniger hochbegabter junger Frauen und Männer zusammen, die ihre Vorstellungen offen lebten.[206] Sie nannten sich

August Wilhelm Schlegel nach einem zeitgenössischen Stich

«Symmenschen», weil sie miteinander nicht nur philosophieren, sondern auch leben wollten. Sie suchten die Einheit mit sich selbst, den anderen und der Natur.

Zu den Frühromantikern gehörte auch der Physiker Johann Wilhelm Ritter, der an sich selbst experimentierte und an Goethes *Farbenlehre* mitwirkte. In seinem Vortrag über den Galvanismus entwickelte er 1798 eine Theorie der Elektrizität und er entdeckte im Farbenspektrum jenseits des Roten das Infrarot und das Ultraviolett.[207] Zudem fanden Friedrich Wilhelm Joseph Schelling, der 1798 in Jena seine erste Vorlesung über spekulative Naturphilosophie hielt, Novalis, Tieck, der Theologe Paulus, der Naturforscher und Dichter Heinrich Steffens, der Übersetzer Johann Diederich Gries, der Student Clemens Brentano und ein paar andere in der Leutragasse ihre Heimat. Sie verehrten Goethe, nicht Schiller. Dessen *Lied von der Glocke* wurde im Kreis der Frühromantiker offen belacht und parodiert. Die Bilder schienen schief und manches klang komisch. Die Zeile «Und drinnen waltet die züchtige Hausfrau» sorgte für viel Häme.

Schiller missfiel die Bohème des Schlegelkreises. An seiner Ablehnung änderten die Gemeinsamkeiten beim Poetisieren und Ästhetisieren der Welt nicht das Geringste. Auch die Frühromantiker beharrten auf der Autonomie der Kunst, wollten aber direkt gesellschaftlich wirken. Politik, Ästhetik und die Remythologisierung des Wirklichen bedingten sich aus ihrer Sicht gegenseitig. Sie waren freiheits- und revolutionsbegeistert, vertraten republikanische, hierarchische und religiöse Staatsideen sowie eine überstaatliche Weltherrschaft. Von der *Allgemeinen Literatur-Zeitung* fühlten sie sich schlecht behandelt. August Wilhelm Schlegel griff diese Institution, die über Kunstwerke zu Gericht sitzen wolle, frontal an, denn ein Kunstrichter «ist etwas ebenso Unstatthaftes als Unersprießliches und Unerfreuliches».[208] Aufklärung und Idealismus müssten unter dem Primat der Kunst fortentwickelt, jede Setzung sofort wieder aufgehoben werden, um alles flüssig zu halten und keine Normativität zuzulassen. Die eigene Zeit zeichne sich durch rastlose Dynamik aus. Die Deutschen sollten die griechische Bildungs- und Zivilisationsstufe überbieten. «In Deutschland, und nur in Deutschland hat die Aesthetik und das Studium der Griechen eine Höhe erreicht, welche eine gänzliche Umbildung der Dichtkunst und des Geschmacks nothwendig zur Folge haben muß.»[209]

Friedrich hatte seinen Bruder 1797 für das *Athenaeum* gewonnen, weil sie mit einem eigenen Journal ihre Gedanken frei veröffentlichen und als neue «kritische Dictatoren Deutschlands» die *Allgemeine Literatur-Zeitung* zugrunde richten könnten.[210] In ihrer *Vorerinnerung zum Athenaeum* lobten die Schlegels die Pluralität: «Wir theilen viele Meynungen miteinander; aber wir gehn nicht darauf aus, jeder die Meynungen des andern zu der seinigen zu machen.»[211] Im 125. Fragment heißt es: Eine ganz neue Zeit könne beginnen, «wenn die Symphilosophie und Sympoesie so allgemein und innig würde, daß es nichts Seltnes mehr wäre, wenn mehrere sich gegenseitig ergänzende Naturen gemeinschaftliche Werke bildeten».[212] Heinrich Steffens erinnerte sich später: «Ein geistiger Babelsturm sollte errichtet werden, den alle Geister aus der Ferne erkennen sollten.»[213]

Friedrich Schlegel erläuterte im 116. Fragment die romantische Poesie als Universalpoesie. «Sie will, und soll auch Poesie und Prosa, Genialität und Kritik, Kunstpoesie und Naturpoesie bald mischen, bald

Novalis (Friedrich Freiherr von Hardenberg) Kupferstich von Eduard Eichens

verschmelzen, die Poesie lebendig und gesellig, und das Leben und die Gesellschaft poetisch machen.»[214] Die moderne Ausdifferenzierung, die Entzweiung des Menschen und der Gesellschaft sollten durch moralische, politische und ästhetische Erziehung in eine neue Einheit des Menschen mit sich selbst, mit anderen und mit der Natur gebracht werden.[215] Ihr Sinn für Schönheit mache die Menschen zu einem ausbalancierten Ganzen. Erst in diesem Zustand sei Freiheit möglich. Schiller hätte dies kaum anders formuliert.

Wo Goethe und Schiller als Ergänzung der Verstandesherrschaft und des Parteienstreits auf Geselligkeit, Geschmack oder Schönheit setzten, bevorzugten die Romantiker das Sentimentalische und Empfindungen wie «Zutrauen» oder «Liebe».[216] Sie waren keine unpolitischen Schwärmer und gaben sich mit dem schönen Schein sowie den die Widersprüche lediglich verdrängenden Regeln guter Geselligkeit nicht zufrieden, sondern wollten mit ihrer Literatur und Kunst unmittelbar auf die Realität verändernd einwirken. Das Ideal der republikanischen Polis, das auch auf die Französische Revolution verwies, ersetzten sie durch eine emphatische, für ihre Kritiker durch eine ins

Karl Friedrich Schlegel
jüngerer Bruder August
Wilhelm Schlegels

Irrationale abdriftende Begeisterung für das Heilige Römische Reich, die katholische Kirche und den mittelalterlichen Korporatismus.[217] Sie strebten nach einem starken Staat, der das «Gemeinschaftsideal der Vergangenheit mit den Freiheitsforderungen der Gegenwart» vereinigte.[218]

Die Romantiker unterwarfen die Politik den Geboten der Sinnlichkeit. Auf der Spur der schönen Seele wollten sie die Menschen und die Welt, die Gesellschaft und den Staat poetisieren und zum Kunstwerk machen.[219] Der organische Staat, den Novalis nach dem Muster der Familie entwarf, war eine Republik auf der Basis von Freiheit, Gleichheit und Mitspracherechten des Volkes, die demokratische, aristokratische und monarchische Regimentsformen mit autonomen Korporationen auf verschiedenen Ebenen verknüpfte. Als Grundlage einer künftig besseren Welt sollte die Politik ästhetisiert und die Ästhetik politisiert werden.[220] Fiktion und Wirklichkeit verschwammen. Was die Romantiker in ihrem zur Harmonie führenden Programm ergänzten, war der Glaube, weil er für Einigkeit sorge und den Einzelnen mit dem Ganzen verbinde. Ihres Erachtens garantierte die Religion die

Dorothea Veit
(später Schlegel)
Gemälde von Anton Graff
(um 1790)

Reunion dessen, was die Moderne in Politik, Wissenschaft und Kunst getrennt hatte.[221]

Friedrich Schlegel sympathisierte mit der Revolution[222] und wandte sich gegen Kants Demokratieskepsis. In seinem *Versuch über den Begriff des Republikanismus* erläuterte er, die Demokratie könne keine despotische Regierungsform sein, weil sie Repräsentation und Gewaltenteilung fordere. Die (welt)bürgerliche Freiheit sei eine Idee, die «nur durch eine ins Unendliche fortschreitende Annäherung wirklich gemacht werden kann».[223] Niemand solle Gesetzen gehorchen müssen, die er sich nicht selbst auferlegt habe, wobei die Staatsbürger ihre eigenen Interessen zugunsten des öffentlichen Wohls zurückstellen müssten. Die romantische Republik verband Ideal, Tradition und Revolution; sie war kein Maschinenstaat mit einer implementierten Verfassung. Die Romantiker lehnten die liberalen Vorstellungen von Individualität, kritischer Vernunft und Menschenrechten nicht ab, wollten jedoch den Staat in Einklang mit der organischen Natur bringen und Despotismus durch plurale Herrschaftsformen ausschließen.

Friedrich Schlegels Definition ist einfach. «Eine jede menschliche Gesellschaft, deren Zweck Gemeinschaft der Menschheit ist, […]

Friedrich Wilhelm Joseph Schelling

heißt Staat.» Die Freiheit jedes Einzelnen sei die notwendige Bedingung und setze politische Gleichheit voraus. Beide Kriterien erfülle der Republikanismus, der den Mehrheitswillen als allgemeinen Willen betrachte. Schlegel legte sich fest: «Der Staat soll sein, und soll republikanisch sein.» Nur dann lasse sich der politische Imperativ, Freiheit und Gleichheit, vollenden.[224] In einer «vollkommnen Republik» sollte «das Gebildete das Ungebildete überwiegen und leiten und alles sich zu einem absoluten Ganzen organisieren».[225] Wie die meisten Aufklärer fürchtete Schlegel den Despotismus der Mehrheit. In seiner Republik konnten die Gebildeten Fehlentwicklungen blockieren – kein ganz neuer Gedanke.

Novalis bezeichnete es schließlich als großen Fehler, «daß man den Staat zu wenig sieht».[226] Um gefühlt und geliebt zu werden, benötige man «Staatsverkündiger, Prediger des Patriotism». Je mehr Geist in einem Staat herrsche, desto poetischer werde er, sodass jeder, «aus Liebe zu dem schönen, großen Individuo, seine Ansprüche beschränken und die nötigen Aufopferungen machen» werde. «Der poetische Staat ist der wahrhafte, vollkommne Staat»,[227] den die Dichtung schaffen müsse, um die Ziele der Französischen Revolution zu verwirklichen.[228] Die Staatsform spiele eine untergeordnete Rolle. Demokratie unterscheide sich von der Monarchie nur darin, dass «hier der Monarch eine Masse von Köpfen ist». Es müsse aber mehrere, durch eine Union vereinigte Stufen von Staaten geben. Bald würden alle überzeugt sein, dass «kein König ohne Republik und keine Republik ohne König bestehn könne».[229] Die zahlreichen Überschneidungen mit Schillers ästhetischem Staat sind frappierend.

In seinem Essay *Die Christenheit oder Europa* tauschte Novalis 1799 das Vorbild der antiken Republiken mit einem idealisierten Mittelalter. Er begann schwärmerisch mit den «schöne[n] glänzende[n] Zeiten, wo Europa ein christliches Land war» und ein «gemeinschaftliches Interesse [...] die entlegensten Provinzen» verband. Mit der Reformation sei der Glaube «in Staats-Grenzen eingeschlossen» worden. Die Aufklärer hätten alles, «die Natur, den Erdboden, die menschlichen Seelen und die Wissenschaften von der Poesie» gesäubert, um «jede Spur des Heiligen zu vertilgen». Daraus sei die Revolution entstanden. In Deutschland sehe man jedoch «die Spuren einer neuen Welt». Es gehe den europäischen Ländern voran. «Während diese durch Krieg, Spekulation und Partei-Geist beschäftigt sind, bilde sich der Deutsche mit allem Fleiß zum Genossen einer höhern Epoche der Kultur, und dieser Vorschritt muß ein großes Übergewicht über die andere[n] im Lauf der Zeit geben.» Für Novalis hatten die jetzigen Kriege auch den Zweck, die europäischen Länder wieder miteinander in Kontakt zu bringen und einen «Staat der Staaten» mit einer klaren Hierarchie entstehen zu lassen. Dazu müsse der «Palmzweig» ergriffen werden, den nur die geistliche Macht reichen könne. Echte Freiheit werde das Wesen einer «sichtbaren Kirche ohne Rücksicht auf Landesgrenzen» sein, denn unter ihrer Leitung könnten Reformen «als friedliche und förmliche Staatsprozesse betrieben werden».[230] Das mittelalterliche Rom und das Reich würden neu entstehen und den Verfall beenden, doch die Menschheit sei noch nicht reif, nicht gebildet genug.

Novalis ersetzte «Griechenland» durch das deutsche Mittelalter und machte das Christentum zur entscheidenden Klammer. Er strebte nicht zurück zu dieser angeblich Goldenen Zeit,[231] sondern zu einer geistig-religiösen Erneuerung des Menschen, zum «heiligen Sinn» im Gegensatz zu Nutzen und Vernunft. Schelling war entsetzt und verfasste eine Antwort in Knittelversen, das *Epikurisch Glaubensbekenntnis Heinz Widerporstens.*[232] Darin huldigte er der Sinnlichkeit von Durst, Hunger und Sexualität und deutete die Konflikte an, die den Schlegelkreis sprengen sollten. Die für die Romantik entscheidende Spur hatte Novalis allerdings gelegt – eine Art mythologischer Revolution, die Altes und Neues zu einem universal-poetischen Ganzen verband, um die Wirklichkeit zu lenken.[233] «Die Welt muß romantisiert werden. So findet man den ursprünglichen Sinn wieder. [...] Indem ich dem Gemeinen einen hohen Sinn, dem Gewöhnlichen ein geheimnisvolles Ansehen, dem Bekannten die Würde des Unbekannten, dem Endlichen den unendlichen Schein gebe, so romantisiere ich es.»[234] Die Frühromantiker erfanden nicht die Romantik; sie gaben ihr den Namen. Sie reflektierten, was Matuschek als «Kippfigur» der Universalpoesie bezeichnet: die Möglichkeit einer die Phantasie beflügelnden wechselseitigen Aufladung des Gewöhnlichen und Mystischen.[235]

Goethe hielt dagegen an der griechischen Kunst gerade wegen ihres Wirklichkeitssinnes fest. Er wollte aber auch die Romantik verstehen und erlebte in Jena, wie rasant die Zeiten sich änderten, wie «nichts, auch nur einen Augenblick, an einer Stelle bleiben kann und alles sich wo nicht verbessert doch immer verändert [...] Das macht auch daß alle, die rein darinne leben, eine Art von Seeligkeit und Selbstgenügsamkeit genießen, von der man auswärts keinen Begriff hat».[236] Die einen blickten ins Mittelalter, die anderen in die Zukunft. Alle erwarteten von der Kunst und Wissenschaft die Bildung, die zu Einigkeit und Freiheit führte. Goethe verstand sich ein wenig kritisierend, meist lobend und stets fördernd als ruhender Pol im tosenden Sturm einer geistigen Revolution, mit der in Weimar-Jena die ästhetische Moderne begann.

8. Fichtes Entlassung

Dass man «einen sich öffentl. bekennenden revolutionisten nach Jena als Lehrer» berief, sei ein Wagnis gewesen, urteilte Carl August 1798. Vier Jahre zuvor hatte er dieses Signal der Jenaer Geistesfreiheit gesetzt. Nun differenzierte er feinsinnig. Fichtes positive Haltung zur

Johann Gottlieb Fichte
Aquatintaradierung von
Friedrich Jügel (1814) nach
einem Gemälde von Heinrich
Anton Dähling (1808)

Revolution sei zu verantworten gewesen, nicht jedoch, dass er diese unmündigen Studenten aufdrängte.[237] Goethe hatte den tüchtigen Philosophen empfohlen. Gegen seine Ideen hatte er nichts; «aber wie hätte er mit der Welt, die er als seinen erschaffenen Besitz betrachtete, gleichen Schritt halten sollen?»[238]

Carl August und Voigt hatten Fichte nahegelegt, seinen Demokratismus nur theoretisch zu vertreten. Bei seiner Antrittsvorlesung am 23. Mai 1794, fast auf den Tag genau fünf Jahre nach derjenigen Schillers, glänzte Fichte. Die «Bestimmung des Gelehrten» sei, sich selbst zu bestimmen. Er diene der Gesellschaft, kläre auf und sorge für Fortschritt. Dies sei nicht in Unterordnung – Fürsten werde es in 20 bis 30 Jahren nicht mehr geben[239] –, sondern nur in der Freiheit möglich, die auf dem Katheder, in der Praxis und vom Staat verwirklicht werden müsse. Der Staat, der eine Menge zu einer «Allheit» vereinige,[240] müsse für die Freiheit des Lebens und für eine möglichst egalitäre Verteilung des Eigentums sorgen, und es sei «der Zweck aller Regierung, die Regierung überflüssig zu machen».[241]

Dieser Teil der Theorien Fichtes, weniger die Entgegensetzung von erkennendem «Ich» und den «Nicht-Ichs», bereitete Probleme. Der

Vorwurf, er sei ein Jakobiner, ließ sich 1794 noch bei einem Essen mit Goethe, Knebel und Voigt ausräumen. Auf Fichtes Anregung gründeten unterdessen zehn Studenten die «Litterärische Gesellschaft», die als «Gesellschaft der freien Männer» Furore machte. Diese lehnten die Geheimen Orden und Duelle ab, wollten der Humanität und Wahrheit dienen und sich «zum Repräsentanten der besseren Menschheit» bilden.[242] Die Weimarer Regierung befürchtete revolutionäre Umtriebe.[243] Sechs Mitglieder der «Gesellschaft der freien Männer» gehörten zur Naturforschenden Gesellschaft, 18 zu den Landsmannschaften und fünf sogar zu den von ihnen eigentlich abgelehnten studentischen Orden.[244] Der aus dem Elsass stammende Student Johann Jakob Brechtel saß bei Fichte am Mittagstisch.[245] Er war ein französischer Spitzel, der berichtete, die Demokratiepropaganda komme in Jena gut voran, die Jakobinermütze wandere von Kopf zu Kopf und es werde die Marseillaise gesungen. Da die Studenten bald die Regierungen bildeten, sei die Revolution auch in Deutschland nicht mehr fern.[246]

Fichte kam in Schwierigkeiten, weil er am Sonntagvormittag seine Vorlesung hielt und vom Jenaer Konsistorium als Sabbatschänder angezeigt wurde.[247] Er musste seine Vorlesung auf den Nachmittag verlegen. Danach war er in die Affäre um den sogenannten Entsagungseid verwickelt, mit dem sich die freien Männer, die Schwarzen Brüder und die Constantisten von den Pflichten der studentischen Orden lossagen wollten. Fichte verwies sie an den Prorektor und – unter Umgehung des Senats – an die Regierung. Die den Eid ablehnenden Unitisten beschuldigten ihn daraufhin, sich der Regierung anzubiedern, und warfen ihm in der Neujahrsnacht die Fensterscheiben ein.[248] Als am 9. Januar 1795 Constantisten und Schwarze Brüder den Entsagungseid leisteten, reagierten die Unitisten gereizt und attackierten am 15. Februar erneut Fichtes Fenster. Er brach seine Vorlesung ab.[249] Die Universität verlangte Satisfaktionen, weil er den Prorektor gescholten hatte. Goethe wandte sich an Schiller mit der Bitte, ihm zu sagen, «was man einigermaßen plausibles für ihn [Fichte, G. S.] anführen kann».[250]

Fichte kam danach nicht mehr zur Ruhe. Am 9. April wurden ihm die Scheiben zum dritten Male eingeworfen;[251] er drohte mit seiner Demission. Voigt überredete ihn zu bleiben und erlaubte, dass er das Sommersemester auf dem Land verbrachte. Goethe sah das «absolute

Ich» in großer Verlegenheit, denn eingeworfene Scheiben seien «die unangenehmste Weise, von dem Dasein eines Nicht-Ichs überzeugt zu werden».[252] Schiller schrieb Körner, Fichte habe sich mit den Orden angelegt und nun vor «dem wilden Gesindel das Feld» geräumt.[253] Goethe erfuhr, dass er den «Transcendental-Philosophen, der die akademische Freiheit so wenig zu schätzen weiß, [...] dahin geleitet [habe], daß er sich mit dem zeitigen Prorector friedlich setzen will».[254] Voigt spottete, Fichtes «metaphysische Demagogie» habe einen «garstigen Stoß bekommen. Er dankt Gott, wenn die Monarchie ihm seine Fenster ganz hält.»[255]

Ende Mai 1795 kam es im Jena benachbarten Dorf Wenigenjena zum Streit zwischen Studenten, Bauern und Handwerkern. Wieder gingen Fenster zu Bruch. Goethe riet zur Mäßigung, wollte die Vorfälle aber genau untersucht wissen, ohne den Schuldigen wie üblich Schlupflöcher zu lassen.[256] An Schiller schrieb er, gerne gehört zu haben, dass «das Oßmannstädter Ich sich zusammengenommen hat [...]; vielleicht lernt er nach und nach Widerspruch ertragen».[257] Beim Zusammenstoß zwischen Soldaten und Studenten am 20. Juli fielen Schüsse und es gab 23 Verletzte. Die Rädelsführer wurden bestraft, die Soldaten abgezogen.

Fichte kehrte nach Jena zurück und berichtete Reinhold, auch die besten Studenten könnten nur mit Gewalt gezähmt werden. Mit dieser Menschenklasse sei «schlechterdings nichts anzufangen».[258] Nachdem sich die Lage beruhigt hatte, wurden 1797 die Orden aufgelöst.[259] Die Immatrikulationen sanken – sofort, drastisch und auf Dauer. Nach dem nächsten Tumult am 18. Juli 1798 regte Carl August von Berlin aus an, gemeinsam mit Preußen das akademische Regiment zu reformieren. Voigt wandte ein, «unser Freihafen wird immer besser nach seiner eigenen Lage regiert werden».[260] Die Professoren stimmten den herzoglichen Plänen zu; die Regierung zögerte[261] und Fichtes Stern sank. Goethe hoffte, dass die Jenaer Garnison in Ordnung gehalten werde, denn dann müsse niemand fürchten, dass «eine Pistole zum Ernst hier wieder abgefeuert werde».[262]

Als Fichte aufgrund pantheistischer Theorien in einer Flugschrift des Atheismus beschuldigt wurde und die Dresdener Regierung drohte, ihren Landeskindern das Studium in Jena zu verbieten, nahm das

Unheil seinen Lauf. 1798 hatte Zar Paul I. seinen Untertanen das Auslandsstudium ganz untersagt und Kaiser Franz II. strich Jena von der Positivliste für die Akatholischen in Ungarn und Schlesien. Voigt war erbost, weil die «verruchten Philosophen für ihren ungeheuern Dünkel alle Klugheit verlieren». Er empfahl einen offiziellen Verweis auf dem ordentlichen Weg über die Akademie, denn auch Paulus und andere könnten «nicht immer ihre Weisheit bey sich behalten». Goethe und Voigt einigten sich auf ein formales Reskript, fürchteten aber, Fichte werde sich energisch verteidigen.[263] Carl August erklärte, gegen den Druck dieses Zeugs habe er nichts, es sei aber mehr als unvorsichtig, dies jungen Menschen zu lehren. «Wir werden unsere ganze Universität ruinieren, um die geschmacklose Torheit einer ephemeren Geisteskrankheit zu schonen. Menschen, die nicht wissen, was sie der allgemeinen Schicklichkeit zuliebe verschweigen oder wenigstens nicht öffentlich sagen sollen, sind höchst unbrauchbar und schädlich.» Der Groll des Herzogs richtete sich auch gegen Goethe, der in Jena nicht für Ordnung sorge. Über ihn habe er sich «halb zu schanden geärgert». Er könne «jene schäckers» beruhigen, denn «mit aller ihrer unendlichkeit ist es eine sehr eingeschrenckte, an ihrem platz und einnahme hängende Rasse». Goethe aber finde die «sudeloyer charmant» und verliere sich in «eine so wort- u Sophismen reiche discution daß mir alle Gedult ausgeht».[264] Goethe nannte die «Strafrede gut gedacht u geschrieben».[265] Er ließ sich diese und andere kleinlich anmutenden Vorwürfe des Herzogs gefallen, denn er hatte sich an den Luxus gewöhnt, der ihn aus der Masse der Dichter und besoldeten Diener heraushob. Die Freundschaft des Herzogs durfte er nicht verspielen, da er von seinen Honoraren als Schriftsteller nicht leben konnte.

Carl August, Voigt und Goethe waren sich darin einig, den unbequem gewordenen Fichte loswerden zu wollen. Schiller versuchte, das drohende Unheil abzuwenden, und erläuterte Fichte, der Herzog wolle seine «Freiheit im Schreiben» nicht beeinträchtigen, wünsche aber, «gewisse Dinge nicht auf dem Katheder» zu sagen. Er hätte seine Meinung «über die Religion in einer besondern Schrift ruhig» darlegen sollen. «Eine aufgeklärte und gerechte Regierung kann keine theoretische Meinung, welche in einem gelehrten Werke für Gelehrte dargelegt wird, verbieten.»[266] Fichte reagierte uneinsichtig; er wollte sich nicht auf das übliche Verfahren – Schuldeingeständnis und milder Verweis – einlassen, sondern drohte mit Demission. Zudem denunzierte er Herder, der Dinge publiziere, die «dem Atheismus so ähnlich sehen wie ein Ei dem anderen». Auch seine Kollegen wollten keine Eingriffe in die Lehrfreiheit dulden und mit ihm gehen.[267]

Dieser Erpressungsversuch lieferte den willkommenen Anlass. Am 29. März 1799 erfolgte der offizielle Verweis mit dem Postscriptum, man verstehe die Demissionsdrohung als Entlassungsgesuch und nehme sie an.[268] Fichtes Einschätzung war richtig, er habe nie geglaubt, daß sie seinen vorgeblichen Atheismus verfolgten; «sie verfolgen in mir einen Freidenker, der anfängt, sich verständlich zu machen (Glück war die Obscurität) und einen verschrienen Democraten».[269] Sein unbedachter Brief ermöglichte seine Entlassung, ohne Reizthemen wie Atheismus und äußeren Druck erwähnen und in die akademische Freiheit eingreifen zu müssen. Sein demütiges Einlenken kam zu spät. Carl August quittierte es mit Spott: «Was ist das nicht für ein miserables Volk! Wenn immer und an jedem Orte dieser Art Mensch der Daumen vorsichtig aber anhaltend wäre aufs Auge gehalten worden, so stünden die Sachen jetzt anders. Die Sache behält wohl ihren Lauf, und adieu, Fichte!»[270] Kursachsen hob den Bann, der Kaiser das Studienverbot Ende Juli 1800 auf.[271]

9. *Schelling, Hegel und der Idealismus*

In den 1790er Jahren war Jena der Brennpunkt der neuen idealistischen oder der klassischen deutschen Philosophie.[272] Sie wandte sich gegen das nur vernunftbezogene Erfassen der Welt und wurde als schöngeistige Gegenwelt des spekulativen Wahnsinns abgewertet.[273] In Jena glänzte nach Fichtes Abgang Friedrich Wilhelm Joseph Schelling. Er hatte in Tübingen studiert. Auf Initiative Goethes, der seine Schriften *Ideen zu einer Philosophie der Natur* und *Von der Weltseele* schätzte,[274] wurde er 1798 nach Jena berufen. Schelling suchte nach dem System der Freiheit und einem kreativen Absoluten. Sein unbedingtes und absolutes Ich hob Subjekt und Objekt auf und widersprach Fichtes Trennung von Ich und Nicht-Ich.[275] Das war die radikale Konsequenz der bürgerlichen Gesellschaft, die das Individuum – so hat Carl Schmitt betont – in allen Belangen «an sich selbst verweist», es zu seinem eigenen Priester, Philosophen, Dichter und König macht.[276] Im *System des transzendentalen Idealismus*, dem wichtigsten Werk seiner Jenaer Zeit, versuchte Schelling, die neuesten Theorien und Entdeckungen zur Einheit zu bringen. Transzendental- und Naturphilosophie waren für ihn die beiden Seiten einer Münze. Die Kunst überwand alle Gegensätze, denn sie führt dem erkennenden Subjekt «die Übereinstimmung von Freiheit und Naturnotwendigkeit, Praxis und Theorie in einem Objekt der ästhetischen Anschauung – dem Kunstwerk – unmittelbar vor Augen».[277]

1801 erhielt Schelling in Jena Unterstützung durch seinen Freund Georg Wilhelm Friedrich Hegel. Im Tübinger Stift hatten sie mit Hölderlin einen Freundschaftsbund geschlossen.[278] Ihre in einem anonymen und nur fragmentarisch überlieferten Text niedergelegten und wohl von Hegel um die Jahreswende 1796/97 aufgezeichneten Vorstellungen werden in der Forschung unter dem Titel *Das älteste Systemprogramm des deutschen Idealismus* kontrovers diskutiert. Sie fragten, wie die Welt für ein freies moralisches Wesen beschaffen sein müsse. Dazu musste ihres Erachtens der Staat verschwinden, denn er «muß freie Menschen als mechanisches Räderwerk behandeln; und das soll er nicht; also soll er aufhören». Sie waren überzeugt, «daß der höchste Akt der Vernunft, der, indem sie alle Ideen umfaßt, ein ästhetischer Akt ist und daß Wahrheit und Güte nur in der Schönheit verschwistert sind». Das bedurfte einer «neuen Mythologie». Die «Ideen [müssen] ästhetisch, d. h. mythologisch» und «die Mythologie [muss] vernünftig» werden, um das Volk vernünftig und die Philosophen sinnlich zu machen. Dann herrsche die «ewige Einheit» und die «allgemeine Freiheit und Gleichheit der Geister!»[279] Diese Mythologie sollte durch die Schönheit der die Gefühle anregenden Erzählung ohne den mechanischen Staat die freien Individuen integrieren.[280] Es ist die durch Schönheit erzeugte Harmonie, die Gesetze und Zwang überflüssig macht.[281]

Um 1800 schrieb Hegel seine *Kritik der Verfassung Deutschlands* und forderte den Machtstaat, der Sicherheit und widerspruchsfreie Gesetze verwirkliche. Die durch Sprache und Abstammung gebildeten,

Georg Wilhelm Friedrich Hegel
Punktierstich von Friedrich Wilhelm Bollinger nach einem Gemälde von Christian Xeller (um 1815/18)

durch Kunst und Wissenschaft veredelten Nationen seien bloße Gedankenspiele, denn der Staat habe die Politik monopolisiert und die bürgerliche Gesellschaft ins Wirtschaftliche abgedrängt.[282] Die Hausväter seien weder als Bürger noch als Volk Vertragspartner der Regierungen und könnten deswegen keine Identität von Staat und bürgerlicher Gesellschaft begründen. Die Nation als natürliche Gemeinschaft spiele politisch keine Rolle, weil der Einzelne auf die Zugehörigkeit keinen Einfluss habe.[283] Der Staat sei die sittliche Idee, die den menschlichen Fortschritt trage, weil er eine Menge integriere und ihr Identität verleihe. Ethnonationale Aspekte – Sprache, Abstammung, Sitten – hätten zwar einst die Vergesellschaftung gesichert, seien für den modernen Staat aber unerheblich. Er sei entstanden, «indem ausschliessendes Eigenthum die einzelnen Bedürfnisse völlig voneinander absonderte […] und nothdürftige Geseze […] zu herrschen» begonnen hätten. Ein Kollektiv sei Staat, «wenn es zur gemeinschaftlichen Verteidigung der Gesammtheit ihres Eigenthums verbunden ist.»[284] Diese Eigenschaft fehle dem Heiligen Römischen Reich; «das Wesen des deutschen Staatsrecht[s ist,] nicht eine Staatsregierung einzuschränken, und dadurch zu sichern, sondern keine aufkommen zu lassen». Die deutsche Freiheit habe den Staat zum Privateigentum der Fürsten gemacht, doch «Freyheit [ist] nur in der gesetzlichen Verbindung eines Volkes zu einem Staate möglich». Der Umbau der Reichsverfassung müsse eine Staatsmacht organisieren und «das deutsche Volk wieder in Beziehung mit Kayser und Reich» bringen, indem die Länder ihre Steuern direkt an Kaiser und Reich abführten.[285]

Hegel distanzierte sich nun von der Forderung des *Systemprogramms*, den Staat aufzulösen. In einer Nation ohne Staat herrschten aus seiner Sicht barbarische Zustände.[286] Der Staat sei aber keine Maschine, wo eine Feder «allem übrigen unendlichen Räderwerk die Bewegung mittheilt». Dies führe zu einem «ledernen, geistlosen Leben». Die Folgen zeigten sich etwa im «völligen Mangel an wissenschafftlichem und künstlerischem Genie» in Preußen. Deswegen müsse jede Regierung alles, was nicht für die innere und äußere Sicherheit nötig sei, «der Freyheit der Bürger überlassen», denn die Freiheit sei «an sich heilig».[287] Diese werde am besten durch das Repräsentationsprinzip in einer konstitutionellen Monarchie garantiert. Nach dem orientalischen Despotismus und der Weltherrschaft der römischen Republik sei dies die Mitte und «die Deutschen sind das Volk, aus welchem diese dritte universale Gestalt des Weltgeistes gebohren worden ist».[288]

Hegels Reinschrift beginnt mit dem Fazit: «Deutschland ist kein Staat mehr.» Es sei «ein Staat in Gedanken, und kein Staat in der Wirklichkeit». Deswegen müsse die Verfassung grundlegend verändert werden. Machiavelli habe gezeigt, dass ein dem politischen Untergang nahes Volk «durch Genie gerettet werden könne». Die Deutschen benötigten die «Gewalt eines Eroberers», der sie «in Eine Masse versammelt» und zwingt, «sich zu Deutschland gehörig zu betrachten».[289] Nach Lage der Dinge war das Napoleon.

Während Hegel an der *Phänomenologie des Geistes* schrieb, lösten sich die Frühromantiker auf. August Wilhelm Schlegel ging nach Berlin, Novalis starb am 25. März 1801 in Weißenfels. Caroline zog mit Schelling nach Würzburg und Dorothea begleitete Friedrich Schlegel, der zuvor noch eine Affäre mit Sophie Mereau hatte, nach Paris, wurde evangelisch und heiratete ihn. 1808 konvertierten beide zum katholischen Glauben.[290] Die Romantiker berauschten sich an einstiger und künftiger Weltgeltung und versorgten die Macht «mit den Kostümen vergangener Größe».[291] Der romantische Nationalismus war nur der Idee nach universalistisch.[292] Trotz Hegel, der bis 1807 in Jena blieb und mit Napoleon den Weltgeist zu Pferde vorbeireiten sah, war die große Zeit der Jenaer Philosophie vorüber. Schiller klagte schon im August 1803 Humboldt die Probleme der Jenaer Akademie, in der mit Schelling die Philosophie vollends verwaist sei. Leider sei nicht zu hoffen, «daß aus andern Universitäten etwas wird, indem sie Jena zerstören helfen. Vielleicht war Jena, wie es vor 6, 8 Jahren noch war, die lezte lebendige Erscheinung ihrer Art, auf Jahrhunderte».[293]

V.

Neue Konstellationen – alte Illusionen

Napoleon beendete die Französische Revolution und gestaltete Europa neu. Diesem Prozess fiel das Alte Reich zum Opfer. Der katholische Publizist Joseph Görres verfasste Anfang 1798 eine Grabrede. Sie kam zwar offiziell zu früh, entsprach aber der Realität, denn als politische Handlungseinheit gab es das Reich nicht mehr. «Am dreysigsten December 1797 am Tage des Übergangs von Maynz, Nachmittags um drey Uhr starb zu Regensburg in dem blühenden Alter von 955 Jahren 5 Monathen, 28 Tagen, sanft und seelig an einer gänzlichen Entkräftung, und hinzugekommenen Schlagflusse, bey völligem Bewußtseyn, und mit allen heiligen Sakramenten versehen, das heilige römische Reich, schwerfälligen Andenkens.» Als Grabinschrift empfahl Görres: «Von der Sense des Todes gemäh't, athemlos und bleich, / Liegt hier das heilige römische Reich. / Wandrer, schleiche dich leise vorbey, du mögest es wecken, / Und das Erstandene uns von neuem mit Konklusen bedecken / Ach! Wären die Franzosen nicht gewesen, / Es würde nicht unter diesem Steine verwesen.»[1]

Während sich zu dem Reichs-Staat, so wie er im späten 18. Jahrhundert nicht mehr funktionierte, wohl niemand zurücksehnte, beflügelte die Reichsidee mehr denn je die Sehnsüchte der Deutschen. Die der griechischen Antike und einer idealisierten Reichsverfassung entlehnten föderativen Kriterien machten die Deutschen zum Vorbild auf dem Weg in die wahre Freiheit einer Weltbürgergesellschaft. Anders gewendet: Der reklamierte Vorsprung der Deutschen bestand um 1800 darin, den Pfad der national- und machtstaatlichen Abschließung nicht betreten zu haben. Im Schatten der Revolution war gerade in Weimar-Jena über Alternativen nachgedacht worden, die den gespaltenen Menschen und die Gesellschaft durch ästhetische Erziehung auf die Selbstbestimmung vorbereiten sollten.

Die Weimar-Jenaer Kulturszene beherrschte Goethe. Es war auch seinem Ruhm und seinen Beziehungen zu danken, dass die Universität den Sieg Napoleons vergleichsweise unbeschadet überstand, ohne allerdings – wie erhofft – zum geistigen Zentrum der deutschen Nation im napoleonischen Empire zu werden.[2] Goethes Ansichten über Bildung und Kultur finden sich in seinem *Schema zu einem Volksbuch, historischen Inhalts.*[3] Der von ihm im Winter 1808/09 geplante Kongress, der darüber beraten sollte, kam allerdings nicht zustande.[4] Seinen nationalkulturellen Kosmopolitismus hatte noch um 1800 die geistige Elite Weimar-Jenas mehr oder weniger geteilt. Danach verblasste dieses Weltbild zugunsten eines Untertanenbürgers im souveränen (National)Staat. In der Übergangszeit zu Beginn des 19. Jahrhunderts blieben Alternativen denkbar und wurden diskutiert, zumal der nationale Resonanzraum der Dichter und Denker zu verschwinden drohte. Aus dem Konglomerat des kosmopolitisch Disparaten entstanden unfertige nationale, teils auch nationalistische Entwürfe, die vorgeblich deutsche Werte und Tugenden universalisierten. In der Doppelstadt waren es vor allem die Romantiker und Schiller – in Abneigung verbunden –, die eine deutsche Mission für die Welt formulierten.

1. *Politische Umgestaltungen*

Napoleon Bonaparte, der 1769 in Ajaccio geborene zweite Sohn eines korsischen Kleinadeligen, besuchte die Kadettenschule in Brienne und die École Royale Militaire in Paris, wo er mit 16 Jahren sein Offizierspatent erwarb. Als junger Leutnant unterstützte er die Revolution und wurde mit 24 Jahren Brigadegeneral. Er kommandierte die Niederschlagung des Pariser Aufstandes im Herbst 1795 und ein Jahr später die Italienarmee, die am 10. Mai die Österreicher bei Lodi besiegte und Mantua eroberte. Danach zog er Richtung Wien. Franz II. musste den schmählichen Frieden von Campo Formio schließen und das linksrheinische Reich Frankreich überlassen. In Italien gründete Napoleon die Cisalpinische und die Ligurische Republik. Wieland notierte, dass Napoleon «Frankreichs u des ganzen Europa Heiland werden würde, wenn die Franzosen den Verstand hätten, ihn auf Lebenslang zu ihrem Diktator zu machen».[5] Um das zu verhindern, schickte ihn das Direktorium nach Ägypten, wo er nur wenig bewegen konnte. Er kehrte nach Frankreich zurück, riss mit dem Staatsstreich des 18. Brumaire VIII des Französischen Revolutionskalenders, also am 9. November 1799, die Macht an sich, regierte als erster Konsul und erklärte die Revolution für beendet.

Im Zweiten Koalitionskrieg blieben Preußen und der Norden Deutschlands neutral. Carl August ließ sich 1798 als preußischer General reaktivieren und warb für den Kriegseintritt. Er hielt den zögernden König Friedrich Wilhelm III. für unfähig, weil er «das Kapitel der Unterlassungssünden platterdings nicht begreifen» wolle.[6] Der Herzog erkundigte sich in St. Petersburg, ob er und seine Familie bei einem Angriff Napoleons Asyl erhalten würden, und erwog einen Wechsel vom preußischen in den russischen Militärdienst.[7] Der Krieg machte Süddeutschland zum Kampfgebiet, während nördlich des Mains Frieden herrschte. Eine anonyme Schrift rief die feigen Deutschen zu den Waffen: Sie müssten «sich als eines und dasselbe Volk betrachten; sie müssen Deutsche seyn wollen».[8] Bei Marengo in Norditalien besiegte Napoleon am 14. Juni 1800 die habsburgischen Truppen, Jean-Victor Moreau schlug am 19. Juni bei Höchstädt die vereinigte österreichische, württembergische und bayerische Armee sowie am 3. Dezember bei Hohenlinden östlich von München die von Erzherzog Carl geführten Österreicher und besetzte Regensburg. Der Frieden von Lunéville bestätigte am 9. Februar 1801 den Vertrag von Campo Formio. Der Kaiser verlor seine Anrechte auf Salzburg; die österreichischen Sekundogenituren in Modena und in der Toskana wurden aufgelöst. Ihre Inhaber sollten wie alle Stände, die linksrheinische Gebiete verloren, in Deutschland entschädigt werden.

Franz II. hielt das Reich längst für eine Quantité négligeable. In den kleineren Residenzstädten suchte man Beschützer, während die größeren deutschen Staaten nach der vor ihren Augen liegenden Beute gierten. Als der Frieden von Amiens am 25. März 1802 die schlimmsten

Befürchtungen bestätigte, war in Deutschland von einem Skandal die Rede. Die *Minerva* sorgte sich um den Fortbestand der Nation, die vom mächtigen Russland und der Französischen Republik bedroht werde. Das Reich sei schwach, «ein Herrscher! eine Hauptstadt in Germanien!» auch keine Lösung, denn wer würde dann noch von Weimar oder Gotha reden, von Dresden oder Mannheim? Für die Sicherheit konnten aber nur Österreich und Preußen sorgen. «Ihre Macht kann jetzt allein unsere Nationalität retten, und ist daher ein heiliges Kleinod für das Vaterland.» Die kleineren Staaten sollten ihren Schutz und ihre Steuereinnahmen den beiden übertragen.[9]

London interessierte weder die Integrität des Reichs-Staates noch die Balance auf dem Kontinent; es teilte sich mit Paris die Erde. Am 2. Mai 1804 nahm Napoleon den Kaisertitel an und krönte sich am 2. Dezember selbst. Nachdem Großbritannien ihm erneut den Krieg erklärt hatte, waren die Franzosen in Hannover eingerückt. Die welfischen Stammlande König Georgs III. kapitulierten kampflos. 1803 schlug auch die Todesstunde der Reichskirche. Der Reichsdeputationshauptschluss schien das einzige Mittel, um «den für das Wohl des gesammten deutschen Vaterlandes, und die Erhaltung des Reichsverbandes selbst so nothwendigen Ruhestand zu befestigen».[10] Von der Reichskirche blieben nur der Reichserzkanzler Dalberg mit dem Fürstentum Aschaffenburg und dem neuen Bistumssitz Regensburg sowie der Deutsche und der Malteser Orden übrig. 112 Reichsstände verloren ihre Selbständigkeit, über drei Millionen Untertanen wechselten den Herrscher.[11] Allein 18 Universitäten wurden geschlossen. Sachsen-Weimar-Eisenach bekam neue Nachbarn. Das Bistum Würzburg fiel an Bayern, Erfurt, das Eichsfeld und die Reichsstädte Mühlhausen und Nordhausen an Preußen.

Das alles rettete den Reichs-Staat nicht mehr. Franz II. nahm am 11. August 1804 mit dem österreichischen einen zweiten Kaisertitel an – ein eklatanter Verstoß gegen die Reichsverfassung, der dem habsburgischen Länderkonglomerat eine verbindende Klammer gab. In Weimar stellte die Heirat des mit geistigen Gaben nicht überreich ausgestatteten Erbprinzen Carl Friedrich mit der Zarentochter Maria Pavlovna am 3. August 1804 in St. Petersburg die Weichen neu. Der Einzug des Paares im November in Weimar war ein rauschendes

Fest,[12] bei dem Schillers dramatisches Gedicht *Die Huldigung der Künste*, sein letztes vollendetes Werk, uraufgeführt wurde. Während der von Hirten gepflanzte Orangenbaum im fremden Klima gedeihen soll, präsentieren die Göttinnen der sieben freien Künste ihre Fähigkeiten. Am Ende erklären alle im Chor, was ästhetische Bildung bewirke:

> Denn aus der Kräfte schön vereintem Streben /
> Erhebt sich, wirkend erst das wahre Leben.[13]

Alle Künste regieren gemeinsam im Reich des Schönen und rufen die Menschen auf, ihrem Vorbild nachzueifern.[14] Das war die Quintessenz der ästhetischen Erziehung, eine Aufforderung an die Großfürstin, Kultur und Bildung zu fördern. Maria Pavlovna gefiel das Stück, und sie setzte einen Großteil ihrer Mitgift von etwa einer Million Talern kulturfördernd ein. Da die eine Hälfte des Geldes der herzoglichen Kammer gegen fünf Prozent Zinsen verliehen wurde, die andere Hälfte mit dem gleichen Zinssatz in St. Petersburg verblieb, verfügte die Großfürstin jährlich über etwa 50 000 Taler allein an Zinsen. Hinzu kam eine lebenslange jährliche Rente des Zarenhofes von 60 000 Talern sowie beträchtliche Summen für die Erziehung ihrer Kinder. Mit dem Geld unterstützte sie Arme, gründete einen Frauenverein, legte 1821 den Grundstock für die Weimarer Sparkasse und finanzierte vor allem Musiker sowie die Erinnerung an die Großen von Weimar unter anderem durch die im Westflügel des Schlosses eingerichteten sogenannten Dichterzimmer.[15]

Das asymmetrische Konnubium war nach ermutigenden Äußerungen der Zarenfamilie von Weimar betrieben worden.[16] Carl August suchte einen mächtigen Patron, der ihn, seine Dynastie und sein Land schützte und ihm politischen Einfluss verhieß, den er als Juniorpartner Berlins nur bedingt besaß. Dem Zaren ging es um die russische Position in Deutschland und im sächsischen Raum, denn Carl August galt nicht nur als Reichsreformer, sondern auch als potenzieller Nachfolger des Dresdener Kurfürsten. Das Kulturforum Weimar-Jena spielte für Russland offensichtlich keine größere Rolle.[17] Dem Weimarer Hof war es dennoch peinlich, als vor der Hochzeit die Universität Jena in eine große Krise stolperte. Ein herzogliches Reskript hatte schon im März 1800 jede öffentlich geäußerte Kritik verboten, die das Ansehen der Universität beschädigen könne.[18]

Die Blütezeit der Jenaer Universität endete schneller als erwartet. Der Hygieniker Hufeland wurde 1801 Leibarzt des preußischen Königs. 1803 folgte ein gewaltiger personaler Aderlass. Während Schelling, Paulus, der Jurist Hufeland, der Theologe Niethammer und der Mediziner Fuchs Würzburger Rufen folgten, gingen der Anatom Loder mit seiner großen Sammlung und der Philologe Schütz mit der *Allgemeinen Literatur-Zeitung* ins preußische Halle. Besonders peinlich war, dass der in Weimar verfemte Kotzebue in seinem Journal *Der Freymüthige* den Abzug der Professoren als erster meldete und mit dem Gerücht vom bevorstehenden Ende der Universität dramatisierte. Er geißelte darüber hinaus Anfang 1803 den «literarischen Despotismus» in Weimar. Goethe glaubte an eine von Berlin gesteuerte Diffamierungskampagne und an eine Verschwörung.[19]

Loder warf Goethe vor, von den preußischen Übernahmeangeboten gewusst, aber nicht reagiert zu haben. Bertuch und Schütz hätten daher angenommen, man lege auf sie keinen Wert mehr. Goethe schimpfte, wollte den Abtrünnigen aber nicht entgegenkommen, und der Herzog war verstimmt, weil Bertuch höhere Subventionen forderte.[20] Voigt hielt sich bedeckt. Das die Kulturpolitik lenkende Dreigestirn favorisierte eine Neuausrichtung, um jede interne Opposition auszuschalten.

Schiller reagierte verstimmt. Er vermisste in Weimar die lebhaften Gespräche, die er in Jena bis tief in die Nacht geführt hatte. Er beteiligte sich auch nur mit seinem Namen an der neuen *Jenaischen Allgemeinen Literatur-Zeitung*, denn das Ganze sei «unverständig angefangen und es kann nichts dabei herauskommen». Er habe interveniert, aber ein «böser Geist» verhindere alles. Hätte die Natur ihn zur akademischen Lehre bestimmt, wäre er nach Jena zurückgekehrt, «um etwas um mich herum zu versammeln und Andere nach zu ziehen». So aber könne er sich nur ärgern.[21] Sein Missmut galt den politischen Verhältnissen und Goethe, der geschehen ließ, was er vielleicht hätte verhindern können. War er der böse Geist? Schiller sah, wie Goethe seine Herrschaft über die Kultur ausbaute. Er blieb loyal, obwohl es viele Differenzen gab. Sie waren ein Fundament ihres Freundschafts-

Großfürstin
Maria Pavlovna
Gemälde von Johann Friedrich
August Tischbein

paktes. Das begann mit der Frage, ob die Metamorphose der Pflanzen eine Erfahrung oder eine Idee war, betraf die Einschätzung der Revolutionsideale ebenso wie die Rolle Napoleons und dessen Kunstraub. Uneins waren Goethe und Schiller auch über die Frage, ob die Kunst die Gegenwart oder die Zukunft adressiere, ob nur Schönheit oder nicht auch Geselligkeit zur Freiheit führe, welche Rolle Theorien spielten und wie die Frühromantik einzuschätzen sei. Goethe brachte gegen Schillers Rat und gegen den Wunsch des Publikums die Dramen der Schlegelbrüder auf die Weimarer Bühne, weil sie Kunst und Sinnlichkeit verbanden und er sich von ihnen verstanden fühlte.[22]

Schiller gewann an Bedeutung, nachdem Kaiser Franz II. ihn auf Antrag Carl Augusts am 7. September 1802 in den erblichen Adelsstand des Reichs versetzt hatte. In seiner Begründung hatte Voigt Schillers Gedichte und dessen Verdienste um die Sprache und den deutschen Patriotismus hervorgehoben. Schiller berichtete Körner, was er erfahren hatte: Herder sei vom Pfälzer Kurfürsten der Adel geschenkt worden. Er habe ihn aber in Weimar nicht geltend machen dürfen und jeder habe ihm diese Kränkung gegönnt, «denn er hatte sich immer als der größte Demokrat herausgelassen und wollte sich nun in den Adel eindrängen». Carl August habe dies zum Anlass genommen, ihm, Schiller, den Reichsadel zu verschaffen. Seine Frau gewinne dadurch erneut Zutritt zum Hof, denn der Titel restituiere die Rechte, die sie vor der Heirat besessen habe. Zudem sei es in einer kleinen Stadt immer vorteilhaft, von nichts ausgeschlossen zu sein, denn das fühle sich manchmal unangenehm an.[23] Obwohl Schiller so tat, als freue ihn das Adelsdiplom nur für seine Frau, hatte er mit Voigt lange über die Gestaltung seines Wappens beraten.[24] In den Weimarer Hof- und Staatskalender ließ Schiller sich 1803 nicht nur mit dem neuen Adelstitel, sondern auch als «Bürger von Frankreich» aufnehmen.[25] Das war ein kleiner Skandal. Was Schiller zu dieser Provokation veranlasste, lässt sich nur erahnen. Ganz abgeschlossen hatte er mit den Ideen der Revolution offensichtlich nicht.

Der Herzog begann jedoch, Schiller zu schätzen, weil er im Unterschied zu Goethe mit Napoleon und dessen Friedensvisionen nichts zu tun haben wollte und in seinen Werken eine deutsche Reaktion einklagte. Der Patriotismus seiner großen Dramen ist zwar kein deutscher, aber auf die deutschen Verhältnisse problemlos übertragbar. Schiller wandte sich gegen jeglichen Despotismus und forderte die nationale Unabhängigkeit mit allen Mitteln zu verteidigen. Goethe bemühte sich unterdessen, die Wogen in Jena zu glätten und baute die von ihm kontrollierten Teile der Universität weiter aus. In der offiziellen Erklärung gegen Kotzebues Diffamierungen ließ er etliche neu geplante Anstalten nennen: ein Irrenhaus, ein naturhistorisches und botanisches Museum, die Öffnung der Büttnerschen Bibliothek sowie ein philologisches, ein Prediger- und ein Schulmeisterseminar.[26] Die Welt sollte wissen, dass die Modernisierung der Salana zielstrebig vorangetrieben wurde.

Dass Professoren Jena verließen, irritierte Goethe offensichtlich weniger als die verlockende Berliner Offerte, die Schiller erreichte, der mit seiner schwangeren Frau Ende April 1804 in die preußische Hauptstadt reiste, wo er vierzehn Tage lang enthusiastisch gefeiert wurde. Nach der Vorstellung der *Jungfrau von Orleans* gab es stehende Ovationen. Die Befreiung von einer drückenden Fremdherrschaft provozierte Parallelen zur deutschen Situation. Schiller war zweimal beim Königspaar zu Gast[27] und erhielt Mitte Mai das Angebot einer jährlichen Pension von 3000 Talern und einer Hofequipage. Er fürchtete jedoch die Repräsentationspflichten[28] und zeigte sich weder vom Glanz und Glitzer noch von den opulenten Massenszenen auf der Bühne beeindruckt, da diese die inneren Konflikte der Akteure in den Hintergrund drängten.[29] Dennoch verdeutlichte seine Berlinreise, dass Weimar-Jena seinen Höhepunkt überschritten hatte. Die Doppelstadt zehrte vom Ruhm vergangener Tage; Schiller reizte die Urbanität. Er habe ein Bedürfnis gespürt, sich in einer großen Stadt zu bewegen, denn er schreibe für die Welt, auf die seine dramatischen Arbeiten wirken sollten. Tatsächlich lebe er jedoch in derart engen Verhältnissen, «daß es ein Wunder ist, wie ich nur einigermaßen etwas leisten kann, das für die größere Welt ist».[30]

Die Weimarer Konstellation der zwei plus zwei Klassiker war mit Herders Tod am 18. Dezember 1803 zu Ende gegangen. Der umtriebige Böttiger, Direktor des Gymnasiums, wechselte nach Dresden. Goethe tat alles, um die nunmehr *Jenaische Allgemeine Literatur-Zeitung* in Gang zu bringen und damit über ein von ihm zu beeinflussendes Journal zu verfügen, das die Meinungsbildung der gelehrten Welt prägen sollte. Der Herzog bürgte mit 5000 Talern für dieses Institut. Sein Privileg garantierte Zensurfreiheit und die Gunst, sich jederzeit an Voigt und Goethe wenden zu können.[31] Beide dirigierten und kontrollierten die für ein zeitgemäßes Studium zentrale wissenschaftliche Infrastruktur, den objektivierbaren Teil des Wahren, Schönen und Guten.

Der neue Herausgeber, Professor Abraham Eichstädt, hatte schon die alte Literaturzeitung mitbetreut und war ein erfahrener Redakteur. Dass er nicht als selbständig denkender Kopf galt, passte in Goethes Pläne, denn das garantierte, dass Eichstädt seine und die Wünsche der Regierung als Befehle betrachtete. Publiziert wurden darstellende Rezensionen, keine Verrisse und vor allem keine politischen Erwägungen. Goethe erklärte Eichstädt Ende Januar 1804, dass die Verhältnisse in St. Petersburg im richtigen Sinn angesprochen werden müssten. Die Rezensionen des *Fy* habe unnötige Härten gegen die französische Regierung enthalten. «Mögen doch Völker und Gouvernements sehen wie sie miteinander fertig werden! Erst wenn ihre Händel zu Papier sind, dann gehören sie für eine Allgemeine Literaturzeitung.»[32] Als Friedrich Gentz die Zeitung in sein antifranzösisches Netzwerk einspannen wollte, wies Voigt Eichstädt an, ein gelehrtes Journal könne nur durch Neutralität und die Wahrheit bestehen, «an politischen Zweck sey in einem solchen Blatt an einem solchen Ort, unter solch einer Landesherrschaft, nicht zu denken».[33]

Die *Literatur-Zeitung* war für Weimar-Jena wichtiger denn je. Goethe schilderte Ende November Schelling, das «jenaische kritische Institut» werde nach und nach «einer unsichtbaren Akademie» ähnlicher.[34] Die Zeitung verkaufte 1806 mehr Hefte als ihre Vorläuferin und jetzige Konkurrentin in Halle. Die Pluralität der Meinungen wirkte anziehend, doch der gemeinsame Nenner, die schöne Kunst als Medium der Bildung, konnte nicht verbergen, dass sich die Romantiker und einige Professoren erbittert befehdeten. Zu der Unterordnung, mit der etwa Wieland Goethe den Vortritt gelassen hatte, waren sie nicht bereit. Goethe hielt an seinem Führungsanspruch fest. Er förderte diejenigen, die auf seiner Seite standen. Wer dagegen rebellierte, musste weichen.

2. *Deutsche Größe*

Angesichts der napoleonischen Expansion mehrten sich bei Schiller die Verweise auf das Vaterland und den Widerstand gegen Eroberer.[35] Nach dem Frieden von Amiens beschäftigte er sich 1802 mit der deutschen Identität. Sein Fragment gebliebenes Gedicht erhielt zwar erst viel später den pointierten Titel *Deutsche Größe*, bietet jedoch den politisch gedemütigten Deutschen die Vision geistig-kultureller Herrschaft.[36] Schiller fragt rhetorisch, ob der Deutsche «mit Selbstgefühl auftreten [darf] in der Völker Reihe?» Die Antwort: «Ja er darfs!»; «deutsche Würde» und «sittliche Größe» wohnen «in der Kultur u[nd] im Charakter der Nation». Die durch Kunst und Schönheit veredelten Deutschen seien den anderen Völkern ein gutes Stück voraus. Das «langsamste Volk» habe die schnellen und flüchtigen eingeholt. «Zwey übermüthige Völker» diktierten als «Sieger sein Geschick», repräsentierten jedoch die falschen Werte. Der krude Eigennutz und Materialismus der Briten und die Inszenierungen der Franzosen, bei denen die Meinung die Tugend und der «Witz die Wahrheit» dominierten, führten die Menschheit in die Irre. Ihrem Glanz und Flitter fehle das Streben zum Hohen und Schönen, das die Deutschen auszeichne, weil keine «Hauptstadt und kein Hof» eine «Tyrannei über den deutschen Geschmack» ausgeübt habe und sie sich selbst durch Künste und Wissenschaften zu wahrer Humanität und Sittlichkeit gebildet hätten. Ihnen könnten deswegen «militärische Niederlagen und Besetzung [...] nichts anhaben».[37]

«Deutsche Größe» heiße nicht, «obzusiegen mit dem Schwert», sondern über Vorurteile und falsche Traditionen. Der durch Schönheit zur Harmonie gebildete Deutsche führe keine Eroberungskriege. Es schreibe die germanisch-deutsche Freiheit fort, die Gehorsam nur gegenüber den selbstgegebenen Gesetzen fordere.

> Freiheit der Vernunft erfechten,
> Heißt für alle Völker rechten,
> Gilt für alle ewge Zeit.

Die Masse des französischen Volks hatte dagegen aus egoistischen Motiven den Staat bekämpft; es herrschte Terror. Die höheren Schichten setzten auf Geschmacksverfeinerung und Konsum, verweigerten sich jedoch echter ästhetischer Bildung. In Großbritannien entstehe aus dem politischen Gleichgewicht keine höhere Einigkeit, weil das Land ständig Kriege führe, um Reichtümer anzuhäufen. Die Raubkunst diene nur dem Schmückungsbedürfnis und Verfeinerungsstreben. Die Deutschen hätten dagegen ihre sittliche Reife durch Reformation und Aufklärung bewiesen und hegten keine Eroberungsabsichten. Da ihnen die Raffgier fremd sei, könnten sie im Zusammenspiel mit dem «Geist der Welten» die Schätze aller Völker speichern und durch Anverwandlung zu neuem Leben erwecken. «Jedes Volk hat seinen Tag in der Geschichte, doch der Tag der Deutschen ist die Aernte der ganzen Zeit.» Sie lebten «in der Mitte von Europens Völker[n]» und hätten von allen Anregungen empfangen, die sich nun entfalteten; sie bildeten den «Kern der Menschheit», den Fokus, in dem das Sittliche und Schöne aller Völker wie die Frucht zur Reife komme. Neben dem Reich habe sich eine Werte- und Sprachgemeinschaft entwickelt, die auf staatlichen Zwang verzichten könne, weil sie «die deutsche Würde» in sich trage und sich die kulturelle Basis ihres Daseins selbst und freiwillig geschaffen habe.

> Deutschlands Majestät und Ehre
> ruhte nicht auf d[em] Haupt s.[einer] Fürsten.
> Stürzte auch in Kriegesflammen
> Deutschlands Kaiserreich zusammen,
> Deutsche Größe bleibt bestehn.

Schiller postulierte einen nationalkulturellen Universalismus. «Dem, der den Geist bildet, beherrscht, muß zuletzt die Herrschaft werden». Die Deutschen benötigten keine «Bürgerkrone» wie das napoleonische Konsulat und keinen «Wellenthrone» wie den englischen Imperialismus. «Mitten unter den gotischen Ruinen einer alten barbarischen Verfassung bildet sich das Lebendige aus.» Aus Schillers Sicht hatte es der durch seine Bildung im Geleit der Musen auf einer höheren Kulturstufe angekommene Mensch nicht mehr nötig, Länder zu überfallen und auszuplündern, weil er Reichtum und Macht als Äußerlichkeiten entlarvt hatte. Er lebte in den vorbildhaften Gemeinschaften, die dem ästhetischen Staat vorangingen. Die von Schiller betonten Werte wie die deutsche Freiheit oder Tugenden wie Redlichkeit und Treue führten ebenso zur höheren Einigkeit wie die gemeinsame Vergangenheit oder die deutsche Sprache, die allen Vorstellungen und Hoffnungen Worte verleihe, weil sie das Griechische und den modernen Geist ausdrücken könne. Diese Nation existiere in jedem, der diese Werte teile. Sitte und Vernunft siegten, weil die rohe Gewalt der Form erlegen sei, der staatlichen Ordnung und den selbstgegebenen Gesetzen. Das Band des Schönen, Wahren und Guten, des gefälligen Umgangs und der Humanität festige die deutsche Einheit. Es werde auf Dauer den staatlichen Zwang besiegen. Die gänzlich andere Wirklichkeit konnte dieser spekulativen Gewissheit wenig anhaben.

Die Deutschen sind Schillers auserwähltes Volk, vom Weltgeist aufgerufen, «an dem ewgen Bau der Menschenbildung zu arbeiten». Dem Deutschen, der die ihm angeborene hohe Krone «des Menschenadels schmäht», der «kniet vor einem fremden Götzen. / Der des Briten toten Schätzen / Huldigt und des Franken Glanz» wird ewige Schmach angedroht, weil er mitwirke, die eigene Nation und die Menschheit in Barbarei und Tyrannei zu halten. Die mit dem Feind kollaborierenden Landsleute hintertrieben die hehren Ziele und sollten verbannt werden. Der deutsche Universalismus Schillers war nationalistisch. Er hat dies wohl erkannt, einzelne Passagen wiederholt umformuliert und das Ganze schließlich liegengelassen. Das macht das Fragment nicht ungeschrieben und die Inhalte nicht ungedacht. Schiller hatte noch am 26. Februar 1801 Göschens Wunsch nach einem Gedicht auf den Frieden abgelehnt, weil «wir Deutschen (sic!) eine so schändliche Rolle in diesem Frieden spielen, werde sich die Ode unter den Händen des Poeten in eine Satyre auf das deutsche Reich verwandeln».[38]

Im Gedicht *Der Antritt des neuen Jahrhunderts* (auch *An* ***) huldigt er dem Krieg, denn Frieden existiere «nur im Reich der Träume, Und das Schöne blüht nur im Gesang».[39] In *Die Antiken von Paris* moniert Schiller, die Franken führten zwar die alten Kunstschätze nach Paris, doch

> Der allein besitzt die Musen,
> Der sie trägt im warmen Busen,
> dem Vandalen sind sie Stein.[40]

Während Goethe dem zusammengeraubten neuen Pariser Kunstkörper die Chance zubilligte, ein neues Schönheitsideal zu kreieren, war sich Schiller sicher, dass die ihren Entstehungskontexten entrissenen Werke keine neuen Einsichten ermöglichten. In Paris, dem modernen Babylon, schien die Kunst ihrem Ende entgegenzugehen.[41] Doch Paris war die Realität, mit der sich Weimar politisch und kulturell auseinandersetzen musste. Der Archäologe Aloys Hirt zerpflückte unterdessen alle Argumente, die für das ideale Museum vorgebracht worden waren. Die Kunstwerke seien dort weder sicherer noch besser ausgestellt oder zu studieren als an ihren Ursprungsorten.[42]

Im Februar 1802 wünschte Schiller «*Dem Erbprinzen von Weimar*», als er zu seiner Bildungsreise in die «stolze Bürgerstadt» Paris, «vom Raub der Länder groß», aufbrach:

Daß dich der vaterländsche Geist begleite,
Wenn dich das schwanke Bret
Hinüber trägt auf jene – linke Seite,
Wo deutsche Treu vergeht.[43]

Das Fragment *Deutsche Größe* gehört in dieses Umfeld und zu Schillers Brief, in dem er am 17. März 1802 Körner wissen ließ, dass die «ästhetisch gebildeten Deutschen […] immer aus dem Beschränkten ins Unendliche gehen» wollten. Sie setzten «in das Tiefe und Ideale […]; der Franzose hingegen wird sich seines absoluten Vermögens mehr durch das freie Spiel der Gedanken bewußt und wird also schon mit dem Witz zufrieden seyn».[44] Körner erwiderte, der französische Geist stehe allerdings eine Stufe höher als der englische, «der nicht über das Geschäft hinausgeht. Ich möchte ihn aber nur die Anlage zum Geist nennen. Freyheit ist da, aber es fehlt die Liebe.»[45]

Auch die Frühromantiker setzten auf die schöne Kunst und glaubten Deutschland auf dem richtigen Weg. Das Gemeinwesen dürfe nicht der künstlichen Vernunft überlassen, sondern müsse zu einem Gebilde der Freiheit gewährenden organischen Kunst werden. Friedrich Schlegel erklärte 1797, die «Deutschheit liegt nicht hinter uns, sondern vor uns».[46] August Wilhelm hielt es für das Kunstideal des deutschen Weltbürgers, «die Vorzüge der verschiedensten Nationalitäten zu vereinigen […] und so einen kosmopolitischen Mittelpunkt für den menschlichen Geist zu stiften. Universalität, Kosmopolitismus ist die wahre Deutsche Eigentümlichkeit.»[47] Friedrich Schlegel wandte sich 1800 direkt «an die Deutschen»:

Europas Geist erlosch; In Deutschland fliesst
Der Quell der neuen Zeit. Die aus ihm tranken
Sind wahrhaft deutsch; die Heldenschar ergiesst
Sich überall Erhebt den raschen Franken
Den Italiäner zur Natur, und Rom
Wird Wach und Hellas, dessen Götter sanken.[48]

Sein Universalismus kannte für die angeblich zur führenden Bildungsmacht aufgestiegenen Deutschen nur die Aufgabe, die neue Zeit einzuleiten. Sie besäßen Kunst und Wissenschaften wie die Griechen. Im ersten Band seiner Zeitschrift *Europa* lobte Friedrich Schlegel 1803 die ursprüngliche Freiheit der Deutschen, als «unvergänglicher Charakter der Nation». Europa wäre an wahrer Freiheit und Bildung sehr viel weiter, «wenn der Mittelpunkt der Kirche [...] nach Deutschland verlegt worden wäre, wo die natürliche Größe der Gesinnung und das freiere Herz dem großen Zwecke besser entsprochen hätte!»[49] Sein Bruder ergänzte: Wenn er «eine Anmuthung an das Deutsche Nationalgefühl machen dürfte, so wäre es die, sich als Mutterland Europa's zu erkennen».[50]

Die nationale Überheblichkeit zeigte sich selbst dort, wo die Schlegels nationale Mythen zurückwiesen. Friedrichs Auffassung, «nicht Hermann und Wodan sind die Nationalgötter der Deutschen, sondern die Kunst und die Wissenschaft»,[51] teilten die Klassiker. Wieland stellte fest, «der Olymp liegt uns näher als Walhalla und Jupiter hat sich um uns verdienter gemacht als Wodan [...] Die schöne Kunst hat kein besonderes Vaterland, und ein teutscher Dichter ehrt zugleich sein Vaterland und die gesamte Menschheit durch ein schönes Dichterwerk» – gleichgültig woher er seinen Stoff nehme.[52] Wieland endete beim Weltbürgertum, Friedrich Schlegel bei der deutschen Mission, die er und die Romantiker mehr und mehr politisch buchstabierten.

In Paris machte Schlegels «Republikanismus [...] endgültig dem Ideal einer hierarchischen Gesellschaftsordnung Platz». Er vertrat nun die Idee einer «Föderation unter Führung des erneuerten Deutschen Reiches».[53] Die Franzosen wertete er systematisch ab. Ihr Charakter «besteht aus lauter Negationen: keine Fantasie, keine Kunst, keine Liebe, keine Religion – das heisst also ziemlich null nach allen Seiten hin». Für ihn manifestierte sich in Paris als dem Gipfelpunkt der Verderbtheit die «Antikunst und das Antigelehrtentum der Moderne». Hingegen seien in der «deutschen Literatur Physik und Gelehrsamkeit, Dichtkunst und Philosophie [...] zu einem innigen Ganzen verbunden». Diese organische Einheit zeichne die Deutschen aus, die das Fremde liebten und sich einverleibten. Die Hymne endete nationalistisch: «Vereinigung aller Deutschen Nordischen Reiche zu einem einzigen – und Abhängigkeit (feudale) aller anderen Länder und Nationen in Europa von dieser – das wäre das große Ziel.»[54]

Novalis definierte 1797 «Deutschheit» als «Kosmopolitismus mit der kräftigsten Individualität gemischt».[55] Ein Jahr später urteilte er: «Der Deutsche ist lange das Hänschen gewesen. Er dürfte bald der Hans aller Hänse werden. [...] Er wird leben und klug sein, wenn seine frühklugen Geschwister längst vermodert sind, und er nun allein Herr im Hause ist.»[56] Weiter führte er aus: «Das Beste, was die Franzosen in der Revolution gewonnen haben, ist eine Portion Deutschheit.»[57] Er empfahl statt der Trennung von Staat und Religion die Oberaufsicht der Kirche.[58] Ihm schien ein Glaube der beste Garant für Freiheit und Frieden.

Auch wer die progressive Universalpoesie als Chance und die christliche Europautopie als reaktionäre Huldigung an Priesterkittel und katholische Monarchen liest,[59] kann nicht übersehen, dass Schiller in ganz ähnlicher Form Deutschland als Zentrum imaginierte, weil sich hier eine höhere Kultur entwickelt habe.[60] Die Dreieinigkeit von Politik, Religion und Poesie wurde jedoch das Monopol der romantischen deutschen Kulturmission. Sie bereicherte die aufklärerischen Visionen des Weltbürgertums und der Vorbildhaftigkeit um den Gedanken eines christlichen Europas unter deutscher Führung.

Hölderlin, ein begeisterter Anhänger der Französischen Revolution und der griechischen Antike, vertrat dennoch das deutsche Sendungsbewusstsein. Er war Anfang November 1794 nach Jena gekommen und fand Kontakt zu den freien Männern.[61] Er verehrte Schiller, der ihn zwar förderte, seine theologisch-chiliastischen Annahmen aber beargwöhnte. Im Mai 1795 verließ Hölderlin überstürzt Jena – unter anderem, weil auch Schiller sich vom unmittelbaren Kampf für die Freiheit zurückgezogen habe. Er sehnte sich nach einer «Revolution der Gesinnung und Vorstellungsarten», zu der Deutschland wegen seiner Bildung mehr als andere Staaten beitragen könne. Seinem in Paris lebenden Freund Johann Gottfried Ebel schrieb er 1797: «Je stiller ein Staat aufwächst, um so herrlicher wird er, wenn er zur Reife kömmt. Deutschland ist still, bescheiden, es wird viel gedacht, viel gearbeitet, und große Bewegungen sind im Herzen der Jugend, ohne daß sie in Phrasen übergehen wie sonstwo.» Das, woraus ein «vortrefliches Volk sich bildet. Wo findet man das mehr, als unter den Deutschen».[62] Wenig später rechnete Hölderlin im *Hyperion* mit der Aufklärung und seinen Weimar-Jenaer Freunden ab. Die «weisen Herren, die unter euch Deutschen so gerne spuken», hätten ihn um manche Hoffnung ärmer gemacht. Er warnte, «den Staat zur Sittenschule machen zu wollen», denn seine Aufgabe sei es, Sicherheit zu garantieren. Die Suche nach Einigkeit führte Hölderlin zur Schönheit – zu Diotima. Ohne Kunst und Religion sei der Staat ein dürres Gerippe «ohne Leben und Geist». Die «heilige Theokratie des Schönen muß in einem Freistaat wohnen». Die Griechen sind Barbaren wie die Deutschen, wo die Künstler «wie Fremdlinge im eigenen Hause» leben.[63] Die deutsche Nation könne derzeit der Menschheit kein Vorbild sein: Die Elite sei kalter Rationalität verhaftet; ihr fehle das Heilige, die Gefühle für Gott, Volk und Vaterland.

Die in Weimar-Jena entstandene Idee einer deutschen Mission wollte die Menschheit nach deutschem Vorbild formen. Schillers ästhetische Erziehung bot dazu das theoretische Rüstzeug. Auch er vertrat die Überlegenheit der Deutschen, die allerdings, auf einer höheren Stufe der Kultur angekommen, Egoismus und Herrschsucht hinter sich gelassen hatten. Die rohe Gewalt war der Form erlegen. Wie die Frühromantiker buchstabierte auch er die kulturelle Bildung national aus. Dies wird für die Romantiker häufiger betont, für Schiller aber beschwiegen, beschwichtigt oder verdrängt. Auch für ihn waren es die deutschen Künstler, die sich selbst, ohne Mäzen und ohne Vorbild, vervollkommnet hatten.

Kein Augustisch Alter blühte,
Keines Mediceers Güte
Lächelte der deutschen Kunst,
Sie ward nicht gepflegt vom Ruhme,
Sie entfaltete die Blume
Nicht am Strahl der Fürstengunst.
Von dem größten deutschen Sohne,
Von des großen Friedrichs Throne
Ging sie schutzlos, ungeehrt.
Rühmend darfs der Deutsche sagen,
Höher darf das Herz ihm schlagen:
Selbst erschuf er sich den Wert.[64]

Der Grat zwischen einer die Werte der Menschheit verkörpernden Nation und dem nationalistischen Appell, deutsche Muster zu übernehmen, ist schmal. Schiller hat die Abgründe erkannt und fortan gemieden. Er könnte aber auch Goethes Mahnung ernstgenommen haben, der die Revolution und Napoleon mit einer Überschwemmung verglich, in der alles zugrunde geht. «Man sieht in dieser ungeheuren Empirie nichts als Natur und nichts von dem was wir Philosophen so gern Freiheit nennen möchten.»[65] Napoleon war der Tsunami, der in Europa alles fortriss, weil er neu gestalten wollte.

3. *Klassikdämmerung*

Anne Louise Germaine de Staël-Holstein, die Tochter des früheren französischen Finanzministers Necker, erschien am 14. Dezember 1803 mit ihren Kindern und dem Schriftsteller Benjamin Constant in Weimar. Die hochgebildete, weltläufige und umtriebige Autorin war von Napoleon ein Jahr zuvor wegen ihrer Kritik an der Konsulatsverfassung aus Paris verbannt worden. Auf der Anreise nach Weimar beschrieb sie Joseph Bonaparte, dem Bruder Napoleons, die Stadt als «capitale littéraire de l'Allemagne».[66] Sie blieb den ganzen Winter und führte viele Gespräche, obwohl sie im Unterschied zu Benjamin Constant, der in Erlangen studiert hatte, nicht gut Deutsch sprach. Es nervte Schiller, wenn er mit ihr philosophische Fragen auf Französisch erörtern musste. Er berichtete Goethe, Madame de Staël stelle die französische Geistesbildung in einem interessanten Lichte dar. «Sie will alles erklären, einsehen, ausmessen [...] und wohin sie nicht mit ihrer Fackel leuchten kann, da ist nichts für sie vorhanden.» Deswegen lehne sie die «Idealphilosophie [ab], welche nach ihrer Meinung zur Mystik und zum Aberglauben führt [...]. Für das was wir Poesie nennen, ist kein Sinn in ihr.»[67]

Die Abreise der Französin verglich Schiller mit dem Ende einer schweren Krankheit. Für den Herzog war sie «eine merkwürdige Erscheinung, entsetzlich häßlich, aber geistreich über alle Beschreibung».[68] Ende April kam sie für eine Woche nach Weimar zurück, wo sie die Nachricht vom Tod ihres Vaters erhielt. Mit ihrem neuen Haus-

Anne Louise Germaine de Staël-Holstein (Madame de Staël) Nach einem Gemälde von Pierre Louis Bouvier

lehrer August Wilhelm Schlegel reiste sie deswegen schnell weiter auf das Familiengut Coppet in der Schweiz. Als Fazit ihrer Gespräche notierte sie, die Machtpolitik der Franzosen sei dem deutschen Konzept individueller Bildung auf immer überlegen. Sie liebe dennoch die «Freistatt der Wissenschaften und der Philosophie», die nach Mitteln suche, den Einzelnen zu vervollkommnen. Institutionen besäßen aber mehr Kraft als Bücher, sodass «die harmlose Philosophie aus dem Norden Deutschlands vielleicht nicht lange großen Einfluß auf die Verbesserung des Menschengeschlechts haben wird».[69]

De Staëls Analyse klingt wie ein Beleg für unpolitische Klassiker. Die friedfertigen Philosophen kämen zwar mit fast jeder Herrschaft aus, doch der bloße Glaube an die Vervollkommnungsfähigkeit des Menschen könne die machtpolitischen Realitäten nicht verdrängen. Goethe, Schiller oder Wieland läsen keine Tageszeitung und in Weimar bewege sich alles im Bann der Schellingschen Philosophie: «es ist die Ruhe oder vielmehr der Schlaf des Idealen im Realen».[70] In dieser Idylle entdecke jeder neue Regionen. Was sie über Sachsen schrieb, darf verallgemeinert werden. Die Pressefreiheit sei für die Regierenden keine Gefahr, weil die Schriftsteller sich nur mit Theorien, literarischen oder gelehrten Untersuchungen beschäftigten. «Denken und Handeln stehen in keiner Beziehung zueinander.»[71] Die Deutschen seien tugendhaft und rechtschaffend, «aber ihr gefälliger und zuvorkommender Diensteifer gegenüber der Macht verursacht ein schmerzliches Gefühl». Wegen ihrer Philosophie, die auch bei den Dingen des Lebens dunkel bleibe, fehle «kriegerischer Geist und Vaterlandsliebe». Man müsse zwar «für die Sache der Ewigkeit streiten, aber mit den Waffen der Zeit».[72] De Staël deutete hier so etwas wie einen deutschen Untertanengeist an. Ihre Bemerkung, dass in Frankreich das Publikum den Autoren gebiete, ein deutscher Autor aber sein Publikum bilde, traf ebenso ins Schwarze wie ihre Begründung: Die Einsamkeit des «Ich» und «Selbst» entwickele die deutschen Geister, die Gesellschaft die französischen. Goethe vereinige, «was den Geist der Deutschen von anderen unterscheidet».[73]

Als de Staël 1808 noch einmal für zehn Tage nach Weimar kam,[74] lebten von den Klassikern nur noch Goethe und Wieland, der Idealismus und die Romantik waren aus Jena abgewandert. In ihrem Buch *Über Deutschland* erinnerte sie 1813 Europa daran, dass Weimar eine «literarisch-gelehrte Hauptstadt» sei, die «keine erbärmlichen Kleinstädter» aufweise. Das benachbarte Jena sei «eine der wichtigsten Stätten der Gelehrsamkeit in Deutschland. So fanden sich, im engsten Raume, bewundernswürdige Geistesstrahlen aller Art, wie in einem Brennpunkte, zusammen.»[75] Goethe schrieb der Berliner Salonière Sara Grotthuß, dieses Werk bedürfe seiner Empfehlung nicht. «Das Buch macht auf die angenehmste Weise denken […] nun liegt es da wie eine spät entdeckte Weissagung und Anforderung an das Schicksal».[76] In den *Tag- und Jahresheften* notierte er 1823, aus den Gesprächen des Jahres 1804 sei ein «mächtiges Rüstzeug» geworden, das «antiquierte Vorurteile» jenseits des Rheins und Kanals zum Einsturz gebracht habe.[77]

Das Weimar-Jenaer Bildungskonzept fand Beachtung. Der deutsche

Geist und die sogenannte Hochkultur entwickelten sich aber nur langsam zum Markenzeichen einer deutschen Nation, die in Wissenschaften und Musik, Künsten und Literatur zu den führenden der Welt gehörte. Der Kunsthistoriker Carl Ludwig Fernow erläuterte 1806 Böttiger: «Unsere Deutschheit sitzt tiefer als in den baufälligen Formen unserer gotischen und chaotischen Verfassung [...] Deutschland und, was mehr ist, deutscher Geist, deutsche Bildung, deutsche Sprache wird nicht untergehen [...] Behalten wir nur eine Literatur, so bleiben wir auch eine Nation, und wenn unsere Schriftsteller [...] all ihre Kraft und ihren Nationalgeist aufbieten [...], so werden wir [...] siegreich aus dem langen Kampfe hervorgehen.»[78]

Der im Mai 1805 verstorbene Schiller durfte sich verstanden fühlen. Er hatte sich lange mit seiner schweren Krankheit arrangiert, doch sie raubte ihm die Zeit zur Niederschrift seiner Gedanken. Mit *Wilhelm Tell*, seinem letzten großen Historiendrama, begann er, als Napoleon die Helvetische Republik beendet hatte. Mitte Februar 1804 war das Manuskript fertig, einen Monat später Premiere. Sie wurde zum größten Erfolg, den er in Weimar feierte. Viele Theater spielten den *Tell* noch im selben Jahr; das Buch erschien zur Herbstmesse.[79] Inhaltlich dominiert der Kampf um die Schweizer Reichsunmittelbarkeit, die der habsburgische Kaiser den Kantonen genommen hatte. Da es über ihm keinen weltlichen Richter gab, mussten die Schweizer ihr Recht selbst suchen. Sie schwören, als ein einiges Volk von Brüdern lieber zu sterben als in Knechtschaft und unter dem Despotismus zu leben, den der Landvogt Geßler ausübt. Die alte Freiheit der Schweizer kannte die Pflicht, Kaiser und Reich zu verteidigen, weil sie im Gegenzug die Freiheit der Kantone schützten. Die Analogien zu Napoleon liegen auf der Hand. Das Gemeinwesen verändert sich durch den Aufstand. «Das Alte stürzt, es ändert sich die Zeit / Und neues Leben blüht aus den Ruinen.»[80] Die republikanische Freiheit entwertet den Adel, weil auch die landbesitzenden Bürger ihre Freiheit selbst verteidigen können.

Das war Schillers Vermächtnis an die deutsche Nation. Er überblendete Ziele der Französischen Revolution mit Appellen zur inneren Einigkeit, um den fremden Eroberer und den despotischen Herrscher zu besiegen. Die drei Urkantone wehrten sich gegen eine Tyrannei, die auf gesetzlichem Weg nicht zu beenden war. Für die höhere Gerechtigkeit kündigten sie die geltende Ordnung auf. Straffrei war das nur, wenn sie siegten, ansonsten war es ein todeswürdiges Verbrechen. Seine Dramatik gewinnt das Stück aus den Motiven des freien, gegen Unrecht streitenden Tell. Erst seine und die Bedrohung seiner Familie führten ihn zum Entschluss, den Tyrannen Geßler zu töten. Dadurch wird er zum Opfer. Er hat die Veränderungen zum Guten ermöglicht, aber sein Tötungsmotiv war privater Natur. Nach der Tat schweigt Tell, denn sein Handeln widerspricht den humanitären Leitmustern. Gibt es einen Dispens, wenn die Bluttat die Humanität im Ganzen wiederherstellt?[81]

Schiller starb am 9. Mai 1805. Auf Wunsch seiner Familie sollte er in aller Stille ohne christlichen Beistand beerdigt werden. Der spätere Weimarer Bürgermeister Karl Leberecht Schwabe erreichte jedoch, dass etwa 20 angesehene Männer, darunter Schillers Schwager von Wolzogen, sowie Theaterleute den Verstorbenen zum Gewölbe am Jakobsfriedhof begleiteten, wo er anonym in die dunkle Gruft hinabgelassen wurde.[82] Schillers Leichnam wurde erst Ende des Jahres 1827 auf öffentlichen Druck in die Fürstengruft umgebettet, nachdem sein Schädel – oder derjenige, den man dafür hielt – schon zuvor wie eine Reliquie behandelt und in Goethes Haus und in der Bibliothek aufgestellt worden war.[83] Ob es sich wirklich um den Kopf und die Gebeine Schillers handelt, ist ungewiss.

Für Weimar-Jena und für Goethe war Schillers Tod ein tiefer Einschnitt. In vielen Städten Deutschlands fanden Schiller-Feiern statt, bei denen Geld für seine Familie gesammelt wurde. Goethe fühlte sich einsam. Wieland war alt, Voigt Politiker, Meyer und Fernow aus seiner Sicht eher Gehilfen und die neuen Jenaer Professoren überzeugten nur in ihren Fachgebieten. Mit Schiller verlor Goethe den Freund, der seine Herrschaft im Reich der Kultur loyal unterstützt hatte. Er konnte damit wie später auch mit dem Tod seiner Frau Christiane – «ich den ganzen Tag im Bett»[84] – nicht umgehen und mied den Kontakt mit Schillers Witwe. Die Frage, warum es keine große Schillerehrung in Weimar gab, lässt sich nicht nur mit dem Widerstand der Jagemann beantworten. Das Gedenken fand auf der Theaterbühne in Lauchstädt und mit der «bürgerlichsten» Dichtung statt: dem *Lied von der Glocke.*

Goethes Epilog erinnerte an den schönen Schein und den großen Verlust für die Welt, «denn er war unser!»[85]

Das schloss alle und jeden ein. Goethe konnte es drehen und wenden wie er wollte, mit Mitte Fünfzig repräsentierten in Weimar nur noch er selbst und Wieland die Idee der Bildung und Kultur auf klassischer Basis. Dorothea Schlegel, verstimmt darüber, dass ihr Gatte keine Professur in Jena erhalten hatte, monierte, Goethe wolle die Professoren dressieren wie seine Schauspieler im Theater, «aber freilich nicht jeden auf seine Weise, sondern hübsch harmonisch, daß ein jeder für sich nicht viel, aber alle zusammen das Kunstwerk bedeutend bedeuten».[86] Der Schriftsteller und Erzieher Johannes Daniel Falk fasste die neue Lage im Herbst 1805 kurz und bündig zusammen: «Denken Sie selbst – Herder todt, Schiller in Kürze nachgefolgt, Wieland alt, das heißt mit anderen Worten so gut wie todt, Göthe nicht todt, aber begraben in Indolenz, Circumspektion und einem Materialismus hingegeben, der ihn von der Welt immer mehr und mehr in Reichsunmittelbarkeit solirt, und zuletzt mit Messer und Gabel, Teller und Flasche allein auf eine Insel bringen wird.»[87]

Mit seinem rechthaberischen Führungsstil hatte Goethe für viel Aufregung gesorgt. Die Kunstfreunde waren mit ihren auf eine Bebilderung Homers zielenden Preisaufgaben gescheitert. Philipp Otto Runge und Caspar David Friedrich, die immerhin Bilder einreichten, ließen sich nicht in dieses enge Korsett pressen. Den Romantikern widerstrebte das Geschmacksdiktat. Goethe aber war es mit der Erneuerung aus dem Geist der Antike ernst. Er wollte sich darauf und auf sein Werk konzentrieren,[88] doch ihm fehlten kritische Anregungen. Was ihm blieb, war der schöne Schein, dessen Versatzstücke er sammelte, ordnete und monumentalisierte. Die Werke Winckelmanns wurden ediert, um Weimar im Gespräch zu halten.

Kulturpolitisch hatte Goethe vor allem in Jena erreicht, was ihm, dem Herzog und Voigt vorschwebte. Sie kontrollierten die wissenschaftliche Infrastruktur und die *Literatur-Zeitung*. Auch wenn die Gelehrten an der Salana nicht mehr so glänzten wie in den 1790er Jahren und Hegel erst berühmt wurde, nachdem er Jena verlassen hatte, hatte das Ansehen der Universität durch ihre Umwandlung in eine mehr oder weniger vom Staat abhängige Institution für Forschung und

Lehre nicht gelitten.[89] Selbst Fichte lobte den nationalen Mikrokosmos und das «Zusammenleben von Jünglingen aus allen besondern Staaten des deutschen Vaterlandes». In Jena bleibe «als Gemeinsames, worin Alle überein kommen, übrig deutsche Sitte und deutscher Nationalcharakter überhaupt, und wird angeschaut und wird geliebt».[90] Hellsichtige Kritik übte Hegel: «Jena erscheine ihm wie ein Kloster. Seine Wissenschaft und selbst seine Kunstansicht sei einseitig. Diese Periode sei notwendig gewesen, aber sie sei vorbei, die Schule habe sich vollbracht.»[91]

An der Universität interessierte Goethe vor allem die Naturforschung. So wollte er 1812 die Physik neu organisieren und die Professur durch drei Dozenturen ersetzen. Eine sollte die «metaphysischen Anfangsgründe der Naturwissenschaften», die andere die «meß- und wägbare Welt» und die dritte «alles dasjenige» lesen, also über die Verbindungen und Schnittstellen der beiden anderen aufklären. Wenn sie eng zusammenarbeiteten, könnten sie, was wie Chaos erscheine, «in einer klaren Schöpfung darstellen».[92] Goethe sprach 1816 davon, dass er die Berufungspraxis auf «revolutionäre Bahnen» gestoßen und neue Wissensgebiete und Formen der Vermittlung verankert habe. Auf Basis der Kantschen Philosophie und als Antwort auf die Französische Revolution wurden spekulative Alternativen zur Wissensvermittlung erprobt, die mit Kultur und Bildung zu umschreiben sind und die Goethe im *Wilhelm Meister* literarisch überhöhte. Humboldt hat diese Jenaer Organisationsformen an der neugegründeten Berliner Universität fortgeführt. Die Grundlagen der Weltgeltung deutscher Wissenschaften wurden in Weimar-Jena gelegt.

4. *Schlacht und Zäsur 1806*

Für die Geschichte Mitteleuropas ist das Jahr 1806 eine tiefe Zäsur. Der Gründung des Rheinbundes und dem Untergang des Alten Reiches folgte das Ende des Alten Preußens. Das hatte sich lange angekündigt und dennoch fehlte danach etwas, was vielleicht niemand mehr als Goethe vermisste, der in seinen nach 1810 entstandenen Schriften wohlwollend an das Alte Reich erinnerte. Auch Ernst Moritz Arndt, später ein glühender Verfechter des Nationalstaates, hatte 1806 noch von etwas Dunklem und Geheimem geraunt, das alle Staaten und Völker zusammenhalte. In Deutschland sei diese Religion Kaiser und Reich gewesen – ein Name, «der aber mehr wirkte, als kalte Gesetze und Verhandlungen dagegen vermochten».[93]

In der *Minerva* druckte Johann Wilhelm von Archenholz eine französische Erklärung, die Napoleons Königtum in Italien als Vollendung der Revolution darstellte. Die dortigen Völker hätten sich unter «die Fahne einer schützenden Monarchie» geflüchtet, da ihnen der Mut fehlte, «sich zu einem freyen und unabhängigen Staate zu constituiren». Dies beweise, dass Frankreich auch besiegte Nationen ihr Glück selbst bestimmen lasse. Napoleon werde alle Pflichten erfüllen, die ihm «dieses zweyte Vaterland» auferlege.[94] Jeder dachte an Deutschland, denn der Kontinent war nun ein Balancesystem zwischen Russland und Frankreich; weltpolitisch kam Großbritannien hinzu. Österreich und Preußen zählten zum Glacis, das die beiden Hegemonialmächte trennte. Anfang 1806 hieß es in der *Minerva*, nun hielten sich nicht mehr gleiche Kräfte die Balance, sondern eine einzige Gewalt, die zu stark sei, «um Angriffe zu befürchten, und zu groß, um noch weitere Ausbreitung nöthig zu haben, wird den Frieden rund um sich her erhalten».[95] So als wolle er dies bestätigen, zauderte Friedrich Wilhelm III. zu lange und Preußen stand wie schon zu Beginn des Zweiten Koalitionskrieges untätig zwischen den Fronten, als Russland sich im April 1805 mit Großbritannien verbündete. Österreich, Schweden und Neapel schlossen sich der Dritten Koalition an, Preußen nicht.

Nachdem sich Napoleon am 26. Mai die Eiserne Krone der Lombardei aufgesetzt und am 4. Juni die Ligurische Republik und das Herzogtum Parma Frankreich angegliedert hatte, druckte die *Minerva* einen weiteren Artikel des *Moniteur* nach, der die Etsch und den Rhein als natürliche Grenzen Frankreichs bezeichnete.[96] Im Herbst erklärte Napoleon Österreich den Krieg, zog mit seinen Truppen blitzschnell von der Kanalküste nach Süddeutschland, besetzte am 13. November Wien und ließ am 2. Dezember in der Drei-Kaiser-Schlacht bei Austerlitz keinen Zweifel daran, wer den Kontinent beherrschte. Österreich musste den Preßburger Frieden schließen, in dem das Reich als «Confédération Germanique» firmierte.[97]

Nach einem unangemeldeten französischen Truppendurchzug im Ansbachischen und Beratungen mit dem Zaren, an denen auch Herzog Carl August teilnahm, war im Spätherbst 1805 doch noch eine preußische Armee nach Böhmen marschiert, stand aber während der Schlacht untätig im Niemandsland. Carl August war darüber sehr erbost; er forderte eine Front aller deutschen Herrscher gegen Napoleon. Dieser diktierte Preußen den Schönbrunner Allianzvertrag, der die Besetzung Kurhannovers und die Übergabe Ansbachs an Bayern sowie des in der Schweiz gelegenen Neuenburg an Frankreich anordnete. Hannover, das Danaergeschenk Napoleons, machte König Georg III. zum erbitterten Feind Preußens. Seine Stammlande waren für ihn nicht verhandelbar.[98]

Der französische Kaiser organisierte Europas Mitte als Staatenbund souveräner Mittelmächte. Die Zeitgenossen erwarteten, dass er die alte Reichskrone beanspruchen werde, nachdem er schon 1804 in Aachen als Nachfolger Karls des Großen gefeiert worden war. Er baute sich jedoch sein eigenes Imperium, in dem niemand Ansprüche auf Mitbestimmung geltend machen konnte.[99] Das Gleichgewicht von Napoleons Gnaden folgte der Logik des Friedens von Amiens: Auf dem Kontinent expandierte im Westen, Süden und in der Mitte Frankreich, im Osten Russland; das Glacis Deutschland wurde 1806 in Paris neu gestaltet.[100] Die Gesandten der 16 süddeutschen Herrscher, deren Gebiete auf Kosten ihrer Nachbarn vergrößert wurden, mussten im Juli den Rheinbundvertrag unterzeichnen. Sie sagten sich los von Kaiser und Reich, wurden souverän und schlossen mit dem Protektor Napoleon eine Offensiv- und Defensivallianz, die sie bei Kriegen auf dem Kontinent zur Abstellung von Soldaten verpflichtete. Mit dem Rheinbund und der Niederlegung der Reichskrone durch Franz II. am 6. August wurde die norddeutsche Neutralitätszone zum Restreich ohne Kaiser. Im Sommer 1806 war das auf eine politische Irrfahrt geratene Preußen der letzte Damm, der Napoleon noch davon trennte, den Kontinent bis an die Grenzen Russlands «seiner Willkür unterworfen zu sehen».[101]

Über die Gründung des Rheinbundes und das Ende des Alten Reiches hielten sich Trauer und Gleichgültigkeit die Waage.[102] Dass dieses Geschehen nur beiläufig zur Kenntnis genommen wurde, ist allerdings eine Legende: «Zwiespalt des Bedienten und Kutschers auf dem

Bocke, welcher uns in mehr Leidenschaft versetzte als die Spaltung des römischen Reichs». Dieser vielfach zitierte Tagebucheintrag Goethes vom 7. August 1806 erfolgte auf der Rückreise von Karlsbad und bezog sich auf den Rheinbund, dessen Gründung am Tag zuvor bereits ausgiebig diskutiert worden war. Überdies litten die Insassen der Kutsche Todesängste, weil der Kutscher nach einer Prügelei mit dem Diener vom Bock gesprungen war.[103] Goethe wandte sich deswegen an die herzogliche Polizeikommission und ließ den Diener verhaften. Das Ende des Alten Reiches beschäftigte ihn und alle Regierungen. Die These, nach der das Heilige Römische Reich mit der Niederlegung der Kaiserkrone durch Franz II. sang- und klanglos untergegangen sei, ist nicht haltbar. Voigt machte das Abdankungspatent des Kaisers traurig.[104] Carl August versicherte Kaiser Franz I., er habe «mit deutscher reichspatriotischer Gesinnung» stets die Reichsverfassung verteidigt und ihn betrübe die «bedauernswerte Veränderung der Dinge».[105]

König Georg III. erklärte Preußen am 11. Juni 1806 den Krieg.[106] Berlin suchte Verbündete. Ein norddeutscher Bund sollte an die Stelle des «erloschenen Deutschen Reichsvereines» treten. Preußen reklamierte die Kaiserkrone, den Kurfürsten von Sachsen und Hessen-Kassel wurden Königskronen zugedacht; ein Bundesgericht, ein Bundesheer und Bundeskreise sollten die Organisation abrunden. In Dresden dachte man jedoch daran, die Reichsvikariatsrechte zu aktivieren, um das Restreich selbst zu dirigieren.[107] Kursachsen im Norden und die Kurpfalz oder Kurbayern im Süden vertraten das Reichsoberhaupt, wenn es keinen Kaiser und keinen gewählten römischen König gab. Carl August suchte diesmal den Schulterschluss mit Kursachsen.[108] Das Gerücht, Hannover solle England zurückgegeben werden, spielte unterdessen Napoleon in die Karten. Friedrich Wilhelm III. musste handeln und stellte ein Ultimatum: Die französischen Armeen sollten bis zum 8. Oktober Deutschland verlassen, der Rheinbund sei aufzulösen. Laut Kriegsmanifest griff Preußen zu den Waffen, «um das unglückliche Deutschland von dem Joche, worunter es erliegt, zu befreien; vor allen Traktaten haben die Nationen ihre Rechte!»[109] Carl August wurde als preußischer General reaktiviert und ordnete die Mobilmachung des Weimarer Infanteriebataillons an, das in preußische Dienste trat. Während 120 000 preußische Soldaten in Sachsen und

Ansicht des Napoleonberges bey Jena nebst dem zu Ehren I.I.M.M. der Kaiser Napoleon und Alexander den 7ten Oct. 1808 darauf errichteten Tempel
Radierung von Christian Gottfried Heinrich Geissler

ins Weimarische einrückten, blieben die anderen Ernestiner neutral. Maria Pavlovna, Erbprinz Carl Friedrich, Anna Amalia und Prinzessin Caroline verließen Weimar; der 14-jährige Prinz Bernhard trat in die preußische Armee ein. Im Schloss blieb die Herzogin Luise.[110]

Napoleon erklärte dem französischen Senat und der ganzen Welt, dem erneut von Preußen überfallenen Sachsen beistehen zu müssen.[111] Er und seine Truppen erreichten am 13. Oktober Jena[112] und schlugen an den beiden folgenden Tagen in zwei getrennten Schlachten bei Jena und Auerstedt die preußischen Armeen vernichtend. Sachsen-Weimar-Eisenach gehörte zu den Besiegten, obwohl der Herzog und sein Bataillon nicht aktiv in das Geschehen eingegriffen hatten. Sie standen im Thüringer Wald und konnten sich unentdeckt nach Norden absetzen. Napoleon drohte das Herzogtum aufzulösen und forderte die sofortige Rückkehr Carl Augusts.[113]

Jena wurde nach Kriegsrecht geplündert; die Schäden summierten sich hier auf 212 867,[114] im Herzogtum auf fast 1 750 000 Reichstaler.[115] Über 4000 Verwundete lagen in Jena auf den notdürftig mit Stroh bedeckten Böden im Rathaus sowie in der Stadt- und Kollegienkirche. Einige von ihnen mussten bis Ende 1807 gepflegt werden. Die Stadt brannte, die unbefestigten Straßen standen unter Wasser und es stank bestialisch.[116] In Weimar war es kaum besser. Goethes Schwager Christian August Vulpius berichtete, die Plünderung habe 36 Stunden gedauert. «Drei Tage waren wir nicht in unserem Hause. Mordgewehre auf uns gezückt, gemißhandelt, beraubt, unendlich unglücklich gemacht. [...] Denn nicht zehn Häuser, selbst das Schloß nicht, sind verschont geblieben. [...] Etwas Frohes: Gestern hat der Geheime Rat G[oethe] sich mit meiner Schwester trauen lassen. Sein Haus ist verschont geblieben. Er hatte stets Marschälle drinnen.»[117] Napoleon quartierte sich im Schloss ein, wo ihn Herzogin Luise couragiert empfing. Er sagte ihr zu, die Plünderungen zu beenden und die Liquidation des Herzogtums zu suspendieren;[118] sie übernahm die politische Verantwortung, während ihr Gatte unauffindbar blieb. Viele Einwohner verloren fast alles, die meisten Haustüren und Fenster waren aufgebrochen. Der Maler Georg Melchor Kraus erlag drei Wochen später den Verletzungen, die ihm französische Soldaten beigebracht hatten. Voigt und Einsiedel büßten nur ihren Wein ein. Wielands Haus stand unter dem besonderen Schutz des Kaisers.[119]

Goethe erschien erst wieder in der Öffentlichkeit, als er erfuhr, dass sein Bekannter Vivant Denon, jetzt Generalsekretär der kaiserlichen Museen und der Münze, nach Weimar kommen werde, um Kunstwerke zu requirieren. Der Besucher wohnte bei Goethe und stellte die Weichen, dass die Jenaer Vorlesungen Anfang November wieder aufgenommen werden konnten. Goethe und Voigt taten alles, um die Besatzer nicht zu provozieren. Das Herzogtum musste etwa 550 000 Taler Kontributionen zahlen und erfuhr die Last der Niederlage.[120] Auf seiner Flucht soll Carl August geäußert haben: «Herzog von Weimar und Eisenach wären wir einstweilen gewesen.» Die Bevölkerung war wütend, weil er das Land ohne Not in diesen Krieg gezogen hatte.[121] Wolzogen berichtete dem Herzog am 17. Oktober, Napoleon habe es übel aufgenommen, dass er gegen ihn gedient und ein Kontingent gestellt habe. Das Land werde als feindlich behandelt «und vielleicht ganz weggenommen, wenn nicht schleunige Maßregeln getroffen werden».[122] Carl August erreichte Ende Oktober seine Entlassung aus preußischen Diensten, erschien aber erst am 23. November in Berlin, als Napoleon bereits nach Posen weitergezogen war. Die Verhandlungen mit ihm führte der 27-jährige Friedrich Müller, den der Herzog zuvor noch schnell nobilitierte.

Von den 355 Fragen der Besatzer zur Leistungsfähigkeit des Herzogtums beantwortete Goethe den kulturellen Bereich. In Form eines Tableaus zeigte er, wie Wissenschaften und Künste gepflegt worden waren. Die Jenaer Akademie und ihre Einrichtungen nannte er «eine Universität nach der älteren deutschen Form». Zu deren Ruhm habe die enge Kooperation mit Weimar maßgeblich beigetragen,[123] wo viele berühmte Schriftsteller lebten und «die allgemeine Circulation des Wissens und Arbeitens unterhalten und vermehrt» werde. In Jena gebe es etliche bedeutende wissenschaftliche Anstalten und Gesellschaften sowie die *Allgemeine Literatur-Zeitung*, die eine herausragende Rolle in der gelehrten Welt spiele.[124] Der Gesandte von Müller erhielt diesen Bericht, denn er sollte die liberale Jenaer Akademie besonders fördern. Wenn «die deutschen französischen Unterthanen bei uns studieren dürften», werde man ihnen «eigene schickliche Vorlesungen» anbieten.[125]

Müller gelang es im Dezember mit dem Frieden von Posen, dem Beitritt zum Rheinbund und der Zusage von 800 Soldaten, den Staat Sachsen-Weimar-Eisenach zu retten.[126] Dieser überstand die napoleonische Flurbereinigung, weil Carl August mit dem Zaren verwandt war und Weimar in Frankreich ein positives Image besaß.[127] Die alte Freundschaft Goethes mit Denon half ebenfalls. Während es Carl August schwerfiel, sich mit den Franzosen zu arrangieren, ärgerten Voigt die vielen Desertionen der Weimarer Soldaten, weil dies der Reputation bei Napoleon schade.[128] Ihre Vermögen sollten beschlagnahmt und die Gemeinden zur Ersatzstellung gezwungen werden.

Der Weimarer und der Gothaer Herzog strebten unterdessen nach einer Rangerhöhung zum Großherzog, um als königsgleich auf der ersten Bank des Rheinbundes und nicht neben ehemaligen Reichsgrafen zu sitzen. Carl August wollte zudem Erfurt und Blankenhain erwerben.[129] Das scheiterte – angeblich wegen seiner zu gewagten Äußerungen in den böhmischen Bädern. Erfurt behielt Napoleon wie einst König Gustav II. Adolf von Schweden im Dreißigjährigen Krieg als «domaine réservée à l'Empereur», als Stützpunkt zur Kontrolle Mitteldeutschlands.[130] Carl August traf ihn am 18. Juli 1807 in Dresden. Danach wusste er, dass es noch viel zu tun gab.

5. *Kultur und Geselligkeit als Politik*

An der Universität Jena führten die Plünderungen nur im botanischen Institut und in der mineralogischen Sammlung zu größeren Verlusten und auch die *Jenaische Allgemeine Literatur-Zeitung* stockte nur kurz. Der neuberufene Historiker Heinrich Luden verlor Hab und Gut.[131] Der Hörsaal war brechend voll, als er 1808/09 in seiner Vorlesung über vaterländische Geschichte hervorhob, dass jedes Volk bestrebt sein müsse, unbeherrscht zu bleiben. Luden appellierte an die vaterländische Gesinnung und den alten deutschen Geist, an ein durch «Sprache, Schrift und Art vereinigtes Volk».[132] Seine antifranzösischen Vorstellungen publizierte er 1808 in einer anonymen Schrift gegen den Rheinbund. Bildung und Wissenschaft, Kunst und Kultur waren für ihn ursprüngliche deutsche Werte. Um sie zur Geltung zu bringen, müsse die Unabhängigkeit und (national)staatliche Einheit erkämpft werden. Die Kulturnation benötige den Machtstaat.[133]

Seine Begeisterung für Napoleon hielt Goethe während seiner langen Kuren in Böhmen nicht davon ab, im Sinne seiner Vorstellungen von anmutiger Geselligkeit enge Kontakte zum habsburgischen Hochadel zu pflegen. Wie die führenden Schichten überwand auch er problemlos die politischen Fronten. In Karlsbad traf er 1807 mit dem Schwaben Carl Friedrich Reinhard einen napoleonischen Diplomaten, der ihn nach Paris einlud. Reinhards Frau berichtete, Goethe glaube nicht an das Verschwinden der deutschen Sprache. «Die Deutschen würden wie die Juden sich überall unterdrücken lassen, aber unvertilgbar sein, wie diese und wenn sie kein Vaterland mehr haben erst recht zusammenhalten.»[134]

Goethe glaubte an den Friedensbringer Napoleon. Mit ihm verband er den alten Kaisermythos und universalmonarchische Ideen. Sein Imperium schien dauerhaft, man musste sich arrangieren. Der Jenaer Dozent Anton Ludwig Seidensticker las 1807 über den Code Napoléon, den er in der *Jenaischen Allgemeinen Literatur-Zeitung* ausgiebig würdigte. Der Herzog, Voigt und Goethe lehnten allerdings die Einführung dieses Bürgerlichen Gesetzbuches ab. Carl August wehrte sich auch gegen den Bau eines Siegerdenkmals auf dem Schlachtfeld und sogar gegen das Bild einer Gedenkmünze mit der Umschrift «Borussis deletis Saxonia liberata» in der *Literatur-Zeitung*. Er wollte keine Erinnerung an den Sieg Napoleons. Aus dem Landgrafenberg, dem Schlachtfeld, wurde aber der Napoleonsberg. Während der *Moniteur* über eine Weimarer Kunstausstellung, die literarischen Projekte Goethes und die Jenaer Akademie berichtete,[135] meldete Reinhard, diese könne zu Ehren der Schlacht zur zentralen Universität des Rheinischen Bundes werden.[136] Goethe ging davon aus, dass Weimar seinen literarischen Ruf behaupten werde, während «unsre Widersacher [...] uns so gern für vernichtet erklären möchten».[137]

Seit der Jahreswende 1806/07 spielte auch das Weimarer Theater wieder. Im Herbst 1807 wurde ein Vorspiel von Goethe aufgeführt, das den Kampf zwischen Krieg und Frieden, die Sorgen des Volkes und das Zerbrechen der staatlichen Ordnung thematisierte. Im zweiten Teil pries der König die Vereinigung von Weisheit und Macht, der auch das Volk vertraute. Goethes Ideal des Wahren und Schönen verschmolz mit einer Imagination, die jeden zum Schöpfer seines Glücks machte. Alle verrichteten ihre für das Ganze notwendigen Arbeiten und halfen sich dadurch selbst. Das war wahrer Bürgersinn und wenn sich dann noch Frieden und Gerechtigkeit küssten, entstand ein irdisches Jerusalem.[138]

Die Rettung Weimar-Jenas hielt Goethe für die Voraussetzung einer nationalen deutschen Kultur. Fernow übermittelte Böttiger, der Weimar kritisiert hatte, Goethe rufe alle zum weiteren Zusammenhalt auf, die im allgemeinen Verfall «das bis jetzt noch unangetastete Palladium unserer Literatur aufs eifersüchtigste» bewahrt hätten. Da die deutschen Autoren «kein anderes Vaterland mehr haben, als das literarische», sollten sie es in Ehren halten. «Behalten wir nur eine Literatur, so bleiben wir auch eine Nation.» Dresden und Leipzig, Weimar und

Jena könnten Mittelpunkte «der germanischen Geisteskultur im nördlichen Deutschland» werden. Es müsse daher alles unterbleiben, was die Bewunderung der Franzosen für die deutsche Kultur stören könne. Es sei eine «wahre Verräterei», die Orte und Männer, die sich verdient gemacht hätten, «unwürdig zu behandeln». Das betreffe insbesondere Weimar, auf das Napoleon aufmerksam geworden sei. Er bestimme das deutsche Schicksal und dürfe die Achtung nicht verlieren, «die wir ihm durch ein höheres geistiges Übergewicht abgenötigt haben».[139] Goethe schrieb Cotta: «Wir sind niemals politisch bedeutend gewesen. Unsre ganze Bedeutung bestand in einer gegen unsere Kräfte disproportionirten Beförderung der Künste und Wissenschaften.»[140]

Mit dem Tod Anna Amalias am 10. April 1807 verlor Weimar seine Symbolfigur. Den von Goethe und Voigt verfassten Nekrolog mussten alle Pfarrer verlesen. Er stilisierte Anna Amalia und die Weimarer Dynastie zum Mittelpunkt einer Nation, die ohne Gesamtstaat allein durch die Kultivierung des Geistes und der Künste geeint werde.[141] In Jena stärkte Goethe mit der Berufung Friedrich Siegmund Voigts zum Direktor des botanischen Gartens seine Position, weil dieser die Metamorphosenlehre vertrat. Johann Wolfgang Döbereiner, seit 1810 Leiter des chemischen Instituts, erhielt die Aufsicht über die Brauereien, Brennereien, Färbereien und alle technischen Betriebe im ganzen Herzogtum.[142] Der 28-jährige Naturforscher Lorenz Oken wurde zum Medizinprofessor ernannt. Er lobte Goethe sowie die Liberalität von Regierung und Universität.[143] Ihr Verhältnis wurde jedoch schnell frostig, weil Oken sich im demokratischen Sinn engagierte.

Der Weimar-Jenaer Napoleonfront gelang es nicht, sich mit dem Schweizer Historiker Johannes von Müller zu verstärken. Er hatte in Berlin zur Kriegspartei gehört, sich nach der Niederlage jedoch Napoleon zugewandt. In einer Akademierede erklärte er den Kaiser zum Erben Friedrichs II., der Deutschland in neuer Form entstehen lassen könne.[144] Goethe übersetzte die auf Französisch gehaltene Rede. Müller trat für einen Ausgleich mit Frankreich und für Reformen ein, wie sie Murat im Großherzogtum Berg eingeleitet hatte.[145] Die Deutschen sollten sich auf eine bessere Freiheit vorbereiten und diese nicht von den Kosaken erwarten. Müller wurde Generaldirektor des Unterrichtswesens im neuen Königreich Westfalen.[146]

Goethe blockierte zwischenzeitlich aus politischen Motiven eine neue Freimaurerloge in Jena,[147] die sich an Berlin orientieren wollte. Er fürchtete «statum in statu», da die Jenaer bei ihrem «vierherrischen Zustand sehr zum Unherrischen» neigten. Es sei nicht ratsam, eine solche Korporation «in dieses anarchische Wesen hineinzukonstituieren, und das zu einer Zeit, wo uns äußere Verhältnisse hoffen lassen, in alles Innere mehr Einheit zu bringen».[148] Gegen Logen im Einklang mit der Weimarer Regierung hatte Goethe hingegen keine Einwände. Die Weimarer Loge «Amalia» wurde wiederbelebt, da auch die Franzosen die Freimaurerei schätzten. Bertuch übernahm den Vorsitz.[149] Goethe wurde Mitglied und war anwesend, als der 75-jährige Wieland 1809 aufgenommen wurde. Dieser erinnerte in seiner letzten Logenrede 1812 an Anna Amalia und Carl August. Die Loge solle sich ihrem Andenken und der Kulturförderung widmen, nicht nach Geheimnissen suchen. Der Ausgleich von bürgerlichen und adlig-höfischen Idealen auf der Basis von Bildung und Kultur rückte in den Vordergrund. Wieland hatte schon 1808 rhetorisch gefragt, ob Goethe nicht in der «poetischen Welt» sei, «was Napoleon in der Politischen? Können nicht beide alles was sie wollen, und wollen sie nicht immer das Unglaublichste u Beispielloseste, und wissen es doch so zu behandeln und herbey zu führen, dass es zugleich das Natürlichste scheint?»[150]

Die Gelegenheit, Napoleon mit der eigenen Kulturbedeutung zu imponieren, bot der Erfurter Fürstenkongress 1808. Die politischen Ergebnisse dieses Treffens von zwei Kaisern, vier Königen und acht regierenden Fürsten gaben Napoleon in Spanien, dem Zaren im Osten freie Hand. Der Kaiser nutzte das Treffen, um mit Glanz und Pracht zu beeindrucken. Die besten Pariser Schauspieler demonstrierten die Überlegenheit des französischen Theaters. Herzog Carl August beorderte Goethe nach Erfurt, um mit ihm auf dieser Bühne der Eitelkeiten zu glänzen. Napoleon lud Goethe am 2. Oktober zur Audienz und sprach mit ihm über *Werther*, wobei er für die Geschichtsbücher festhielt, «was will man jetzt mit dem Schicksal, die Politik ist das Schicksal». Er erkundigte sich nach Goethes Familie und seinem Verhältnis zum herzoglichen Haus, um ihn abschließend nach Paris einzuladen. Auf dem Weimarer Hofball am 6. Oktober sprach der Kaiser Goethe erneut darauf an und dieser dachte über eine Reise in die französische

Hauptstadt nach.[151] Er war tief beeindruckt und schrieb Cotta, dass ihm in seinem Leben «nichts Höheres und Erfreulicheres» begegnet sei als die Art und Weise, wie hier ein Höherer ihn habe gelten lassen.[152] Napoleon würdigte das Genie und den Menschen Goethe: «vous êtes un homme». Zeitgenossen mutmaßten, dass der Kaiser mit solchen Gesten – auch Wieland war nach seiner Privataudienz beeindruckt – lediglich die deutsche Öffentlichkeit auf seine Seite bringen wolle.

Der Kongress besuchte am 6. Oktober Weimar. Auf die Hirschjagd am Ettersberg folgte ein Essen im Schloss, die Aufführung *Mort de César* durch das Pariser Ensemble und ein Hofball.[153] Am nächsten Tag wurde das Schlachtfeld besucht. Die Jenaer Bürger jubelten hinter den Absperrungen. Der Kaiser erläuterte selbst anhand vorbereiteter Karten das Kampfgeschehen. Im Giebeldreieck des eigens errichteten kleinen Tempelchens stand:

> Praesentes Divos nunc prisca Thuringia iunxit
> en novus attonitos iunget amor populos.

Geheimrat Voigt fand in seiner Übertragung Rhythmus und Inhalt:

> Thüringen, altes Gebiet, Du vereinst Götter der Erde
> neueste Liebe verknüpft staunende Völker in Dir.[154]

Das Chronodistichon, die vergrößerten Buchstaben ergaben die Jahreszahl 1808, stammte von Professor Eichstädt. Die Form war klassisch, der Inhalt pazifistisch-kosmopolitisch. Statt an die Schlacht zu erinnern, beschwor es die Hoffnung, dass diese Begegnung dem Brückenschlag zwischen den Völkern und dem Frieden dienen werde. Napoleon entschädigte die Stadt Jena für die erlittenen Schäden mit 300 000 Francs, etwa 75 000 Talern, die 1810/11 ausgezahlt wurden, und die Universität mit Besitz aus seinem Territorium bei Blankenhain.[155] Am Nachmittag folgte eine Hasenjagd, die entgegen späteren Behauptungen nicht auf dem Schlachtfeld stattfand und keine besondere Taktlosigkeit Napoleons war.[156]

Carl August hatte seinem einstigen Gegner die Bühne bereiten und

Unterhaltung Napoleons I. mit dem Dichter Christoph Martin Wieland
Kolorierte Aquatintaradierung von Schnorr von Carolsfeld und Hans Friedrich Veit (1809)

ihn feiern müssen. Die beiden Kaiser waren zufrieden und würdigten Goethe und Wieland mit Orden.[157] Darüber sprach Europa. Für Goethe konnte Napoleon Frieden und Kultur sichern, weil er stets einen Plan verfolge und sich davon durch nichts und niemanden abbringen lasse. Er fand es angeblich «ganz in der Regel, dass er einen Schreyer wie Palm, einen Prätendenten wie d'Enghien eine Kugel vor den Kopf schießen läßt um das Publikum, das die Zeit nicht abwarten kann, sondern überall in die Schöpfungen des Genies eingreift, ein für alle Mal, durch ein eklatantes Beyspiel abzuschrecken».[158] Für die Weimarer Regierung war der Fürstenkongress ein Erfolg. Ihr Geschäftsträger Heinrich Carl Friedrich Peucer berichtete aus Paris, die Zeitungen hätten einen Monat lang zum Neid der anderen Gesandten Meldungen aus Erfurt und Weimar gebracht.[159] Napoleon übernahm die Patenschaft für Maria, die erste Enkelin Carl Augusts. Das wurde als ein Zeichen gedeutet, dass auch er Frieden mit Weimar wünschte.

6. Goethes deutsche Nation

Nach dem Ende des Alten Reiches blickte Goethe nach vorne, auf die Zusammenarbeit mit dem Sieger. «Der Freiheitssinn und die Vaterlandsliebe, die man aus den Alten zu schöpfen meint, wird in den meisten Leuten zur Fratze. [...] Unser Leben führt uns nicht zur Absonderung und Trennung von andern Völkern, vielmehr zu dem größten Verkehr; unsere bürgerliche Existenz ist nicht die der Alten.»[160] Nicht die nationalstaatliche Abschließung, sondern der weltoffene Austausch verhieß eine erfolgreiche Zukunft. Allerdings nationalisierte auch Goethe in der Rheinbundzeit seine kosmopolitischen Deutungsmuster. Auf Bitte des bayerischen Schulrats und früheren Jenaer Professors Friedrich Immanuel Niethammer skizzierte er im Sommer 1808 das Schema eines lyrischen Volksbuches. Dieser wollte das «wirklich Klassische unsrer geistreichen Schriftsteller» in einem «Nationalbuch als Grundlage zur allgemeinen Bildung der Nation» vereinen und so dem Defizit an Kunstgeschmack abhelfen. Goethe riet zu etwas Großem wie Homer oder der Bibel, um «eine ungebildete bildungsfähige Menge, ganze Nationen, insofern sie auf den ersten Stufen der Natur stehen, oder Teile kultivierter Nationen, die untern Volks-Klassen, Kinder» anzusprechen. Auf sie wirke der Inhalt mehr als die Form, und die Charakterbildung müsse im Vordergrund stehen. Gesucht werde das populäre Vortreffliche, das Gute, Nützliche und Vorbereitende. Da keine neuere Nation «Anspruch auf absolute Originalität» habe, brauche «sich der Deutsche nicht zu schämen, der seiner Lage nach in den Fall kam seine Bildung von außen zu erhalten, und besonders was Poesie betrifft, Gehalt und Form von Fremden genommen hat. Ist doch das fremde Gut unser Eigentum geworden.» Kinder müssten auch die Verdienste anderer Nationen kennenlernen.[161] «Für den Deutschen liegt er [der Gehalt, G. S.] bereit, mehr als für andre Nationen.» Es gebe die Aussicht auf ein «Neues Jerusalem».[162]

Was damit gemeint war, verdeutlicht eine häufig zitierte Passage aus einem Gespräch mit von Müller im Dezember 1808. Deutschland sei nichts, «aber jeder Deutsche ist viel», obwohl die Deutschen das Gegenteil glaubten. Goethe fügte hinzu, die Deutschen müssten «wie die Juden in alle Welt» zerstreut werden, «um die Masse des Guten ganz und zum Heil aller Nationen zu entwickeln, die in ihnen liegt».[163] Auch er dachte an eine deutsche Mission, um die Werte einzelner Deutscher der Welt verfügbar zu machen. Die Masse war ihm suspekt, vor allem dann, wenn sie die Richtung bestimmen wollte. «Das Publicum, besonders das deutsche, ist eine närrische Karricatur des *dêmos*; es bildet sich wirklich ein, eine Art von Instanz, von Senat auszumachen, und im Leben und Lesen dieses oder jenes wegvotiren zu können was ihm nicht gefällt.» Dagegen helfe nur Abwarten, denn das Geschehene und Gedichtete würde sich auf Dauer behaupten, weil es «als ein unveränderliches Factum vor der Einbildungskraft» bestehe.[164]

Der Zeitgeist machte allerdings auch vor Weimar-Jena nicht Halt.[165] Mit der «Guestphalia» entstand eine Landsmannschaft, die das neugeschaffene Königreich Westfalen als Vaterland betrachtete. Ihre Mitglieder setzten sich für Freiheit und Gleichheit unabhängig von Stand und Vermögen ein. Das führte zu Unruhen, bei denen 1809 ein Student lebensgefährlich verletzt wurde. Goethe regte die Einführung einer Disziplinarkommission an, spielte den Vorfall aber herunter. «Die gewöhnlichen Formen werden wohl hinreichen, um auszumachen, daß derjenige, der Schläge gekriegt hat, sie trage, wer verwundet worden ist, sich heilen lasse, und wer an den Wunden stirbt, begraben werde. Ich bin überzeugt, daß jeder alte Akademicus hierüber höchst beruhigt zu Bette geht.»[166]

Die von der Regierung eingesetzte Untersuchungskommission stufte das Geschehen als meuchelmörderischen Überfall ein. Der Herzog übergab das Verfahren der regulären Justiz. Der Senat protestierte mit dem Hinweis, der falsche Eid eines Studenten sei nicht das gleiche wie ein bürgerlicher Meineid. Voigt widersprach. Es stellte sich heraus, dass der Prorektor wissentlich einen falschen Reinigungseid akzeptiert hatte. Einige Studenten legten daraufhin einen Entwurf für eine «Übereinkunft der freien Studierenden» vor. Sie wollten die akademische Freiheit und das Nationalbewusstsein im Einklang mit modernen Staatsprinzipien fördern. Als ihre Pläne publik wurden, widersprach der Senat, weil die Professoren um ihre Macht fürchteten.[167]

Während sich an der Universitätsverfassung nichts änderte, wurde ihre Landstandschaft in der neuen Verfassung des Herzogtums von

1809 nicht mehr mit ihrem Prälatenstand, sondern mit ihrem Status als Landesanstalt begründet. Der Fürstenstaat zeigte, dass er die alte Korporation von sich abhängig gemacht hatte. Durchgreifende Reformen ließen allerdings auf sich warten. Da es die Kontrolle von oben durch Kaiser, Reichstag und Reichsgerichte nicht mehr gab, konnten die nun souveränen Herrscher durchregieren. Wer wie Goethe die Ordnung verbessern, den Staat aber nicht in alle Lebensbereiche eindringen lassen wollte, sah mit Sorge, wie dieser die Autonomie der Wissenschaft missachtete und für seine Zwecke vereinnahmte. Offener Widerstand kam für ihn jedoch nicht in Frage, zumal er selbst diese Entwicklung mitzuverantworten hatte. Goethe wusste sich mit seinen Mitteln Gehör zu verschaffen und stellte seine Sicht der Dinge in autobiographischen Erzählungen dar. Das gilt vor allem für *Aus meinem Leben. Dichtung und Wahrheit.* Die ersten fünf Bücher präsentieren ihn, Frankfurt und das Heilige Römische Reich als quasi überzeitliche Folie musterhafter Lebensformen, fern aller tages- und parteipolitischen Querelen.

Auffällig ist zunächst, wie sehr sich Goethe nach der Vollendung von *Faust. Eine Tragödie* mit dem Nibelungenlied und anderen altdeutschen Texten beschäftigte.[168] Er unterschied jedoch das «Unschätzbare» vom «Ungenießbaren», das «unsre modernen, religiosen Mittelältler», die Romantiker, zu Tage förderten.[169] Sie durften kein Monopol auf die Deutung der älteren deutschen Literatur gewinnen. Goethe missfielen die «neukatholische Sentimentalität» und das «klosterbrudrisierende, sternbaldisierende Unwesen».[170] Sein ambivalentes Verhältnis zu den Romantikern zeigte sich im Mai 1811, als der Patrizier Sulpiz Boisserée in Weimar für die Fertigstellung der Kölner Domruine warb und glaubte, Goethe zur altdeutschen Kunst bekehrt zu haben.[171] Das nationale Kulturprojekt erinnerte Goethe an seine von Herder angeregte Studie zum Straßburger Münster. Er interessierte sich nun für altdeutsche Malerei und die Kultur des Mittelalters, und er dichtete *Die romantische Poesie*, einen Maskenzug, der am 30. Januar 1810 zum Geburtstag der Herzogin Luise uraufgeführt wurde und den Sängerkrieg auf der Wartburg, die germanisch-nordischen Helden und die alten deutschen Werte ins Gedächtnis rief.[172] Dazu gehört auch das weltliche Regiment, das für den Frieden sorgt, sodass niemand vor dem

Nachbarn Angst hat. Der Mensch fühlt sich frei, wenn er «gebändigt lebt; Nur will er selbst, er will den Herrn erwählen, Dem aber soll's an Glück und Prunk nicht fehlen».[173] Damit wurde der Bogen zwischen dem Einst und Jetzt geschlagen.

Goethe bezog Position und erläuterte Friedrich Wilhelm Riemer 1808, «das antike Tragische ist das menschlich Tragirte. Das Romantische ist kein Natürliches, Ursprüngliches, sondern ein Gemachtes, ein Gesuchtes, Gesteigertes, Übertriebenes, Bizarres, bis ins Fratzenhafte und Karikaturartige. [...] Das Romantische, wo es in der Großheit an das Antike grenzt, wie in den Nibelungen, hat wohl auch Stil, das heißt eine gewisse Großheit in der Behandlung, aber keinen Geschmack.»[174] Es besaß nichts Kultiviertes und Vorbildliches, auch nichts rein Menschliches wie die antiken Werke.[175] Diese Einschätzung hat Goethe nie revidiert. «Es ist in der altdeutschen düsteren Zeit [...] eben so wenig für uns zu holen, als wir aus den serbischen Liedern und ähnlichen barbarischen Volkspoesien gewonnen haben.»[176] 1829 urteilte er: «Das Klassische nenne ich das Gesunde und das Romantische das Kranke. [...] Das meiste Neuere ist nicht romantisch, weil es neu, sondern weil es schwach, kränklich und krank ist, und das Alte ist nicht klassisch, weil es alt, sondern weil es stark, frisch, froh und gesund ist.»[177]

Deutlicher ließen sich die romantischen Ideale, die subjektiven Gefühle und Leidenschaften, das Geheimnisvolle und Dunkle, Liebe, Magie und Wunder, die Sehnsucht nach dem Goldenen Zeitalter und der angeblich alles vereinende Glaube nicht abqualifizieren. Goethe fehlte die Distanz, die Unterscheidung zwischen der Imagination und der Realität, auf die Literatur, Kunst und Wissenschaften zwar einwirken, sie aber nicht direkt verändern konnten. Er monierte überdies die fehlende Form und den religiös-nationalistischen Eifer, mit denen die Welt «erlöst» werden sollte. Für ihn war die Nation ein Mittel zur Integration der in vielen Staaten lebenden Deutschen und der Resonanzraum ihrer Kultur. Der von ihm im Winter 1808/09 geplante Gelehrtenkongress kam zwar nicht zustande, doch der Historiker Woltmann begrüßte Goethes Idee. Zu einer Zeit als sich Deutschland auflöse, sei es «vorzüglich rathsam die Bande der deutschen Kultur und Literatur, wodurch wir bisher einzig als eine Nation bewahret sind, auf alle Weise fest zusammenzuziehen».[178]

7. Rheinbund und Befreiungskriege

Auf dem Kontinent hatte Napoleon alles scheinbar fest im Griff. Der spanische Aufstand wurde niedergeschlagen, Österreich besiegt. Prinz Bernhard von Weimar kämpfte seit 1809 in der Armee Napoleons gegen das Österreich, mit dessen Hofkreisen sich sein Vater gut verstand. Zwar siegte Erzherzog Carl im Mai 1809 bei Aspern, doch Napoleons Armee schlug im Juli bei Wagram zurück; Prinz Bernhard wurde von Napoleon mit dem Kreuz der Ehrenlegion ausgezeichnet.[179] Carl August verbot jegliches Räsonieren über den gegenwärtigen Krieg, das sich gegen den Protektor und den Rheinbund richtete.[180] Nach dem Frieden von Schönbrunn, der Österreich zum Binnenstaat machte, gratulierte der Herzog Napoleon zum Sieg, obwohl seine Untertanen große Verluste zu beklagen hatten. Das Regiment «Herzöge von Sachsen» war nördlich von Brixen im Wipptal in einen Hinterhalt geraten und Anfang August fast vollständig aufgerieben worden.[181]

Im Herzogtum führte 1809 eine neue Verfassung die drei Landschaften zusammen, engte die ständischen Rechte ein und stärkte die Staatsgewalt. Carl August hielt das für nötig, «um das alte Gute mit dem neuen Zustand der Dinge und mit den Lehren des Zeitlaufs zu vereinbaren». Die Stände protestierten; ihre «treudevoteste Erklärung» versicherte jedoch, nicht in die Regentenrechte eingreifen zu wollen. Die Landschaft bestand nun aus sechs Gutsbesitzern, fünf Stadtbürgern und dem Universitätsvertreter, denen Gesetze oder Steuern vorgelegt werden mussten, ohne dass sie darüber entscheiden durften.[182] Die Konstitution stärkte den aufgeklärten Despotismus; die Gesamtrepräsentation der Untertanen lag weiterhin beim Fürsten, während den um bürgerliche Schichten erweiterten Ständen mit ihren imperativen Mandaten die Repräsentation ihrer partikularen Interessen oblag. Der Landtag war kein Parlament.[183] Dennoch erschien diese Verfassung nach einem verklärenden Bericht im *Vaterländischen Museum* als «ein Werk der Selbstständigkeit und aus der Idee einer vollkommenen Staatsverfassung hervorgehend». Sie bestätige die liberalen Grundsätze, die Deutschland mit Herzog Carl August verbinde.[184]

Im Zuge der Verfassungsrevision erhielten Jena und Weimar 1810 neue Stadtordnungen, die sich an den preußischen Vorgaben orientierten. Der Herzog behielt sich jedoch ein Bestätigungsrecht bei leitenden Ämtern vor. Die Städte verloren ihre Gerichtsrechte und der Stadtrat wurde von der Bürgerschaft abhängig, die korporativ für die Finanzen haftete.[185] Neben Wirtschafts- und Bildungsbürgern[186] saßen wie bisher Handwerker in den städtischen Räten.[187] Die rechtliche Eigenständigkeit der akademischen Bürger endete. Beim Konnubium und der Patenwahl blieben aber weiter die Professorenfamilien unter sich oder verbanden sich mit den höheren Beamten- und Hofkreisen. Im Stadtbürgertum wurden die Grenzen durchlässiger; Akademiker waren als Paten geschätzt.[188]

Napoleon beargwöhnte Herzog Carl August wegen seiner freimütigen Reden sowie seines Vertrauensverhältnisses zum preußischen Offizier Carl Ferdinand von Müffling, der enge Verbindungen zum Freiherrn vom Stein pflegte und Weimar zum Zentrum des Widerstandes machen wollte. Die Weimarer Regierung erfüllte jedoch die Soldatenabstellungen, um keinen Verdacht zu erregen. Carl August aber fühlte sich unwohl als Gehilfe des französischen Kaisers. In den böhmischen Bädern, die er jedes Jahr aufsuchte, wähnte er sich frei. Seine Äußerungen sorgten in Paris für Unmut. Der 1812 ernannte ständige Gesandte Baron de Saint-Aignan sollte in Weimar die Beziehungen zwischen dem Herzog und dem Zaren beobachten sowie Zeitungen und Literatur auf politische Botschaften durchforsten, da Weimar viele berühmte Schriftsteller beherberge, deren Schriften großen Einfluss auf die öffentliche Meinung besäßen.[189] Noch vor seiner Audienz beim Herzog besuchte der hochgebildete Baron Goethe,[190] der daraufhin einen Zensor für das Theater forderte, um politisch verfängliche Stellen zu identifizieren. Die Weimarer Bühne wurde vollends unpolitisch. Goethe hielt die Werke Theodor Körners, des Sohns von Christian Gottfried, für sehr geeignet. Er stelle die Dinge so dar, «als wenn sie in der moralischen und ästhetischen Welt abgeschlossen wären, ohne mit der politischen in Verbindung zu stehen».[191]

Saint-Aignan berichtete von möglichen Unruhen mit dem Ziel einer deutschen Wiedervereinigung, falls die französische Armee nicht mehr siege. Der Herzog fühle sich von Napoleon verfolgt, werde sich aber auf keine gefährlichen Aktionen einlassen, weil er die Machtverhältnisse kenne. Der Scharfmacher sei Müffling. Goethe halte sich von politischen Gesprächen fern und konzentriere sich ganz auf das Theater und seine Schriftstellerei.[192] Um ihn buhlte auch die Wiener Regierung. Metternich teilte ihm im Februar 1812 seine Aufnahme in die kaiserliche Akademie der vereinigten bildenden Künste mit. Goethe bedankte sich und lobte dessen Engagement für Künste und Wissenschaften.[193] Seine Kontakte zu den habsburgischen Hofkreisen intensivierte er in den böhmischen Bädern, wo er 1810 der Kaiserin Maria Ludovica begegnete. Er schwärmte von ihr und schrieb drei Gedichte. 1812 entstanden drei weitere an die Kaiserin, an den österreichischen Kaiser und an die mit Napoleon verheiratete Tochter Marie Luise.[194] Letzteres war auch eine Huldigung an Napoleon: «Was Tausende verwirrten, löst der Eine», da er nun auch einen Erben besitze, könne der Janustempel geschlossen werden. Das Gedicht endet mit einer Hoffnung: «Der alles wollen kann, will auch den Frieden.»[195] Als es entstand, marschierten fast 600 000 Soldaten, ein Drittel davon Deutsche, Richtung Moskau – von Frieden keine Spur. Für diese Gedichte erntete Goethe viel Kritik; er aber setzte weiter auf Napoleon, dessen Orden der Ehrenlegion er bei jeder Gelegenheit trug.

Carl August hatte versucht, den Krieg in letzter Minute abzuwenden. Er hatte Napoleon in Dresden darüber informiert, dass Zar Alexander – wie dieser seiner Schwester geschrieben habe – sich nicht mit England verbünden werde und keinen Krieg wolle. Zum Verhandeln war es aber zu spät.[196] Der harte Winter und die Weiten Russlands besiegten die Armee Napoleons. Der Frontenwechsel des preußischen Generals Yorck von Wartenberg und die gemeinsame Kriegserklärung Russlands und Preußens im Frühjahr 1813 zogen den Krieg nach Mitteleuropa. Napoleon floh durch Deutschland und Saint-Aignan berichtete, die Deutschen seien die Franzosen gerne los, wollten aber nicht die Russen an ihrer Stelle sehen. Carl August sei wütend, weil der Zar nichts für ihn getan habe. Zudem werde von der Freiheit Deutschlands geredet, die Souveräne verstünden darunter aber etwas ganz anderes als die Völker. Falls sich die Deutschen erhöben, hätten ihre Oberen mehr zu fürchten als die Franzosen.[197]

Am 17. April 1813 besetzte eine preußische Streifschar Weimar, musste sich jedoch schnell vor den neuen französischen Truppen zurückziehen. Jetzt half Carl August, von Napoleon als «der unruhigste Fürst in ganz Europa» charakterisiert,[198] nur noch Saint-Aignan. Goethes lapidare Feststellung, es sei dem Theater nicht gelungen, «dem Staat und der Gesellschaft unmittelbar» zu nutzen, war nicht ganz richtig.[199] Carl August traf am 26. April in Erfurt und einen Tag später in Weimar auf einen besonnenen Kaiser, der dem Herzog indirekt sogar die Nachfolge in Sachsen anbot. Dieser bat um Erfurt und Blankenhain, die Anwartschaft auf Gotha und die Suprematie unter den Ernestinern, um erster Anwärter auf den Dresdener Thron zu sein.[200]

Goethe und der Herzog gingen 1813 schon im Frühjahr zur Kur nach Böhmen. Carl August reiste Ende Juni ins Dresdener Hauptquartier Napoleons und unterbreitete einen Monat später Talleyrand Vorschläge für den Ausbau der Weimarer Position in Mitteldeutschland. Von Böhmen aus, wo er auch mit Kaiser Franz I. zusammentraf, verfolgte er, wie Österreich an die Seite Russlands und Preußens trat. Nach dem Waffenstillstand von Poischwitz (eigentlich von Pläswitz) am 4. Juni hoffte Goethe auf Frieden.[201] Er reiste Ende August zurück nach Weimar.

Der Aufruf, sich freiwillig zum Kriegsdienst für das Vaterland zu melden, stieß bei der gebildeten Jugend auf Resonanz. Die Freikorps waren wohl nicht kriegsentscheidend, wirkten aber mobilisierend. Die Kriegslieder von Theodor Körner oder Ernst Moritz Arndt sprachen von einem Kreuzzug und Heiligen Krieg, einem deutschen Rhein, Franzosenhass und dem Kampf für das Vaterland. Sie richteten sich auch gegen die zögernden Fürsten. Zu Volksaufständen kam es jedoch nicht. Die Regierungen sorgten sich im sogenannten Befreiungskrieg vor allem um Ordnung und Stabilität, nicht um einen deutschen Nationalstaat.[202] Die Völkerschlacht bei Leipzig endete Mitte Oktober für Napoleon im Desaster; seine Soldaten konnte er aber halbwegs geordnet zurückziehen. Verfolgt wurden sie unter anderem von Friedrich Karl Gustav August Freiherr von Langenau, der vom kursächsischen in den österreichischen Militärdienst gewechselt war. Er requirierte in Weimar 30 Exemplare der großen Deutschlandkarte aus dem Geographischen Institut Bertuchs und dieser stellte der Weimarer Regierung im Juli 1815 dafür 298 Taler in Rechnung. Voigt wandte sich an den Wiener Kaiserhof und bat um Erstattung; da die Landkarten aus privater Hand und nicht in Feindesland genommen worden seien, könne von Requirierung keine Rede sein.[203] Nach eingehender Prüfung bezahlte die Wiener Regierung ihre Schulden.[204]

Von den Rheinbundsouveränen wechselte der König von Bayern mit dem Vertrag von Ried rechtzeitig die Fronten – der König von Sachsen und Carl August nicht. Das war ein Grund, warum Zar Alexander die Nachfolge des Herzogs in Dresden ablehnte.[205] Dieser hatte ihn um Schutz für sein Land gebeten, doch erst am 24. Oktober seinen Beitritt zum Bündnis der Napoleongegner erklärt. Goethe war noch nicht überzeugt und wartete ab.

Wir sehen endlich wieder Kosaken;
Die haben uns vom Tyrannen befreit,
Sie befrein uns auch wohl von der Freiheit.[206]

Angesichts der durch Weimar strömenden Soldaten und eines Kosaken als Wachmann vor seinem Haus dankte er in einem Gedicht dem russischen Obristleutnant Bock, obwohl er sich keine Kosaken gewünscht habe.

Doch als die heilig-große Fluth
Den Damm zerriß der uns verengte,
Und Well' auf Welle uns bedrängte,
War dein Kosak mir lieb und gut.[207]

8. *Goethes politisches Vermächtnis*

Goethe befürchtete, im antifranzösischen Taumel könne vieles von dem verlorengehen, wofür er und Schiller eingetreten waren. Sie hatten mit ihren Mitteln der Kunst und der Wissenschaften nicht gegen die Moderne, wohl aber gegen die mit ihr einhergehende Zerrissenheit des Individuums und der Gesellschaft angekämpft. Gefühle und Leidenschaften wollten sie mit der Vernunft versöhnen und die Antagonismen von Geist und Natur, Ideal und Wirklichkeit, autonomem Individuum und gesellschaftlichen Pflichten, Eigenem und Fremdem, Patriotismus und Kosmopolitismus, klassischen Mustern und modernen Erfordernissen überbrücken. Strenge Formen sollten helfen, Sinne und Gefühle zu bändigen und ausgleichend zwischen Verstand und Sinnlichkeit zu vermitteln.[208] Nur die allseitige Bildung der Persönlichkeit durch Schönheit und Geselligkeit versprach ein Leben in Humanität, Freiheit und Frieden.

Der nationalistische Überschwang der Befreiungskriege verdrängte jedoch die klassischen Ideale zugunsten einer aggressiven Vorstellung deutscher Überlegenheit, die sich nicht mehr nur auf das Kulturelle bezog. Für die Anwälte des Nationalstaates waren die Weltbürger Phantasten und ein Teil des deutschen Problems. Sie wurden auf dem Altar des Vaterlandes geopfert, denn der patriotische Kosmopolitismus eigne sich nicht für die Praxis, da er keine Identität biete. Goethe tat, was er bei Entwicklungen, die ihm nicht passten und die er nicht beeinflussen konnte, immer getan hatte: Er warf sich auf das Entfernteste, beschäftigte sich mit der Natur, schrieb seine Gedichtsammlung *West-östlicher Divan* und autobiografische Texte. Mitte November 1813 bot er dem Kameralisten Carl Cäsar von Leonhard, der die Domänenverwaltung im Großherzogtum Frankfurt leitete, Einblicke in seine Gemütsverfassung. Ihn trösteten derzeit nur Personen mit höchster Bildung, weil sie die Versicherung böten, «daß Vernunft und Menschlichkeit die Oberhand behalten und ein klarer Sinn das vorübergehende Chaos bald wieder regeln werde».[209] Knebel erfuhr, er «suche zu erhalten, zu ordnen und zu begründen, im Gegensatz mit dem Lauf der Welt». Deswegen fordere er Wissenschaftler und Künstler auf, «das heilige Feuer, welches die nächste Generation so nöthig haben wird», zu erhalten. Er habe die Deutschen noch ohne den Hass gegen Napoleon verbunden gesehen.[210]

Goethe dachte an das Alte Reich. Der Schriftstellerin Caroline von Woltmann, Ehefrau des früheren Jenaer Historikers, eröffnete er, dass die Deutschen sich gegenseitig anerkennen sollten, denn «der Unglaube und der Unwille der Volksglieder unter einander […] hat mehr geschadet als der fremde Einfluß». Wenn sich das ändere, könne die Nation getrost der Zukunft entgegengehen.[211] Goethe erklärte auch

Johann Peter Langer, dem Direktor der Akademie der Bildenden Künste in München, die Deutschen müssten sich vereinigen. Das sei die Pflicht derjenigen, die zu Hause blieben, «da der größte Theil unserer Jugend mit löblichem Eifer in das Feld strömt und nicht daran denken kann wie der Herd erhalten seyn will, an welchen sie denn doch dereinst zurückzukehren hoffen».[212] Drei Monate später äußerte Goethe, bei «Wiederherstellung der allgemeinen deutschen Nationalität kann nichts erfreulicher seyn, als zu sehen, wie [...] einzelne vermögende Fürsten und wohldenkende Männer das Vortreffliche in allen Fächern der Künste und Wissenschaften zu erhalten und zu vermehren gesucht» hätten.[213]

Nur die gebildete Elite konnte «das heilige Feuer» von Bildung und Kultur forttragen und sicherstellen, dass dieses nicht verlorenging. Goethe beklagte allerdings gegenüber Sara von Grotthuß, dass sich die befreiten Deutschen schon wieder literarisch stritten. Es sei die Art der Nation, «sobald sie von fremden Drucke sich befreyt fühlt, unter sich zu zerfallen».[214] Zehn Tage später ergänzte er, die Deutschen müssten in Wissenschaft und Kunst gemeinsam wirken, und «wie jetzt die ausländische Sclaverey, so auch den inneren Parteisinn ihrer neidischen Apprehensionen unter einander besiegen, dann würde kein mitlebendes Volk ihnen gleich genannt werden können».[215] Goethe selbst widmete sich in seinen letzten beiden Lebensjahrzehnten der Aufgabe, das Vermächtnis der Klassiker zu sichern. Er sammelte und ordnete, schrieb und vervollständigte. Gesprächspartner wurden darüber belehrt, was er gemeint hatte.

Dem Publizisten und österreichischen Diplomaten Franz Bernhard von Bucholtz riet Goethe, die politische Vereinigung und Beruhigung des deutschen Reiches sollten die Privatleute den Großen und Mächtigen überlassen. Über einen «moralischen und literarischen Verein» könne man jedoch nachdenken. Doch dazu müsse Gott den Deutschen die Gabe verleihen, sich nach Verdienst zu schätzen. Sie würden sich «verkennen, mißachten, hindern, verspäten, verfolgen und beschädigen». Diese Eigenheit resultiere aus dem Vorzug, den die Nation sich rühmen dürfe, «daß nämlich vielleicht in keiner andern so viel vorzügliche Individuen geboren werden und neben einander existiren». Da jedoch der Deutsche in steter Verwandlung begriffen sei, bestünden solche Unterschiede, «dass der gründlichste Etymolog nicht dem Ursprung unsers babylonischen Idioms, und der treueste Geschichtsschreiber nicht dem Gange einer sich ewig widersprechenden Bildung nachkommen könnte». Ein Deutscher finde sich schnell von seinen Schülern verlassen, «jeder, der sich fühlt, fängt von vorn an, und wer hat nicht das Recht, sich zu fühlen?» Goethe glaubte, es sei der größte Dienst, den er dem Vaterland leisten könne, in seinem «biographischen Versuche die Umwandlungen der sittlichen, ästhetischen, philosophischen Cultur [...] mit Billigkeit und Heiterkeit darzustellen, und zu zeigen, wie immer eine Folgezeit die vorhergehende zu verdrängen und aufzuheben suchte, anstatt ihr für Anregung, Mittheilung und Überlieferung zu danken».[216] Er sah, wie die Jungen ihm zwar formal die Reverenz erwiesen, auch der Hochadel ihn aufsuchte, während seine auf Ausgleich und weltbürgerliche Gesinnung zielenden Ideale mehr und mehr ins Abseits gerieten. Die jungen Autoren ergriffen – wie er zu Beginn seiner Karriere – Partei für den Wandel, den sie jedoch mit dem Identitätsversprechen des Nationalstaates verbanden.

Goethe beschied Ludwig Achim von Arnim, die der «Knechtschaft kaum entronnenen Deutschen» gedächten sich nun «in die Fesseln ihrer eigenen Sprache zu schmieden».[217] Zu solchen Formen nationaler Borniertheit ging er auf Distanz. Wissenschaftler und Publizisten, die politisch agierten und in die Machtkämpfe aktiv eingreifen wollten, waren seines Erachtens auf dem Holzweg, denn sie provozierten Repressalien. Er lehnte deswegen das politische Journal *Nemesis. Zeitschrift für Politik und Geschichte* des Historikers Luden ab, von dem ihm Knebel berichtet hatte. Er riet, sich wenigstens mit den höheren Behörden in Preußen und Österreich in Verbindung zu setzen, «denn von nun an sollte kein Deutscher etwas auf eigene Hand unternehmen».[218] Seine Haltung erläuterte Goethe Luden am 23. November 1813 – kurz nach der Völkerschlacht. Dieser hat das Gespräch viel später aufgezeichnet und veröffentlicht. Dass er Goethes Rede wörtlich wiedergab, wird daher bezweifelt;[219] sein Bericht deckt sich jedoch mit dessen Einschätzungen. Das kann aber auch daran liegen, dass diese publiziert und bekannt waren. Luden hielt das Gespräch «nach der Befreiung Deutschlands von dem Joche der Fremden» für unnötig, doch Goethe habe «sehr ernst» reagiert.[220]

Als «öffentlicher Beamter» dürfe er – so der zitierte Goethe – nichts gegen Ludens Zeitschrift haben. «Wir haben ja – die Freiheit mit vielem Blute ruhmvoll erkämpft; was sollte uns die Freiheit, wenn wir sie nicht benutzen.» Er rate aber, sich «nicht in die Zwiste der Könige» zu mischen. Luden widersprach heftig, denn «daß der deutsche Michel bisher nur für sich selbst gesorgt, sein eigenes Steckenpferd geritten [...] ist es ja, was Schimpf, Schande und unermeßliches Unglück über Deutschland gebracht hat». Nun habe sich das Volk erhoben, Vaterland und Freiheit stünden zur Disposition, und es sei die «heilige Pflicht eines jeden guten Menschen [...] mitzuwirken zur Benutzung dieser großen Tage des neuen Heiles». Goethe entgegnete, das sei ihm nicht neu. Das Journal richte sich gegen Napoleon und die Franzosen, doch habe «die Windrose viele Strahlen» und wenn das Blatt die Throne verärgere, werde es «alles gegen sich haben, was groß und vornehm in der Welt ist». Mit den Großen «ist nicht gut Kirschen zu essen». Er fürchte Unannehmlichkeiten und «denke endlich [...] auch an meine Ruhe und Ihr Wohl».

Goethe fuhr laut Ludens Aufzeichnungen fort: «Glauben Sie ja nicht, daß ich gleichgültig wäre gegen die großen Ideen Freiheit, Volk, Vaterland. Nein! diese Ideen sind in uns; sie sind ein Theil unsers Wesens, und niemand vermag sie von sich zu werfen. Auch liegt mir Deutschland warm am Herzen; ich habe oft einen bittern Schmerz empfunden bei dem Gedanken an das deutsche Volk, das so achtbar im Einzelnen und so miserabel im Ganzen ist. Eine Vergleichung des deutschen Volkes mit andern Völkern erregt uns peinliche Gefühle, über welche ich auf jegliche Weise hinwegzukommen suche, und in der Wissenschaft und in der Kunst habe ich die Schwingen gefunden, durch welche man sich darüber hinwegzuheben vermag; denn Wissenschaft und Kunst gehören der Welt an und vor ihnen verschwinden die Schranken der Nationalität. Aber der Trost, den sie gewähren, ist doch nur ein leidiger Trost und ersetzt das stolze Bewußtsein nicht, einem großen, starken, geachteten und gefürchteten Volke anzugehören. In derselben Weise tröstet auch nur der Gedanke an Deutschlands Zukunft; ich halte ihn so fest, als Sie, diesen Glauben. Ja, das deutsche Volk verspricht eine Zukunft, hat eine Zukunft. Das Schicksal der Deutschen ist – mit Napoleon zu reden – noch nicht erfüllt.» Ihre

Bestimmung gehe über die «Zerstörung des römischen Reiches» und die «Gestaltung des Mittelalters» hinaus, denn ihre Bildung sei jetzt größer. «Uns einzelnen bleibt inzwischen nur übrig, einem jeden nach seinen Talenten, seiner Neigung und seiner Stellung, die Bildung des Volkes zu mehren, zu stärken und durch dasselbe zu verbreiten nach allen Seiten und wie nach unten, so auch, und vorzugsweise, nach oben, damit es nicht zurückbleibe hinter den andern Völkern.» Derzeit sei noch offen, ob Napoleon besiegt werde. «Ist denn wirklich das Volk erwacht? Weiß es, was es will? [...] Erhebt sich, wer gewaltsam aufgestöbert wird? Wir sprechen nicht von den Tausenden gebildeter Jünglinge und Männer, wir sprechen von der Menge, den Millionen. Und was ist denn errungen oder gewonnen worden? Sie sagen: die Freiheit; vielleicht würden wir es aber Befreiung nennen – nämlich Befreiung nicht vom Joche der Fremden, sondern von Einem fremden Joche. Es ist wahr: Franzosen sehe ich nicht mehr und nicht mehr Italiener, dafür aber sehe ich Kosaken, Baschkiren, Kroaten, Magyaren, Kassuben, Samländer, braune und andere Husaren. Wir haben uns seit einer langen Zeit gewöhnt, unsern Blick nur nach Westen zu richten und alle Gefahr nur von dorther zu erwarten, aber die Erde dehnt sich auch noch weithin nach Morgen aus.»

Luden erläuterte, dass «diejenigen im ärgsten Irrthum sind, welche Goethe beschuldigen, er habe keine Vaterlandsliebe gehabt, keine deutsche Gesinnung, keinen Glauben an unser Volk, kein Gefühl für Deutschlands Ehre oder Schande, Glück oder Unglück. Sein Schweigen bei den großen Ereignissen und den wirren Verhandlungen dieser Zeit war lediglich eine schmerzvolle Resignation, zu welcher er sich in seiner Stellung und bei seiner genauen Kenntniß von den Menschen und von den Dingen wohl entschließen mußte.»

Kein anderer Text schildert so eindringlich Goethes politische Haltung. Mit Luden sprach er in der Phase, als alles, wofür er gekämpft hatte, zu zerfallen und der Nationalstaat zur neuen Religion zu werden drohte. Er machte deutlich, dass Bildung und Kultur, Literatur, Künste und Wissenschaften, ihn über die Fährnisse des politischen und sozialen Geschehens hinweggetragen hatten und diese Vorrang genießen müssten, um den Deutschen eine nationale Zukunft zu geben und die Menschheit zu retten. Die noch unmündige Masse dürfe nicht auf den nationalistischen Irrweg geführt werden. Bisher hätten nur wenige das Niveau erreicht, auf dem ihr Eintreten für die nationale Vereinigung nicht aus Fremdenhass erfolge und nicht in nationalistisches Machtstreben umschlage. Solange es Herrscher gebe, werde es Beherrschte geben, und in Deutschland löse gerade die eine Fremdherrschaft die andere ab. Die durch Künste, Literatur und Wissenschaften Gebildeten dürften sich aber auch nicht an die Stelle der Herrscher setzen, sondern müssten vorbildhaft wirken. Das tat Luden aus Goethes Sicht nicht, denn er agitierte. Goethe schrieb ihm am 12. Dezember noch einmal, er fürchte, dass wegen «Redaction und Direction der unternommenen Zeitschrift unausgleichbare Differenzen entstehen werden»,[221] und er sollte Recht behalten.

Luden eröffnete die *Nemesis* mit dem Aufsatz: «Das Vaterland oder Staat und Volk».[222] Was er darunter verstand erläuterte er im fünften Band 1815: «ein freies Leben, mit gleichen Rechten und Pflichten, unter angestammten Fürsten, gesichert durch Gesetze in einem festen Reichsverbande aller Teutschen unter einem starken Kaiser».[223] Die Bundesakte erfülle dies nicht, sie gründe auf der Souveränität der Fürsten – einem vom Volk abgelehnten Geschenk Napoleons. Statt den Rheinbund zu modernisieren hätte das Alte Reich wiederaufgerichtet und verbessert werden müssen.[224]

Goethe und Voigt erfuhren zu dieser Zeit, dass eine jüngere Generation geborener Adliger sie in Weimar langsam aufs Altenteil abschob. Freiherr Carl Wilhelm von Fritsch, Freiherr von Gersdorff und Graf Albert Cajetan von Edling berieten nun den Herzog. Der Geburtsadel verdrängte die nobilitierten Bürgerlichen.[225] Das steigerte die Reputation Carl Augusts im Kreis der Souveräne. Er ließ den Grafen Edling auf dem Wiener Kongress agieren, während der in der Herrnhuter Brüdergemeine erzogene Gersdorff die Innenpolitik dominierte. Dieser hielt die bürgerliche, die negative Freiheit von Eingriffen in das eigene Umfeld für ein Urrecht des Menschen, das der Staat schützen müsse. Auch den Nationen stehe diese Freiheit zu, die nur von Preußen, nicht von den kleinen Staaten gesichert werden könne.[226]

Goethe schrieb auf Wunsch Ifflands für die Berliner Siegesfeiern das Festspiel *Des Epimenides Erwachen,* das dort am 30. März 1815 uraufgeführt wurde. Darin verfällt der Seher noch einmal in einen tiefen

Heinrich Luden
Historiker in Jena

Schlaf, um dem Krieg zu entgehen. Ohne Revanchegelüste und Hass kann er die europäische Einigkeit verkünden.[227] Dem Theater, das solche Ideen spielerisch unters Volk brachte, gebührte für Goethe der höchste Rang im Kulturbetrieb. Ihm könne «nichts was der Mensch durch Genie, Geist, Talent, Technik und Übung hervorbringt, gleichgestellt werden».[228] Kunst und Altertümer traten dagegen in die zweite Reihe, bildeten aber durch ihre Schönheit ein wichtiges Fundament. Im Herbst 1814 bestaunte Goethe in Heidelberg die kostbare Kunstsammlung Boisserées. Er schätzte den historischen Wert der Bilder, wollte den christlichen Spiritualismus aber nicht als Grundlage einer deutschen Nationalkultur gelten lassen. Ein Jahr später reiste er auf Einladung des Freiherrn vom Stein an den Rhein, um die durch die Säkularisationen und den Krieg herrenlos gewordenen Kunstwerke zu beurteilen, die der preußische Staat übernehmen wollte. Er besuchte unter anderem die Baustelle des Kölner Doms und fasste seine Beurteilung in einer kulturpolitischen Denkschrift *Ueber Kunst und Alterthum in den Rhein und Mayn Gegenden* zusammen, mit der eine Zeitschrift gleichen Namens eröffnet wurde. Goethe beließ es bei der historischen Bedeutung der Kunstwerke. Zudem folgte im nächsten Heft eine mit Goethe abgesprochene glasklare Abrechnung Heinrich Meyers mit denjenigen, die die Kunst des 15. und 16. Jahrhunderts religiös und national im Sinne der Romantik aufluden.[229]

Der aggressive deutsche Nationalismus, den nicht nur die Romantiker pflegten, war Goethes Sache nicht. Er setzte andere Akzente. 1829 referierte er, dass nach Guizot die Gallier «die Idee der persönlichen Freiheit» den Germanen verdankten. Die Deutschen fragten nicht viel nach den anderen, jeder sei sich selbst genug und in jedem lebe laut Guizot, «die Idee der persönlichen Freiheit, woraus dann viel Treffliches hervorgeht, aber auch viel Absurdes».[230] Freiheit sei ein wichtiges Gut, benötige aber Regeln, um nicht durch bloße Egoismen die Gesellschaft zu entzweien. Solange noch nicht alle Menschen durch Kultur und Selbstbildung das hohe Ziel verinnerlicht hatten, so lange wurde der Zwang einer vernünftigen Herrschaft benötigt, damit alle in Frieden leben konnten.

VI.

Fokus Weimar – Arbeiten am Mythos

Die 74-jährige Frau von Stein brachte es Anfang April 1817 auf den Punkt: «Es kann sich niemand drein finden, daß unsere brillante Epoche vorbei ist, selbst Goethe nicht. Es herrscht bei uns nichts wie Stolz und Schein und dabei gar kein Gemüt.»[1] Das klassische Weimar-Jena endete nicht erst mit dem Tod des Genies. Der Großherzog sorgte sich um das liberale Image; die politischen Professoren kämpften mit den Burschenschaften und den Journalen für die bürgerliche und politische Freiheit und den deutschen Nationalstaat. Das Wartburgfest wurde zum Fanal, und Weimar-Jena zehrte bereits von der Vergangenheit.

Goethe lebte im Bewusstsein des Umsturzes auf allen Ebenen, der mit dem Alten auch das Gegenwärtige im Strudel des Veloziferischen fortriss – einer übermäßigen, dem menschlichen Wollen entzogenen Beschleunigung aller Verhältnisse. Er vermisste das Innehalten, um das Erreichte zu würdigen, das Schöne zu genießen und das Künftige in Ruhe selbst zu gestalten. Das rastlose Streben nach Neuem und dessen immer kürzere Verfallszeiten erschreckten den Neptunisten, der in der Natur eine langsame Fortentwicklung wahrnahm und dieses Modell auf die Gesellschaft übertrug. Die neue Dynamik war aber nur noch um den Preis des Stillstands zu brechen. Seine Sorgen vor der großen Beschleunigung aller Dinge auszusprechen und deren Folgen auszumalen, schien Goethe nur in der Fiktion des schönen Scheins wie in *Faust II* möglich. Den 1831 abgeschlossenen zweiten Teil der *Faust*-Tragödie hat er zu seinen Lebzeiten nicht veröffentlicht; er fürchtete, missverstanden zu werden.

Unterdessen reüssierten die deutschen Romantiker mit ihrem christlichen Universalismus auf deutscher Basis. Sie priesen die Vorbildhaftigkeit der von der katholischen Kirche und dem mittelalterlichen deutschen Reich erzeugten (Zwangs)Einheit. Hatten die Frühromantiker ihren Entwurf noch als Projektion ihrer Zukunftshoffnungen gestaltet, klang dies nun immer mehr nach einem «Zurück» in eine vorgeblich heile und bessere Welt. Friedrich Schlegel scheiterte mit seinen extrem restaurativen politischen Vorstellungen selbst im konservativen Umfeld Metternichs.

Das «junge Deutschland» griff auch Goethe wegen seines Arrangements mit dem Metternichschen System an, Nationalliberale und Katholiken kritisierten seine angebliche politische Enthaltsamkeit als «fatale Charakterschwäche»[2]. Er akzeptierte das Gegenwärtige, das er nicht ändern konnte, um es fortzuentwickeln. Das politische Engagement der jüngeren Dichter hielt er für gefährlich. Im nationalen Taumel wollte niemand das klassisch-kosmopolitische Erbe antreten.

1. *Großherzogtum und Pressefreiheit*

Als Carl August nach der Leipziger Völkerschlacht die Fronten wechselte, erklärte er, die Administration aller ernestinischen Herzogtümer und auch diejenige Kursachsens übernehmen zu wollen. Das Großherzogtum Thüringen blieb jedoch ein unerfüllter Traum. Müffling und Gersdorff drängten die Napoleonfreunde Müller, Voigt und Goethe in den Hintergrund. Carl August befehligte das Armeekorps, das die Niederlande befreien sollte. Goethe versicherte, die seiner Oberaufsicht unterliegenden Dinge zu betreiben, «bis den Wissenschaften und Künsten ein neuer Frühling aufgehen möchte»[3]. Dieser Zustand lag für Goethe in einer fernen Zukunft, für den Herzog jedoch in der Gegenwart.

Da die Großmächte seine Annexionswünsche ablehnten, beschloss Carl August, den Wiener Kongress selbst zu besuchen und an der Neugestaltung Deutschlands mitzuwirken.[4] Goethe begleitete ihn nicht. Er wandte sich auch gegen einen Obelisken und zu großen Pomp bei den Feierlichkeiten anlässlich der bevorstehenden siegreichen Rückkehr des

Herzogs. Früher hätten Fürsten milde Stiftungen gewünscht. Vielleicht lasse sich die Feierlust auf den Waisenhaus-Fonds umlenken. Da Carl August sich nur kurz in Weimar aufhielt, bevor er nach Wien weiterreiste, hielt sich der Aufwand in Grenzen. Das half, die 60 000 Reichstaler zu finanzieren, die seine Kongressteilnahme kostete.[5]

In Wien ließ Carl August den Grafen Edling auf der gesellschaftlichen, Gersdorff auf der politischen Bühne agieren. Für seine Gebietswünsche – Erfurt, Blankenhain und Fulda, auch das albertinische Thüringen – waren allerdings die Aktivitäten seiner ebenfalls angereisten Schwiegertochter Maria Pavlovna höchst hinderlich. Sie unterstützte ihren Bruder und wollte Fulda als Fürstentum für sich gewinnen.[6] Die Großfürstin verfolgte mit dem Geld ihrer Mitgift häufig politische Ziele, die nicht diejenigen Carl Augusts waren. Sie verstand sich erst in dem Moment mehr als Landesmutter, als in Deutschland die erzkonservative Politik des Zaren massiv kritisiert wurde. Sie wollte mit ihrem Geld aber nicht nur wirken, sondern auch kontrollieren. Goethe riet ihr 1830 davon ab, eine Lesegesellschaft zu gründen. Das «individuelle Denkvermögen» dürfe nicht unterjocht werden. Die Weimarer Verfassung sei «ein Appell an die Individualität»; jede gesellschaftliche oder kulturelle Vereinigung müsse freiwillig erfolgen und dürfe nicht vom Hof oder der Regierung ausgehen. Auch Staatsminister von Schweitzer hatte Maria Pavlovna angesichts der Schulden – «wir stehen an dem Rande des Abgrundes» – geraten, die Grundlagen des Weimarer Ruhms nicht anzurühren und dem «Geiste, sein Element, die Freiheit» zu lassen.[7]

Nach Goethes Tod tat die Großfürstin alles, um die Erinnerung an die Klassiker in Weimar zu konzentrieren. Sie ließ die Dichterzimmer im Schloss einrichten, die Büsten mit Weimar verbundener Künstler und Wissenschaftler aufstellen und die Wände mit Szenen aus der vaterländischen Geschichte bemalen. In diese Memorialkultur wurde aufgenommen, was beeindruckte. Das galt auch für die Ausgestaltung der Wartburg, wo Maria Pavlovna das Honorar für die Fresken von Moritz von Schwind beglich. Mitte des 19. Jahrhunderts war Weimar auf dem besten Weg, sich erneut als Mittelpunkt der deutschen Kultur zu präsentieren.[8]

1815, auf dem Wiener Kongress, wurde Carl August Großherzog, eine königsgleiche Würde, und er gewann mit dem am 22. September 1815 in Paris unterzeichneten Vertrag etwa 22 000 ehemals fuldische Seelen, den Neustädter Kreis, Blankenhain und Teile des Amtes Tautenburg sowie einige kleinere Erfurter Gebiete hinzu. Das Großherzogtum war etwa 30 Quadratmeilen und 80 000 Einwohner größer als das Herzogtum.[9] Carl August reagierte mit der Neustiftung des Weimarer Falkenordens, der jährlich am 18. Oktober in Erinnerung an die Völkerschlacht an Adlige und nun auch an Bürgerliche verliehen wurde. Die Mitglieder verpflichteten sich zu «Treue und Ergebenheit gegen das gemeinsame Teutsche Vaterland» und auch zur Fortentwicklung der vaterländischen Gesinnung und «Teutscher Art und Kunst».[10] Diese Programmatik teilte Goethe, doch der Großherzog verstand «deutsch» nun – dem Zeitgeist folgend – als In- und Exklusionskriterium, während Goethe die aufklärerische Offenheit des Deutschseins in kosmopolitischer Perspektive verteidigte. Sein Maskenzug 1818 ist eine Erinnerung an die Weimarer Glanzzeiten und eine Art Vermächtnis, denn alles scheint vorbei. Der Genius weiß es besser: «Nicht vorbei! Es muß erst frommen».[11]

Auch der Weimarer Staat wurde modernisiert. Um die Regierungsarbeit zu rationalisieren und die neuen Gebiete besser integrieren zu können, wurde das Geheime Konzil durch ein modernes Staatsministerium unter Leitung Voigts ersetzt. Der Großherzog ernannte Goethe am 12. Dezember 1815 zum Staatsminister mit der «Oberaufsicht über die unmittelbaren Anstalten für Wissenschaft und Kunst in Weimar und Jena». Goethe bat um Mitarbeiter – unter anderem um seinen Sohn, den Kammerrat August von Goethe –, um seine öffentlichen Aufgaben besser bewältigen zu können. Dazu listete er seine vielfältigen Verpflichtungen auf und verdeutlichte, dass es ihm zu verdanken war, wenn sich von Weimar aus der «Ruhm einer wissenschaftlichen und kunstreichen Bildung über Deutschland, ja über Europa verbreitet» habe. Auch Wieland und Herder hätten «in zweifelhaften literarischen und artistischen Fällen» als Berater gewirkt. Ihm sei «ein großer Theil jener nicht einträglichen Erbschaften zugefallen». Vor vielen Künstlern und bekannten Wissenschaftlern habe er «keine posttägliche Ruhe». Er wirke an einem Denkmal für Blücher in Mecklenburg und an der Beurteilung der Kunstwerke und Altertümer an Rhein und

Main mit. Dabei werde er sich meist mit «der Ehre zu begnügen haben gegen das liebe deutsche Vaterland als Facultät und Ordinarius um Gotteswillen mich einwirkend zu verhalten». Da er sich «als öffentliche Person ansehen» dürfe, bitte er um «einige Erleichterungen von Staatswegen».[12]

Goethe befürwortete den Regierungsumbau, lehnte jedoch Gersdorffs Pläne für eine gewaltenteilende Repräsentativverfassung mit Grundrechten ab.[13] Auch Carl August ging das zu weit. Der Geheime Referendar Ackermann wandte sich gegen das der «dunklen Idee der Volksmajestät und des Rousseauischen Contrat Social» entstammende Repräsentativsystem, das nur Unruhe bringe, wenn jeder Stand oder Ortsvertreter nur für sich und seine Entsender und nicht für das Ganze eintrete. Die Repräsentation des Ganzen durch jeden ständischen Vertreter war eine umstrittene Forderung, weil sie den Wandel von den altständischen Versammlungen mit Deputierten, die an ihre imperativen Mandate gebunden waren, zu den modernen Parlamenten mit freien Mandaten der Repräsentanten signalisierte. Ackermann empfahl, um die Kontrolle zu gewährleisten, die Ständeberatungen wenigstens teilweise öffentlich zu machen.[14]

Der vom Herzog am 30. Januar 1816 eingesetzte Ausschuss legte Ende April einen Verfassungsentwurf vor, der am 5. Mai durch großherzogliches Edikt in Kraft gesetzt wurde und unter anderem die Pressefreiheit garantierte. Neben je zehn Gutsbesitzern sowie Vertretern der Städte und der Landbewohner gehörte ein Delegierter der Universität dem neuen Landtag an. Sie sollten als Repräsentanten des ganzen Landes gelten, die Steuern bewilligen und auch an der Gesetzgebung mitwirken. Der Großherzog war als «heilig und unverletzlich» jeder Kritik entzogen und besaß das Recht, den Landtag zu vertagen oder aufzulösen.[15] Das entsprach der Intention des berühmten Artikels 13 der Bundesverfassung, diente aber auch dem liberalen Image Weimars. Voigt lehnte diese «monarchisch-demokratische Konstitution» ab,[16] und er kritisierte die von der Pressefreiheit gedeckte «Injurientoleranz», die den «ästhetischen Ruhm der weimarischen Wissenschaften und Kunst» verdunkle.[17]

Die verfassungsrechtlich garantierte Pressefreiheit wurde schnell zum Problem. Es musste nachjustiert und gedroht werden, bei Beleidigungen fremder Fürsten einzuschreiten.[18] Im Ereignisraum erschienen zwischen 1814 und 1818 zehn neue politische Zeitungen.[19] Oken kritisierte in seiner *Isis* offen die Weimarer Politik und forderte, die Scheidewand zwischen Gebildeten und Nicht-Gebildeten zu durchbrechen.[20] Er missachtete das Rezensionsprivileg der *Allgemeinen Literatur-Zeitung*. Als der Großherzog die Polizeibehörde zum Handeln aufforderte, wollte er wissen, wie sich Pressefreiheit und Rezensionsmonopol vertrügen.[21] Da Oken in der Verfassung die Menschenrechte vermisste – er formulierte 23 Grundrechte –, war sie für ihn keine liberale Konstitution.[22] Der von Carl August um ein Gutachten gebetene Goethe meinte, die *Isis* hätte schon aufgrund ihrer Ankündigung verboten werden müssen. Das Übel werde durch rechtliche Maßnahmen nur vergrößert. Oken sei ein Mann von Geist und Verdienst; «ihn als einen Schulknaben herunter zu machen, ziemt sich nicht; hat er aber bey allen seinen Vorzügen nebenher noch einen partiellen Wahnsinn, der dem Staate schädlich, ja verderblich ist, so bändige man diesen und die Sache ist mit Ehren gethan». Das Blatt müsse sofort verboten werden. Das sei eine Polizeisache und so vermeide man, dass der Großherzog vor Gericht gezogen werde.[23] Als das Oberappellationsgericht Oken freisprach,[24] lobte die öffentliche Meinung Carl August als besonnen und liberal, weil er Verfassungsrecht nicht polizeilich einschränken ließ. Das war aber nicht das letzte Wort, denn die «Preßfreyheits-Gespenster»[25] sorgten weiter für Unruhe. Preußen intervenierte und im Juni erfolgte eine letzte Warnung an die *Isis* und an das Oppositionsblatt, das Wielands Sohn herausgab. Nach einer Intervention Metternichs wurde es wegen der häufigen auswärtigen Beschwerden am 25. November 1820 verboten.[26]

2. *Das Wartburgfest als Fanal*

Die am 12. Juni 1815 in Jena gegründete studentische Urburschenschaft, die schnell an anderen Universitäten Fuß fasste, forderte die staatliche Einheit Deutschlands. Sie verurteilte – das machte sie der Regierung sympathisch – die Auswüchse des Duellwesens und die pennalistischen Unsitten. Ihr Motto hieß: Ehre, Freiheit, Vaterland. Namen wie «Germania», «Teutonia» oder «Arminia» versinnbildlichten das nationale Programm. Auch Goethe war von den führenden Köpfen beeindruckt.

Die Feier anlässlich des 300. Jahrestages des Thesenanschlags und der Reformation Luthers und des vierten der Völkerschlacht bei Leipzig organisierten die Jenaer Burschen Mitte Oktober 1817 auf der Wartburg. Es erschienen mehr als 500 namentlich bekannte Personen. Fast 400 davon waren evangelisch, sechs gehörten dem katholischen Glauben an. Sie lobten Carl August als Verfassungsgeber, forderten Freiheit und Einheit für die deutsche Nation, Rechtsgleichheit und Konstitutionen in allen deutschen Staaten. Geschichts- und Rechtsbücher, darunter der Code Napoléon, aber auch Symbole des alten Militärwesens wurden den Flammen übergeben – ein seit Luther bekanntes Ritual.

Erst die Zeitungsberichte machten das Wartburgfest zum Fanal des Aufruhrs. Carl August wurde aus Wien und Berlin gerügt, weil er die Ausbreitung des jakobinischen Geistes zugelassen habe. Preußen verbot die Burschenschaften und stellte die Turner unter Polizeiaufsicht. Der Berliner Polizeipräsident von Kamptz beschuldigte den Großherzog, einem «Haufen verwilderter Professoren und verführter Studenten» die Bühne bereitet zu haben. Im Gegenzug behauptete Carl August, Jena würde angeklagt, um von Vorwürfen abzulenken, Berlin sei «die Saugamme, die Wochenstube, die Erziehungsanstalt aller neuerer demagogischer Umtriebe gewesen».[27] Der Weimarer Abschlussbericht sprach von einem friedlichen Fest, das durch eine falsche Berichterstattung ein zu großes politisches Gewicht erhalten habe.[28] Professor Schweitzer, ein Teilnehmer, entschuldigte die Studenten, die aufgrund ihrer Bildung mit den aktuellen Verhältnissen nicht zufrieden sein könnten. Er wurde 1818 Staatsminister.[29]

Freiherr vom Stein ließ allerdings Minister Gersdorff wissen, in Weimar habe die Pressefreiheit wenig «Schätzbares zutage gefördert, und die Gleichheitsapostel, die Herren Luden, Martin, Oken, Wieland [junior, G. S.] usw. sind nicht zu Lehrern der Nation geeignet […], sie wollen alles nivellieren». Pressefreiheit sei aber von Lehrfreiheit zu unterscheiden. Die vom Staat berufenen öffentlichen Lehrer dürften nicht «Mord, Aufruhr und Zerstörung alles Alten und Herkömmlichen» predigen.[30] Der Großherzog verwies dagegen auf die Bundesakte und betonte, dass die Pressefreiheit von der Weimarer Verfassung garantiert werde. Er hoffe, der Bundestag werde endlich die Bestimmungen erlassen, auf die auch er sich «gegen das überhandnehmende Übel des Preßunfugs» berufen könne.[31] Gegen die geharnischte Protestnote des Zaren[32] wurden die Genehmigung der Weimarer Verfassung durch den Bundestag und die alte Reichsverfassung angeführt, die den Deutschen erlaubt habe, «über Staatenangelegenheiten und Regierungen ihres Reichs ohne Rücksicht und Besorgnis ihren Tadel oder ihr Lob öffentlich in Schriften» auszusprechen. Das müsse weiterhin gelten, sofern «revolutionäre Zügellosigkeiten» unterbunden würden.[33] Nur wo «der Genius einer vernünftigen Freiheit» walte, könne man «den Dämon der Anarchie» fesseln.[34] In Weimar wurden «Fiskale» ernannt, die bei Beschwerden auswärtiger Regierungen eingreifen sollten.[35]

Der Großherzog sprach auch Rektor und Senat seinen Dank für die Ruhe und den guten Geist aus, der in Jena herrsche. Die Universitäten müssten zeigen, «daß Sitte mit Freiheit, Fleiß mit Unabhängigkeit zu bestehen vermag».[36] Metternich und die Heilige Allianz sahen hingegen in ihnen Zentren einer Verschwörung und ordneten im Sommer 1818 die sogenannten Demagogenverfolgungen an. Ludens *Nemesis* druckte nun einen geheimen Bericht August von Kotzebues für Zar Alexander I., in dem dieser sich sehr abschätzig über die Universitäten äußerte.[37] Goethe und Voigt resignierten – «Zucht und Ordnung ist nicht mehr in Jena zu erwarten»;[38] Staatsminister Graf Edling nahm seinen Abschied und der ganze Hass der Studenten richtete sich gegen Kotzebue. Er wurde von dem Theologiestudenten Karl Ludwig Sand, der wohl durch den aus Gießen nach Jena gekommenen Privatdozenten Karl Follen radikalisiert worden war, am 23. März 1819 in Mannheim ermordet.[39]

Der Großherzog und die Universität Jena gerieten ins Kreuzfeuer der Kritik. Carl August hielt jedoch an seiner Politik fest und wies zusammen mit dem Gothaer Herzog alle Angriffe gegen die Universitäten zurück. Auf dem Bundestag forderte er die Bewahrung der akademischen Freiheit, weil es nicht nur um den Unterricht, «sondern um Ausbildung des Jünglings in seiner Gesamtheit [...], um Entwicklung des Charakters zur Freiheit und Selbständigkeit»[40] gehe. Metternich schrieb Gentz, er werde den «Altburschen von Weimar» zwingen, sich politisch zu konformieren.[41] Mit den Karlsbader Beschlüssen endeten im August 1819 die Autonomie der Universitäten und die akademische Freiheit. In Jena wurde Oken im Juni entlassen und die Burschenschaften wurden im November aufgelöst. Das neugeschaffene Amt des Universitätskurators bot der Großherzog Goethe an, doch der Siebzigjährige lehnte ab.[42]

Angesichts der Wiener Schlussakte und der Restauration im Zeichen der Heiligen Allianz setzte Carl August in den 1820er Jahren wieder stärker auf sein persönliches Regiment. Er verfolgte jedoch die Debatten des englischen Parlaments und den griechischen Befreiungskampf. Seinen jüngeren Sohn Bernhard brachte er gegen dessen Willen für die griechische Krone ins Gespräch. Beim Erbfall und der 1826 verabredeten Teilung von Sachsen-Gotha-Altenburg musste sich der Großherzog mit der Rolle des Beobachters abfinden. Anders verhielt es sich bei der Heirat seiner beiden Enkelinnen Marie und Augusta. Der Werbung König Friedrich Wilhelms III. von Preußen um Marie für seinen drittgeborenen Sohn Karl stimmte er 1827 erst zu, als sich die Verbindung zwischen Augusta und dem Prinzen Wilhelm abzeichnete, dem späteren deutschen Kaiser. Der Ehevertrag kam kurz vor Carl Augusts Tod zustande und war sicherlich ein wichtiger Grund seiner letzten Reise nach Berlin. Dass Augusta in Berlin zur Gegenspielerin Bismarcks und dessen Politik der deutschen Einheit durch Blut und Eisen wurde, ist eine andere Geschichte. Dass sie sich in Preußen weiterhin als Weimarer Prinzessin fühlte und in Koblenz, wo ihr Mann in den 1850er Jahren Militärgouverneur war, einen Gegenhof nach Weimarer Vorbild aufbauen wollte, wieder eine andere.[43]

Überregionale politische Aufmerksamkeit erregte der Großherzog in den 1820er Jahren mit seiner weitsichtigen Zoll- und Handelspolitik und dem Vorschlag, alle Zölle an die Grenzen des Deutschen Bundes zu verlegen. Derartige Pläne waren über Jahrhunderte hinweg gescheitert, nun ging es, wenn auch langsam, voran. Der mitteldeutsche Handelsverein kam 1828 zustande.[44]

Mit den Burschenschaften richteten sich 1817 die Blicke noch einmal auf Weimar-Jena. Goethe schrieb am *Divan*, an der *Campagne in Frankreich* und an der *Belagerung von Mainz*. Dadurch erinnerte er

Carl August daran, dass Bildung und Kultur das einzige waren, mit dem er wuchern konnte. Im April 1821 bedauerte auch der Großherzog, dass «man in Jena keinen Zentralpunkt schaffen konnte, wo eine Zeitschrift hätte entstehen sollen, in der die besten und gebildetsten Köpfe ihre Erfindungen und Erforschungen [...] niederlegten, um dies Licht der Wissenschaft leuchten zu lassen».[45] In Karl Gräbners Geschichte und Topographie Weimars war 1830 zu lesen, dass Weimar-Athen ein Stern sei, der über die Meere leuchtet. «Wer hat Weimar zum teutschen Athen erhoben? Jene Kunstfreiheit, jener Enthusiasmus für alles Schöne [...]. Seine Schöpfer schlummern den ewigen Schlaf, aber sie sind unsterblich, Amalia und Carl August.»[46]

3. *Das Weimarer Monument*

Im Juni 1816 starb Christiane. Goethe konnte seine Trauer nicht zeigen und stürzte sich in «ununterbrochene Thätigkeit».[47] Als Theaterintendant setzte ihn Carl August allerdings ab, weil er sich weigerte, einem Hund die Bühne zu überlassen. 1812 hatte er in den *Erneuerten Anordnungen für das Weimarische Theater* verfügt: «Kein Hund darf mit auf das Theater gebracht werden», dennoch oder gerade deswegen schlug die im Streit mit Goethe liegende Jagemann, inzwischen längst Frau von Heygendorff, 1816 vor, das Hunde-Melodram *Der Hund Aubry* auf die Bühne zu bringen, und der Herzog wollte es sehen. Goethe ging nach Jena und meldete Voigt, um seine Entlassung bitten zu wollen. Carl August wertete dies – wie im Falle Fichtes – als Entlassungsgesuch und entsprach am 13. April, einen Tag nach der Aufführung mit dem dressierten Pudel in der Hauptrolle, dem angeblichen Wunsch Goethes, von den Verdrießlichkeiten der Theaterintendanz entbunden zu werden.[48] Goethe reagierte beleidigt. Bei diesem Konflikt fehlte ihm das Frühwarnsystem Christianes, die enge Kontakte zu den Schauspielern gepflegt hatte. Das Theater war Goethe zwar eine große Last, doch mit dem schönen Schein wurden alle Schichten erreicht und Politik gemacht.[49]

Als 1821 die erste Fassung von *Wilhelm Meisters Wanderjahre* erschien, interessierte sich Goethe für die Aufstände in Griechenland,

Spanien und Südamerika. Er diskutierte mit Carl August nun wieder die Weltlage,[50] während das gesellschaftliche Weimar steriler wurde. Johanna Schopenhauer, deren Salon auch Goethe gerne besuchte, fehlten die herausragenden Gäste. Sie schrieb Böttiger von der öden und starren Kälte Weimars, denn «alle die hellstrahlenden Lichter die einst um meinen Theetisch glänzten sind erloschen oder dem Erlöschen nah. Auch unser Theater eilt mit starken Schritten dem Untergang zu.»[51] Für auswärtige Besucher gab es nur Goethe. Er war der Star und hielt Hof. König Max I. Josef von Bayern und seine Frau besuchten ihn am 16. Mai 1823 in seinem Haus am Frauenplan. Solche Wertschätzungen ermutigten ihn, die Bundesversammlung Anfang 1825 um ein Privileg gegen den Nachdruck seiner neuen Werkausgabe zu bitten.[52] Der Bundestag lehnte ab, die einzelnen Staaten nicht. Aufgrund dieses Quasi-Monopols zahlte Cotta exorbitante 100 000 Taler Honorar.

Am 21. März 1825 brannte in Weimar das Theater. Gemunkelt wurde von einer Brandstiftung mit Kenntnis des Großherzogs, der schon länger einen Neubau wünschte. Die Pläne dazu arbeitete Goethe mit dem Baumeister Clemens Wenzeslaus Coudray aus.[53] Carl Augusts 50-jähriges Regierungsjubiläum wurde am 3. September mit einer Medaille gefeiert.[54] Das von Coudray entworfene «Pentazonium Vimariense», eine Art Ehrentempel, der auf fünf Stockwerken Leben und Taten des Großherzogs würdigen sollte, blieb unausgeführt. Auch zu Goethes Weimar-Jubiläum am 7. November gab es eine Gedenkmünze. Der Großherzog gratulierte geschäftsmäßig, denn er sah, wie Goethe ihn in der öffentlichen Gunst in den Schatten stellte.[55] König Ludwig I. von Bayern besuchte Goethe am 28. August 1827, seinem Geburtstag, in seinem Haus und verlieh ihm das Großkreuz des Verdienstordens der bayerischen Krone. Auch der preußische Kronprinz kam zu Goethe.

Der 70-jährige Großherzog reiste Ende Mai 1828 nach Berlin, um seine Enkelin Marie und seinen Urenkel Friedrich Karl von Preußen zu sehen. Das Programm war anstrengend und Carl August angeschlagen. Als die Nachricht von seinem Tod auf der Rückreise am 14. Juni in Graditz bei Torgau in Weimar eintraf, hatte Goethe Gäste. Er notierte: «Die Nachricht von dem Tode des Großherzogs störte das Fest.» Einen Nekrolog schrieb er nicht.[56] Die Trauerfeierlichkeiten erfolgten mit dem üblichen Pomp. Der nach Weimar überführte Leichnam wurde im Römischen Haus aufgebahrt und am 9. Juli in der Fürstengruft beigesetzt. Goethe hatte die Trauerzeremonie mitgeplant, war dann aber nach Dornburg abgereist. Am 23. Oktober äußerte er, der Großherzog habe immer zuerst an sein Land gedacht. «Ein Herzogtum geerbt zu haben war ihm nichts, aber hätte er sich eins erringen, erjagen, erstürmen können, das wäre ihm etwas gewesen.»[57] Goethe machte Carl August zum Geistesverwandten Napoleons. «Auch der verstorbene Großherzog war eine dämonische Natur, von unbegrenzter Thatkraft und Unruhe, so daß sein eigenes Reich ihm zu klein war, und das größte ihm zu klein gewesen wäre.»[58]

Bei den jüngeren Schriftstellern war Goethe umstritten. Der Lyriker Karl Immermann erinnerte die Deutschen 1840 daran, dass Goethe und Schiller mit ihren «Predigten» dem deutschen Volk Hoffnung gegeben hätten. «Ich sage Euch diese beiden Heiden haben uns mehr genützt, als ihr guten Christen jemals uns nütztet, nützet und nützet werdet.»[59] Für Wolfgang Menzel war Goethe hingegen ein Opportunist, der stets die herrschende Partei unterstützt und dem Feind in die Hände gearbeitet hatte, «der uns zu Schwächlingen machte, während wir des Heldentums am meisten bedurften».[60] Er habe – so der von den Romantikern ausgehende, von den Jungdeutschen aufgegriffene Vorwurf – die auf das Edle und Ideale zielende Kunst verraten, weil er das Gemeine und Prosaische zum Gegenstand seiner Dichtung gemacht habe.[61] Ludwig Börne schalt Goethe einen «Fürstenknecht» und «Stabilitätsnarren».

Heinrich Heine kritisierte wortgewaltig die «Kunstbehaglichkeit des großen Zeitablehnungsgenies»,[62] differenzierte aber, wenn er bei Goethe und seinen Anhängern die Kunst als eine zweite Welt betrachtete, «die sie so hoch stellen, daß alles Treiben der Menschen, ihre Religion und ihre Moral, wechselnd und wandelbar unter ihr hin sich bewegt».[63] Die massive Kritik an den Klassikern wies Heine zurück, als «die schäbige, plumpe, ungewaschene Opposition gegen eine Gesinnung die eben das Herrlichste und Heiligste ist was Deutschland hervorgebracht hat». Sie richte sich «gegen jene Humanität, gegen jene allgemeine Menschen-Verbrüderung, gegen jenen Kosmopolitismus, dem unsere großen Geister, Lessing, Herder, Schiller, Goethe, Jean

Paul, dem alle Gebildeten in Deutschland immer gehuldigt haben».[64] Er unterstrich deren Autorität für eine abgeschlossene Epoche, nicht für die Gegenwart, in der die Trennung von Bürger und Dichter nicht mehr gelten könne. Karl August Varnhagen von Ense sah dies 1834 in einer Denkschrift für Maria Pavlovna anders: «Der Geist Goethes ist ein Geist der Ordnung, der Mäßigung, der Besonnenheit, der Ehrfurcht, seine Wirksamkeit ist erhaltend und fortbildend, und dabei so mannigfaltig und beweglich, daß ihm vor anderen gelingen kann, auch die ausschweifenden und verwilderten Kräfte, welche von dem literarischen Boden auf den politischen so leicht übergehen, zu ruhiger Entwicklung anzuziehen und in milderen Gestalten festzubannen.»[65]

Schon im Vormärz gingen die Wertehorizonte auseinander, das zeigt das Beispiel zweier Weimarer Bürger. Der aus einem akademischen Haus stammende Arzt und Großhändler Ludwig Friedrich von Froriep, Schwiegersohn Bertuchs, schätzte Theater, Kunst und Literatur. Das spielte für den aus dem Handwerkermilieu kommenden Adam Henß keine erkennbare Rolle. Er sorgte sich um die Ausbildung und Nahrung der Mittelschicht und forderte das politische Engagement der Bürger. Froriep trat lange offensiv für die Verfassung und die Pressefreiheit ein. Dem Politisierungsschub nach der Julirevolution entzog er sich jedoch und nahm nun über seine guten Verbindungen zum Großherzog und Hof Einfluss.[66] Dieser Rückzug aus dem öffentlichen politischen Raum in die vertrauten Zirkel der Macht war ein Teil des Versagens der Bildungsbürger, die wie Goethe Revolutionen und Umsturz ablehnten und das Regieren nicht dem Volk überlassen wollten.

4. *Die Reichsoption in* Faust II

Seit Mitte der 1820er Jahre arbeitete Goethe am *Faust. Der Tragödie zweiter Teil,* den er 1831 abschloss, der aber erst nach seinem Tod veröffentlicht werden durfte. Die Endfassung des ersten Teils war 1808 erschienen, wurde 1829 in Braunschweig uraufgeführt und kam kurz darauf, zum 80. Geburtstag des Dichters, in Weimar auf die Bühne.[67] Dr. Heinrich Faust ist ein dem Vorbild des 1541 verstorbenen Wunderheilers und Magiers Johann Georg Faust nachgeformter Wissenschaftler, der letzte Antworten sucht. Sein Wunsch nach absolutem Wissen – «was die Welt / Im Innersten zusammenhält» (V. 382 f.) – verleitet ihn zu einem Pakt oder einer Wette mit Mephistopheles, der ihn in Fesseln holen darf, wenn es ihm gelingt, ihn in eine schöne Konstellation zu bringen, in der er verharren möchte (V. 1698–1703).[68]

Das «Verweile doch! Du bist zu schön!» (V. 1703) ist Leitmotiv und Kontrapunkt zur rastlosen Hast auf der Suche nach Erkenntnis. Der schöne Augenblick spiegelt den Moment der Freiheit von den Zwängen, denen sich das moderne Individuum permanent ausgesetzt sieht. Ohne Innehalten und ohne einen verbindlichen Rahmen verschwindet im Streben nach Perfektibilität die Ordnung, die Gegenwart und das Leben. Faust steht für die Entfremdung vom Mensch-Sein, die Beschleunigung aller Dinge, eine irregeleitete Zivilisation und ein zum Wahn werdendes technologisches Vervollkommnungsstreben, das in der Absicht, Gutes zu bewirken, zum Untergang führt. Für Goethe war die Tragödie die Frucht seiner lebenslangen Auseinandersetzung mit der Krise des alten Europa, dem Übergang in eine neue Zeit ohne Revolution, ohne Chaos und ohne nationalistische Abschließungen. Er reflektierte hier aber auch die Politik Carl Augusts und der Mächtigen sowie die Traditionen, Naturgesetze und Humanität missachtende Moderne, deren Sinn sich im «Immer-mehr» und «Immer-schneller» zu erschöpfen schien. Angesichts der veloziferischen Dampfwalze, die Gegenwart und Vergangenheit in bloßer Geschäftigkeit verschlang, schlüpfte der für den mit Vernunft zu gestaltenden Wandel eintretende Goethe in die Rolle eines modernen Kulturkritikers.

Die Ruhe des Verweilens, um das Schöne zu genießen, die stille Größe, ist für Faust das «Todessignal», denn, wenn sein Vorwärtsdrängen aufhört, weil das Vollkommene erreicht ist, gewinnt Mephisto die Herrschaft über seine Seele.[69] Das zwingt ihn, alles zu verneinen, was er als Realität erfährt. Faust ist der Repräsentant des Krisen- und Revolutionszeitalters, der ablehnt, was vorher galt und jede Wirklichkeit durch eine andere ersetzt sehen will.[70] Dabei führt die «extreme Leidenschaft», nicht die reflektierte aufklärerische Vernunft das Regiment. Das Gegenwärtige wird um der angeblich besseren Zukunft Willen vernichtet. Die Revolution darf nicht zum Stillstand kommen, denn ansonsten könnten die Schönheiten erkannt und die leidenschaftlichen Affekte beruhigt werden.[71]

Über den Sinn der *Faust*-Tragödie, von der bereits Heine behauptete, sie sei zur «weltlichen Bibel der Deutschen» geworden,[72] die als «Herzstück des ‹klassischen Erbes›», ja als «Summe der Kultur der Goethezeit» gilt,[73] streiten Germanisten. Das füllt Bibliotheken und macht die politische Einordnung nicht einfacher. Vielleicht bietet Richard Friedenthals Formel – «der Faust hat den Sinn, den der Betrachter ihm verleiht» – den besten Zugang für alle Zeiten.[74] Dieser Gedanke ist dem Stück inhärent, denn Faust selbst erinnert zu Beginn den Famulus Wagner daran, dass der von ihm behauptete Fortschritt nur eine Folge seines Vorverständnisses ist. Was im *Faust* Zeichen, Symbol, Satire oder Scherz ist, muss hier nicht entschieden werden – auch nicht, ob diese oder jede Szene eine «Art persönlicher Abrechnung» mit Carl August ist.[75] Warum aber spielt im *Faust II* das Heilige Römische Reich eine derart prominente Rolle?[76]

Im ersten Teil spotten betrunkene Studenten in Auerbachs Keller über Kaiser und Reich. Die scheinbare Eindeutigkeit verliert sich im zweiten Teil, der die Politik mit Kaiserhof und Reich, Revolutionen und Rebellionen, Kriegen und Allmachtsphantasien in den Blick nimmt. Faust wird zum Gestalter auf der großen Bühne des Reichs, das Vergangenheit war, doch als politisches Ideal in Goethes Denken eine wichtige Rolle spielte, wie nicht zuletzt seine autobiografischen Werke verdeutlichen. Das teils wirklichkeitsnah, teils symbolisch und als Traumgebilde vorgeführte Reich erinnert an den Verlust dieser Lebensform, während die neue Zeit dem Untergang geweiht ist. Die Flutwelle reißt unerbittlich alles mit sich fort.

Wer dem Alten Reich und seiner Verfassung Systemrationalität zubilligt, wird Goethes Bilder verstehen. Wenn *Faust II* ein episches Gedicht ist, das durch die Selbständigkeit seiner Teile charakterisiert wird, dann ist dies eine verblüffende formale Analogie. Die Teile sind weithin autonom, doch das Ganze besitzt eine höhere Qualität, weil es diese zu einer komplexen, sich gegenseitig ergänzenden und kontrollierenden Ordnung verbindet. Das altständische Muster, jeder ist an seinem Platz notwendig und gefordert, ist die Alternative der Tragödie zur zerstörerischen Wucht der Moderne und ihres Machbarkeitswahns, der in einem gigantischen Landgewinnungsprojekt gipfelt. Mit Philemon und Baucis zeigt Goethe den Wert der Schönheit eines ruhigen und erfüllten Lebens im Einklang mit der Natur, in Frieden, Freiheit und Humanität.

In der Kaiserpfalz wird die Krise des Reichs verhandelt, wo «Uebel sich in Uebeln überbrütet» und das «Ungesetz gesetzlich überwaltet» (V. 4781 und 4785). Jeder ist gierig und nur auf den eigenen Vorteil bedacht. Um den Umsturz zu verhindern, erfindet der als Narr auftretende Mephisto das Papiergeld, gedeckt durch Grund und Boden und die dort lagernden Schätze. Das befriedigt die grenzenlose Genusssucht. Das Geld macht alles verfügbar und wird im Mummenschanz verprasst – ein Fest, das alle genießen. Der Eigennutz wird hier nicht zur öffentlichen Tugend;[77] der Kaiser will Helena und Paris an seinen Hof geholt haben. Als sich Faust im Flammengaukelspiel der Laterna Magica in die Kunst verliebt und in die Magie eingreifen will, um den Raub der Helena zu verhindern, explodiert das Traumgebilde. Der schöne Schein ist nicht sein Eigentum; er kann nicht beliebig darüber verfügen. Die Antike und ihre Schönheit sind vergangen, haften aber in der Phantasie und sind nur als Bilder abrufbar.

Im zweiten Akt wird Faust von Mephisto zur klassischen Walpurgisnacht ins antike Griechenland gebracht. Im dritten findet er Helena, die nach dem Krieg um Troja von Menelaos geopfert werden soll, und entführt sie in seine Burg. Der in nordischer Hofkleidung auftretende Faust wirbt um sie. Das ist der Moment, den der Künstler festhält, weil dieser die Idee über die äußeren Erscheinungen hinaus spiegelt und dadurch Schönheit und Harmonie erzeugt: «Nun schaut der Geist nicht vorwärts nicht zurück, / Die Gegenwart allein – / Ist unser Glück» (V. 9381 ff.). Der Augenblick steht für sich selbst, weil nichts das Ideal der Vollkommenheit stört. Die «Transformation des Augenblicks in bedeutsame Zeit» ist die Aufgabe der Kunst und das gilt insbesondere dann, wenn vergangene Erfahrungen Bedeutung für die Gegenwart gewinnen.[78]

Faust übergibt den Führern seiner Heeresteile, den Germanen, Goten, Franken, Sachsen und Normannen, die griechischen Poleis. Sparta und der Palast sind seine Ritterburg. Das Heilige Griechische Reich deutscher Nation und ein Kaiser, der mit Vernunft regiert, gewinnt in der Fiktion Arkadiens ideale Gestalt. Die Überblendung von antiker und nordischer föderativer Vielfalt bringt im Einklang mit der Natur den Moment der Freiheit, Eintracht und Einigkeit. Euphorion, der Sohn von Faust und Helena, steht dafür, stirbt jedoch bei einem allzu kühnen Flugversuch, mit dem er der langweiligen Idylle entrinnen will, und mit ihm verschwindet Helena. Weder die klassische Kunst und Mythologie noch die Vereinigung durch Liebe oder das Traumgebilde eines befriedeten Heiligen Griechischen Reiches haben eine Zukunft.

Faust muss dem Idyll entkommen. Er hat zwar die Bitte um Verweilen vermieden, doch angesichts der Schönheit Helenas Gefühle gezeigt. Die Verbindung von antiker Kunstschönheit mit der Gegenwart ist der Moment der Wahrheit und das Ideal Goethes, denn ohne sie kann es keine, auch keine andere Zukunft geben. Das ist das Gesetz der Metamorphose. Die Anverwandlung der klassisch-antiken oder der mittelalterlich-nordischen Mythen war der Vorzug der Deutschen, weil sie Fremdes in Eigenes verwandelten. Die Arkadienfiktion illustriert das mögliche Nebeneinander des Verschiedenen in einem harmonischen Reich, dessen Herrscher nach Vernunft und Recht regiert.

Der sinnlicher gewordene Faust will durch seine Taten den Menschen helfen. In seinem Machbarkeitswahn verkennt er die Gefahren und strebt nach unbeschränkter Herrschaft und absolutem Eigentum. Dazu benötigt er ein kaiserliches Privileg, um Meer und Sumpfgebiete zu Land machen zu können. Der übermächtige Gegenkaiser, dessen Herrschaft zum inneren Krieg, nicht zum Frieden geführt hat, muss besiegt werden, weil er Fausts Ambitionen blockieren würde. Nach der mit Hilfe magischer Kräfte siegreichen Schlacht verweist der alte und neue Kaiser in seiner Thronrede auf die legitime Ordnung im neuerlich geeinten Reich. Er dankt Gott und verbindet sich «für Haus und Hof und Reich» (V. 10872) mit den vier weltlichen (Kur)Fürsten, denen er Land und Erzämter verleiht und die künftig mitregieren. Die Szene orientiert sich teilweise nahezu wörtlich an der Goldenen Bulle Karls IV. von 1356. Der Erzbischof, der durchschaut, dass der Kaiser mit magischer Hilfe gesiegt hat, fordert für sein Schweigen Land und Geld. Er repräsentiert die drei geistlichen Kurfürsten, verhält sich aber so gierig, als wolle er die Säkularisation rechtfertigen.

Faust erhält als Lohn für seine Unterstützung die begehrten «Lehn von gränzenlosem Strande» (V. 10306). Den damit verbundenen Pflichten entzieht er sich, um als Souverän und kapitalistischer Unternehmer den perfekten Staat zu schaffen. Nur wenn er der alleinige Herr ist, kann er «des Menschengeistes Meisterstück» kreieren (V. 11248). Seine totalitäre Herrschaft ist aus dem Reichs-Staat herausgewachsen. Faust unterschätzt freilich die Ambivalenzen und Kollateralschäden, denn er muss verantworten, was in seinem Rücken und angeblich gegen seinen Willen geschieht. Seine Helfer machen ihn zum Despoten. Mephisto und seine Schergen lassen das Häuschen der vom Fortschritt überrollten Alten, Philemon und Baucis, in Flammen aufgehen. Sie sterben vor Schreck und mit ihnen das letzte Refugium des Alten. Katharina Mommsen hat gezeigt, dass mit dieser Episode vielleicht auch die Blüte Weimars gemeint war, denn Goethe hatte 1802 in *Was wir bringen* mit den Gestalten Ovids die Blüte Weimars charakterisiert, die sich der Gastfreundschaft gegenüber den Dichtern verdanke.[79] Lynkeus beendet im *Faust* seinen Gesang angesichts des Brandes der Hütte mit dem auch auf Weimar und die alte Welt zu münzenden Fazit: «Was sonst dem Blick empfohlen / mit Jahrhunderten ist hin» (V. 11336 f.).

Faust hatte angewiesen, die beiden Alten beiseite zu schaffen. Nun ist er wütend, weil er angeblich tauschen, nicht rauben und töten wollte. Damit beginnt die Katastrophe. Faust scheitert mit seiner an Schillers Tell erinnernden gemeinnützigen Vision – «auf freiem Grund mit freiem Volke» (V. 11580). Neptun, die Urgewalt des Meeres, reißt an sich, was menschliches Handeln ihm abgerungen hat. Die Lemuren heben keinen Kanal aus, sondern Fausts Grab. Dessen Streben endet mit der Vollendung,[80] sterbend wird er den Fängen Mephistos – «das Ewig-Weibliche / zieht uns hinan» (V. 12110 f.) – entrissen. Ist diese Rettung die rational nicht zu erklärende Hoffnung, die der Menschheit bleibt? Die Symbolik entstammt der christlichen Erlösung, doch sie findet in den Bergschluchten und auf der Bühne des Theaters statt. Die «erlösende Macht einer spirituellen Vernunft»[81] sichtbar zu machen, bleibt dem Theater vorbehalten.

Goethe erklärte Eckermann, im *Faust* gebe es eine «immer höhere und reinere Thätigkeit bis ans Ende, und von oben die ihm zu Hilfe kommende ewige Liebe». Das entspreche den religiösen Vorstellungen, nachdem der Mensch nicht bloß durch eigene Kraft selig werde, sondern durch göttliche Gnade.[82] Das Desaster ist eine Folge des veloziferischen Zeitalters und der willkürlichen Veränderungen. Das Neue soll nicht aus dem Alten hervorgehen, mit diesem nichts zu tun haben und nur für sich stehen. Goethe schrieb den vierten Akt mit dem Sieg über den Gegenkaiser unter dem Eindruck der Julirevolution in Frankreich und der Vormärzunruhen, bei denen es 1831 auch in Altenburg und Gera zu heftigen Unruhen kam. Er fühlte sich an die radikale Revolution nach 1792 erinnert, und er hielt die Anhänger Saint-Simons, der eine Art totaler Industrie mit Arbeit als emanzipatorischem Faktor beim Umbau der Welt in ein irdisches Paradies verkündete,[83] für die neuen Jakobiner.

In *Faust II* siegt die ausgleichende Ordnung von Kaiser und Reich. Sie bot, sofern jeder seine Pflichten erfüllte, Gewähr für eine funktionsfähige und Freiheit sichernde Staatlichkeit. Die limitierte kaiserliche Macht und das Mitregiment der Fürsten bürgten für Ausgleich und Einigkeit, ohne den menschenverachtenden Fortschritt, ohne die Egoismen fördernde ungezügelte Freiheit und ohne die Herrschaft eines auf die Macht nicht vorbereiteten Volkes. Faust vereinigt die souveräne monarchische Alleinherrschaft mit einem kapitalistischen Unternehmertum, um seine Vorstellungen ohne Einreden umsetzen zu können. Er scheitert nicht an den Menschen, sondern an der ungebändigten Natur und wird von einer von der Vernunft nicht zu erfassenden Macht erlöst.

Epilog – der Geist von Weimar

Weimar beflügelt die Vorstellung von einem anderen Deutschland des Geistes, der Kunst, Literatur und Wissenschaft, in dem das Idealische als allgemein Menschliches herrscht und dem die garstige Politik und auch die Verwerfungen der Moderne nichts anhaben können. Aus dem zunächst als vorbildhaft ausgegebenen deutschen Weg – von der Weltbürger- über die Kultur- zur Staatsnation – wurde als Folge der Nazi-Verbrechen die neue, als Mahnung für die Welt gedachte Meistererzählung eines verspäteten und deswegen umso aggressiveren Nationalstaates. Dessen Amokfahrt hatten die Alliierten gestoppt und mit der demokratischen Umerziehung die Deutschen auf den rechten Weg gebracht. Die europäische Integration und die friedliche Wiedervereinigung resozialisierten den deutschen Nationalstaat. Überzeugend ist diese Geschichte nicht mehr. Wenn es einen deutschen Sonderweg gab – und welche nationalstaatliche Entwicklung lässt sich nicht als Sonderweg erzählen? –, dann bestand er in dem tiefen Riss, der die Gesellschaft spaltete. Während die Masse in ihren existentiellen Nöten die Solidarität des Nationalstaates einklagte, wollte die neuhumanistische Bildungselite mit deren soziopolitischen Bedürfnissen möglichst wenig zu tun haben. Sie verschanzte sich hinter demokratiekritischen ästhetisch-sittlichen Idealen und hielt sich unter Verweis auf die Klassiker vom Politikbetrieb fern.

Die zum millionenfachen todbringenden Rassismus mutierende Vorstellung einer geistig-kulturellen Überlegenheit, das ungebrochene Vertrauen in die Obrigkeit und eine den politischen Raum mehr oder weniger meidende Zivilgesellschaft führten dazu, dass der Barbarei totalitärer Herrschaften wenig Widerstand entgegengesetzt wurde. Das Gute, Wahre und Schöne passte nicht zur rauen Wirklichkeit eines um seinen Platz in der Welt kämpfenden souveränen und mächtigen Nationalstaates. Statt mit und gegen diesen Staat eine politisch engagierte Zivilgesellschaft aufzubauen, trat in den akademisch gebildeten und künstlerisch geprägten Milieus Hochkultur als Ergänzung, Alternative und Korrektiv an die Stelle von Politik. Das angebliche Miteinander von Macht und Geist, von Berlin und Weimar gehörte zu den gefährlichen Illusionen des deutschen Selbstverständnisses. Die Macht unterwarf sich den Geist, nicht umgekehrt.

Die Klassiker stehen am Ausgangspunkt dieser deutschen Misere – sind sie mitschuldig? Da der Napoleonverehrer Goethe, der Revolutionsfreund Herder, der Kosmopolit Wieland, der «Jakobiner» Fichte oder die Jenaer Romantiker dem Bild nationaler Heroen widersprachen, wurden ihre Werke umgedeutet, sodass sie wie die Freiheitsdichtung Schillers als Basis der deutschen Kulturnation und des Nationalstaates in Dienst genommen werden konnten. Ihre politischen Vorstellungen und Ideale, wenn sie überhaupt gewürdigt wurden, galten demnach nur für ihre Zeit. In diesem, von Heine vorgegebenen Muster notierte der schwedische Historiker Bernhard von Beskow schon 1834, Weimar sei nicht mehr, was es war, «aber sein Name bleibt dem Freunde der Bildung immer heilig».[1]

Maria Pavlovna und der Musiker Franz Liszt wollten jedoch nicht nur den Geist von Weimar in Weimar pflegen, sondern dem alten Glanz neuen hinzufügen. Das sogenannte Silberne Zeitalter brachte an der Ilm tatsächlich so etwas wie eine zweite Blüte. Mit Liszt und dem in Abwesenheit in Dresden zum Tod verurteilten Revolutionsflüchtling Richard Wagner stand die Musik im Zentrum. Liszt plante eine Fondation Goethe, die mit jährlichen Preisen abwechselnd für Malerei, Bildhauerei, Musik und Literatur Weimar aus dem Dornröschenschlaf wecken und zum Zentrum der Gegenwartskunst machen sollte. Großherzog Carl Alexander, der Enkel Carl Augusts, war begeistert; das Projekt verlief dennoch im Sand. Liszt gründete mit August Heinrich Hoffmann, der sich nach seinem Geburtsort von Fallersleben nannte, den «Neu-Weimar-Verein». Als der Dichter des Deutschlandliedes 1860 Weimar verließ, spottete er:

Die Firma Goethe und Schiller ist
Erloschen schon seit langer Frist.
Doch gibt es hier noch Krämergesellen,

Die wissen so sich anzustellen
Als wäre die Firma von altem Ruhm
Ihr rechtlich erworbenes Eigentum. [...]
Einmal muß doch abgeschlossen
unsere Glanzperiode sein;
Drum stehn in Erz gegossen
Weimars Dichter insgemein.
Drum lasse sich Niemand
Weiter hier als Dichter sehn:
Göthe, Schiller, Wieland und Herder
Sind genug für Ilmathen.[2]

Zur Enthüllung des Schiller-Denkmals von Thorvaldsen waren in Stuttgart 1839 etwa 30 000 Menschen gekommen.[3] In den Revolutionswirren ging Goethes 100. Geburtstag 1849 beinahe unter. Auch in Weimar fielen die Feiern bescheiden aus. Zehn Jahre später wurde der gleiche Anlass bei Schiller zur Demonstration nationaler Verbundenheit. Theodor Fontane fand die Kurzformel: «Und Schiller kam, und Deutschland war geeint.»[4] Die bürgerliche Öffentlichkeit vereinnahmte ihn und in seinem Gefolge auch Goethe, Herder und Wieland. Sie waren in Weimar mit Denkmalen geehrt worden. Es begann 1850 mit dem Standbild Herders vor der Stadtkirche. Am 4. September 1857, einen Tag nach den Feiern zum 100. Geburtstag Carl Augusts, folgten die Statue Wielands und das von Ernst Rietschel entworfene Doppeldenkmal Goethes und Schillers. Es trägt die Widmung: «Dem Dichterpaar / Goethe und Schiller / Das Vaterland». Seinen Platz fand das Dioskurenpaar der deutschen Klassik aber weder im Schloss noch davor, auch nicht auf dem Marktplatz, dem Forum der bürgerlichen Öffentlichkeit, sondern vor dem Theater, dem Tummelplatz der Musen und der Bildungsbürger.[5]

Die Aufrüstung zum Zentrum einer nationalen Kultur wäre ohne das Geld der Pavlovna und ohne den seit 1853 regierenden kunstbegeisterten Großherzog Carl Alexander kaum möglich gewesen. Für das Goethe-Schiller-Monument spendeten viele: Ludwig von Bayern stiftete das Erz, der Großherzog von Baden das Postament, die deutschen Fürsten insgesamt etwa 2500, Napoleon III. 700 Taler.[6] Die beginnende breite Identifikation der Deutschen mit den beiden Kronjuwelen der Hochkultur ließ ihr Denkmal schnell zum Mahnmal des staatlich noch ungeeinten Vaterlandes werden. Die Idee, dass sich Macht und Geist, Politik und Kultur oder einfach Berlin und Weimar ergänzten, war ein geschickter Einfall, der die Bedenken gegen Preußens Macht und Gloria verringerte. Die Operation machte aber auch Goethe und Schiller unsterblich, Weimar zur Stadt der Klassiker und den mit Blut und Eisen erkämpften deutschen Nationalstaat zu einem solchen der Hochkultur. Wer sich auf die Klassiker berief, entschwebte in die höheren Gefilde der Literatur, bildenden Kunst und Wissenschaft; soziale Konflikte und Gewalt, Militarismus und Imperialismus konnten ihm in diesem Reich des Guten, Wahren und Schönen wenig anhaben.

Das Doppeldenkmal vereinte den geadelten «Stabilitätsnarren» Goethe mit dem ebenfalls geadelten Freiheitsdichter Schiller. Es machte die von Georg Gottfried Gervinus mit seiner *Geschichte der poetischen Nationalliteratur der Deutschen* um 1840 erfundenen unpolitischen Klassiker zu den Repräsentanten der Hochkultur. Der Lyriker Goethe und der Dramatiker Schiller hätten die Nation auf die politische Freiheit vorbereitet. Deren Verwirklichung sei jedoch nicht Sache der Literatur, sondern der Politik.[7] 1843 schrieb der Naturforscher Carl Gustav Carus Goethe und Schiller die fortan mit ihnen verbundenen, angeblich deutschen Werte zu: Universalität und Tiefe, Beharrlichkeit und einen Kosmopolitismus der Tat.[8] Er deutete Goethes *Metamorphosenlehre* politisch als das Werden des Neuen gegen das Beharren.[9] Ein Jahr später forderte Wilhelm Wachsmuth, der Erfinder des Musenhofes, die Werke Schillers und Goethes nicht aus der Sicht «eines durch und durch mit politischem Dichten und Trachten zersetzten und die Erscheinungen der politischen Gegenwart in Prosa und Versen verfolgenden jüngeren Geschlechts» zu beurteilen. Schillers Werk habe «zur Erweckung und Erhebung deutscher Gesinnung gewirkt», während alles «Ueberdeutschthum» heute niemand mehr bewege.[10] Tatsächlich ergänzte sich nun die Vorbildhaftigkeit der Klassiker mit Emanuel Geipels «und es mag am deutschen Wesen, einmal noch die Welt genesen»[11] sowie dem imperialen «Deutschland, Deutschland über alles» zu ungeahnten Machtphantasien, die als schwere Hypothek auf dem künftigen deutschen Nationalstaat lasteten.

Auch die Arbeiterbewegung rezipierte die Klassiker. Friedrich Engels rezensierte 1846 Karl Grüns *Über Goethe vom menschlichen Standpunkte*. Engels erkannte im *Götz* oder im *Faust* den Protest gegen die herrschenden Zustände, doch habe Goethe wegen der sozio-ökonomischen Rückständigkeit Deutschlands seinen aufs Praktische gerichteten Geist nicht entfalten können. «Es ist ein fortwährender Kampf in ihm zwischen dem genialen Dichter, den die Misere seiner Umgebung anekelt, und dem behutsamen Frankfurter Ratsherrnkind, resp. Weimarer Geheimrat, der sich genötigt sieht, Waffenstillstand mit ihr zu schließen und sich an sie zu gewöhnen. So ist Goethe bald kolossal, bald kleinlich; bald trotziges, spottendes, weltverachtendes Genie, bald rücksichtsvoller, genügsamer, enger Philister.»[12]

Der Sozialist Franz Mehring erläuterte in seiner *Deutschen Geschichte vom Ausgang des Mittelalters*, dass um 1800 kein Zufall die vielen Dichter auf deutschem Boden geschaffen habe. Die wirtschaftliche Entwicklung sei der bürgerlichen Klasse zwar entgegengekommen, aber noch nicht stark genug gewesen, um die politische Macht zu erringen, und habe sich deswegen «in der Literatur ein Idealbild der bürgerlichen Welt» erschaffen.[13] Hermann Grimm behauptete 1859, nicht die politische Geschichte, sondern diejenige der Ideen und des Geistes hätten das Werden des deutschen Nationalbewusstseins ausgelöst.[14] Als die Fürsten sich 1871 zum Deutschen Reich vereinigten, gab es demnach bereits eine «bürgerlich liberale Stiftungslegende».[15] Grimms Goethebuch stellte 1876 die Klassiker in eine deutsche Kontinuitätslinie. Er betonte die Differenz zwischen dem Nationalstaat, der Technik, Fortschritt und Macht verkörpere, und einem Goethe, der für Bildung, Tiefe und Innerlichkeit stehe. Beide Sphären seien in der Trennung vereint. Gemeinsam kämpften Goethe und Bismarck für Hochkultur und Obrigkeitsstaat gegen die Zivilisation und Demokratie des Westens.[16] Damit verbanden sich bei Goethe jedoch weltbürgerliche, bei Bismarck nationalstaatliche Ziele.

Das Störpotential kosmopolitischer Klassiker wurde neutralisiert und diese dadurch fast jeder Kritik entzogen. Victor Hehn spielte in den 1880er Jahren Goethes und Schillers humanen Universalismus gegen die politisierte Dichtung im Vormärz aus. Der Poet wolle nicht politisch wirken. «Ein Kunstwerk mit politischer Tendenz ist ein Unding.»[17] Auf der Trennung von Dichtung und Politik, die dem gebildeten Deutschen angeblich nicht gemäß war, beruhte der elitäre Wertehimmel des Wilhelminismus – Bildung und Neuhumanismus, Geist und Kultur, Tiefe und Innerlichkeit. Vor diesem Hintergrund gewannen die Klassiker als Legitimationsfundus für das Wilhelminische Deutschland ihre überragende Bedeutung.

Der Goetheenkel Walther Wolfgang schenkte sein Haus mit den Sammlungen dem Weimarer Staat, damit dort ein Goethe-Nationalmuseum entstehen könne.[18] Großherzogin Sophie initiierte eine historisch-kritische Gesamtausgabe der Werke Goethes, die sogenannte Sophien oder Weimarer Ausgabe, die es auf 133 Bände brachte. Sie stellte auch die Gelder für das neue Goethe- und Schiller-Archiv zur Verfügung und veranlasste 1885 die Gründung der Goethegesellschaft, die den Dichter mit Vorträgen, Diskussionen und Jahrbüchern auf den Thron hob, den er nicht mehr verlassen hat. Die Gesellschaft zählte 1886 bereits 1660 Mitglieder, darunter 270 Ausländer. Ihr erster Präsident war Eduard von Simson, Vorsitzender des Reichsgerichts und ehemaliger Präsident der Frankfurter Nationalversammlung.[19] Den Ehrenvorsitz übernahm Großherzog Carl Alexander; Kaiser Wilhelm II. und Kaiser Franz Joseph waren wie andere Könige und Fürsten Mitglieder.[20] Die Goethe-Gesellschaft versammelte von Beginn an die Anhänger, die sich in einem «ideologiefreien Raum ewiger kultureller Werte geborgen» fühlten und später dessen «politisch-reaktionärer Besetzung» hilflos ausgeliefert waren.[21]

Bildung, Neuhumanismus und Hochkultur waren um 1900 Leitbegriffe der angeblichen ästhetischen und geistigen Überlegenheit Deutschlands. Der einflussreiche Historiker Heinrich von Treitschke schrieb in seiner *Deutschen Geschichte des 19. Jahrhunderts* die Komplementarität von Geist und Macht fest. Die Deutschen hatten demnach unter den europäischen Kulturvölkern einen Platz eingenommen, «den niemand sonst auf der Welt ausfüllen konnte. Begeistert sprach die Jugend von deutscher Tiefe, deutschem Idealismus, deutscher Universalität.»[22] Wenn ihnen um 1800 das Machtbewusstsein gefehlt hatte, war dies nun in der Gewissheit zu verschmerzen, dass das Bismarckreich dieses Defizit bereinigte. Die Klassiker durften sich durch die preußische Macht auf dem Thronsessel der deutschen Hochkultur sicher fühlen. Sie waren für die «Demütigung ihres Vaterlandes» durch Napoleon nicht verantwortlich, denn sie hatten das «Eigenste unseres Volkes» gehütet. «Aus der Durchbildung der freien Persönlichkeit ging unsere politische Freiheit, ging die Unabhängigkeit des deutschen Staates hervor.»[23] Goethe wurde zum Olympier, zur «Inkarnation des kulturellen Über-Ichs» der Deutschen.[24]

Ganz ähnlich argumentierte Houston Steward Chamberlain, der 1912 seine Würdigung Goethes und der deutschen Kultur mit einer glasklaren Absage an die westliche Zivilisation und Demokratie verband.[25] Der scheinbar apolitische Klassikerkult des Kaiserreiches machte diese zu idealen Zeugen deutscher Tiefe und Innerlichkeit, sodass sie beinahe beliebig politisch instrumentalisiert werden konnten. Auf diese Weise ließ sich das nun Unzeitgemäße plausibel erklären: Die Klassiker verstanden nichts von Politik und wollten damit nichts zu tun haben.

Heinrich Mann widersprach unmittelbar vor dem Ersten Weltkrieg mit seinem Roman *Der Untertan* der harmonischen Verbindung von Macht und Geist. Dagegen machte sein Bruder Thomas mobil, der in den *Betrachtungen eines Unpolitischen* gegen Ende dieses Krieges über die Trennung von Kultur und Politik und das Wesen des deutschen Volkes orakelte. Er identifizierte Politik mit Demokratie, diese mit Rousseau und lehnte die ganze Richtung ab. Die Abrechnung mit seinem Bruder bestätigte das Leitbild des unpolitischen Dichters. «Der politische Geist, widerdeutsch als Geist, ist mit logischer Notwendigkeit deutschfeindlich als Politik.» Politik sei dem deutschen Wesen fremd, womit er aber nicht das deutsche Volk «im Glauben an die Gerechtigkeit seiner Weltansprüche wankend» machen wolle. Das «grundunpolitische» deutsche Volk werde die Demokratie niemals lieben können, weil der «Obrigkeitsstaat» die ihm angemessene und von ihm gewollte Staatsform sei. «Der Unterschied von Geist und Politik enthält den von Kultur und Zivilisation. [...] Deutschtum, das ist Kultur, Seele, Freiheit, Kunst und nicht Zivilisation, Gesellschaft, Stimmrecht, Literatur.»[26] Kultur war ihm die bessere Politik.

Thomas Mann bewegte sich im Rahmen der sogenannten Ideen von

1914, die allerdings nicht nur die Kulturleistungen beschworen, sondern auch den deutschen Militarismus verteidigten, weil ohne ihn die deutsche Kultur längst vertilgt worden wäre. Für Friedrich Meinecke war es Leopold von Ranke, der die Ideen Humboldts aufgegriffen und die Realität Bismarcks antizipiert hatte. Weil sich diese beiden Denkstile fanden, konnte «die Menschheitsnation Schillers den Nationalstaat Bismarcks» schaffen.[27] Viele deutsche Intellektuelle deuteten den Ersten Weltkrieg als einen Krieg gegen die deutsche Kultur, auch die Westmächte sprachen vom Krieg für die Zivilisation.[28] Thomas Mann trennte zwischen dem kosmopolitischen deutschen Geist und der internationalen Politik.[29] Diese beiden Verhaltensweisen waren aber keine Gegensätze, sondern ergänzten sich, denn ein weltbürgerlicher Habitus kann die internationale Zusammenarbeit nicht ersetzen und umgekehrt.

Friedrich Ebert forderte 1919 die Nationalversammlung auf, den Weg zurück vom Imperialismus zum Idealismus, von der Weltmacht zur geistigen Größe zu gehen. Der «Geist von Weimar» sollte die erste deutsche Republik beflügeln, die ja offiziell weiterhin ein Deutsches Reich war.[30] Die gute Absicht misslang, weil die Bildungsbürger der Monarchie nachtrauerten und zur demokratischen Republik keine gefühlsmäßige Bindung aufbauten. Sie hielten es mit Thomas Mann, der ihnen 1932 Goethe wie folgt nahebrachte: «Wird aber nicht Goethe's Auffassung der Deutschen als eines unpolitischen, dem rein menschlichen zugewandten Volkes, von allen empfangend und alle lehrend, eines Übervolkes und Weltvolkes, allezeit, auch in Zeiten mächtiger und gewaltsamer Überkompensationen und nationaler Selbstkorrekturen, ihre tiefe Berechtigung behalten?»[31] Das war keine Ironie.

In Weimar und Jena hatten Henry van der Velde und Harry Graf Kessler um 1900 eine neue Künstleravantgarde geformt, die sich radikal von der offiziellen Geisteskultur abwandte, um alle Aspekte und Möglichkeiten des Jugendstils auszuloten. Spätestens mit dem Tod Großherzogs Carl Alexander endete allerdings das sogenannte Silberne Zeitalter. Graf Kessler hatte Weimar bereits entnervt verlassen, als die Großherzogliche Kunstgewerbeschule 1907 eröffnet wurde – Vorläuferin des 1919 gegründeten und danach für die moderne Gestaltung richtungweisenden Bauhauses. Dessen Leiter Walter Gropius wurde jedoch in endlose Grabenkriege verwickelt, während die Studenten neuen Schwung nach Weimar brachten, ohne die Republik der Geister wiederbeleben zu können.[32] In der Stadt entwickelte sich eine antimoderne Haltung, die sich gegen die «kulturelle Enteignung durch die künstlerische Moderne» auflehnte und teilweise schon im Kaiserreich rassistische Züge trug.[33] 1924 musste das Bauhaus nach Dessau auswandern, während das Bildungsbürgertum die Klassikermetropole den Rechten überließ und diese bei ihrer Agitation gegen die sogenannte entartete Kunst und Negerkultur unterstützte. Das Völkische als Kritik der Moderne und Konzept einer neuen Ganzheit fand auf dem Boden des Klassisch-Idealen großen Rückhalt.

Die Nationalsozialisten übernahmen das Regiment, benannten die Jenaer Universität 1934 nach Schiller, errichteten auf dem Ettersberg das Konzentrationslager Buchenwald, das die Bürger nur zu gerne übersahen, und machten Weimar zu einem ihrer Aufmarschplätze, um den Mythos für ihre Zwecke zu nutzen. Historiker des klassischen Weimar wie Fritz Hartung oder Hans Tümmler standen ihnen nahe und erklärten Herzog Carl August zum Versöhner von Geist und Macht.[34] Das funktionierte auch noch nach dem Zweiten Weltkrieg – nun aber im Schein des Friedens des klassischen Weimar. Vertreibung und staatliche Teilung schienen der Preis für die deutsche Barbarei. Vieles war anders, doch es blieb der ewige Goethe als Band der Einheit.[35]

Wilhelm Mommsen bezeichnete es 1945 als Verpflichtung, «wenigstens von der deutschen Kultur das [zu] retten, was unsere Größe war».[36] Ein Jahr später wollte der greise Friedrich Meinecke, der sich den Nazis nicht angebiedert hatte, den «Parasiten des Hitlertums» aus dem deutschen Blut vertreiben und den deutschen Geist retten. Die Lage schien ihm wenig ermutigend: Einen deutschen Nationalstaat gab es nicht mehr, deutsche Gebiete waren verloren und Fremdherrschaft drohte für lange Zeit. In seinem Büchlein *Die deutsche Katastrophe* bot Meinecke Orientierung für eine bessere Zukunft: Da durch eigenes Versagen das Werk der Bismarckzeit zerschlagen wurde, müssten «über seine Ruinen hinüber […] Pfade zur Goethezeit» gesucht werden. Nötig sei keine «radikale Umschulung», wohl aber die «Verinnerlichung unseres Daseins» durch «Religion» und die «Kultur des Deutschen Geistes», denn dieser habe noch «seine besondere und unersetzliche Mission innerhalb der abendländischen Gemeinschaft zu erfüllen». Überall sollten «Goethegemeinden» entstehen, um «die lebendigsten Zeugnisse des großen deutschen Geistes [...] in die Herzen zu tragen». Die «Gedankendichtung von der Art der Goetheschen und Schillerschen» sei das «Deutscheste vom Deutschen»; hier könne man «in allem Unglück unseres Vaterlandes und inmitten der Zerstörung etwas Unzerstörbares, einen deutschen *character indelebilis* spüren».[37]

Meinecke wollte Lehren aus der Geschichte ziehen, zugleich aber den Erfahrungsraum retten, dem er sich selbst zurechnete. Er verdammte die Macht, nicht den Geist und er propagierte ein «Zurück», das es nicht geben konnte. Goethe, Schiller und die Hochkultur sollten für die Deutschen bürgen, als ob sich das eine von dem anderen trennen ließ. 1908 hatte dies in «Weltbürgertum und Nationalstaat» noch ganz anders geklungen, denn für Meinecke damals hatten Geist und Macht gemeinsam dem Nationalstaat vorgearbeitet. Nun wollte er eine neue Metaerzählung kreieren, um wenigstens die Kulturnation für den Neubeginn zu retten. Das gelang nicht, doch die Klassiker wurden auch weiterhin von der politischen Arena ferngehalten. Der deutsche Weg nach Westen[38] sollte mit der Hochkultur im Rücken, aber ohne die angeblich dem deutschen Wesen fremde Machtpolitik angetreten werden.

Der aus dem Exil zurückgekehrte Germanist Richard Alewyn schob jedoch 1949 allen Versuchen, sich mit den Klassikern von der Schuld zu lösen, einen Riegel vor, als er das Konzentrationslager Buchenwald zwischen «uns» und «Weimar» platzierte; das eine sei ohne das andere nicht zu haben.[39] Die Frage, ob man über das «Ereignis Weimar-Jena» reden und über Buchenwald schweigen kann, wurde in dieser Schärfe erst seit den Umbrüchen der 1960er Jahre gestellt. Schon 1949 hatte allerdings der Jurist Franz Böhm betont, es führe kein Weg von Goethe zum Nationalsozialismus, «aber auch keiner zum Schutz gegen den Nationalsozialismus und zur Befreiung von ihm».[40] Das wurde in den späten 1960er Jahren aufgegriffen. Goethes Weimar habe Buchenwald nicht verhindert und der Neo-Klassizismus und Neo-Humanismus seien «Vorreiter und Dekor der Barbarei» gewesen.[41]

Während die Politiker, die eigene Vergangenheit in Europa zu entsorgen begannen, fokussierte die historische Forschung das «Nie wieder» als überdeutliche Mahnung für die Welt. Die auf den Nationalstaat ausgerichtete deutsche Großerzählung wurde nicht prinzipiell überprüft, sondern lediglich auf den Sonderweg ins Verderben umgepolt. Da sich nun zeigte, dass Gehorsamsmentalität und kultureller Überheblichkeitswahn vor dem deutschen Geist nicht Halt gemacht hatten, geriet die Geistesgeschichte in den Fokus der Kritik und verschwand, bevor sie im Zuge der vielen «Turns» als reimportierte «intellectual history» neuerlich glänzen konnte.

Die Klassiker, allen voran Goethe mit *Faust II*, hatten die Schrecken der Moderne, die angeblichen Sachzwänge und Alternativlosigkeiten sowie den sozialtechnologischen Gestaltungshorror präzise vorgestellt und die schöne Kunst und die Wissenschaften im Geleit der Musen als Gegenmittel propagiert. Das Konzentrationslager Buchenwald ist die barbarische Realität, aber keine unmittelbare Folge des Musenidylls oder des Ereignisses Weimar-Jena. Es bleibt eine ständige Mahnung gegen die Trennung von Macht und Geist, die zu Verhältnissen führte, die den humanistischen Prinzipien diametral entgegenstanden. Zwischen uns und Weimar steht Buchenwald – für immer: als Mahnung und als Warnung. Die Deutschen beriefen sich nach 1945 in Ost und West auf Goethe und die Klassiker. Thomas Mann, der im Ersten Weltkrieg die Deutschen vor der Demokratie warnte, hielt im Umfeld des 200. Geburtstags Goethes die gleiche Rede in der Frankfurter Paulskirche und im Weimarer Nationaltheater: Er plädierte für Demokratie und die staatliche Einheit Deutschlands. Die Verhältnisse hatten ihn überzeugt und seine Zuhörer hatten keine Wahl.

Die DDR legitimierte den eigenen Anspruch mit der Berufung auf die Tradition des besseren Deutschland gegen das reaktionäre Erbe, das im Westen dominiere. Die Klassiker standen weiter für die Einheit einer deutschen Sprach- und Kulturnation. Auf das «Gute, Wahre, Schöne» konnte sich unbeschadet seines soziopolitischen Hintergrunds jeder berufen und die Frage, ob die Künste sich an dieser Leitidee orientieren müssten, interessierte die Öffentlichkeit wenig. Die Kritik machte mit dem italienischen Germanisten Giuliano Baioni geltend, dass die Weimarer Klassik auf die Französische Revolution mit einer «ästhetischen Restauration» reagiert und die Aufklärung verraten habe.[42] Das wirkt dort nach, wo die Klassik von der Aufklärung getrennt wird, um die eine gegen die andere auszuspielen. In Weimar-Jena rückte jedoch um 1800 die Kunst ins Zentrum, weil sie durch Schönheit die Harmonie hervorrufe, die den Wandel nicht blockiere, sondern ermögliche. Sie sollte zwischen dem bloßen Beharren, verkörpert durch die höfische Gesellschaft, und den politischen Zielen der Aufklärung oder auch den Forderungen der neuen Zeit vermitteln und ein Weltbürgertum formieren helfen, das sich seiner Verantwortung für Frieden, Freiheit und Humanität bewusst ist. Dieses Ideal ist durch den Siegeszug des Nationalstaates unvollendet geblieben, gilt aber gerade angesichts weltweiter Krisen nichtsdestoweniger weiter.

Ob die Nähe zu den Klassikern gesucht oder deren Werke vor der Folie ihrer alteuropäischen Lebensumstände verfremdet wurden, um Anderes und Unzeitgemäßes zu entdecken oder zu demaskieren, Weimar bleibt ein deutscher Ankerpunkt. Weimar wurde nach der Wiedervereinigung nicht zur deutschen Hauptstadt, wohl aber zum UNESCO-Welterbe und 1999 zur Kulturstadt Europas. Der Mythos lebt und die Versatzstücke aus der Zeit eines machtbewussten Nationalstaates sind im kulturellen Gedächtnis präsent. Es fehlt eine neue Auseinandersetzung mit dem deutschen Nationalstaat, der nicht mehr Vollendung und Ziel, sondern eine Etappe auf dem langen Pfad zu Frieden, Freiheit und einer Zukunft im Vereinten Europa ist. Schillers Freiheit, Goethes geselliges Miteinander, Herders Humanität oder Wielands Verfassungspatriotismus könnten dem verblassenden Mythos Europa kosmopolitisch ein wenig auf die Sprünge helfen. Das «Ereignis Weimar-Jena» hat als Aufklärung im Geleit der Musen und durch die Fährnisse der Moderne weit mehr zu bieten als die endlosen Diskussionen um eine deutsche Klassik und eine europäische Romantik oder die retrospektive Beschwörung des deutschen Geistes.

Dank

Jede Geschichtserzählung hat einen Beginn und ein Ende, die unter der gewählten Thematik und Fragestellung das Kontinuum des vergangenen Geschehens sinnvoll begrenzen. Dieses Buch hat sich an den Daten des klassischen Weimar von der Ankunft Wielands bis zum Tod Goethes orientiert, um unter der Leitidee von Schönheit und Freiheit das Politische in der Doppelstadt Weimar-Jena neu zu bestimmen und für die heutige Zeit aufzubereiten. Die wie auch immer definierten Klassiker wollten in ihren Werken die Tages- und Parteienpolitik ausblenden, um über das Mensch-Sein und die Bedingungen des Zusammenlebens aufzuklären. Sie glaubten mit der Bildung und Kultur zum Schönen den Weg gefunden zu haben, um die alteuropäische Gesellschaftsordnung ohne Revolution und Umsturz auf die wahre Freiheit eines Weltbürgers vorzubereiten. Den Übergang sollten und konnten die Musen – das Markenzeichen Weimars – nicht bewirken, wohl aber ihn begleiten, transparent und einsichtig machen. Schönheit ermöglichte Freiheit und damit die Weltbürgergesellschaft – das war die Alternative Weimar-Jenas zur Revolution und zum schlichten «Weiter so».

Die Arbeit an diesem Buch hat mich bisher glimpflich durch die Pandemie gebracht. Ich saß die meiste Zeit am Schreibtisch. Das Internet wurde mein wichtigster Informant und Begleiter. Ihm gilt der größte Dank. Ohne diese Ressource hätte wegen geschlossener oder zugangsbeschränkter Bibliotheken dieses Buch nicht geschrieben werden können. Das illustriert der Anmerkungsapparat, der Literatur, Internetadressen und Permalinks zur Verifizierung von Zitaten und inhaltlichen Übernahmen bunt mischt. Die Kontaktbeschränkungen behinderten auch den Austausch und die Diskussionen über kontroverse Forschungsfragen unter Anwesenden. Telefon und Internet sind kein vollwertiger Ersatz. Das alles entschuldigt nichts, hilft aber manche inhaltlichen und formalen Mängel zu verstehen, für die ich allein verantwortlich bin.

Geholfen haben mir meine Frau, die alles immer wieder von Neuem gelesen hat, und einige Freunde durch Rat, Zuspruch und Ermunterung. Großen Dank schulde ich dem Wissen, das der Sonderforschungsbereich «Ereignis Weimar-Jena – Kultur um 1800» zu Beginn des dritten Jahrtausends erarbeitete, und den unzähligen Diskussionen, die dort geführt wurden. Der Lektorin Florentine Schaub, die das Manuskript gründlich las und korrigierte, dem Cheflektor Detlef Felken, der das Buch kurzfristig in das Frühjahrsprogramm 2022 aufnahm, und dem Verlag C.H.Beck, der die Bebilderung und den Druck organisierte, gilt mein besonderer Dank. Gewidmet ist das Buch meinen fünf Enkelinnen und Enkeln in Wien und Mannheim, die mich auf eine etwas andere Art und Weise durch die Pandemie geleitet haben.

Jena, im Oktober 2021.

Anmerkungen

Prolog
Freiheit und Schönheit

1 Vgl. https://www.wir-waren-so-frei.de/index.php/Detail/Object/Show/object_id/6390 (26.11.2013).

2 Schiller (2000), Erziehung, 2. Brief, S. 9 ff.

3 Schiller, Das Lied von der Glocke. http://www.zeno.org/nid/20005596718 (20.6.2021).

4 Goethe (1998), Leben, 11. Buch, S. 441.

5 Goethe, West-östlicher Divan. Nachtrag. http://www.zeno.org/nid/20004849116 (8.9.2021). – Die auch im Folgenden teilweise langen Zitate dienen dazu, die Ansichten und Absichten der Autoren möglichst exakt wiederzugeben.

6 Goethe, 1832, März 22. http://www.zeno.org/nid/20004867459 (7.9.2021).

7 Goethe, Zahme Xenien 6. http://www.zeno.org/nid/20004844033 (26.6.2021).

8 Bollenbeck (2007), Geschichte, S. 7–21.

9 Reinhold Grimm/Jost Hermand, Vorwort, in: Dies. (Hg.), Die Klassik-Legende, Frankfurt a. M. 1971, S. 7–16, Zitat S. 11.

10 Die Recherchen zu diesem Buch begannen in den 1990er Jahren. Meine älteren Publikationen zu diesem Thema sind in diese Darstellung eingeflossen. Vgl. vor allem Schmidt (1995), Goethe; ders., (2009), Wandel; ders. (2014), Geist; Ehrlich/Schmidt (2008), Ereignis.

11 https://www.friedrich-schiller-archiv.de/briefwechsel-von-schiller-und-goethe/1800/751-an-schiller-29-juli-1800/ (28.4.2020).

12 Goethe an Voigt, 1807, Mai 1. WA IV, 19, Nr. 5360.

13 Goethe, Zahme Xenien. http://www.zeno.org/nid/20004844025 (13.5.2021).

14 Goethe an den Senat in Jena, 1825. WA IV, 40, Nr. 142.

15 Goethe, Venezianische Epigramme 34b. WA I, 1, S. 315.

16 Merseburger (2000), Mythos.

17 Dieter Langewiesche, Wozu Geschichtsmythen? in: Edita Ivanickova u. a. (Hg.), Mythen und Politik im 20. Jahrhundert. Deutsche, Slowaken, Tschechen, Essen 2013, S. 7–24, hier S. 7.

18 Michael Maurer, Bildung, in: Hahn (2005), Werte, S. 227–237.

19 Jörg Fisch, Zivilisation, Kultur, in: Geschichtliche Grundbegriffe, Bd. 7, Stuttgart 1992, S. 679–774, Zitat S. 680.

20 Johann Christoph Adelung, Die Cultur, in: Grammatisch-kritisches Wörterbuch der oberdeutschen Mundart, Tl. 1, Leipzig [2]1793, Sp. 1353 f.

21 Birte Schröder, Zugehörigkeit und Rassismus: Orientierungen von Jugendlichen im Spiegel geographiedidaktischer Überlegungen, Bielefeld 2019, S. 24 ff.

22 Bollenbeck (2007), Geschichte, S. 15.

23 Gespräch mit Friedrich von Müller 1827, Aug. 23. http://www.zeno.org/nid/20004867416 (14. 6. 2021).

24 Gespräch mit Eckermann, 1828, Okt. 23. Ebd.

25 Goethe (1998), Leben, 17. Buch, S. 633.

26 Goethe an Charlotte von Stein, 1779, März 6. WA IV, 4, Nr. 791.

27 Schiller (2000), Erziehung, 26. Brief, S. 109 f.

28 Goethe (1998), Leben, 11. Buch, S. 439.

29 Matuschek (2021), Himmel.

30 http://www.zeno.org/nid/2000484601X (20. 6. 2021).

31 Gerhard Kurz, Das Wahre, Gute, Schöne und die Literaturkritik, in: Jörg Schuster u. a. (Hg.), Transformationen literarischer Kommunikation, Berlin 2017, S. 31–54, hier S. 46 f.

32 Vgl. György Konrád, Antipolitik. Mitteleuropäische Meditationen, Frankfurt a. M. 1985; Jacques de Saint Victor, Die Antipolitischen, Hamburg 2015; André Schmiljun, Zwischen Modernität und Konservatismus. Eine Untersuchung zum Begriff der Antipolitik bis F. W. J. Schelling (1775–1854), phil. Diss. Berlin 2014.

33 Nicolai (1796), Beschreibung, Bd. 11, S. 278.

34 Zit. n. Rothe (1992), Goethe, S. 196.

35 Vgl. dazu Manfred Hettling, Die Kleinstadt und das Geistesleben. Individuum und Gesellschaft um 1800, in: Hahn (2005), Werte, S. 273–290; Frank Wogawa, Die bürgerliche Familie. Aspekte bürgerlicher Werterezeption am Beispiel der Jenaer Buchhändler- und Verlegerfamilie Frommann, in: ebd., S. 305–336.

36 Gottfried Willems, Aneignung statt Begegnung. Über die Stilisierung Goethes zum «klassischen Nationalautor» der Deutschen, in: Akten des VIII. internationalen Germanisten-Kongresses, Tokyo 1990, Bd. 7, S. 70–80, Zitat S. 75.

37 Willems (2013), Goethezeit, S. 8.

38 Vgl. Borchmeyer (1994), Klassik, S. 13–63. Zuletzt: Wojcik (2019), Klassik.

39 Riesbeck (1783), Briefe, Bd. 2, Brief 46, S. 75.

40 Daniel Fulda, Klassiker – eine merkmalunabhängige Wertzuschreibung, in: Wojcik (2019), Klassik, S. 73–108.

41 Friedrich Schlegel, Georg Forster. Fragment einer Charakteristik der deutschen Klassiker. http://www.zeno.org/nid/20005618975 (14. 6. 2021).

42 J. H. Voß an B. R. Abeken, 1804, Jan. 26. Zit. n. Borchmeyer (1994), Klassik, S. 30.

43 Matuschek, Himmel, S. 105.

44 Dieter Borchmeyer, Was ist deutsch? Die Suche einer Nation nach sich selbst, Berlin 2017, S. 438–449.

45 https://link.springer.com/chapter/10.1007%2F978-3-476-02962-1_19 (19. 10. 2019).

46 Peter Gossens, «Neue Weltliteratur»? Goethes Weltliteratur-Begriff im Kontext der Globalisierung, in: Goethe-Jahrbuch 134, 2017, S. 39–46, hier S. 45.

47 Gibhardt (2012), Gelehrtenrepublik.

48 Faust II, Vs. 12106 f.

49 Wachsmuth (1844), Musenhof, S. 15.

50 Heinrich Heine, Französische Maler. Delaroche, in: Werke und Briefe in zehn Bänden, hier Bd. 4, Berlin und Weimar [2]1972, S. 327–345, Zitat S. 342 ff.

51 Ders., Die romantische Schule. Zit. n. Barbara Thums, ‹Ende der Kunstperiode›? Heinrich Heines «Florentinische Nächte», in: Heine-Jahrbuch 46, 2007, S. 46–66, hier S. 46.

52 Faust I, Vs. 575–579.

53 Kant (1964), Idee, S. 47.

54 Wilhelm von Humboldt, Ueber die Aufgabe des Geschichtsschreibers, in: Ders., Abhandlungen über Geschichte und Politik, Berlin 1869, S. 1–13, Zitat S. 13.

55 Hans-Georg Gadamer, Wahrheit und Methode, Tübingen 1960, S. 295. Zit. n. Hans Ulrich Gumbrecht, Warum wir Klassiker brauchen, in: Zeitschrift für Ideengeschichte IV.4, 2010, S. 111–120, hier S. 114.

56 Gespräch mit Kanzler von Müller, 1830 Juni 6. http://www.zeno.org/nid/20004867432 (15. 6. 2021).

57 Goethe an Frau von Stein, 1780, Okt. 25. WA IV, 4, Nr. 1030.

I. Weimar – die Voraussetzungen

1 Georg Eckert, Weltbürger, in: Enzyklopädie der Neuzeit Online. Consulted online on 03 July 2019 http://dx-1doi-1org-1002d4cjn09b4.han.ulb.uni-jena.de/10.1163/2352-0248_edn_a4734000.

2 Johann Georg Hamann an Christian Jacob Kraus, 1784, Dez. 18, in: Johann Georg Hamann, Briefwechsel, hg. v. Arthur Henkel und Walther Ziesemer, Bd. 5, Frankfurt a. M. 1965, S. 291.

3 Immanuel Kant, Beantwortung der Frage: Was ist Aufklärung, in: Ders. (1964), Schriften, 53–61, Zitat S. 59.

4 Johann Adolf Friedrich Randel, Annalen der Staatskräfte von Europa […], Tl. 1: Das Deutsche Reich, Berlin 1792, S. 5; Rolf Gehrmann, Bevölkerungs-

geschichte Norddeutschlands zwischen Aufklärung und Vormärz, Berlin 2000, S. 97.

5 Wilhelm Abel, Massenarmut und Hungerkrisen im vorindustriellen Europa. Versuch einer Synopsis, Hamburg/Berlin 1974, S. 291.

6 Auch zum Folgenden: Berger (2003), Anna Amalia; Schmidt (2009), Wandel.

7 Berger (2003), Anna Amalia, bes. S. 234 f., 252 f. und 264 f.

8 Ebd., S. 248 ff.

9 Hahn (1953), Fritsch.

10 Berger (2003), Anna Amalia, S. 261.

11 Müller/Maatsch (2007), Einführung, S. 25.

12 Buschmann (1984), Kaiser, S. 324 ff.

13 Zit. n. Ventzke (2004), Herzogtum, S. 465.

14 Hartung (1923), Großherzogtum, S. 9 f.; Krause (2010), Verwaltungsdienst, S. 39–50.

15 Ventzke (2004), Herzogtum, S. 429 ff.

16 Vgl. Weimarische wöchentliche Anzeigen 16, 1770, Nr. 62.

17 Krause (2010), Verwaltungsdienst, S. 284–289.

18 Weimarische wöchentliche Anzeigen 16, 1770, Nr. 37.

19 Marcus Ventzke, Tabak ist «immer als baar Geld anzusehen». – Zum Verhältnis von Untertan und Staat am Beispiel der kameralistischen Wirtschaftspolitik Sachsen-Weimar-Eisenachs am Ende des 18. Jahrhunderts, in: Der Archivar, Beiband 5, Weimar 1999, S. 315–338.

20 Alle Zahlenangaben nach Weimarische wöchentliche Anzeigen 1771–1774.

21 Ventzke (2004), Herzogtum, S. 145.

22 Weimarische wöchentliche Anzeigen, 1770, Nr. 42.

23 Ventzke (2004), Herzogtum, S. 139 f.

24 Ebd., S. 1–10.

25 Weimarische wöchentliche Anzeigen, 1774, Nr. 37.

26 Die Einschreibungszahlen in fünf Jahresschnitten, in: Stats-Anzeigen 9, 1786, S. 478 ff.

27 Neuerliche Patente und Mandate der sämmtlichen Durchlauchtigsten Herren Erhalter der Jenaischen Academie …, Jena 1796, hier S. 10–16.

28 Ventzke (2004), Herzogtum, S. 26 f.

29 Andreas (1954) Briefwechsel, Bd. 1, S. 53–56.

30 Zit. n. Siegfried Seifert, «Genie und Lumpen» – Programmatische Entwürfe Bertuchs zur Reform des deutschen Verlagsbuchhandels vor 1800, in: Gerhard R. Kaiser u. a. (Hg.), Friedrich Justin Bertuch (1747–1822): Verleger, Schriftsteller und Unternehmer im klassischen Weimar, Tübingen 2000, S. 291–299, hier S. 291.

31 Kerrin Klinger, Der Entwurf zur Fürstlich Freyen Zeichenschule des Friedrich Justin Bertuch. Vorbilder, Motive, Zielsetzungen, in: Dies. (Hg.), Kunst

und Handwerk in Weimar. Von der Fürstlichen Freyen Zeichenschule zum Bauhaus, Köln u. a. 2009, S. 7–21.

32 [Friedrich Johann Justin] Bertuch, Beschreibung der herzogl. Freyen Zeichenschule in Weimar, in: Monats-Schrift der Akademie der Künste und mechanischen Wissenschaften zu Berlin 2, 1789, S. 35–41.

33 Kerstin Merkel, Fürstliche Dilettantinnen, in: Ventzke (2002), Hofkultur, S. 34–51.

34 Berger (2003), Anna Amalia, S. 319.

35 Ebd., S. 330.

36 Volker Wahl, Aus den Memoiren von Ernst Christian Wilhelm Ackermann (1761–1835), in: Weimar-Jena: Die große Stadt 4/3, 2011, S. 210–216, hier S. 212.

37 Michael Knoche, «Ein ganz anderer Geist war über den Hof gekommen», in: Schuster (1999), Spiegelungen, S. 35–44, hier S. 40.

38 Sandra Dreise-Beckmann, Anna Amalia und das Musikleben am Weimarer Hof, in: Berger (2001), Musenhof, S. 53–79, hier S. 60.

39 Journal von und für Deutschland 4, 1787, 9. St., S. 184 ff.

40 Vgl. Müller (2006), Regieren, S. 39–53.

41 Zit. n. Berger (2003), Anna Amalia, S. 135.

42 Hamburgische Dramaturgie, in: Lessings Werke, Bd. 9, hg. v. Franz Muncker, Stuttgart 1890, S. 90.

43 Zit. n. Wolfgang von Ungern-Sternberg, «Dieß ist mein Simulacrum», in: Schuster (1999), Spiegelungen, S. 83–93, hier S. 91.

44 Vgl. Borchmeyer (1994), Klassik, S. 89.

45 Wieland, Theatralische Nachrichten, in: Der Teutsche Merkur 1, 1773, S. 264–276, Zitat S. 267 f.

46 Andrea Heinz, Wieland und das Weimarer Theater (1772–1774). Prinzenerziehung durch das Theater als politisch-moralisches Institut, in: Ventzke (2002), Hofkultur, S. 82–97, hier S. 90 f.

47 Zit. n. Stockhorst (2002), Fürstenpreis, S. 253 f.

48 Wieland, Zusätze des Herausgebers (zu dem Artikel: Ueber den gegenwärtigen Zustand des deutschen Parnasses), in: Der Teutsche Merkur 2, 1773, S. 168–186, Zitate S. 175 und 179.

49 Beyträge zur Geschichte der Menschheit, aus den Annalen der Teutschen, in: Der Teutsche Merkur 6, 1774, S. 227–284, hier S. 244.

50 Sigrid Thielking, Weltbürgertum. Kosmopolitische Ideen in Literatur und politischer Publizistik seit dem achtzehnten Jahrhundert, München 2000, S. 16; Pauline Kleingeld, Six Varieties of Cosmopolitanism in Late Eighteenth-Century Germany, in: Journal of the History of Ideas 60, 1999, S. 505–525.

51 Andrea Albrecht, Kosmopolitismus. Weltbürgerdiskurse in Literatur, Philosophie und Publizistik, Berlin/New York 2005, S. 31 f.

52 Wieland, Das Geheimniß des Kosmopolitenordens, in: Der Teutsche Merkur 1788, Heft 3, S. 97–113 und 121–143, Zitat S. 107.

53 Wieland, Kosmopolitische Adresse an die Französische Nationalversammlung, in: Der Teutsche Merkur, Okt. 1789, S. 24–60, Zitat S. 57 f.

54 Andrea Heinz, «Das Geheimnis des Kosmopolitenordens», in: Heinz (2008), Wieland-Handbuch, S. 368–374; Hans-Edwin Friedrich, «Nur der wahre Weltbürger kann ein guter Staatsbürger sein». Zur Reflexion des Bürgerbegriffs im Werk Christoph Martin Wielands, in: Ders. u. a. (Hg.), Bürgerlichkeit im 18. Jahrhundert, Tübingen 2006, S. 149–168, hier S. 163 ff.

55 Gotthold Ephraim Lessing, Ernst und Falk. Gespräche über Freymäurer (1778), in: Ders., Werke, Bd. 8, Frankfurt a. M. 1989, S. 451–488, Zitat S. 464.

56 Goethe (1998), Leben, Buch 15, S. 576 ff.

57 Ebd., S. 582 f.

58 Doris Hopp u. a. (Hg.): Goethe Pater. Johann Caspar Goethe (1710–1782). Kaiserlicher Rat – Jurist – Sammler – Frankfurter Bürger, Frankfurt a. M. 2010; Boyle (1999), Goethe, Bd. 1, S. 68 ff.

59 Goethe (1998), Leben, Buch 7, S. 256.

60 Zit. n. Seibt (2008), Goethe, S. 173.

61 Goethe (1998), Leben, Buch 7, S. 234.

62 Ebd., S. 240.

63 Ebd., Buch 6, S. 232.

64 Ebd., Buch 7, S. 253.

65 Vgl. Klaus-Detlef Müller, Kommentar, in: Ders. (Hg.), Dichtung und Wahrheit, Frankfurt a. M. und Leipzig 1998, S. 709–730, hier S. 726 ff.

66 Seibt (2008), Goethe, S. 175.

67 Kay Goodman, Autobiographie und deutsche Nation. Goethe und Herder, in: Wolfgang Wittkowski, Goethe im Kontext, Tübingen 1984, S. 260–282.

68 Goethe (1998), Leben, Buch 18, S. 652.

69 Ebd., Buch 20, S. 693.

70 Ebd., S. 704 f.

71 Tümmler (1978), Carl August, S. 22.

72 Zit. n. Boyle (1999), Goethe, Bd. 1, S. 222.

73 Ebd., S. 229.

74 Goethe (1998), Leben, Buch 1, S. 30.

75 Goethe (1998), Leben, Buch 2, S. 45.

76 Ebd., Buch 3, S. 90 ff. und passim.

77 Ebd., Buch 5, S. 165.

78 Ebd., S. 173 f.

79 Goethe, Zu brüderlichem Andenken Wielands (1813), in: WA I, 36 (1893), S. 311–346, Zitat S. 331.

80 Gespräch mit Eckermann, 1832, März. http://www.zeno.org/nid/20004867459 (20. 7. 2021).
81 Goethe (1998), Leben, Buch 5, S. 182.
82 Ebd., S. 185.
83 Goethe, Götz von Berlichingen, Stuttgart 1993, 1. Akt, Palast, S. 26.
84 Goethe, Zahme Xenien. http://www.zeno.org/nid/20004843991 (13. 5. 2021).
85 Venezianische Epigramme 53. http://www.zeno.org/nid/20004840410 (20. 7. 2021).
86 Ebd.
87 Goethe (1998), Leben, Buch 5, S. 187.
88 Faust I, Vs. 2090.
89 Voltaire, Essai sur les moeurs et l'esprit des nations, in: Bruno Bernard u. a. (Hg.), Les œuvres complètes de Voltaire, Bd. 24, Oxford 2011, S. 41.
90 Goethe (1998), Leben, Buch 5, S. 189–194.
91 Ebd., Buch 13, S. 508.
92 Merseburger (2000), Mythos, S. 149 f.
93 Gonthier-Louis Fink, Das elsässische Mosaik und Goethes Straßburger Wende, in: Euphorion 106, 2012, S. 1–58.
94 Goethe (1998), Leben, Buch 11, S. 434.
95 Ebd., S. 436.
96 Ebd., S. 441.
97 Goethe (1998), Leben, Buch 17, S. 637.
98 Rothe (1992), Goethe, S. 137.
99 Goethe (1998), Leben, Buch 17, S. 642.
100 Gespräch mit Eckermann, 1827, Jan. 18. http://www.zeno.org/nid/20004867408 (15. 6. 2021).
101 A. Schmidt (2015), Republik, S. 4.
102 Goethe (1998), Leben, Buch 13, S. 535.
103 Ebd., Buch 15, S. 578.
104 Vgl. A. Schmidt (2015), Republik, S. 15.
105 Johann Gottfried Herder, Haben wir noch jetzt das Publikum und Vaterland der Alten?, in: Ders., Sämtliche Werke, Bd. 1, hg. von Bernhard Suphan, Hildesheim/Zürich/New York 1994, S. 13–28, Zitat S. 23.
106 Schmidt (2009), Wandel, S. 184 f.
107 Zitate n. Fink (1989), Literaturmodell, S. 59–62.
108 Johann Gottfried Herder, Fragmente einer Abhandlung über die Ode, in: Ders., Sämtliche Werke, hg. v. Bernhard Suphan, Bd. 32, Neudruck Hildesheim 1994, S. 61–85, Zitat S. 69.
109 Vgl. Fink (1989), Literaturmodell, S. 66 f.
110 Bruford (1966), Kultur, S. 178–182.

111 Johann Wolfgang von Goethe, Von deutscher Baukunst (S. 36 ff). http://www.zeno.org/nid/20004855698 (29. 6. 2019).

112 Herder, Auch eine Philosophie der Geschichte zur Bildung der Menschheit. Beytrag zu vielen Beyträgen des Jahrhunderts (1774), in: Ders., Werke, Bd. 5, S. 475–586, Zitate S. 510.

113 Herder, Welchen Rang die deutsche Nation unter den gebildeten Völkern Europens einnehme?, in: Ders., Werke, Bd. 32, S. 519.

114 Johann Gottfried Herder, Der Deutsche Nationalruhm, Leipzig 1812.

115 Herder, Briefe, 57. Brief. http://www.zeno.org/nid/20005053064 (S. 325) (7. 9. 2021). Vgl. Endre Hárs, Herder und die Erfindung des Nationalen. https://www.kakanien-revisited.at/beitr/theorie/EHars3.pdf (17. 5. 2021).

116 Herder, Briefe, 101. Brief. http://www.zeno.org/nid/20005053099 (S. 115) (7. 9. 2021).

117 Dieter Langewiesche/Georg Schmidt (Hg.), Föderative Nation. Deutschlandkonzepte von der Reformation bis zum Ersten Weltkrieg, München 2000.

118 Friedrich Carl von Moser, Vom deutschen Nationalgeist (1766). ND Selb 1976, S. 5, S. 56, S. 75 und 53.

119 Heinrich von Bünau, Genaue und umständliche Teutsche Kayser- und Reichs-Historie, Tl. 1, Leipzig 1828, Vorrede.

120 Maike Oergel, Culture and Identity. Historicity in German Literature and Thought 1770–1815, Berlin 2006, S. 18.

121 Hans Gerd Rötzer, Querelle des Anciens et des Modernes, in: Hans- Dietrich Dahnke u. a. (Hg.), Goethe Handbuch, Bd. 4.2, Stuttgart 1998, S. 880 ff.

122 Winckelmann (1855), Gedancken, S. 2.

123 Fuhrmann (1980), Querelle, S. 53.

124 Winckelmann (1855), Gedancken, S. 19.

125 Josef Nolte, Die Geschichtlichkeit des Schönen – Zur Struktur und Nachwirkung von Winckelmanns historisch verfasster Kunstwissenschaft, in: Friedrich-Wilhelm von Hase (Hg.), Die Kunst der Griechen mit der Seele suchend. Winckelmann in seiner Zeit, Darmstadt 2017, S. 87–95, hier S. 89.

126 Johann Joachim Winckelmann, Geschichte der Kunst des Altertums, Berlin 2003, S. 116.

127 Irmtraud Sahmland, Christoph Martin Wieland und die deutsche Nation. Zwischen Patriotismus, Kosmopolitismus und Griechentum. Tübingen 1990, S. 59–65.

128 Baeumer (1986), Klassizität, S. 199.

129 Carl Justi, Winckelmann, Bd. 1: Winckelmann in Deutschland, Leipzig 1866, S. 189.

130 Winckelmann an Leonhard Usteri 16. Juni 1763. Zit. n. Martin Disselkamp, Die Stadt der Gelehrten: Studien zu Joachim Winckelmanns Briefen aus Rom, Tübingen 1993, S. 151.

131 Heinz Thoma, Das französische Kulturmodell um 1800 im Spiegel der Querelle des Anciens et des Modernes, in: Ehrlich/Schmidt (2008), Ereignis, S. 195–216, hier S. 204; Claudia Schröder, «Siècle de Frédéric II» und «Zeitalter der Aufklärung». Epochenbegriffe im geschichtlichen Selbstverständnis der Aufklärung, Berlin 2002, bes. S. 108–114.

132 Winckelmann an Berendis, 29. Jan. 1757. Zit. n. Urs Müller, Feldkontakte, Kulturtransfer, kulturelle Teilhabe. Winckelmanns Beitrag zur Etablierung des deutschen intellektuellen Felds durch den Transfer der Querelle des anciens et des modernes, Leipzig 2005, S. 625.

133 Martus (2018), Aufklärung, S. 700.

134 Walther Rehm, Griechentum und Goethezeit: Geschichte eines Glaubens, Leipzig 1936, S. 17.

135 Wilhelm von Humboldt, Gesammelte Schriften III, S. 184. Zit. n. Siegfried Battisti, Freiheit und Bindung, Wilhelm von Humboldts «Ideen zu einem Versuch, die Grenzen der Wirksamkeit des Staats zu bestimmen» und das Subsidiaritätsprinzip, Berlin 1987, S. 56.

136 Goethe (1998), Leben, Buch 8, S. 295 f.

137 E. M. Butler, The Tyranny of Greece over Germany: A Study of the Influence Exercised by Greek Art and Poetry over the Great German Writers of the Eighteenth, Nineteenth and Twentieth Centuries, Cambridge 1935.

138 Zit. n. Fuhrmann (1980), Querelle, S. 60.

139 Vgl. Baeumer (1986), Klassizität, S. 196–201.

140 Martus (2018), Aufklärung, S. 694.

141 Johann Wolfgang von Goethe (Hg.), Winkelmann und sein Jahrhundert: in Briefen und Aufsätzen, Tübingen 1805.

142 Giuliani (2019), Winckelmann.

143 Berger (2001), Geselligkeit.

II. Sachsen-Weimar-Eisenach – Regieren und Dilettieren

1 Ventzke (2004), Herzogtum, S. 28.

2 Ebd., S. 36.

3 So Friedrich Carl von Moser an Frau von Pretlack, Darmstadt 1775, Sept. 9. Zit. n. Berger (2003), Anna Amalia, S. 596.

4 Eckermann, 1827, Sept. 26. Zit. n. Andreas (1953), Carl August, S. 548.

5 Ventzke (2004), Herzogtum, S. 52 ff.

6 Ebd., S. 131–135.

7 Ebd., S. 57 f.

8 Bruford (1966), Kultur, S. 61 f.

9 Weimarische wöchentliche Anzeigen, 1778, Nr. 100.

10 Ventzke (2004), Herzogtum, S. 276.

11 Vgl. Berger (2003), Anna Amalia, S. 441.

12 Kratzsch (2009), Klatschnest, S. 12 f.

13 Christian Wölfling, Reise durch Thüringen, den Ober- und Niederrheinischen Kreis, nebst Bemerkungen über Staatsverfassung, öffentliche Anstalten, Gewerbe, Cultur und Sitten, 3. Teil, Dresden/Leipzig 1796. Zit. n. Pleticha (1983), Weimar, S. 11–14.

14 Willibald Alexis, «Erinnerungen», hg. v. Max Ewert, Berlin 1900, S. 282 f. Zit. n. Klauss (1990), Alltag, S. 64.

15 Marcus Ventzke, Der Weimarer Musenhof und seine ungeratenen Kinder – zur Entwicklung eines kulturellen Exportmodells, in: Goethe-Jahrbuch 119, 2002, S. 132–147, hier S. 134 f.

16 Zit. n. Pleticha (1983), Weimar, S. 14.

17 Riesbeck (1783), Briefe, Brief 46.

18 F. Schulz, Ueber Weimar. Bruchstücke aus dem Tagebuch eines Reisenden, in: Deutsches Museum 1785, Bd. 1, S. 33–47, hier S. 44 f.

19 Nicolai (1783), Beschreibung, Bd. 1, S. 50 f.

20 https://www.friedrich-schiller-archiv.de/briefe-schillers/briefwechsel-mit-gottfried-koerner/schiller-an-gottfried-koerner-29-augu st-1787/ (9.5.2021).

21 Staël (1985), Deutschland, S. 98 f.

22 Joseph Rückert, Bemerkungen über Weimar 1799, hg. v. Eberhard Haufe, Weimar 1969, S. 46.

23 Herder an Hamann, 1777, Jan. 13. Herder Briefe, Bd. 9: Nachträge und Ergänzungen 1763–1803, bearb. v. Günter Arnold, Weimar 1988, S. 245–249.

24 Bruford, (1966) Kultur, S. 184 f.

25 Eberhardt (1951), Umwelt, S. 24.

26 Alle Angaben nach Christine Rost/Christiane Backhaus, Die Stadt Weimar um 1800. Vitalstatistische Entwicklungen und demographische Trends zwischen 1770 und 1820, in: Ries (2007), Hof, S. 27–57.

27 Eberhardt (1951), Umwelt, S. 13 f.

28 Kratzsch (2009), Klatschnest, S. 11.

29 Denise König, Zum Problem der Illegitimität in Weimar, in: Ries (2007), Hof, S. 59–78, hier S. 77 f.

30 Ventzke (2004), Herzogtum, S. 361–364.

31 Armenanstalt zu Weimar, in: Journal von und für Deutschland 3, 1786, S. 152–158.

32 Zit. n. Hunstock (2007), Verflechtungen, S. 95.

33 Zit. n. Pleticha (1983), Weimar, S. 287.

34 Tümmler (1978), Carl August, S. 149 f.

35 Willkommen (2019), Lebensformen, S. 118–121.

36 Ebd., S. 15 f., S. 115 und 347.

37 Ebd., S. 349.

38 Eberhardt (1951), Umwelt, S. 24–30.
39 Hunstock (2007), Verflechtungen, bes. S. 109 f.
40 Pöhnert (2014), Hofhandwerker.
41 Böttiger (1838), Zustände, S. 52.
42 Boyle (1999), Goethe, Bd. 1, S. 279.
43 Bruford (1966), Kultur, S. 159.
44 Goethe an seine Mutter, 1781, Aug. 11. WA IV, 5, Nr. 1293.
45 Vgl. Boyle (1999), Goethe, Bd. 1, S. 277 ff.
46 Goethe an Merck, 1776, Jan. 22. WA IV, 3, Nr. 389.
47 Bruford (1966), Kultur, S. 87.
48 Huschke (1953), Beamtenschaft, S. 191.
49 Marcus Ventzke, Hofökonomie und Mäzenatentum. Der Hof im Geflecht der weimarischen Staatsfinanzen zur Zeit der Regierungsübernahme Herzog Carl Augusts, in: Berger (2001), Musenhof, S. 19–52, hier S. 24.
50 Zit. n. Tümmler (1978), Carl August, S. 26.
51 Goethe Tagebücher 1777, Okt. 8. http://www.zeno.org/nid/20004861221 (15.6.2021)
52 Goethe an Carl August, 1784, Nov. 26. WA IV, 6, Nr. 2018.
53 G. von Loeper (Hg.), Goethe's Sprüche in Prosa, Berlin 1870, Nr. 478.
54 Rothe (1992), Goethe, S. 162.
55 Boyle (1999), Goethe, Bd. 1, S. 282.
56 Zit. n. Andreas (1953), Carl August, S. 338.
57 Goethe an Charlotte von Stein, 1781, Dez. 10. WA IV, 5, Nr. 1363.
58 Hufelands Erinnerungen. Zit. n. Boyle (1999), Goethe, Bd. 1, S. 284.
59 Zit. n. Ventzke (2004), Herzogtum, S. 41.
60 Huschke (1953), Beamtenschaft, S. 214 und 210.
61 Ventzke (2004), Herzogtum, S. 79.
62 Ebd., S. 39 ff.
63 Heß (1982), Tätigkeit, S. 95. Vgl. zum Folgenden Schmidt (1995), Goethe.
64 Flach (1952), Goetheforschung, S. 89.
65 Johann Wolfgang von Goethe, Rede bei Eröfnung des neuen Bergbaues zu Ilmenau, in: Deutsches Museum 1785, Bd. 1, S. 3–7.
66 Ebd., S. 3.
67 Klinger (2003), Goethe, S. 447 f.
68 Krätz (1998), Goethe, S. 44–51.
69 Zit. n. Wolf von Engelhardt, Goethe im Gespräch mit der Erde. Landschaft, Gesteine, Mineralien und Erdgeschichte in seinem Leben und Werk, Stuttgart u. a. 2003, S. 207.
70 Tümmler (1978), Carl August, S. 36.
71 Goethe, Sämtliche Werke nach Epochen seines Schaffens, Bd. 2.2, München 1987, S. 695 ff.

72 Fritz Blaich, Die Epoche des Merkantilismus, Wiesbaden 1973.
73 Bernd Mahl, Goethes ökonomisches Wissen, Frankfurt/Bern 1982.
74 Goethe, Gespräche. Biedermann, Bd. 10, Nr. 1428c, S. 199. http://www.zeno.org/nid/20004867467 (22. 1. 2021).
75 Goethe an Charlotte von Stein 1777, Dez. 4. WA IV, 3, Nr. 651.
76 Zit. n. Ventzke (2004), Herzogtum, S. 120.
77 Bruford (1966), Kultur, S. 110.
78 Andreas (1953), Carl August, S. 540.
79 Ventzke (2004), Herzogtum, S. 123–126.
80 Ebd., S. 410 f.
81 Ebd., S. 426.
82 Ebd., S. 444 ff.
83 Ebd., S. 93 ff.
84 Ebd., S. 41 ff.
85 Faust II, Kaiserliche Pfalz, Vs. 4853 f.
86 Andreas (1953), Carl August, Bd. 1, S. 542 f.
87 Ventzke (2004), Herzogtum, S. 104 f.
88 Ebd., S. 106 f.
89 Ebd., S. 99.
90 Ebd., S. 371 ff.
91 Ebd., S. 385 ff.
92 Vgl. Krause (2010), Verwaltungsdienst, S. 279–298.
93 Ventzke (2004), Herzogtum, S. 192 f.
94 Eberhardt (1951), Umwelt, S. 67–73.
95 Zit. n. Ventzke (2004), Herzogtum, S. 201.
96 Ebd., S. 205–210.
97 Ebd., S. 213–218.
98 Ebd., S. 228–236.
99 Ebd., S. 240 f.
100 Zit. n. ebd., S. 223.
101 Ebd., S. 257.
102 Tümmler (1978), Carl August, S. 36.
103 Marcus Ventzke, Fürsten als Feuerbekämpfer – Handlungsmotive einer sich wandelnden Hofgesellschaft am Ende des 18. Jahrhunderts, in: Ders. (2002), Hofkultur, S. 223–235.
104 Hartung (1923), Großherzogtum, S. 73.
105 Goethe (1950), Amtliche Schriften, Bd. 1, S. 358 f.
106 http://www.zeno.org/nid/20004867416 (12. 10. 2021).
107 Gespräch mit Eckermann, 1828 Okt. 23. http://www.zeno.org/nid/20004867416 (18. 6. 2021).

108 Goethe an Fahlmer, 1776, Feb. 14. WA IV, 3, Nr. 402.

109 Sengle (1993), Genie, S. 14.

110 Goethe an Charlotte von Stein, 1785, Juni 14. WA IV, 7, Nr. 2136.

111 Willkommen (2019), Lebensformen, S. 13 ff.; Andreas (1953), Carl August, S. 299–309.

112 Biedrzynski (1992), Weimar, S. 77 f.

113 Andreas (1953), Carl August, Bd. 1, S. 311.

114 Briefwechsel zwischen Klopstock und Goethe im Jahre 1776, Leipzig 1833, S. 3–10. https://www.digitale-sammlungen.de/en/view/bsb10702873? (12. 10. 2021).

115 Friedrich von Stolberg an Klopstock, 1776, Juni 8. Zit. n. Boyle (1999), Goethe, Bd. 1, S. 281.

116 Ventzke (2004), Herzogtum, S. 69 ff.

117 Andreas (1953), Carl August, Bd. 1, S. 325.

118 Goethes Tagebuch, 1776, Nov. 26. WA III, 1.

119 Andreas (1953), Carl August, Bd. 1, S. 334 ff.

120 Pleticha (1983), Weimar, S. 80 f.

121 Goethe an Frau von Stein, 1779, Okt. 14. WA IV, 4, Nr. 852.

122 Goethe an Frau von Stein, 1779, Okt. 28. Ebd., Nr. 858.

123 Goethe an Frau von Stein, 1779, Dez. 22. Ebd., Nr. 876.

124 Carl August an Knebel, 1780, Juli 27. Düntzer (1883), Briefe, S. 24.

125 Volker Bauer, Die höfische Gesellschaft in Deutschland von der Mitte des 17. bis zum Ausgang des 18. Jahrhunderts. Versuch einer Typologie, Tübingen 1993, S. 73 ff.

126 Berger (2001), Geselligkeit, S. 13.

127 Andreas (1953), Carl August, Bd. 1, S. 341.

128 Goethe Tagebuch, 1778, Dez. 15. WA III, 1, S. 74.

129 Goethe Tagebuch, 1779, Juli 13. Ebd., S. 87.

130 Ilmenau. WA I, 2, S. 141–147.

131 Gedenkrede von Kanzler Müller, 1832, Nov. 9. Friedrich von Müller, Unterhaltungen mit Goethe, hg. v. Ernst Grumach, Weimar 1956, S. 281.

132 Art. Hof, in: Zedler (1739), Universal-Lexicon, Bd. 13, Sp. 405.

133 Ute Daniel, Höfe und Aufklärung in Deutschland – Plädoyer für eine Begegnung der dritten Art, in: Ventzke (2002), Hofkultur, S. 11–30, bes. S. 25 ff.

134 Zit. n. Freyer (2013), Hof, S. 483.

135 Ebd., S. 122 f.

136 Ebd., S. 426 f.

137 Auch zum Folgenden Freyer (2013), Hof, hier S. 81 ff. und 151 f.

138 Ebd., S. 88 ff.

139 Ebd., S. 169–173.

140 Müller/Maatsch (2007), Einführung, S. 30.

141 Boyle (1999), Goethe, Bd. 1, S. 330.
142 Tümmler (1953), Carl August, Bd. 1, S. 39.
143 Wieland an Gleim, 1776, Feb. 23. Zit. n. Klaus Manger, Wielands Leben und Werk, in: Heinz (2008), Wieland-Handbuch, S. 1–52, hier S. 11.
144 Zit. n. Ventzke (2004), Herzogtum, S. 40.
145 Berger (2003), Anna Amalia, S. 459.
146 Wieland an Gebler, 1776, Okt. 5. Zit. n. Borchmeyer (1994), Klassik, S. 45.
147 Gleim, Als ich in Weimar war. https://www.projekt-gutenberg.org/gleim/gedichte/chap255.html (7. 9. 2021).
148 Wieland an Karsch, 1776, Jan. 11. Goethe (1965), Begegnungen, Bd. 1, S. 403.
149 Luca Giuliani, Unser, unser Winckelmann. Zwischen Kanonisierung und Verdrängung, in: Zeitschrift für Ideengeschichte 13. 1. 2019, S. 114–124, hier S. 116 f.
150 Freyer (2013), Hof, S. 219–229.
151 Goethe, Zum feyerlichen Andenken der Durchlauchtigsten Fürstin und Frau Anna Amalia … https://haab-digital.klassik-stiftung.de/viewer/object/765125390/8/ (14. 10. 2019).
152 Wieland, Gedichte an Olympia. http://www.zeno.org/nid/20005908337 (11. 5. 2021).
153 Berger (2006), Anna Amalia, S. 141.
154 Bruford (1966), Kultur, S. 128.
155 Zit. n. Jutta Heinz, Das Journal von Tiefurt zwischen dilettantischem «Spielwerk», Musenhof-Programmschrift und ästhetischem Lebensentwurf, in: Dies./Jochen Golz (2011), Wochenblatt, S. 11–41, hier S. 28.
156 Ebd., S. 36.
157 Ebd., S. 38.
158 Vgl. Kaiser (2020), Tiefurt, S. 220.
159 Auf Miedings Tod (1782). WA I, 16, S. 133–140, hier S. 134.
160 Peter-Henning Haischer, Das Tiefurter Journal im Spannungsfeld von Professionalität und Dilettantismus, in: Blechschmidt (2007), Dilettantismus, S. 105 f.
161 Heinz/Golz (2011), Wochenblatt, S. 208 f.
162 Viola Geyersbach, Anna Amalia als Zeichnerin, in: Ereignis Weimar (2007), S. 107 ff.
163 Johannes Saltzwedel, «Die Consequenz der Natur tröstet schön über die Inconsequenz der Menschen», in: Schuster (1999), Spiegelungen, S. 199–208, hier S. 201.
164 Zit. n. Kaiser (2020), Tiefurt, S. 52.
165 Berger (2001), Tieffurth.
166 Kratzsch (2009), Klatschnest, S. 47.
167 Biedrzynski (1992), Weimar, S. 349 f.

168 Müller/Maatsch (2007), Einführung, S. 31.

169 Zit. n. Salzwedel (1999), Consequenz, S. 204.

170 Carl August an Knebel, 1781, Okt. 4. Düntzer (1883), Briefe, S. 29.

171 Goethe an Lavater, 1781, Febr. 19. WA IV, 5, Nr. 1128. Auch zum Folgenden Georg Schmidt, Inszenierungen und Folgen eines Musensitzes. Goethes Maskenzüge 1781–1784 und Carl Augusts politische Ambitionen, in: Ständige Konferenz Mitteldeutscher Barockmusik, Jahrbuch 2002, S. 101–118.

172 Goethe an Frau von Stein 1782, Jan. 14. WA IV, 5, Nr. 1384.

173 Weimarische Wöchentliche Anzeigen, 1782, Dez. 4. Nr. 97, S. 385.

174 Stockhorst (2002), Fürstenpreis, S. 172.

175 Weimarische Wöchentliche Anzeigen, 1770, Okt. 17, Nr. 83, S. 334.

176 Stockhorst (2002), Fürstenpreis, S. 176 f.

177 Bruford (1966), Kultur, S. 121 f.

178 Pantomimisches Ballett, in: Goethe (1893), Werke, Bd. 4, S. 323–332, Zitat S. 331 und 323. Vgl. zum Folgenden auch Stockhorst (2002), Fürstenpreis, S. 245–249.

179 Aufzug der vier Weltalter, in: Goethe (1893), Werke, Bd. 4, S. 332 f. Stockhorst (2002), Fürstenpreis, S. 192 ff.

180 Ebd., S. 194.

181 Planetentanz, in: Goethe (1893), Werke, Bd. 4, S. 333–338.

182 Goethe an Knebel, 1782, Nov. 21. WA IV, 6, Nr. 1631.

183 Goethe an Frau von Stein, 1782, Sept. 17. WA IV, 6, Nr. 1582.

184 Gespräch mit Kanzler Müller und Riemer 1823, März 31. http://www.zeno.org/nid/2000486736X (18. 6. 2021).

185 Auch zum Folgenden Georg Schmidt, Luthertum, Aufklärung und religiöse Gleichgültigkeit am Weimarer Hof im späten 18. Jahrhundert, in: Klaus Malettke/Chantal Grell (Hg.), Hofgesellschaft und Höflinge an europäischen Fürstenhöfen in der Frühen Neuzeit (15.–18. Jh.), Münster 2001, S. 491–506; Ders., Das Jahr 1783: Goethe, Herder und die Zukunft Weimars, in: Ventzke (2002), Hofkultur, S. 138–168.

186 Herder, Predigt am Dankfest wegen der Geburt des Erbprinzen (1783), in: Ders. (1889), Werke, Bd. 31, S. 520–535, Zitate S. 524 f., 528 und 533 f.

187 Gespräch mit Herder, 1783, Feb. 9. http://www.zeno.org/nid/20004866975 (18. 6. 2021).

188 Eberhardt (1981), Herder, S. 156.

189 Christoph Friedrich Rinck, Studienreise 1783/4 unternommen im Auftrag des Markgrafen Karl Friedrich von Baden, hg. v. Moritz Geyer, Altenburg 1897, S. 68.

190 Goethe an Herder, 1783, März 20. WA IV, 6, Nr. 1699.

191 Herder an Knebel, 1785, März 10. Goethe (1966), Begegnungen Bd. 2, S. 513.

192 Herder an Johann Georg Hamann, 1785, Apr. 23. Ebd., S. 517.

193 Herder (1965), Ideen, S. 362–367. http://www.zeno.org/nid/20005052106 (12.5.2021).

194 Goethe (1966), Begegnungen, Bd. 2, S. 375.

195 Haym (1954), Herder, Bd. 2, S. 386–391.

196 Auszug aus einem Brief aus Weimar vom 27. Nov. 1788, in: Journal von und für Deutschland 5, 1788, S. 521 ff.

197 Haym (1954), Herder, S. 392–411.

198 Alexander Schmidt, Scholarship, Morals and Government: Jean-Henri-Samuel Formey's and Johann Gottfried Herder's Responses to Rousseau's First Discourse, in: Modern Intellectual History 9.2, 2012, S. 249–274.

199 Johann Gottfried Herder, «Vom Einfluß der Regierungen auf die Wissenschaften, und der Wissenschaften auf die Regierung», Berlin 1781.

200 Erich Beyreuther, Die Kirche in der Neuzeit, in: Hans Patze/Walter Schlesinger (Hg.), Geschichte Thüringens, Bd. 4, Köln/Wien 1972, S. 1–52, Zitat S. 31.

201 Buschmann (1984), Kaiser S. 309 und 323–326. Dazu Georg Schmidt, Die Reiter der Apokalypse. Geschichte des Dreißigjährigen Krieges, München 2018, S. 589–604.

202 Heinrich Düntzer (Hg.), Aus Herders Nachlaß. Ungedruckte Briefe von Herder und dessen Gattin, Goethe, Schiller u. a., Frankfurt a. M. 1856/57, S. 76.

203 Borchmeyer (1994), Klassik, S. 112.

204 Goethe an Lavater, 1782, Juli 29. WA IV, 6, Nr. 1538.

205 Borchmeyer (1994), Klassik, S. 113.

206 Boyle (1999), Goethe, Bd. 1, S. 188.

207 Johann Gottfried Herder, Von Ähnlichkeit der mittleren englischen und deutschen Dichtkunst (1777). http://www.zeno.org/nid/20005051452 (18.6.2021).

208 Bernd Springer, Sprache, Geschichte, Nation und Deutschlandbilder bei Herder, in: Wilhelm Gössmann u. a. (Hg.), Poetisierung – Politisierung. Deutschlandbilder in der Literatur bis 1848, Paderborn 1994, S. 33–62, hier S. 39 und 44.

209 Herder, Briefe, 57. Brief. http://www.zeno.org/nid/20005053064 (S. 327) (18.6.2021).

210 Herder, An den Kaiser. http://www.zeno.org/nid/20005046882 (18.6.2021).

211 Schmidt (1999), Geschichte, S. 295–306; Ders. (2009), Wandel, S. 173–211.

212 Goethe, Tagebuch 1778, April. WA III, 1, S. 64.

213 Goethe an Merck, 1778, März 18. WA IV, 3, Nr. 682. Zum Folgenden auch Schmidt (1995), Goethe, S. 208 ff.

214 Goethe an Frau von Stein, 1778, Mai 14. WA IV, 3, Nr. 703.

215 Goethe an Frau von Stein, 1778, Mai. Ebd., Nr. 704.

216 Goethe an Merck, 1778, Aug. 5. WA IV, 3, Nr. 729.

217 Andreas (1954), Briefwechsel, Bd. 1, S. 57 ff.

218 Goethe Tagebuch, 1779, Jan. 14–25. WA III, 1, S. 78.

219 Vgl. Andreas (1954), Briefwechsel, Bd. 1, S. 60–65.

220 Dieter Stievermann, Der Fürstenbund von 1785 und das Reich, in: Press (1995), Alternativen, S. 209–226; Maiken Umbach, The Politics of Sentimentality and the German Fürstenbund 1779–1785, in: Historical Journal 41, 1998, S. 679–704. Vgl. auch zum Folgenden Georg Schmidt, Reichspatriotische Visionen: Ernst II. von Sachsen-Gotha, Carl August von Sachsen-Weimar und der Fürstenbund (1785–1788), in: Greiling (2005), Ernst II., S. 57–84.

221 Andreas (1954), Briefwechsel, Bd. 1, S. 93.

222 Dorothea Sautter, Wilhelm von Edelsheim und die badische Fürstenbundspolitik, Heidelberg 1938, S. 41 f.

223 Edelsheim an Carl August, 1782, Okt. 24. Andreas (1954), Briefwechsel, Bd. 1, S. 77 f.

224 Carl August an Friedrich Wilhelm, 1785, Jan. Ebd., S. 112–121.

225 Georg Schmidt, Die Idee «deutsche Freiheit». Eine Leitvorstellung der politischen Kultur des Alten Reiches, in: Ders. u. a. (Hg.), Kollektive Freiheitsvorstellungen im frühneuzeitlichen Europa, Frankfurt/M. 2005, S. 159–189.

226 Friedrich Reil, Leopold Friedrich Franz. Herzog und Fürst von Anhalt-Dessau, Dessau 1845, S. 91 f.

227 Ernst II. an Carl August, 1785, Feb. 24. Andreas (1954), Briefwechsel, Bd. 1, S. 131 f.

228 Goethe an Knebel, 1785, Apr. 2. WA IV, 7, Nr. 2091.

229 Goethe an Frau von Stein, o. D., WA IV 7, Nr. 2456.

230 Christian Wilhelm Dohm, Ueber den deutschen Fürstenbund, Berlin 1785.

231 Wieland, Ueber die Rechte und Pflichten der Schriftsteller, in: Der Teutsche Merkur, Sept. 1785, S. 193–207, Zitate S. 195, S. 198 und 206.

232 Waldmann (2003), Reichspatriotismus, S. 33 f.

233 Blicke über Bayerns politische Lage, Bayreuth 1798 (zuerst 1786), S. 14.

234 Goethe an Knebel, 1782, Apr. 17. WA IV, 5, Nr. 1452.

235 Goethe an Carl August, 1784, Dez. 6. WA IV, 6, Nr. 2026.

236 Goethe an Carl August, 1784, Dez. 26. WA IV, 6, Nr. 2036.

237 Boyle (1999), Goethe, Bd. 1, S. 433.

238 WA I, 1, S. 6.

239 Friedrich II., Ueber die deutsche Litteratur, Berlin 1780, S. 44–84, Zitat S. 83.

240 Carl Ignaz Geiger, Friedrich II. als Schriftsteller im Elisium. Ein drammatisches Gemälde, Contantinopel 1789, S. 29. Zit. n. Erich Kästner, Friedrich der Große und die deutsche Literatur, Stuttgart u. a. 1972, S. 94.

241 Gotthold Ephraim Lessing, Zur Geschichte und Literatur: Ueber die sogenannten Fabeln aus den Zeiten der Minnesinger. Zweyte Entdeckung, in:

Sämtliche Werke, hg. v. Karl Lachmann, Bd. 14, Leipzig [3]1898, S. 3–33, Zitat S. 26.

242 Justus Möser, Über die deutsche Sprache und Literatur, in: Ders., Patriotische Phantasien. Ausgewählte Werke, Leipzig 1986, S. 296–313; Zitate S. 298.

243 Vgl. auch zum Folgenden Joachim Bauer/Gerhard Müller, «Des Maurers Wandeln, es gleicht dem Leben». Tempelmaurerei, Aufklärung und Politik im klassischen Weimar, Rudolstadt 2000.

244 W. Daniel Wilson, Geheimräte gegen Geheimbünde. Ein unbekanntes Kapitel der klassisch-romantischen Geschichte Weimars, Stuttgart 1991, S. 189–198.

245 Ders., Unterirdische Gänge. Goethe, Freimaurerei und Politik, Göttingen 1999, S. 170.

246 Adam Weishaupt, Anrede an die neu aufzunehmenden Illuminatos dirigentes, in: Richard van Dülmen, Der Geheimbund der Illuminaten. Darstellung, Analyse, Dokumentation, Stuttgart-Bad Canstatt 1975, S. 166–194.

247 Klinger (2003), Goethe, S. 450.

248 Müller (2006), Regieren, S. 165.

249 W. Daniel Wilson, Vom internalisierten «Despotismus» zur Mündigkeit. Knigge und die Selbstorganisation der aufgeklärten Intelligenz, in: Martin Rector (Hg.), Zwischen Weltklugheit und Moral. Der Aufklärer Adolph Freiherr Knigge, Göttingen 1999, S. 133–145.

250 Goethe an Kayser, 1783, März 15. WA IV, 6, Nr. 1696.

251 Herder, Idee zum ersten patriotischen Institut für den Allgemeingeist Deutschlands, in: Ders., Werke, Bd. 16, S. 600–616.

252 Vgl. Hien (2015), Reich, S. 288–300 und 307 f.

253 Ernst Anton von Göchhausen, Enthüllungen des Systems der Weltbürgerrepublik, Rom 1786, S. 270 f.

254 Zit. n. Sengle (1993), Genie, S. 16.

255 Wilhelm von Humboldt, Ideen zu einem Versuch, die Gränzen der Wirksamkeit des Staates zu bestimmen, in: Ders., Gesammelte Werke, Bd. 7, Berlin 1852, S. 32.

256 Jürgen Habermas, Strukturwandel der Öffentlichkeit, Neuwied u. a. [6]1974, S. 42.

257 J. G. Fichte: Zurückforderung der Denkfreiheit von den Fürsten Europens, die sie bisher unterdrückten. Eine Rede, in: Gesamtausgabe, hg. von Reinhard Lauth und Hans Jacob, Bd. 2, Stuttgart-Bad Cannstatt 1967, S. 201.

258 Gespräch mit Eckermann, 1824, Feb. 25. http://www.zeno.org/nid/20004867378 (19. 6. 2021).

259 Goethe an Knebel, 1784, Feb. 16. WA IV, 6, Nr. 1876.

III. *Jena – Wissenschaften und Politisierung*

1 Vgl. Heinrich Heine, Der Tannhäuser. Eine Legende, in: Ders., Neue Gedichte, Hamburg 1844, S. 126.

2 Bertuch an Carl August, 1789, Jan. 21. Entwurf Goethe- und Schiller-Archiv, Bestand Bertuch 06/2222. Ich danke Frau Anne Fuchs, die mir diesen Text zugänglich gemacht hat.

3 Frieder von Ammon, Goethes Fluchten, in: Goethe-Jahrbuch 135, 2018, S. 57–70, hier S. 59; Michael Jaeger, Salto mortale. Goethes Flucht nach Italien. Ein philologischer Essay, Würzburg 2018.

4 Vgl. Goethe an Carl August, 1786, Sept. 2. WA IV, 8, Nr. 2500.

5 Hendrik Birus, Goethes «Italienische Reise» als Einspruch gegen die Romantik, in: Stefan Krimm u. a. (Hg.). Europäische Begegnungen – Die Faszination des Südens, München 2001, S. 116–134.

6 Goethe an Fritsch, 1787, Okt. 27. WA IV, 8, Nr. 2619.

7 Venezianische Epigramme, Nr. 4. http://www.zeno.org/nid/20004840410 (8. 9. 2020).

8 Venezianische Epigramme, Nr. 17. Ebd.

9 Vgl. Müller (2006), Regieren, S. 294 ff.

10 Karl Philipp Moritz, Versuch einer Vereinigung aller schönen Künste und Wissenschaften unter dem Begriff des in sich selbst Vollendeten, in: Berlinische Monatsschrift, 5. Bd., 1785, S. 225–236, Zitat S. 226. Ackermann (2005), Paris, S. 115 f.

11 Goethe an Carl August, 1787, Sept. 28. WA IV, 8, Nr. 2609.

12 Goethe an Carl August, 1790, Febr. 6. WA IV, 9, Nr. 2799.

13 Knebel an Carl August, 1788, Jan. 20. Andreas (1954), Briefwechsel, Bd. 1, S. 421 f.

14 Müller (2006), Regieren, S. 240–290.

15 Goethe (1977), Begegnungen, Bd. 3, S. 113.

16 Goethe an Carl August, 1786, Okt. 14. WA IV, 8, Nr. 2514.

17 Goethe an Carl August, 1787, Nov. 17. Ebd., Nr. 2623.

18 Goethe an Carl August, 1787, Mai 27.–29. Ebd., Nr. 2593.

19 Goethe an Carl August, 1788, März 17. Ebd., Nr. 2647.

20 Padua, 1786, Sept. 27. Goethe, Italienische Reise, Tl. 1. http://www.zeno.org/nid/20004859650 (19. 6. 2021).

21 Goethe an Frau von Stein, 1787, Juni 1–9. WA IV, 8, Nr. 2594.

22 Goethe an Knebel, 1787, Aug. 18. Ebd., Nr. 2604.

23 Jonas Maatsch, Neue Perspektiven. Die Italienreisen Goethes, Herders und Anna Amalias, in: Ereignis Weimar (2007), S. 147.

24 Zit. n. Norbert Miller, «Ist das nicht ein kühnes Unternehmen?», in: Schuster (1999), Spiegelungen, S. 371–392, hier S. 378.

25 Fasel (1988), Herder, S. 219.
26 Goethe an Herder, 1790, Apr. 3. WA IV, 9, Nr. 2814.
27 Goethe an Sophie Juliane von Kalb, 1790, Apr. 30. Ebd., Nr. 2817.
28 Goethe an Carl August, 1790, Apr. 3. Ebd., Nr. 2813.
29 Biedrzynski (1992), Weimar, S. 464 f.
30 Ebd., S. 123–130; Stefan Blechschmidt, Johanna Christiana (Christine) Sophia Vulpius, verh. von Goethe (1765–1816), in: Freyer (2009), FrauenGestalten, S. 368 ff.
31 Römische Elegien. http://www.zeno.org/nid/20004840291 (19. 6. 2021).
32 Deinhardt (2007), Stapelstadt, S. 93.
33 Ebd., S. 96; Koch (1966), Jena, S. 201 f.
34 Koch (1966), Jena, S. 204.
35 Katrin Pöhnert, Die Bevölkerungsentwicklung der Universitätsstadt Jena um 1800. Vitalstatistische Auswertung der Kirchenbücher, in: Ries (2004), Universität, S. 19–50, hier S. 23 f.
36 Dies., Zum Problem der Illegitimität in Jena in der Zeit von 1770 bis 1820, in: Ebd., S. 77–94.
37 Deinhardt (2007), Stapelstadt, S. 49.
38 Pöhnert (2014), Hofhandwerker, S. 38 ff.
39 Ebd., S. 194–198.
40 Deinhardt (2007), Stapelstadt, S. 61.
41 Goethe an Voigt, 1796, Mai 31. WA IV, 11, Nr. 3314.
42 Vgl. zum Folgenden Salomo (2016), Ökonomie, S. 346–356.
43 Zit. n. Bauer (2008), Universität, S. 106.
44 Joachim Bauer, Studentische Verbindungen zwischen Revolution und Restauration. Von den Landsmannschaften zur Burschenschaft, in: Strack (1994), Evolution, S. 59–79.
45 Müller (2001), Perioden, S. 138.
46 Müller (2006), Regieren, S. 88–115.
47 Rasche (2001), Umbrüche, S. 113 f.
48 Müller (2006), Regieren, S. 152.
49 Johann Christian Stark, Einrichtung des klinischen Instituts (zu Jena) …, Jena 1782.
50 Müller (2006), Regieren, S. 397–402.
51 Rasche (2001), Umbrüche, S. 107.
52 Steffen Kublik, Justus Christian Loder (1753–1832). Vom ambitionierten Hochschullehrer zum Leibarzt des Zaren, in: Jenaer Mediziner aus drei Jahrhunderten, Jena 2004, S. 49–71, bes. S. 56 f.
53 Jonas Maatsch, Vom Dilettantismus zur Professionalität, in: Ereignis Weimar (2007), S. 127.

54 Gerhard Müller, «Umstülpen führt nicht ins Weite». Goethes Kultur des politischen Gestaltens, in: Manger (2003), Weltkultur, S. 463–476, hier S. 467 ff.

55 Birgit Kreher-Hartmann, Goethe und die Mineralogie in Jena, in: Abenteuer der Vernunft. Goethe und die Naturwissenschaften um 1800, hg. v. Kirstin Knebel u. a., Dresden 2019, S. 170–175, hier S. 171 f.

56 Müller (2006), Regieren, S. 145–150; Alexander Košenina, Der große Sonderling, in: Frankfurter Allgemeine Zeitung, 2020, Okt. 13, S. 12.

57 Ventzke (2004), Herzogtum, S. 389 ff.

58 Rudolf Möller, Göttling, Johann Friedrich August, in: Neue Deutsche Biographie 6, S. 580 f.

59 Heinrich Arnold, Der Chemiker Döbereiner und sein Minister Goethe, in: Vitalprinzip Akademie, Festgabe zur 450-Jahrfeier der Universität Jena, Erfurt 2008, S. 211–232.

60 Igor J. Polianski, Natursystem, Systemästhetik und das Überleben der Physikotheologie. Eine Jenaer Botanikgeschichte um 1800, in: Reinhard Wegner (Hg.): Kunst – Die andere Natur, Göttingen 2004, S. 125–172; Bauer (2008), Universität, S. 120 f.

61 Igor J. Polianski, Die Kunst, die Natur vorzustellen. Die Ästhetisierung der Pflanzenkunde um 1800, Jena u. a. 2004, S. 282.

62 Müller (2006), Regieren, S. 410 f.

63 Paul Ziche, Die Grenzen der Universität. Naturforschende, physikalische und mechanische Aktivitäten in Jena, in: Müller (2001), Universität, S. 221–237, hier S. 226.

64 Ebd., S. 224.

65 Vgl. Das ökonomische Institut zu Jena, in: Journal von und für Deutschland, 1791, 1. Stück, S. 57–65.

66 Müller (2006), Regieren, S. 409.

67 Müller (2001), Perioden, S. 139.

68 Siegfried Seifert, «Eine vollständige Uebersicht der Kantischen Grundsätze». Die Jenaer «Allgemeine Literatur-Zeitung» und ihr Beitrag zur Kritik in einer Zeit des Umbruchs und Aufbruchs, in: Strack (1994), Evolution, S. 275–293, hier S. 278.

69 Allgemeine Literarturzeitung 1785, Jan. 6, S. 21. https://zs.thulb.uni-jena.de/rsc/viewer/jportal_derivate_00019715/ALZ_1785_Bd.1+2_022.tif?q=Herder (27.9.2020).

70 Christian Friedrich Mylius, Nachrichten von einigen in Jena errichteten neuen Literarischen Anstalten, Jena 1785, S. 48. Zit. n. Heinrich Bosse, Das Dispositiv der Bildung in Jena, in: Athenäum 25, 2015, S. 89–122, hier S. 91.

71 Zit. n. Müller (2006), Regieren, S. 215.

72 Rasche (2001), Umbrüche, S. 96.

73 Ebd., S. 103.

74 ‹Der Universitäts-Bereiser› Friedrich Gedike und sein Bericht an Friedrich Wilhelm II. mitgeteilt von Richard Fester, in: Archiv für Kulturgeschichte, 1. Ergänzungsheft, Berlin 1905, S. 78.

75 Goethe (1977), Begegnungen, Bd. 3, S. 230.

76 Goethe an Carl August, 1789, Febr. 19. WA IV, 9, Nr. 2731.

77 Goethe an Carl August, 1790, Febr. 28. Ebd., Nr. 2802.

78 Robert Gragger, Preußen, Weimar und die ungarische Königskrone, Berlin u. a. 1923; Willy Andreas, Carl August von Weimar und das Angebot der ungarischen Königskrone, in: Mitteilungen des Instituts für Österreichische Geschichtsforschung 64, 1956, S. 291–311.

79 Denkschrift Voigts, 1790, Mai 15. Andreas (1954), Briefwechsel, Bd. 1. S. 569 ff. und S. 573.

80 Tümmler (1978), Carl August, S. 127–130.

81 Huschke (1962), Weimar, S. 133; Flach (1952), Goetheforschung, S. 84.

82 Hans Tümmler, Christian Gottlob Voigt – Goethes Amtskollege und Freund, in: Ders. (1995), Weimar, S. 117–142.

83 http://www.zeno.org/Literatur/M/Goethe,+Johann+Wolfgang/Autobiographisches/Tag-+und+Jahreshefte/1791 (S. 17) (16. 10. 2020).

84 Gerhard Müller, Theater und Politik. Politische Aspekte der Weimarer Hoftheaterleitung unter Goethe und Carl August, in: Altenburg (2012), Musik, S. 19–29, hier S. 22 f.

85 Bruford (1966), Kultur, S. 343.

86 Stefan Davies, Goethes «Egmont» in Schillers Bearbeitung – ein Gemeinschaftswerk an der Schwelle zur Weimarer Klassik, in: Goethe-Jahrbuch 123, 2006, S. 13–24, hier S. 14 f.

87 Gespräch mit Eckermann, 1827, Mai 6. http://www.zeno.org/nid/20004867408 (19. 6. 2021).

88 Borchmeyer (1994), Klassik, S. 167–178.

89 Nina Birkner, «Ein ganzer ‹Tasso›! Das ist doch was!». Zum Regietheater und zur Aktualität des Künstlerdiskurses in Goethes «Torquato Tasso», in: Goethe-Jahrbuch 127, 2010, S. 135–153, hier S. 142 f.

90 Tasso, Vs. 63 f. Vgl. Jörn Göres, Goethes Ideal und die Realität einer geselligen Kultur während des ersten Weimarer Jahrzehnts, in: Goethe Jahrbuch 93, 1976, S. 84–96.

91 Tasso, Vs. 1647.

92 Ebd., Vs. 655–662.

93 Venezianische Epigramme, Nr. 34 b. http://www.zeno.org/nid/20004840410 (8. 9. 2020).

94 Stockhorst (2022), Fürstenpreis, S. 124 ff.

95 Venezianische Epigramme, Nr. 16 http://www.zeno.org/nid/20004845986 (14. 5. 2021).

96 Ebd., Nr. 50, 51 und 53. http://www.zeno.org/nid/20004840410 (8.9.2020).
97 Goethe an Carl August, 1791, Juli 1. WA IV, 9, Nr. 2878.
98 WA I, 42.2, S. 13–16.
99 Wegner (2005), Athen, S. 254.
100 Goethe an Herder, 1789, März 2. WA IV, 9, Nr. 2735.
101 Boyle (1999), Goethe, Bd. 1, S. 662.
102 Heß (1982), Tätigkeit, S. 98.
103 Krätz (1998), Goethe, S. 60.
104 Ebd., S. 109.
105 Ebd., S. 52.
106 Ebd., S. 112.
107 Ebd., S. 62.
108 http://www.zeno.org/nid/20004856562 (S. 155) (14.5.2021).
109 Krätz (1998), Goethe, S. 100 ff.
110 Boyle (1999), Goethe, Bd. 1, S. 640.
111 Ebd., S. 647 f.
112 Goethe an Knebel, 1790, Juli 9. WA IV, 9, Nr. 2825.
113 Boyle (1999), Goethe, Bd. 1, S. 745 ff.
114 Gespräch mit Eckermann, 1829, Feb. 19. http://www.zeno.org/nid/20004867424 (20.6.2021).
115 Mandelkow (1989), Goethe, Bd. 2, S. 176 und 184.
116 Goethe an Jacobi, 1794, Dez. 29. WA IV, 10, Nr. 3112.
117 Müller (2006), Regieren, S. 376.
118 Flik (2002), Hofpoet, S. 209.
119 Midell (2004), Seele, S. 36 ff.
120 Gibhardt (2012), Gelehrtenrepublik, S. 635; Ackermann (2005), Paris.
121 Katharina Lippold, Klassizistische Terrakotten aus der Weimarer «Kunstbacksteinfabrik» von Martin Gottlieb Klauer, in: Seemann, Anna Amalia, S. 292–303; Wegner (2005), Athen, S. 258 f.
122 Midell (2004), Seele, S. 41.
123 Zit. n. Katharina Midell, «Die Bertuchs müssen doch in dieser Welt überall Glück haben». Der Verleger Friedrich Justin Bertuch und sein Landes-Industrie-Comptoir um 1800, Leipzig 2002, S. 97.
124 Flik (2002), Hofpoet, S. 215.
125 Schmidt-Funke (2005), Weg, S. 38–42.
126 Midell (2004), Seele, S. 51 f.
127 Schmidt-Funke (2005), Weg, S. 427.
128 Zit. n. ebd., S. 74.
129 Zit. n. Bruford (1966), Kultur, S. 292.
130 Alt (2000), Schiller, Bd. 1, S. 320 ff.
131 Willems (2013), Goethezeit, S. 287.

132 Schiller, Was kann eine gute stehende Schaubühne eigentlich wirken? http://www.zeno.org/nid/20005609712 (19. 7. 2021). Vgl. Stefan Groß, Was können wir von Friedrich Schiller lernen? http://www.tabvlarasa.de/34/Gross4.php (19. 7. 2021); Möller (2005), Theater.

133 Alexander Schmidt, «Herzensrepublikaner» und «Vernunftmonarchist». Schillers Reflexion und Erfahrung fürstlicher Herrschaft, in: Ders. (2008), Schiller, S. 3–18, hier S. 9 f.

134 Dieter Borchmeyer, Friedrich Schiller oder die Chance der Freiheit im «Notzwang der Begebenheiten», in: Stašková (2007), Schiller, S. 59–82, hier S. 62 ff.

135 Schiller, Ankündigung der Rheinischen Thalia. http://www.zeno.org/nid/20005609720 (14. 5. 2021).

136 Nikolas Immer, Pegasus im Joche? Schillers ambivalentes Verhältnis zum Weimarer Hof, in: A. Schmidt (2008), Schiller, S. 19–40, hier S. 20 f.

137 Sylvia Kall, «Wir leben jetzt recht in Zeiten der Fehde». Zeitschriften am Ende des 18. Jahrhunderts als Medien und Kristallisationspunkte literarischer Auseinandersetzung, Frankfurt a. M. u. a. 2004, S. 137 f.

138 https://www.friedrich-schiller-archiv.de/briefe-schillers/briefwechsel-mit-gottfried-koerner/schiller-an-gottfried-koerner-29-augu st-1787/ (14. 5. 2021).

139 Vgl. Hahn (1986), Schiller, S. 388 ff.; Alt (2000), Schiller, Bd. 1, bes. S. 587–675.

140 Daniel Fulda, Wissenschaft aus Kunst. Die Entstehung der modernen deutschen Geschichtsschreibung 1760–1860, Berlin u. a. 1996, bes. S. 229–244; Prüfer (2002), Bildung, S. 111–155.

141 https://www.friedrich-schiller-archiv.de/briefe-schillers/briefwechsel-mit-gottfried-koerner/schiller-an-gottfried-koerner-18-janua r-1788/ (28. 4. 2020).

142 https://www.friedrich-schiller-archiv.de/briefwechsel-von-schiller-und-goethe/1795/94-an-goethe-29-august-1795/ (14. 5. 2021).

143 Prüfer (2002), Bildung, S. 1.

144 https://www.friedrich-schiller-archiv.de/briefe-schillers/briefwechsel-mit-gottfried-koerner/schiller-an-gottfried-koerner-29-august-1787/ (28. 4. 2020).

145 Vgl. auch zum Folgenden Schmidt (2005), Schiller; Ders., Ästhetische Geschichtsdeutung. Friedrich von Schiller und Carl Theodor von Piloty über den Dreißigjährigen Krieg, in: Axel Schröter (Hg.), Musik – Politik – Ästhetik, Sinzig 2012, S. 36–48.

146 Vgl. dagegen Klaus Ries, Einheit und Freiheit – Politische Denkfiguren der deutschen Klassik, in: Pauly/Ries (2018), Ordnungsvorstellungen, S. 79–128, bes. S. 86–93.

147 Alexander Schmidt, Athen oder Sparta? Friedrich Schiller und der Republikanismus, in: Manger (2006), Schiller, S. 103–130, hier S. 105 f.

148 Ebd., S. 117.

149 Craig (1983), Politik, S. 61.

150 https://www.friedrich-schiller-archiv.de/briefe-schillers/briefwechsel-mit-gottfried-koerner/schiller-an-gottfried-koerner-12-september-1788/ (28.4.2020).

151 Goethe an das Geheime Konzil, 1788, Dez. 9. WA IV, 9, Nr. 2709.

152 Hans Tümmler, Signore Schiller. Der zunftfremde Geschichtsprofessor und die Jenaer Philosophische Fakultät 1789, in: Archiv für Kulturgeschichte 58, 1976, S. 444–458.

153 https://www.friedrich-schiller-archiv.de/briefe-schillers/briefwechsel-mit-gottfried-koerner/schiller-an-gottfried-koerner-9-maerz-1789/ (20.8.2020).

154 Boyle (1999), Goethe, Bd. 1, S. 669 f.

155 https://www.friedrich-schiller-archiv.de/briefe-schillers/an-caroline-von-beulwitz/schiller-an-caroline-von-beulwitz-10-dezember-1788/ (28.4.2020).

156 https://www.friedrich-schiller-archiv.de/briefe-schillers/briefwechsel-mit-gottfried-koerner/schiller-an-gottfried-koerner-7-januar-1788/ (28.4.2020).

157 https://www.friedrich-schiller-archiv.de/briefe-schillers/briefwechsel-mit-gottfried-koerner/schiller-an-gottfried-koerner-13-oktober-1789/ (28.4.2020).

158 Schiller (1988), Universalgeschichte, bes. S. 750–753.

159 Ebd., S. 756.

160 Schiller (1988), Übersicht, S. 845.

161 Schiller (1988), Universalgeschichte, S. 764. Vgl. Hahn (1986), Schiller, S. 396 ff.

162 Schiller (1988), Übersicht, S. 850, Anm. 1.

163 Kant (1964), Idee, S. 37 ff.

164 Auch zum Folgenden: Manfred Riedel, Geschichte und Gegenwart. Europa in Schillers Konzept der Universalgeschichte, in: Otto Dann (Hg.), Schiller als Historiker, Weimar 1995, S. 29–58, hier S. 46 f. und 54 f.

165 Ernst Schulin, Schillers Interesse an der Aufstandsgeschichte, in: ebd., S. 137–148, Zitat S. 147.

166 Schiller (1988), Universalgeschichte, S. 764.

167 Klaus Ries, Schillers Freiheit und die Kritik der Romantik, in: Klaus Dreyer u. a. (Hg.), Romantik und Freiheit. Wechselspiele zwischen Ästhetik und Politik, Heidelberg 2014, S. 73–88, hier bes. S. 75 ff.

168 Schiller (1988), Universalgeschichte, S. 764.

169 Schiller (1988), Übersicht, S. 848.

170 Ebd., S. 853.

171 Schiller (1988), Universalgeschichte, S. 766.

172 https://www.friedrich-schiller-archiv.de/briefe-schillers/briefwechsel-mit-gottfried-koerner/schiller-an-gottfried-koerner-13-oktober-1789/ (28.4.2020).

173 Wilson (1999), Goethe-Tabu, S. 121 f. und 127 ff.

174 Goethe, Kampagne in Frankreich, in: WA I, 33, S. 1–271, Zitat S. 75.

175 Zit. n. Schmidt (2009), Wandel, S. 228.

176 Huschke (1962), Weimar, S. 134.

177 Goethe an Jacobi, 3. März 1790. WA IV, 9, Nr. 2806.

178 Zit. n. Borchmeyer (1994), Klassik, S. 133.

179 Zit. n. Boyle (1999), Goethe, Bd. 1, S. 761.

180 Gespräch mit Eckermann, 1824, Jan. 4. http://www.zeno.org/nid/20004867378 (20. 6. 2021).

181 Carl Leonhard Reinhold, Briefe über die kantische Philosophie, Leipzig 1790, S. 16.

182 E. C. W. Ackermann, Betrachtungen über Aufruhr und bürgerliche Unruhen, in: Der Neue Teutsche Merkur, 1794, Heft 3, S. 279–297.

183 Zit. n. Wilson (1999), Goethe-Tabu, S. 102 und 157.

184 Ebd., S. 158 f.

185 Ebd., S. 152.

186 Vgl. Georg Schmidt, Die frühneuzeitlichen Hungerrevolten, in: Zeitschrift für Historische Forschung 18, 1991, S. 257–280.

187 Goethe, Der Bürgergeneral, 14. Szene. http://www.zeno.org/nid/20004851749 (14. 5. 2021).

188 Vgl. Hien (2015), Reich, S. 329–333.

189 Rothe (1992), Goethe, S. 69–74.

190 Goethe, Die Aufgeregten, 3. Aufzug, 1. Szene. http://www.zeno.org/nid/20004851927 (14. 5. 2021).

191 Gespräch mit Eckermann, 1824, Jan. 4. http://www.zeno.org/nid/20004867378 (20. 6. 2021).

192 Carl August an Graf Hartig, 1792, Juni 3. Graf Hartig an Kaunitz, 1792, Juni 15. HHStA Wien, Staatskanzlei, Sachsen, Berichte und Weisungen, Fasz 29.

193 Graf Hartig an Kaunitz, 1792, Juni 15. Ebd.

194 Goethe an Jacobi, 1792, Aug. 18. WA IV, 10, Nr. 2935.

195 Goethe an Voigt, 1792, Okt. 15. WA IV, 10, Nr. 2953.

196 Goethe an Herder, 1787, Okt. 12. http://www.projekt-gutenberg.org/goethe/italien/ital2512.html (28. 11. 2021).

197 Goethe, Campagne in Frankreich, S. 288. http://www.zeno.org/nid/20004859766 (14. 5. 2021). Gonthier-Louis Fink, Goethes Campagne in Frankreich 1792 (1822), in: Euphorion 110, 2016, S. 1–63.

198 Herder, Anhang an Briefe zu Beförderung der Humanität, in: Herder, Werke, Bd. 18, S. 317.

199 Ebd., S. 315.

200 Wilson (1999), Goethe-Tabu, S. 266.

201 Wieland, Patriotischer Beitrag zu Deutschlands höchstem Flor (1780), in: Ders., Sämmtliche Werke, Bd. 15: Vermischte Prosaische Aufsätze, Leipzig 1795, S. 359–387, Zitate S. 383 und 386. Den erläuternden Zusatz zu diesem

erstmals 1780 in Der Teutsche Merkur erschienenen Beitrag erarbeitete Wieland 1785/86. Waldmann (2003), Reichspatriotismus, S. 41, Anm.

202 Wieland, Zusatz des Herausgebers, in: Der Neue Teutsche Merkur, 1791, Bd. 2, S. 224.

203 Wieland, Betrachtungen über die gegenwärtige Lage des Vaterlandes, in: Der Neue Teutsche Merkur, 1793, Heft 1, S. 3–55, Zitate S. 4, 13, 43, 46 und 49 f.

204 Ders., Etwas zur Beruhigung der Patriotischen Bürger in ***, in: Der Neue Teutsche Merkur, März 1794, Bd. 1, S. 274–296, Zitat S. 278 f.

205 Goethe an Carl August, 1786, Apr. 7. WA IV, 7, Nr. 2291.

206 Goethe an Fritsch, 1790, März 12.WA IV, 9, Nr. 2811.

207 Jonas Maatsch, «Kantisches Evangelium». Die kritische Philosophie an der Universität Jena, in: Ereignis Weimar (2007), S. 167; Ders., Die Anfänge der Kant-Rezeption an der Universität Jena, in: ebd., S. 169 f.

208 K. L. Reinhold, Ueber den Einfluß des Geschmackes auf die Kultur der Wissenschaften und der Sitten. Aus einer akademischen Antrittsrede, in: Der Teutsche Merkur 1788, 1. Heft, S. 167–183, Zitate S. 173 und 180.

209 Tümmler (1978), Carl August, S. 97.

210 Ueber die sogenannten Orden auf Universitäten, in: Journal von und für Deutschland, 1791, 2. Stück, S. 686–693.

211 Rebmann (1791), Fragmente, S. 714.

212 Andreas Georg Friedrich Rebmann, Jena fängt an, mir zu gefallen. Stadt und Universität in Schriften und Briefen, hg. v. Werner Greiling, Leipzig 1994, S. 65 f.

213 Rebmann (1791), Fragmente, S. 725. Vgl. auch Ders., Vertheidigung des Verfassers der Fragmente über Jena gegen die dortige Bürgerschaft, in: Journal von und für Deutschland 9, 1792, S. 530–533.

214 Otto Lautz, Jenaer Universitätsleben in den Jahren 1792–1795. Aus den Briefen zweier Nassauischen Studenten, in: Zeitschrift des Vereins für Thüringische Geschichte 43, 1941, S. 206–218.

215 Reelle Verbesserung der academischen Medicinalanstalten. Nebenbei eine Ehrenrettung der Gesamt-Akademie zu Jena, in: Almanach für Aerzte und Nichtaerzte, 1793, S. 200–221, Zitate S. 210.

216 Goethe, [Abschaffung der Duelle an der Universität Jena], in: Goethes Poetische Werke, Bd. 10: Autobiographische Schriften, Tl. 3, Stuttgart, o. J., S. 782–786.

217 Wilson (1999), Goethe-Tabu, S. 181 f.

218 Actenmäßige Nachricht über die seit dem 10ten Junius 1792 auf der Academie zu Jena vorgefallenen Unruhen, in: Journal von und für Deutschland, 9 (1792), S. 608–617, hier S. 609.

219 Zit. n. Otto Dann, Jena in der Epoche der Revolution, in: Strack (1994), Evolution, S. 17–39, hier S. 25.

220 Wilson (1999), Goethe-Tabu, S. 219 f.

221 Zit. n. Safranski (2004), Schiller, S. 307; Bauer (2008), Universität, S. 126 ff.

222 Carl August an Voigt, 1792, Juli 27. Andreas (1958), Briefwechsel, Bd. 2, S. 36.

223 Reinhold, Ueber die Teutschen Beurtheilungen der französischen Revolution, in: Der Neue Teutsche Merkur, 1793, Bd. 1, S. 387–424, Zitat S. 389.

224 Johann Gottlieb Fichte, Beitrag zur Berichtigung der Urtheile des Publikums über die französische Revolution, Vorrede. http://www.zeno.org/nid/20009167161 (20. 6. 2021).

225 Zahme Xenien. http://www.zeno.org/nid/2000484629X (2. 2. 2021).

226 E[rnst Christian] W[ilhelm] Ackermann, Ueber germanische Freyheit. Ein Versuch, in: Der Neue Teutsche Merkur, 1795, Heft 3, S. 70–84.

227 Brief vom 14. Juni 1792. Zit. n. Wilson (1999), Goethe-Tabu, S. 230.

228 Voigt an Hufeland, 1792, Juli 28. Zit. n. Wilson (2004), Weimar, S. 298.

229 Voigt an Hufeland, 1792, Okt. 16. Zit. n. ebd., S. 557.

230 August Diezmann (Hg.), Aus Weimars Glanzzeit. Neudruck 2021, Nr. 45. Vgl. Wolfgang Leber, Die Universität Jena in der Zeit der deutschen Klassik und des deutschen philosophischen Idealismus bis zum Zusammenbruch des Reiches (1767–1806), in: Max Steinmetz (Hg.), Geschichte der Universität Jena 1548/58–1958, Jena 1958, S. 217–318, hier S. 232.

231 Zit. n. Wilson (2004), Weimar, S. 231. Vgl. Hans-Werner Hahn, Aufbruch und Krisen: Die Universität Jena zwischen 1770 und 1870, in: Rüdiger von Bruch (Hg.), Die Berliner Universität im Kontext der deutschen Universitätslandschaft nach 1800, um 1860 und um 1910, München 2010, S. 21–42; hier S. 30 ff.

232 Carl August an Voigt, 24. Nov. 1792. Zit. n. Wilson (1999), Goethe-Tabu, S. 215.

233 Schmidt (2009), Wandel, S. 239.

234 http://www.zeno.org/Literatur/M/Goethe,+Johann+Wolfgang/Autobiographisches/Tag-+und+Jahreshefte/1793 (S. 21) (16. 10. 2020).

235 Zit. n. Sengle (1993), Genie, S. 126.

236 Carl August an Voigt, 1793, März 11. Zit. n. Wilson (1999), Goethe-Tabu, S. 216.

237 Karl Härter, Reichstag und Revolution 1789–1806, Göttingen 1992, S. 361–377.

238 Voigt an Carl August, 1793, Juli 24. Zit. n. Wilson (1999), Goethe-Tabu, S. 214.

239 Carl August an Bertuch, 1789, Apr. 6. Zit. n. Gerhard Müller, Goethe und Carl August. Freundschaft und Politik, in: Hellmut Th. Seemann (Hg.), Anna Amalia, Carl August und das Ereignis Weimar, Göttingen 2007, S. 132–164, hier S. 147.

240 Müller (2006), Regieren, S. 352–357.

241 Carl August an Herder, 1793, Juni 14. Düntzer (1883), Briefe, S. 130.

242 Wilson (1999), Goethe-Tabu, S. 285.

243 Carl August an Voigt, 1792, Dez. 18. Zit. n. Müller/Maatsch (2007), Einführung, S. 21.

244 Bruford (1966), Kultur, S. 140 f.

245 Biedrzynski (1992), Weimar, S. 305. Susanne Müller-Wolff, Ein Landschaftsgarten im Ilmtal. Die Geschichte des herzoglichen Parks im Ilmtal, Weimar u. a. 2007.

246 Martin Salesch, Höfische Gärten der Ernestiner, in: Werner Greiling u. a. (Hg.), Die Ernestiner. Politik, Kultur und gesellschaftlicher Wandel, Köln u. a. 2016, S. 397–409, hier S. 405 f.

247 Friedrich Schiller, Ueber den Gartenkalender auf das Jahr 1795. https://www.projekt-gutenberg.org/schiller/gartenk/gartenk.html (14. 5. 2021).

248 Wachsmuth (1844), Musenhof, S. 46 f.

249 Wieland an Merck, 1778, Okt. Ebd., S. 51, Anm.

250 K. P. Conz, Im Park zu Weimar, in: Der Neue Teutsche Merkur, Bd. 3, Juni 1792, S. 329–331, Zitat S. 331.

251 Stephan (2004), Gartenrevolution, S. 220. Vgl. ebd. auch zum Folgenden.

252 Zit. n. Müller-Wolff (2011), Kunst, S. 166.

253 Gert-Dieter Ulferts, Phönix aus der Asche. Der Wiederaufbau des Weimarer Residenzschlosses nach dem Brand von 1774, in: Ereignis Weimar (2007), S. 88 f., Zitat S. 89.

254 Ulferts (2007), Formen; Christiane Salge, Das Weimarer Bernhardzimmer als ernestinischer Memorialraum, in: Franziska Bomski u. a. (Hg.), Mens et Manus. Kunst und Wissenschaft an den Höfen der Ernestiner, Göttingen 2016, S. 263–283.

255 Zit. n. Ulferts (2007), Formen, S. 317.

256 Schiller, Geschichte des Dreißigjährigen Kriegs, in: Ders. (1988), Werke, Bd. 4, S. 363–745, Zitat S. 448.

257 Böttiger (1838), Zustände, S. 65 f.

258 Luden an Carl August, 1808, Aug. 25. Zit. n. Ries (2007), Wort, S. 171.

259 Luden (1847), Rückblicke, S. 105–113, Zitate S. 111 und 113.

260 Georg Schmidt, «Ein heiliges Feuer zu bewahren …» Patriotischer Kosmopolitismus im Kulturkreis Dessau-Wörlitz, in: Festkolloquium anlässlich des 90. Geburtstags von Prof. D. Erhard Hirsch, Halle 2019, S. 25–56.

261 Gert-Dieter Ulferts, Weimarer Klassizismus. Das Römische Haus im Park an der Ilm, in: Ereignis Weimar (2007), S. 245.

262 Norbert Oellers, Bürger von Frankreich – Schiller und die Französische Revolution, in: Stašková (2007), Schiller, S. 13–35.

263 https://www.friedrich-schiller-archiv.de/briefwechsel-von-schiller-und-goethe/1798/432-an-goethe-2-maerz-1798/ (25. 7. 2020).

264 Goethe an Schiller, 1798, März 3. WA IV, 13, Nr. 3746.

265 Jeffrey L. High, Schillers Plan, Ludwig XVI. in Paris zu verteidigen, in: Jahrbuch der deutschen Schillergesellschaft 39, 1995, S. 178–194.

266 https:///www.friedrich-schiller-archiv.de/briefe-schillers/briefwechsel-mit-gottfried-koerner/schiller-an-gottfried-koerner-21–12–1 792/ (28. 4. 2020).

267 Schiller, Das Lied von der Glocke. http://www.zeno.org/nid/20005596718 (20. 6. 2021).

268 https://www.friedrich-schiller-archiv.de/briefe-schillers/briefwechsel-mit-gottfried-koerner/schiller-an-gottfried-koerner-3-september-1792/ (28. 4. 2020). Vgl. Schmidt (2005), Schiller.

269 Schiller (2000), Briefe, 9. Brief, S. 33.

270 Vgl. zusammenfassend Ackermann (2005), Paris, S. 116 f.

271 Kant, Kritik der Urteilskraft, Tl. 1, § 6. http://www.zeno.org/nid/20009190538 (8. 8. 2021).

272 https://www.friedrich-schiller-archiv.de/briefe-schillers/schiller-an-gott fried-koerner-9-februar-1789/ (28. 4. 2020).

273 Schiller an den Herzog von Augustenburg, 1793, Feb. 9. Schiller (2000), Briefe, S. 129.

274 https://www.friedrich-schiller-archiv.de/briefe-schillers/briefwechsel-mit-gottfried-koerner/schiller-an-gottfried-koerner-8-februar-1793/ (28. 4. 2020). Vgl. Safranski (2004), Schiller, S. 357 f.

275 Walter Pauly, Gedanken politischer Ordnungsbildung in der deutschen Klassik, in: Pauly/Ries (2018), Ordnungsvorstellungen, S. 15–77, Zitat S. 27.

276 Schiller an den Herzog von Augustenburg, 1793, Juli 13. Schiller (2000), Erziehung, S. 137–141.

277 Birgit Sandkaulen, Schönheit und Freiheit. Schillers politische Philosophie, in: Manger (2005), Schiller, S. 37–55, hier S. 49.

278 https://www.friedrich-schiller-archiv.de/philosophische-schriften/ueber-das-erhabene/ (28. 4. 2020).

279 Schiller (2000), Erziehung, 9. Brief, S. 34.

280 Schiller (2000), Erziehung, 3. Brief, S. 13 f.

281 Schiller an den Herzog von Augustenburg, 1793, Juli 13. Schiller (2000), Erziehung, S. 142.

282 Schiller, Über das Pathetische. http://www.zeno.org/nid/20005609828 (3. 8. 2021).

283 Schiller (2000), Erziehung, 2. Brief, S. 9 ff.

284 Hans-Jürgen Schings, «Freyheit zu geben durch Freyheit», in: Schuster (1999), Spiegelungen, Bd. 2, S. 513–523, hier S. 517.

285 Hans Feger, Durch Schönheit zur Freiheit der Existenz – Wie Schiller Kant liest, in: Monatshefte 97, Nr. 3, 2005, S. 439–449, Zitat S. 449.

286 Schiller, Die Gesetzgebung des Lykurgus und Solon, in: Ders. (1988), Werke, Bd. 4, S. 805–836, Zitat S. 833.

287 Schiller (2000), Erziehung, 27. Brief, S. 123.

288 Schiller, Über Bürgers Gedichte. http://www.zeno.org/nid/20005609763 (26. 6. 2021).

289 Friedrich Schiller, Ueber Anmuth und Würde, in: Neue Thalia 1793, Bd. 3, S. 115–230, Zitat S. 187.

290 Kemiläinen (1956), Auffassungen, S. 130.

IV. Die Doppelstadt – das Ereignis Weimar-Jena

1 Kunst und Altertum, Bd. 3.1, 1821. http://www.zeno.org/nid/20004855507 (21. 7. 2021).

2 Ries (2007), Wort S. 165.

3 Borchmeyer (1994), Klassik, S. 247 und 255.

4 Friedrich Schlegel, Kritische und Theoretische Schriften, Stuttgart 1978, S. 99.

5 J. A. F. Randel, Summarische Uebersicht von Deutschland, in: Deutsche Monatsschrift 1 (1792), S. 282–295, Zitat S. 292.

6 Einige Ideen über ein deutsches Nazional-Pantheon, geschrieben im Januar 1794, in: Deutsches Magazin, Jg. 1795, Bd. 10, S. 225–241, hier S. 241.

7 Paul Ziche, Die Jenaer Naturforschende Gesellschaft und ihre Bedeutung für die Naturforschung in Jena, in: Detlef Döring u. a. (Hg.), Gelehrte Gesellschaften im mitteldeutschen Raum (1650–1820), Tl. 2, Leipzig 2002, S. 107–131.

8 Gerrit Brüning, Unglückliches Ereignis. Goethes Erfindung und sein Verhältnis zu Schiller, in: Goethe-Jahrbuch 127, 2010, S. 48–56, Zitat S. 56.

9 Goethe (1995), Ereigniß, S. 17. Vgl. Jonas Maatsch, Ideen mit den Augen sehen, in: Sebastian Böhmer u. a. (Hg.), Weimarer Klassik. Kultur des Sinnlichen, Berlin u. a. 2012, S. 66–75.

10 Safranski (2004), Schiller, S. 403.

11 https://www.friedrich-schiller-archiv.de/briefwechsel-von-schiller-und-goethe/1794/4-an-goethe-23-august-1794/ (30. 4. 2020).

12 https://www.friedrich-schiller-archiv.de/briefwechsel-von-schiller-und-goethe/1794/7-an-goethe-31-august-1794/ (30. 4. 2020).

13 Goethe an Friedrich Constantin von Stein, 1794, Aug. 28. WA IV, 10, Nr. 3079.

14 Goethe an Schiller, Konzept 1794, Okt. WA IV, 10, Nr. 3094C.

15 Zit. n. Boyle, Goethe, Bd. 2, S. 269.

16 https://www.friedrich-schiller-archiv.de/briefe-schillers/briefwechsel-mit-gottfried-koerner/schiller-an-gottfried-koerner-23-februar-1793/ (25. 2. 2021).

17 Klaus Ries, Einheit und Freiheit – Politische Denkfiguren der deutschen Klassik, in: Pauly/Ries (2018), Ordnungsvorstellungen, S. 79–128; Sandkaulen (2002), Seele, S. 75 f.

18 https://www.friedrich-schiller-archiv.de/briefwechsel-von-schiller-und-goethe/1798/399-an-schiller-6-januar-1798/ (30. 4. 2020).

19 Goethe, Tag- und Jahreshefte 1794. http://www.zeno.org/nid/20004859901 (16.10.2020).

20 Vgl. Klaus Manger/Andrea Heinz, Der Ort und das Ereignis Weimar-Jena: Kultur um 1800, in: Aldo Venturelli/Fabio Frosini (Hg.), Der Ort und das Ereignis. Die Kulturzentren in der europäischen Geschichte, Freiburg im Breisgau 2002, S. 197–250; Klaus Manger, Ereignis Weimar-Jena um 1800 aus literaturwissenschaftlicher Sicht, Stuttgart/Leipzig 2005.

21 https://www.friedrich-schiller-archiv.de/briefe-schillers/andere-briefe/schiller-an-c-v-schimmelmann-23-november-1800/ (21.8.2020).

22 https://www.friedrich-schiller-archiv.de/briefe-schillers/briefwechsel-mit-gottfried-koerner/schiller-an-gottfried-koerner-12-augu st-1787/ (28.4.2020).

23 https://www.friedrich-schiller-archiv.de/briefwechsel-von-schiller-und-goe the/1798/406-an-goethe-19-januar-1798/ (5.12.2020).

24 WA IV, 26, Nr. 7277. Vgl. auch zum Folgenden Helmut Brandt, Goethe und Schiller – das Bündnis der Antipoden, in: Goethe (1995), Ereigniß, S. 37–54.

25 Goethe (1995), Ereigniß, S. 19. Vgl. Rolf Selbmann, Klassische «Bildungsstufen» oder «Aufsprung zu einer höhern Cultur»? Eine Neulektüre von Goethes Aufsatz «Glückliches Ereigniß», in: Goethe-Jahrbuch 131, 2014, S. 98–104.

26 Terence James Reed, «Lieben Sie mich, es ist nicht einseitig». Die Korrespondenz zwischen Schiller und Goethe, in: Goethe-Jahrbuch 122, 2005, S. 176–186, Zitat S. 179.

27 Alt (2000), Schiller, Bd. 2, S. 326.

28 Ebd., S. 327 f.

29 https://www.friedrich-schiller-archiv.de/briefwechsel-von-schiller-und-goe the/1800/751-an-schiller-29-juli-1800/ (28.4.2020).

30 https://www.friedrich-schiller-archiv.de/briefe-schillers/andere-briefe/schiller-an-gottlob-voigt-6-april-1795/ (8.5.2020).

31 Schiller (2000), Erziehung, 27. Brief, S. 123.

32 http://www.zeno.org/Literatur/M/Goethe,+Johann+Wolfgang/Autobiographisches/Tag-+und+Jahreshefte/1794 (16.10.2020).

33 Tümmler (1947), Friede, S. 197 f.

34 Tümmler (1978), Carl August, S. 114 f.

35 Zit. n. Tümmler (1978), Carl August, S. 116 f.

36 Goethe an Schiller, 1796, Juli 22. WA IV, 11, Nr. 3348.

37 Zit. n. Tümmler (1947), Friede, S. 215.

38 Goethe an Voigt, 1796, Sept. 5/6. WA IV, 11, Nr. 3378.

39 Tümmler (1947), Friede. Vgl. zur nationalsozialistischen Verstrickung: Wilson (1996), Tabuzonen, S. 401–404.

40 Sengle (1993), Genie, S. 136.

41 Boyle (1999), Goethe, Bd. 2, S. 488 ff.

42 Rothe (1992), Goethe, S. 77.

43 https://www.friedrich-schiller-archiv.de/briefe-schillers/briefwechsel-mit-wilhelm-v-humboldt/schiller-an-wilhelm-v-humboldt-9-november-1795/ (6.5.2020).

44 Pestel (2015), Kosmopoliten, S. 358 ff.

45 Ebd., S. 350 f.

46 Herrn Mouniers Institut in Belvedere, in: Der neue Teutsche Merkur, 1799, Bd. 1, S. 95 f.

47 Pestel (2015), Kosmopolitismus, S. 352.

48 Ebd., S. 344 ff.

49 https://www.friedrich-schiller-archiv.de/briefwechsel-von-schiller-und-goethe/1798/431-an-schiller-28-februar-1798/ (25.7.2020).

50 https://www.friedrich-schiller-archiv.de/briefwechsel-von-schiller-und-goethe/1798/440-an-goethe-14-maerz-1798/ (25.7.2020).

51 Zit. n. Pestel (2015), Kosmopoliten, S. 356.

52 Böttiger (1838), Zustände, S. 170.

53 Pestel (2015), Kosmopoliten, S. 361 ff.

54 A. D. G. v. Groß, Akademie in Belvedere, in: Der Neue Teutsche Merkur, 1803, Bd. 1, S. 144–152.

55 Wieland, Auszüge aus Briefen, in: Der Neue Teutsche Merkur, 1798, S. 446–461, hier S. 458 f.

56 Klaus Manger, Klassizismus und Aufklärung. Das Beispiel des späten Wieland, Frankfurt a. M. 1991, S. 169–202; Jutta Heinz, Narrative Kulturkonzepte. Wielands Aristipp und Goethes Wilhelm Meisters Wanderjahre, Heidelberg 2006.

57 Hien (2015), Reich, S. 443–453.

58 Zit. n. Haym (1954), Herder, Bd. 2, S. 518.

59 Herder, Briefe zur Beförderung der Humanität, 6. Brief. http://www.zeno.org/nid/20005053021 (21.6.2021). Vgl. Nübel (1996), Verhältnis.

60 Wulf Koepke, Kulturnation and its Authorization through Herder, in: Ders. (Hg.), Johann Gottfried Herder. Academic Disciplines and the Pursuit of Knowledge, Columbia 1996, 177–198, hier S. 183 ff.; Nübel (1996), Verhältnis.

61 Herder, Briefe, hier 57. Brief. http://www.zeno.org/nid/20005053064 (21.6.2021).

62 Ebd., 46. Brief. http://www.zeno.org/nid/20005053056 (21.6.2021).

63 Ebd., 113. Brief. http://www.zeno.org/nid/20005053102 (21.6.2021). Vgl. Endre Hárs, Herder und die Erfindung des Nationalen. https://www.kakanien-revisited.at/beitr/theorie/EHars3.pdf, S. 9 und 13 (17.5.2021).

64 Herder, Briefe, 101. Brief. http://www.zeno.org/nid/20005053099 (21.6.2021). Vgl. Gunter E. Grimm, «Der Kranz der Patrioten». Nachahmungspraxis und Originalitätsideal bei Herder, in: Lenz-Jahrbuch, 4, 1994, S. 101–112.

65 Conrad Wiedemann, Deutsche Klassik und nationale Identität. Eine Revision der Sonderwegs-Frage, in: Wilhelm Voßkamp (Hg.), Klassik im Vergleich. Normativität und Historizität europäischer Klassiken, Stuttgart u. a. 1993, S. 541–569, Zitat S. 546.

66 Wilson (1999), Goethe-Tabu, S. 258.

67 Robert Matthees, Johann Gottfried Herder. Versuch einer Biografie, https://www.robert-matthees.com/misc/Johann-Gottfried-Herder.pdf (26. 9. 2020).

68 Reinhardt (2007), Klassik, S. 216 ff.

69 Herder an Heyne, 1793, Aug. 7. Zit n. Haym (1954), Herder, Bd. 2, S. 519.

70 Herder, Briefe, 12. Brief. http://www.zeno.org/nid/20005053021 (21. 6. 2021).

71 Ebd., 106. Brief. http://www.zeno.org/nid/20005053099 (21. 6. 2021).

72 Herder an Johannes von Müller, 1796, Okt. 10. Johann Gottfried Herder, Von und an Herder. Ungedruckte Briefe aus Herders Nachlaß, hg. v. Heinrich Düntzer u. a., ND Hildesheim 1981, S. 338.

73 Herder, Germanien. http://www.zeno.org/nid/20005044618 (21. 6. 2021). Florian Hertsch, Germanien. Ein Beitrag zu Herders Vorstellungen über Staat und Nationalität, in: Diyalog 2015/1, S. 1–12.

74 Röhr (1830), Carl August, S. 17–32.

75 Ebd., S. 35–42; Herder, Werke, Bd. 31, S. 775–778.

76 Böttiger (1838), Zustände, S. 116.

77 Vgl. Schulz (1960), Horen; Reed (1984), Ecclesia; Kall (2004), Zeiten.

78 https://www.friedrich-schiller-archiv.de/briefwechsel-von-schiller-und-goethe/1794/1-an-goethe-13-juni-1794/ (28. 4. 2020).

79 https://www.friedrich-schiller-archiv.de/briefe-schillers/an-friedrich-cotta/schiller-an-friedrich-cotta-10-juli-1794/ (17. 9. 2020).

80 https://www.friedrich-schiller-archiv.de/briefe-schillers/an-friedrich-cotta/schiller-an-friedrich-cotta-1-september-1794/ (17. 9. 2020).

81 Schiller, Die Horen, in: Intelligenzblatt der Allgemeinen Literaturzeitung, Nr. 140, 1794, Dez. 10, Sp. 1129–1134.

82 Georg Schmidt, Analogien bilden. Schillers Konzept der Universalgeschichte und seine «Geschichte des Abfalls der Niederlande», in: Luise Schorn-Schütte u. a. (Hg.), Wege der Neuzeit. Festschrift für Heinz Schilling zum 65. Geburtstag, Berlin 2007, S. 533–551.

83 Alice Stašková, Kunst und Staat in Schillers Briefen Über die ästhetische Erziehung des Menschen, in: Pauly/Ries (2018), Ordnungsvorstellungen, S. 189–203, Zitat S. 195.

84 Fasel (1988), Herder, S. 238 ff.

85 https://www.friedrich-schiller-archiv.de/briefe-schillers/an-gottfried-herder/schiller-an-gottfried-herder-4-november-1795/ (5. 10. 2020).

86 Gespräch mit Eckermann, 1832, März, Anfang. http://www.zeno.org/nid/20004867459 (21. 6. 2021).

87 https://www.friedrich-schiller-archiv.de/briefe-schillers/an-friedrich-jacobi/schiller-an-friedrich-jakobi-25-januar-1795/ (26.7.2020).

88 Vgl. Alt (2000), Schiller, Bd. 2, S. 229 f.

89 Wolfgang Harich, Schriften zur Kultur, Bd. 1, Baden-Baden 2020, S. 424.

90 Vgl. Schulz (1960), Horen; Reed (1984), Ecclesia.

91 Alt (2000), Schiller, Bd. 2, S. 200.

92 https://www.friedrich-schiller-archiv.de/die-horen/die-horen-1795-stueck-1/i-erste-epistel/ (27.7.2020).

93 https://www.friedrich-schiller-archiv.de/briefe-schillers/andere-briefe/schiller-an-christian-garve-25-januar-1795/ (5.10.2020).

94 https://www.friedrich-schiller-archiv.de/briefwechsel-von-schiller-und-goethe/1794/26-an-goethe-29-november-1794/ (27.7.2020).

95 Goethe, Unterhaltungen deutscher Ausgewanderten. http://www.zeno.org/nid/20004855337 (18.5.2021).

96 Goethe an Humboldt, 1796, Mai 27. WA IV, 11, Nr. 3312.

97 Vgl. Hien (2015), Reich, S. 397–401.

98 Rothe (1992), Goethe, S. 125–128.

99 Willems (2013), Goethezeit, S. 291 ff.

100 Ziolkowski (1998), Wunderjahr, S. 271 f. und 301.

101 Sandkaulen (2002), Seele, S. 80.

102 Wolfram Mauser, Geselligkeit. Zu Chance und Scheitern einer sozialethischen Utopie um 1750, in: Aufklärung 4, 1989, S. 5–36, hier S. 8 f.

103 Daniel Jenisch, Über Prose und Beredsamkeit der Deutschen, in: Berlinisches Archiv der Zeit und ihres Geschmacks, 1, 1795, März, S. 249–254 und April S. 373–377, Zitat S. 377. https://blog.litteratur.ch/WordPress/?p=4087 (27.7.2020).

104 https://www.friedrich-schiller-archiv.de/die-horen/die-horen-1795-stueck-5/iii-litterarischer-sanscuelottismus/ (26.7.2020).

105 Goethe an C. F. Moser, 1795, Mai 22. WA IV, 10, Nr. 3160.

106 Dazu Schmidt (1999), Geschichte, bes. S. 278–285.

107 Clemens Pornschlegel, Unsichtbare Nationalliteratur. Zu Goethes Polemik ‹Literarischer Sansculottismus› (12.01.2004), S. 9, in: Goethezeitportal. URL: http://www.goethezeitportal.de/db/wiss/goethe/pornschlegel_nationalliteratur.pdf (10.01.2008).

108 https://www.friedrich-schiller-archiv.de/die-horen/die-horen-1795-stueck-5/ii-beitrag-einer-geschichte-franzoesischen-national-charakters/ (26.7.2020).

109 https://www.friedrich-schiller-archiv.de/die-horen/die-horen-1795-stueck-4/iv-merkwuerdige-belagerung-von-antwerpen-in-jahren-1584-und-1585/ (27.7.2020).

110 https://www.friedrich-schiller-archiv.de/die-horen/die-horen-1795-stueck-5/viii-weihe-schoenheit/ (26.7.2020).

111 Sandra Richter, Präsenz und Selbstreferenz in Goethes Liebeslyrik, in: Carsten Rohde u.a. (Hg.), Goethes Liebeslyrik. Semantiken der Leidenschaft um 1800, Berlin/Bosten 2013, S. 125–144, Zitat, S. 129, Anm. 16.

112 Boyle (1999), Goethe, Bd. 2, S. 339.

113 Zit. n. Ziolkowski (1998), Wunderjahr, S. 156. Vgl. Siegfried Seifert, «Eine vollständige Uebersicht der Kantischen Grundsätze». Die Jenaer «Allgemeine Literatur-Zeitung» und ihr Beitrag zur Kritik in einer Zeit des Umbruchs und Aufbruchs, in: Strack (1994), Evolution, S. 275–293, hier S. 285.

114 Schiller an Friedrich Cotta, 2. März 1795. https://www.friedrich-schiller-archiv.de/briefe-schillers/an-friedrich-cotta/schiller-an-friedrich-cotta-2-maerz-1795/ (25.11.2021).

115 https://www.friedrich-schiller-archiv.de/briefwechsel-von-schiller-und-goethe/1795/75-an-goethe-15-juni-1795/ (29.10.2020).

116 https://www.friedrich-schiller-archiv.de/briefe-schillers/an-gottlieb-fichte/schiller-an-gottlieb-fichte-23-juni-1795/ (29.10.2020).

117 https://www.friedrich-schiller-archiv.de/briefe-schillers/an-gottlieb-fichte/schiller-an-gottlieb-fichte-3-august-1795/ (29.10.2020).

118 https://www.friedrich-schiller-archiv.de/briefe-schillers/an-gottfried-herder/schiller-an-gottfried-herder-4-november-1795/ (21.7.2021).

119 https://www.friedrich-schiller-archiv.de/philosophische-schriften/ueber-naive-und-sentimentalische-dichtung/ (29.10.2020). Vgl. Norbert Oellers, Die Aktualität eines Idealisten, in: Aus Politik und Zeitgeschichte, 2005, Heft 9/10. https://www.bpb.de/apuz/29200/die-aktualitaet-eines-idealisten (7.9.2021).

120 Mandelkow (1980), Goethe, S. 48 f.

121 https://www.friedrich-schiller-archiv.de/briefwechsel-von-schiller-und-goethe/1795/115-an-schiller-28-oktober-1795/ (21.6.2021).

122 https://www.friedrich-schiller-archiv.de/briefwechsel-von-schiller-und-goethe/1795/116-an-goethe-1-november-1795/ (26.7.2020).

123 https://www.friedrich-schiller-archiv.de/briefwechsel-von-schiller-und-goethe/1799/611-an-goethe-25-juni-1799/ (5.9.2020).

124 https://www.friedrich-schiller-archiv.de/briefwechsel-von-schiller-und-goethe/1795/120-an-schiller-21-november-1795/ (5.9.2020).

125 https://www.friedrich-schiller-archiv.de/briefwechsel-von-schiller-und-goethe/1795/132-an-schiller-23-dezember-1795/ (5.9.2020).

126 https://www.friedrich-schiller-archiv.de/briefwechsel-von-schiller-und-goethe/1795/134-an-schiller-26-dezember-1795/ (5.9.2020).

127 Goethe an Schiller, 1795, Dez. 30. WA IV, 10, Nr. 3247.

128 Heinrich Bosse, Der Liebhaber als Pappkamerad. Der Krieg gegen die Halb-

heit und die «Greuel des Dilettantismus», in: Blechschmidt (2007), Dilettantismus, S. 69–90, Zitat S. 80.

129 Alt (2000), Schiller, Bd. 2, S. 332 f.

130 Boyle (1999), Goethe, Bd. 2, S. 434.

131 https://www.friedrich-schiller-archiv.de/briefe-schillers/briefwechsel-mit-gottfried-koerner/schiller-an-gottfried-koerner-13-oktober-1789/ (18. 5. 2021).

132 http://www.zeno.org/nid/20005599458 (18. 5. 2021).

133 Humboldt an Schiller, 1798, Jan. 20, in: Schillers Werke, Bd. 37: Briefwechsel. Briefe an Schiller 1. 4. 1797–31. 10. 1798, Teil 1, hg. v. Norbert Oellers und Frithjof Stock, Weimar 1981, S. 224–228, Zitat S. 225.

134 Karl Ludwig von Woltmann, Rettung der deutschen Nation durch ihre Autoren, in: Geschichte und Politik 1804, Bd. 1, S. 191–198.

135 http://www.zeno.org/nid/20005599466 (18. 5. 2021).

136 http://www.zeno.org/nid/20005602335 (18. 5. 2021).

137 Alt (2000), Schiller, Bd. 2, S. 338 ff.

138 http://www.zeno.org/Literatur/M/Goethe,+Johann+Wolfgang/Autobio graphisches/Tag-+und+Jahreshefte/1795 (S. 37) (16. 10. 2020).

139 Böttiger (1838), Zustände, S. 134.

140 Alt (2000), Schiller, Bd. 2, S. 333 ff.

141 Zit. n. Sengle (1993), Genie, S. 144.

142 An Schiller, 1796, Nov., Anfang. Zit. n. Franz Schwarzbauer, Die Xenien. Studien zur Vorgeschichte der Weimarer Klassik, Stuttgart 1992, S. 37.

143 Tag- und Jahrshefte 1796. http://www.zeno.org/nid/20004859928 (18. 5. 2021).

144 Schillers Werke, Nationalausgabe, Bd. 36.1, Weimar 1972, S. 258 f., Zitat S. 259.

145 Boyle (1999), Goethe, Bd. 2, S. 553.

146 https://www.friedrich-schiller-archiv.de/briefwechsel-von-schiller-und-goe the/1796/241-an-schiller-15-november-1796/ (6. 9. 2020).

147 Wilhelm von Humboldt an Goethe, 15. Juni 1795. https://bibliothek.bbaw.de/jwgoethe/ausstellungsrundgang/netzwerke/humboldt-an-goethe (27. 7. 2020).

148 Borchmeyer (1994), Klassik, S. 327–350.

149 Bruford (1966), Kultur, S. 242–250.

150 Ebd., S. 250 ff.

151 Staël (1985), Deutschland, S. 444.

152 Goethe an Wolf, 1796, Dez. 26. WA IV, 11, Nr. 3455.

153 Goethe, Hermann und Dorothea. http://www.zeno.org/nid/20004840372 (19. 10. 2021).

154 Boyle (1999), Goethe, Bd. 2, S. 549 f., Zitat S. 550.

155 http://www.zeno.org/nid/20004849671 (1. 11. 2020). Vgl. Rolf Christian Zimmermann, Die kritische Replik der deutschen Spätaufklärung und Klassik auf Arminius-Enthusiasmus und Germanen-Utopie der Epoche, in: Wer-

ner Wittkowski, Verantwortung und Utopie, Tübingen 1988, S. 109–131, hier S. 127 ff.

156 Katharina von Hammerstein, Sophie Friederike Mereau, in: Freyer (2009), FrauenGestalten, S. 243 ff.

157 Kall (2004), Zeiten, S. 203 f.; Julia Frindte, «Ich wünsche mit Ihnen über das Ganze, den Plan und die Behandlung zu sprechen». Die Zusammenarbeit zwischen Friedrich Schiller und Sophie Mereau, in: Manger (2006), Schiller, S. 47–65, hier S. 53.

158 Vgl. Kopfermann/Steinbach (1992), Weimar-Jena, S. 118 ff.

159 https://www.friedrich-schiller-archiv.de/briefwechsel-von-schiller-und-goethe/1798/410-an-goethe-26-januar-1798/ (17. 9. 2020).

160 Goethe an Wilhelm von Humboldt, 1795, Dez. 3. WA IV, 10, Nr. 3238.

161 Johann Wolfgang von Goethe, Über die verschiedenen Zweige der hiesigen Tätigkeit, in: WA, I, Bd. 53, S. 17–192, Zitate S. 178, 183 und 190.

162 Boyle (1999), Goethe, Bd. 2, S. 370.

163 Allgemeine Literaturzeitung, 1799, Nr. 119, S. 512. (WA I, 47, S. 36).

164 Goethe, Einleitung (in die ‹Propyläen›). http://www.zeno.org/nid/20004855868 (24. 10. 2020).

165 Ulrich Breuer, «Athenaeum» und romantische Schule (1797–1802), in: Endres (2017), Schlegel-Handbuch, S. 8–12, hier S. 9. Vgl. Gisela Horn, ‹Horen› – ‹Propyläen› – ‹Athenäum›: Zeitschriften im Widerstreit, in: Strack (1994), Evolution, S. 306–322.

166 Goethe, Einleitung (in die ‹Propyläen›). http://www.zeno.org/nid/20004855868 (24. 10. 2020).

167 Klinger (2003), Goethe.

168 Goethe an Büchler, 1820, Juni 14. WA IV, 33, Nr. 45.

169 https://www.friedrich-schiller-archiv.de/briefe-schillers/an-friedrich-cotta/schiller-an-friedrich-cotta-5-juli-1799/ (18. 5. 2021).

170 Himmelseher (2006), Wechselwirkungen, S. 43. Anm.

171 Ebd., S. 34 f.

172 Goethe an Voigt, 1796, Juli 25. WA IV, 11, Nr. 3349.

173 Goethe an Schiller, 1796, Juli 28. WA IV, 11, Nr. 3352.

174 Joseph Rückert, Bemerkungen über Weimar, S. 74 ff. Zit. n. Pleticha (1983), Weimar, S. 119 ff.

175 Alt (2000), Schiller, Bd. 2, S. 391.

176 Unbekannter Augenzeuge, in: Pleticha (1983), Weimar, S. 133–136.

177 Wallenstein-Prolog. https://www.friedrich-schiller-archiv.de/wallenstein-text/prolog/ (5. 3. 2021). Vgl. Hien (2015), Reich, S. 432 f.

178 Schiller, Geschichte des Dreißigjährigen Krieges, in: Ders., (1988), Werke, Bd. 4, S. 363–745, hier S. 688.

179 Müller-Seidel (2009), Schiller, S. 128 ff.

180 https://www.friedrich-schiller-archiv.de/briefwechsel-von-schiller-und-goethe/1799/585-an-schiller-18-maerz-1799/ (7.11.2020).

181 Wallensteins Tod, 2. Akt, 2. Auftritt. http://www.zeno.org/nid/2000560883X (10.8.2021).

182 Himmelseher (2006), Wechselwirkungen, S. 36 f.

183 Alt (2000), Schiller, Bd. 2, S. 417 f.

184 Ebd., S. 366 f.

185 Himmelseher (2006), Wechselwirkungen, S. 39.

186 Schedewie (2015), Bühne S. 159.

187 https://www.friedrich-schiller-archiv.de/wilhelm-tell-text/5-aufzug-3-szene/ (5.3.2021).

188 Alt (2006), Schiller, Bd. 2, S. 370.

189 Rückert, Bemerkungen über Weimar, S. 74 ff. Zit. n. Pleticha (1983), Weimar, S. 119 ff., auch ebd., S. 136 ff.

190 Pleticha (1983), Weimar, S. 140 ff., auch ebd., S. 145 f.

191 Möller (2005), Theater, S. 203 f.

192 Gerhard Müller, Theater und Politik. Politische Aspekte der Weimarer Hoftheaterleitung unter Goethe und Carl August, in: Altenburg (2012), Musik, S. 19–29, hier S. 26 f.

193 Vgl. den Bericht Henriettes von Egloffstein, in: Pleticha (1983), Weimar, S. 192.

194 Die Darstellungen dieses Vorfalls durch die Gräfin Egloffstein, Johannes Falk und Goethe, in: ebd., S. 216–224; Berthold Heizmann, Im Schatten Goethes: Kotzebue, Röttenbach 2019, S. 105–108.

195 Tag- und Jahreshefte 1803. http://www.zeno.org/nid/20004859995 (S. 109) (19.5.2021).

196 Zit. n. Boyle (1999), Goethe, Bd. 2, S. 793.

197 Ignaz Aurelius Feßler, Mahomet, nach Voltaire, von Goethe, auf dem Weimar'schen Hoftheater, in: Eunomia, Bd. 2.2, 1802, S. 276–281, Zitate S. 276 f.

198 Schiller, An Goethe. http://www.zeno.org/nid/20005596726 (7.9.2021).

199 Borchmeyer (1994), Klassik, S. 382.

200 Zit. n. Roland Krebs, Wilhelm von Humboldt als Mittler zwischen Paris und Weimar, in: Ehrlich (2008), Ereignis, S. 217–231, hier S. 229.

201 Ebd., S. 223 ff.

202 Alt (2000), Schiller, Bd. 2, S. 399.

203 Ebd., S. 318–323.

204 Gisela Horn, Dorothea Caroline Albertine Schlegel, …, in: Freyer (2009), FrauenGestalten, S. 307 ff.

205 Dorothea Veit an Rahel Levin, 1800, Jan. 23. J. M. Raich (Hg.), Dorothea v. Schlegel, geb. Mendelssohn und deren Söhne Johannes und Philipp Veit. Briefwechsel, Bd. 1, Mainz 1881, S. 26–30, Zitat S. 27.

206 Beiser (2003), Imperative, S. 24.

207 Olaf Breidbach/Heiko Weber, Johann Wilhelm Ritter – Physik als Kunst, in: Olaf Breidbach u. a. (Hg.), Physik um 1800 – Kunst, Wissenschaft oder Philosophie, München 2012, S. 121–137, hier S. 121 f.

208 August Wilhelm von Schlegel, Ueber kritische Zeitschriften (1798), in: Eduard Böcking (Hg.), August Wilhelm von Schlegel's vermischte und kritische Schriften, Bd. 6, Leipzig 1847, S. 3–11, Zitat S. 9.

209 Friedrich Schlegel, Ueber das Studium der Griechischen Poesie. In: Die Griechen und Römer. Historische und kritische Versuche über das Klassische Alterthum, von Friedrich Schlegel. Erster Band. Neustrelitz 1797, 1–250, hier S. 245 f. Digitale Edition von Jochen A. Bär, Vechta 2015 (20. 9. 2020).

210 Friedrich an August Wilhelm Schlegel, in: Kritische Friedrich Schlegel Ausgabe, Bd. 24, S. 31.

211 Athenaeum, Bd. 1.1, Berlin 1798, Vorerinnerung, S. IV.

212 Friedrich Schlegel, Athenäums-Fragmente, in: Ders. (1978), Schriften, S. 93.

213 Heinrich Steffens, Was ich erlebte (1956). Zit. n. Richard van Dülmen, Poesie des Lebens. Eine Kulturgeschichte der deutschen Romantik, Bd. 1, Köln u. a. 2002, Zitate S. 179.

214 Schlegel (1978), Schriften, S. 90.

215 Beiser (2003), Imperative, S. 30 ff.

216 Klaus Peter, Einleitung, in: Ders., Die politische Romantik in Deutschland, Stuttgart 1985, S. 9–73, hier S. 33.

217 Beiser (2003), Imperative, S. 36.

218 Frederick C. Beiser, Die deutsche Frühromantik, in: Richard Faber u. a. (Hg.), Philosophie, Kunst, Wissenschaft, Würzburg 2001, S. 38–52, Zitat S. 38.

219 Beiser (2003), Imperative, S. 8.

220 Peter Philipp Riedl, Verfassung und deutsche Literatur um 1800, in: Hans-Jürgen Becker (Hg.), Interdependenzen zwischen Verfassung und Kultur, Berlin 2003, S. 135–159, hier S. 138 f.

221 Vgl. Hans-Christof Kraus, Die Jenaer Frühromantik und ihre Kritik der Moderne, in: Zeitschrift für Religions- und Geistesgeschichte 47, 1995, S. 205–230, hier S. 216–222.

222 Nikolas Immer, Von der politischen zur ästhetischen Revolution: Das Beispiel Friedrich Schlegel, in: Ries (2012), Romantik, S. 159–169.

223 Friedrich Schlegel, Versuch über den Begriff des Republikanismus, in: Ders. (1978), Schriften, S. 3–20, Zitat S. 4.

224 Ebd., S. 15 f.

225 Schlegel, Athenäums-Fragmente, in: ebd., S. 99.

226 Novalis, Glauben und Liebe oder Der König und die Königin (1798), Nr. 19, in: Novalis (1984), Fragmente, S. 47.

227 https://www.projekt-gutenberg.org/novalis/fragmen1/chap016.html (7. 10. 2020).

228 Jonas Maatsch, «Gesetz der Liebe». Novalis' Gesellschaftsideal als ein Kommunitarismus avant la lettre, in: Ries (2012), Romantik, S. 247–260, hier S. 254.

229 https://www.projekt-gutenberg.org/novalis/fragmen1/chap016.html (7. 10. 2020).

230 Novalis, Christenheit, in: Ders. (1984), Fragmente, S. 67–89, Zitate S. 67, 73, 78, 80 ff., 86 und 88.

231 Vgl. dagegen Dan Edelstein, In 1795: Of Gods and Revolution, in: Ries (2012), Romantik, S. 105–113.

232 Ulrich Breuer/Dirk von Petersdorff (Hg.), Das Jenaer Romantikertreffen im November 1799. Ein romantischer Streitfall, Paderborn 2015.

233 Achim Seifert, Die Entdeckung Europas durch die deutsche Romantik – Zur Europaidee bei Novalis und Friedrich Schlegel, in: Walter Pauly/Klaus Ries (Hg.), Staat, Nation und Europa in der politischen Romantik, Baden-Baden 2015, S. 267–289, hier S. 276 f.

234 http://www.vogt-moykopf.com/chaim/courses/ALL2261_H2005/novalis_fragmente_ueber_poesie.html (10. 12. 2020).

235 Matuschek (2021), Himmel, S. 84 ff.

236 Goethe an Knebel, 1797, März 2. WA IV, 12, Nr. 3497.

237 Carl August an Voigt, 1798, Dez. 26. Goethe, Amtliche Schriften, Bd. 2.1, S. 580.

238 http://www.zeno.org/Literatur/M/Goethe,+Johann+Wolfgang/Autobiographisches/Tag-+und+Jahreshefte/1794 (19. 5. 2021).

239 Wilson (1999), Goethe-Tabu, S. 244; Ziolkowski (1998), Wunderjahr, S. 59 f.

240 Johann Gottlieb Fichte, Der geschloßne Handelsstaat, Wien 1801, S. 12.

241 Ders., Einige Vorlesungen über die Bestimmung des Gelehrten. 2. Vorlesung: Über die Bestimmung des Menschen in der Gesellschaft. https://www.projekt-gutenberg.org/fichte/gelehrte/chap003.html (22. 6. 2021).

242 Heinrich Bosse, Das Dispositiv der Bildung in Jena, in: Athenäum 25, 2015, S. 89–122, hier S. 99.

243 https://de.wikipedia.org/wiki/Gesellschaft_der_freien_M%C3%A4nner (3. 5. 2020).

244 Holger Zaunstöck. Sozietätslandschaft und Mitgliederstrukturen. Die mitteldeutschen Aufklärungsgesellschaften im 18. Jahrhundert, Tübingen 1999, S. 207 ff.

245 Vgl. Werner Greiling, Jena und seine Erhalterstaaten im Einflußfeld der französischen Aufklärung und der Revolution von 1789, in: Strack (1994), Evolution, S. 40–58, hier S. 44 f.

246 Otto Dann, Jena, in: ebd., S. 17–39, hier S. 26.

247 Vgl. auch zum Folgenden Hans Tümmler (1964), Anteil, S. 134.

248 Ziolkowski (1998), Wunderjahr, S. 138 ff.

249 Ebd., S. 164 f.

250 https://www.friedrich-schiller-archiv.de/briefwechsel-von-schiller-und-goe the/1795/50-an-schiller-25-februar-1795/ (19.5.2021).

251 Zum Folgenden Ziolkowski (1998), Wunderjahr, S. 204 ff.

252 http://www.zeno.org/Literatur/M/Goethe,+Johann+Wolfgang/Autobiographisches/Tag-+und+Jahreshefte/1795 (16.10.2020). Vgl. Goethe an Voigt, 1795, Apr. 10. WA IV, 10, Nr. 3143.

253 https://www.friedrich-schiller-archiv.de/briefe-schillers/briefwechsel-mit-gottfried-koerner/schiller-an-gottfried-koerner-1-mai-17 95/ (27.7.2020).

254 https://www.friedrich-schiller-archiv.de/briefwechsel-von-schiller-und-goe the/1795/51-an-goethe-27-februar-1795/ (27.7.2020).

255 Tümmler (1964), Anteil, S. 138.

256 Goethe an Carl August, 1795, Juni. Goethe, Amtliche Schriften, Bd. 2.1, S. 436.

257 https://www.friedrich-schiller-archiv.de/briefwechsel-von-schiller-und-goe the/1795/81-an-schiller-19-juli-1795/ (27.7.2020).

258 Ziolkowski (1998), Wunderjahr, S. 275 ff.

259 Rasche (2001), Umbrüche, S. 123.

260 Zit. n. Müller (2001), Perioden, S. 145.

261 Ebd., S. 148 f.

262 Goethe an Voigt, 1796, Mai 31. WA IV, 11, Nr. 3314.

263 Goethe, Amtliche Schriften, Bd. 2.2, S. 578 ff.

264 Carl August an Voigt, 1798, Dez. 26. Ebd., S. 580 ff.

265 Goethe an Voigt, 1798, Dez. 26. Ebd., S. 583.

266 https://www.friedrich-schiller-archiv.de/briefe-schillers/an-gottlieb-fichte/schiller-an-gottlieb-fichte-26-januar-1799/ (19.5.2021).

267 Vgl. Fichte an Karl Leonhard Reinhold (Kiel), 1799, Mai 22. Reinhard Lauth (Hg.), Fichte Gesamtausgabe, Bd. 3.2, Stuttgart-Bad Cannstatt 1970, S. 363–370, Zitat S. 369.

268 Reskript und Postskript an die Akademie, 1799, März 29 und 30. Goethe, Amtliche Schriften, Bd. 2.2, S. 604 ff.

269 Fichte an Reinhold, 1799, Mai 22. Zit. n. Karl-Heinz Fallbacher, Fichtes Entlassung. Ein Beitrag zur Weimar-Jenaischen Institutionengeschichte, in: Archiv für Kulturgeschichte 67, 1985, S. 111–135, hier S. 120.

270 Zit. n. Tümmler (1978), Carl August, S. 137.

271 Rasche (2001), Umbrüche, S. 119.

272 Birgit Sandkaulen, System und Leben. Das Laboratorium Aufklärung aus philosophischer Sicht, in: Olaf Breidbach u. a. (Hg.), Laboratorium Aufklärung, München 2010, S. 69–85, hier S. 73.

273 Ebd., S. 80 f.

274 Boyle (2000), Goethe, Bd. 2, S. 728 f.

275 Neumann (2018), Jena, S. 37 ff.

276 Carl Schmitt, Politische Romantik, Berlin 1919, S. 26.

277 Neumann (2018), Jena, S. 154.

278 Jochen Hörisch, Art. Hegel, in: Walther Killy (Hg.) Literaturlexikon, Bd. 5, S. 99–102.

279 Georg Wilhelm Friedrich Hegel, [Das älteste Systemprogramm des deutschen Idealismus], in: Ders., Werke, Bd. 1, Frankfurt a. M. 1979, S. 234–237, Zitate S. 235 ff.

280 Jürgen Kaube, Hegels Welt, Berlin 2020, S. 117–121.

281 Josef Bordat, Der schöne Staat. Die Überwindung der kantischen Republik im «Ältesten Systemprogramm des Deutschen Idealismus» (1796). http://recenseo.ch/artikel/artikel.php?aid=0119-bordat-staat (10. 10. 2020).

282 Vgl. Manfred Riedel, Zwischen Tradition und Revolution. Studien zu Hegels Rechtsphilosophie, Stuttgart 1982, S. 160.

283 Vgl. Armin von Bogdandy, Hegel und der Nationalstaat, in: Der Staat 30, 1991, S. 513–535.

284 Hegel (1998), Fragmente, S. 8 f. und 165.

285 Ebd., Zitate S. 57, 132, 73 und 154.

286 Vgl. hierzu: Myriam Bienenstock, Die «Ungeschicklichkeit, die wahrhaften Sitten in die Form von Gesetzen zu bringen», ist «das Zeichen der Barbarey»: Hegels Kodifikationsforderung um 1802, in: Weisser-Lohmann u. a. (Hg.), Verfassung und Revolution, Hamburg 2000, S. 85–104.

287 Hegel (1998), Fragmente, S. 174, 177 und 175.

288 Ebd., Zitate S. 111 und 149. Vgl. dazu Hans Maier, »... Diese dritte universale Gestalt des Weltgeistes», in: Elisabeth Weisser-Lohmann u. a. (Hg.), Hegels Vorlesungen über die Philosophie der Weltgeschichte, Bonn 1998, S. 15–33.

289 Hegel (1998), Fragmente, S. 161, 194, 135 und 157.

290 Giesela Horn, Dorothea Friederike Schlegel, ..., in: (2009), FrauenGestalten S. 302 ff.

291 Helmut Schanze, Romantik als ‹unpolitische› Kategorie, in: Ries (2012), Romantik, S. 27–53, Zitat S. 53.

292 Klaus Ries, «Romantischer Nationalismus» – Anmerkungen zu einem vernachlässigten Idealtypus, in: ebd., S. 221–246.

293 https://www.friedrich-schiller-archiv.de/briefe-schillers/briefwechsel-mit-wilhelm-v-humboldt/schiller-an-wilhelm-v-humboldt-18 -august-1803/ (19. 5. 2021).

V. Neue Konstellationen – alte Illusionen

1 Joseph Görres, Rede auf den Untergang des Heiligen Römischen Reiches (7. 1. 1798), in: Ders., Ein Leben für Freiheit und Recht, hg. v. Heribert Raab, Paderborn u. a. 1978, S. 89–99, Zitate S. 91 und 98 f.

2 Gonthier-Louis Fink, Weltbürger und Weltliteratur. Goethes Antwort auf den revolutionären Messianismus und die nationalen Eingrenzungstendenzen der Zeit, in: Manger (2003), Goethe, S. 173–225, bes. S. 185.
3 Goethe (1950), Entwurf. Vgl. Ehrhard Bahr, Goethe's Concept of «Volk» and His Disagreement with the Contemporary Discourse from Herder to Fichte, in: Nicholas Vazsonyi (Hg.), Searching for Common Ground. Diskurse zur deutschen Identität 1750–1871, Köln u. a. 2000, S. 127–140, hier S. 128 u. 136.
4 Müller (2006), Regieren, S. 549 f.
5 Zit. n. Seibt (2008), Goethe, S. 44.
6 Andreas (1958), Briefwechsel, Bd. 2, S. 225.
7 A. Schmidt (2008), Überleben, S. 355 f.
8 Syrach der Enkel oder: Ein Wort der Wahrheit […], Deutschland 1799, S. 66 f.
9 Johann Georg, Ueber das Interesse der deutschen Nation […], in: Minerva, 1801, 3. Bd., S. 77–98, Zitate S. 87 und 89.
10 Reichsgutachten 1803, März 26, in: Buschmann (1984), Kaiser, S. 643.
11 Karl Härter, Zweihundert Jahre nach dem europäischen Umbruch von 1803, in: Zeitschrift für Historische Forschung 33, 2006, S. 89–115.
12 Tümmler (1978), Carl August, S. 155 ff.
13 https://www.projekt-gutenberg.org/schiller/huldigng/huldigng.html (28. 5. 2021).
14 Alt (2000), Schiller, Bd. 2, S. 586–590.
15 Ukrike Müller-Harang, Der Goldregen aus St. Petersburg. Geldtransfer als Basis für Kulturtransfer, in: Berger (2005), Petersburg, S. 141–157.
16 Schedewie (2015), Bühne, S. 80 ff.
17 Ebd., S. 134 f.
18 Hartung (1923), Großherzogtum, S. 186 f.
19 Müller (2006), Regieren, S. 465 f.
20 Sengle (1993), Genie, S. 209 ff.
21 Schiller an Körner, 1803, Okt. 10. Schillers Briefwechsel mit Körner, Teil 3, Berlin 1847, S. 343 f.
22 Sengle (1993), Genie, S. 196–201.
23 https://www.friedrich-schiller-archiv.de/briefe-schillers/briefwechsel-mit-gottfried-koerner/schiller-an-gottfried-koerner-29-november-1802/ (30. 7. 2021).
24 Alt (2000), Schiller, Bd. 2, S. 414 f.
25 Hochfürstl. Weimar- und Eisenachischer Hof- und Adreßkalender auf das Jahr 1803, Jena o. J., S. 82.
26 Müller (2006), Regieren, S. 481.
27 Müller-Seidel (2009), Schiller, S. 240 f.
28 Alt (2000), Schiller, Bd. 2, S. 559 f.
29 Cord-Friedrich Berghahn, Schiller in Berlin: Über die Optionen einer urbanen Kultur, in: Manger (2006), Schiller, S. 545–559.

30 https://www.friedrich-schiller-archiv.de/briefe-schillers/an-wilhelm-v-wolzogen/schiller-an-wilhelm-v-wolzogen-16-juni-1804/ (30. 11. 2020).

31 Müller (2006), Regieren, S. 485–488.

32 Goethe an Eichstätt, 1804, Jan. 27. http://www.zeno.org/nid/20004860640 (10. 8. 2021).

33 Zit. n. Müller (2006), Regieren, S. 510 f.

34 Goethe an Schelling, 1803, Nov. 29. WA IV, 16, Nr. 4770.

35 Müller-Seidel (1993), Schiller, S. 257.

36 [Deutsche Größe], in: Schillers Werke (1983), NA, Bd. 2.1, S. 431–436. Dort auch die folgenden Zitate. Vgl. Georg Schmidt, Schillers «Deutsche Größe» und der nationale Universalismus, in: Werner Greiling u. a. (Hg.), Tradition und Umbruch. Geschichte zwischen Wissenschaft, Kultur und Politik, Rudolstadt 2002, S. 11–32, bes. S. 22 f. Dort die ältere Literatur.

37 Gonthier-Louis Fink, Der deutsche National- und Regionalcharakter in der Sicht der Aufklärung, in: Ruth Florack (Hg.), Nation als Stereotyp, Tübingen 2000, S. 27–77, Zitate S. 64 f.

38 https://www.friedrich-schiller-archiv.de/briefe-schillers/schiller-an-georg-goeschen-26-februar-1801/ (28. 5. 2021).

39 http://www.zeno.org/nid/20005596815 (28. 5. 2021).

40 http://www.zeno.org/nid/20005596882 (28. 5. 2021).

41 Gibhardt (2012), Gelehrtenrepublik, S. 637 f.

42 A[loys] Hirt, Bemerkungen über einen Aufsatz [...] die Verpflanzung der alten Monumente der Kunst von Rom nach Paris betreffend, in: Eunomia, 1801, Bd. 1, S. 309–342, Zitat S. 325.

43 Dem Erbprinzen von Weimar. http://www.zeno.org/nid/20005596904 (13. 10. 2021).

44 https://www.friedrich-schiller-archiv.de/briefe-schillers/briefwechsel-mit-gottfried-koerner/schiller-an-gottfried-koerner-17-maerz-1802/ (7. 9. 2021).

45 Körner an Schiller, 1802, März 29, in: Schiller (1988), Werke, NA, Bd. 39, S. 220.

46 Friedrich Schlegel: Kritische Fragmente [1797], in: Ders. (1988), Schriften, S. 242.

47 August Wilhelm Schlegels Vorlesungen über schöne Litteratur und Kunst, 3. Tl. (1803–1804). Geschichte der romantischen Litteratur, Stuttgart 1884, S. 33.

48 Friedrich Schlegel, An die Deutschen, in: Athenaeum, Bd. 3.2, Berlin 1800, S. 165–168, Zitat S. 168.

49 Ders., Reise nach Frankreich (1803), in: Ders. (1988), Schriften, S. 1–18, Zitat S. 5.

50 A. W. Schlegel, Vorlesungen über die romantische Poesie [1803–1804], S. 15. Zit. n. Ulrich Fröschle, «Deutschland als der Orient Europa's» – August Wilhelm Schlegel und die Rhetorik des «unscheinbaren Keime[s]», in: York-

Gothart Mix u. a. (Hg.), Der Europäer A. W. Schlegel, Berlin u. a. 2010, S. 275–292, hier S. 276.

51 Friedrich Schlegel, Ideen. http://www.zeno.org/nid/20005618916 (28. 5. 2021) = Athenäum (1798), Bd. 3.1.

52 Ueber Thuiskon, ein Heldengedicht in zwanzig Gesängen, in: Der Teutsche Merkur, 1802, Bd. 3, S. 95–125, Zitate S. 97 f.

53 Hans Einer, Einleitung, in: Friedrich Schlegel, Dichtungen, München u. a. 1962, S. LXXXIV f.

54 Zit. n. Günter Oesterle, Friedrich Schlegel in Paris oder die romantische Gegenrevolution, in: http://www.goethezeitportal.de/db/wiss/schlegel_fr/oesterle_revolution.pdf (6. 10. 2020).

55 Novalis an August Wilhelm Schlegel, 30. Nov. 1797, in: Werke, Tagebücher und Briefe Friedrich von Hardenbergs, hg. v. Richard Samuel, Bd. 1, München/Wien 1978, S. 648 f.

56 Novalis, Vermischte Bemerkungen [Blüthenstaub], in: Ders. (1984), Fragmente, Nr. 60 (1798), S. 18.

57 Ebd., Nr. 63, S. 19.

58 Miriam Rose, Religion und politische Ordnung. Schleiermacher und Novalis zur Programmatik eines krisenhaften Verhältnisses, in: Walter Pauly/Klaus Ries (2015), Staat, Nation und Europa in der politischen Romantik, Baden-Baden 2015, S. 241–266, hier S. 250 ff.

59 Stefan Matuschek, Poesie und Prosa der Europa-Idee. Novalis' Die Christenheit und Europa und seine modernen Leser, in: Gerhard Kaiser u. a. (Hg.), Schönheit, welche nach Wahrheit dürstet, Heidelberg 2003, S. 169–183, hier S. 174 f.

60 Vgl. Ludwig Stockinger, ‹Politische Romantik› – ‹Romantisierung von Politik›. Anmerkungen zum Ursprung und zur Rezeption eines frühromantischen Politikkonzepts, in: Walter Pauly/Klaus Ries (2015), Staat, Nation und Europa in der politischen Romantik, Baden-Baden 2015, S. 47–97, hier S. 69 ff.

61 Ziolkowski (1998), Wunderjahr, S. 142–147.

62 Friedrich Hölderlin, Sämtliche Werke, hg. v. Friedrich Beissner, Bd. 6, Teil 1, Stuttgart 1954, S. 229 f.

63 Ders., Hyperion, Kehl 1993, Zitate S. 28, S. 58, S. 118, S. 139, S. 212 und 213.

64 Schiller, Die deutsche Muse. http://www.zeno.org/nid/20005596912 (7. 9. 2021).

65 https://www.friedrich-schiller-archiv.de/briefwechsel-von-schiller-und-goethe/1802/844-an-schiller-9-maerz-1802/ (31. 5. 2021). Vgl. Seibt (2008), Goethe, S. 44 f.

66 Müller (2008), Madame, S. 292, Anm. 34.

67 https://www.friedrich-schiller-archiv.de/briefwechsel-von-schiller-und-goethe/1803/927-an-goethe-21-dezember-1803/ (30. 11. 2020); Friedrich Kemp, «Wohin sie nicht mit ihrer Fackel leuchten kann, da ist nichts für sie vorhanden», in: Schuster (1999), Spiegelungen, Bd. 2, S. 763–771.

68 Carl August an Wolzogen, 1803, Dez. 19. Wolfgang Huschke, Aus dem klassischen Weimar, in: Friedrich Facius u. a. (Hg.), Geistiger Umgang mit der Vergangenheit, Stuttgart 1962, S. 120–142, Zitat S. 142.
69 Zit. n. Müller (2008), Madame, S. 296.
70 Zit. n. Alt (2000), Schiller, Bd. 2, S. 553.
71 Staël (1985), Deutschland, S. 96 f.
72 Ebd., S. 596 f. und 600.
73 Ebd., S. 136, S. 140 und 164.
74 Müller (2008), Madame, S. 282 f.
75 Staël (1985), Deutschland, S. 97 ff.
76 Goethe an Sara von Grotthuß, 1814, Febr. 17. WA IV, 24, Nr. 6753.
77 Zit. n. Müller (2008), Madame, S. 297.
78 Zit. n. Schmidt (1999), Geschichte, S. 354.
79 Alt (2000), Schiller, Bd. 2, S. 570 f.
80 Wilhelm Tell, 4. Aufzug, 2. Szene.
81 Müller-Seidel (2009), Schiller, S. 205.
82 Pleticha (1983), Weimar, S. 224–230.
83 Albrecht Schöne, Schillers Schädel, München 2002, S. 29.
84 Tagebücher 1816, Juni 6. http://www.zeno.org/nid/20004864735 (30.07.2021).
85 http://www.zeno.org/nid/2000484601X (20.6.2021).
86 Zit. n. Sengle (1993), Genie, S. 208.
87 Zit. n. Müller (2006), Regieren, S. 478.
88 Ernst Osterkamp, Einsamkeit. Goethe, die Kunst und die Wissenschaft im Jahrzehnt nach Schillers Tod. Eine werkbiographische Skizze, in: Ehrlich (2008), Ereignis, S. 101–115, hier S. 101 ff.
89 Müller (2006), Regieren, S. 509.
90 Ideen für die innere Organisation der Universität Erlangen, J. H. Fichte (Hg.), Johann Gottlieb Fichte's nachgelassene Werke, Bd. 3, Bonn 1835, S. 275–294, Zitate S. 284.
91 Friedhelm Nicolin (Hg.), Briefe von und an Hegel, Bd. IV, Hamburg [3]1981, Tl. 2, S. 83.
92 C. Vogel, Goethe in amtlichen Verhältnissen, Jena 1834, S. 160–163.
93 Ernst Moritz Arndt, Der Geist der Zeit, Bd. 1 (1806), in: Ders., Sämtliche Werke 8, bearb. v. E. Schirmer, Leipzig o. J., S. 197.
94 C. A. Gary, Das neue Königreich Italien an sich und in seiner Beziehung auf Europa betrachtet, in: Minerva 33, 1805, Bd. 3, S. 377–411. Vgl. Geoffrey Ellis, The Napoleonic Empire, Houndmills [2]2003, bes. S. 89–106.
95 Gemälde von Europa, zu Anfang des Jahres 1806, in: Minerva 34, 1806, Bd. 1, S. 235–249, Zitat S. 236.
96 Johann Wilhelm von Archenholz, Politische Bemerkungen über ein neuerliches wichtiges Ereigniß, in: ebd., 33, 1805, Bd. 3, S. 315–343, Zitat S. 342 f.

97 Rudolfine von Oer, Der Friede von Pressburg. Ein Beitrag zur Diplomatiegeschichte des napoleonischen Zeitalters, Münster 1965, S. 271–279.

98 Torsten Riotte, George III and Hanover, in: Brendan Simms/Torsten Riotte (Hg.), The Hanoverian Dimension in British History, Cambridge 2007, S. 58–85, hier S. 79.

99 Jaques Le Rider, Napoleons Konzepte für die Neugestaltung des Alten Reiches bis 1806, in: Das Heilige Römische Reich und sein Ende 1806. Zäsur in der deutschen und europäischen Geschichte, hg. v. Peter Claus Hartmann/Florian Schuller, Regensburg 2006, S. 66–77.

100 Vgl. zum Folgenden Schmidt (2009), Wandel, S. 245–251; Ders., Der napoleonische Rheinbund – ein erneuertes Altes Reich?, in: Press (1995), Alternativen, S. 227–246; Ders., Deutschland 1806 – staatliche Zäsur und nationale Kontinuität, in: Andreas Klinger u. a. (Hg.), Das Jahr 1806 im europäischen Kontext. Balance, Hegemonie und politische Kulturen, Köln u. a. 2008, S. 101–122.

101 J. W. von Archenholz, Wo waren wir? wo sind wir? und wohin werden wir kommen?, in: Minerva, 1806, Bd. 3, S. 462–481, Zitat S. 474.

102 Wolfgang Burgdorf, Wendepunkt deutscher Geschichte. Das Reichsende 1806 und seine Wahrnehmung durch Zeitgenossen, in: Heinz Schilling u. a. (Hg.), Heiliges Römisches Reich deutscher Nation 962 bis 1806. Altes Reich und neue Staaten 1495 bis 1806. Essays, Dresden 2006, S. 17–29.

103 Goethe, WA III, 3, S. 154 f.

104 Andreas (1958), Briefwechsel, Bd. 2, S. 311.

105 Ebd., S. 326 f.

106 Torsten Riotte, Großbritannien und das Ende des Alten Reiches 1806, in: Michael North/Robert Riemer (Hg.), Das Ende des Alten Reiches im Ostseeraum. Wahrnehmungen und Transformationen, Köln u. a. 2008, S. 33–54.

107 Dorit Petschel, Sächsische Außenpolitik unter Friedrich August I. zwischen Rétablissement, Rheinbund und Restauration, Köln u. a. 2000, S. 276.

108 Andreas (1958), Briefwechsel, Bd. 2, S. 311 ff. und 314 ff.

109 Zit. n. Heinrich von Treitschke, Deutsche Geschichte im Neunzehnten Jahrhundert, Tl. 1, Leipzig 1927 (zuerst 1879), S. 238.

110 Friedrich Facius, Zwischen Souveränität und Mediatisierung. Das Existenzproblem der thüringischen Kleinstaaten von 1806 bis 1813, in: Berglar (1977), Staat, S. 163–205, hier S. 167.

111 Briefe Napoleons, hg. v. Friedrich Max Kircheisen, Bd. 2, Stuttgart ^{2}1910, S. 162.

112 Vgl. auch zum Folgenden Greiling (2006), Napoleon.

113 Andreas (1958), Briefwechsel, Bd. 2, S. 332–337.

114 Koch (1966), Jena, S. 218 ff.

115 Müller (1915), Kriegshelden, S. 205.

116 Jürgen John (Hg.), Quellen zur Geschichte Thüringens von der Reformation bis 1918, Erfurt 1995, S. 134 f.

117 Ebd., S. 135.
118 Pleticha (1983), Weimar, S. 268 f.
119 Seibt (2008), Goethe, S. 10.
120 Müller (1915), Kriegshelden, S. 205; A. Schmidt (2008), Überleben, S. 360 ff.
121 Hartung (1923), Großherzogtum, S. 212.
122 Andreas (1958), Briefwechsel, Bd. 2, S. 336.
123 Müller (2006), Regieren, S. 532 f.
124 Zit. n. Hellmut G. Walther, Die Universität um 1800. Zur Einführung, in: Müller (2001), Universität, S. 27–32, hier S. 29.
125 Voigt an Müller, 1806, Dez. 5. Andreas (1958), Briefwechsel, Bd. 2, S. 385 f.
126 Ebd., S. 387–397.
127 A. Schmidt (2008), Überleben, S. 364 f.
128 Ebd., S. 369.
129 Tümmler (1978), Carl August, S. 170 ff.
130 Ebd., S. 175 ff.
131 Bauer (2008), Universität, S. 128 ff.
132 Heinrich Luden, Einige Worte über das Studium der vaterländischen Geschichte. Vier Vorlesungen aus dem Jahr 1808, Jena 1810; Richard Nürnberger, Heinrich Ludens Auffassung von der Einheit der deutschen Geschichte, in: Berglar (1977), Staat, S. 229–240.
133 Ries (2007), Wort, S. 176.
134 Zit. n. Müller (2006), Regieren, S. 543, Anm. 460.
135 Alexander Schmidt, Macht und Musen. Überlebensstrategien im Rheinbund, in: Ereignis Weimar (2007), S. 298 f.
136 Müller (2006), Regieren, S. 546 f.
137 Goethe an Voigt, 1807, Mai 1. WA IV, 19, Nr. 5360.
138 Rothe (1992), Goethe, S. 129 ff.; Birgit Himmelseher, Das Weimarer Hoftheater unter Goethes Leitung. Kunstanspruch und Kulturpolitik im Konflikt, Berlin u. a. 2010, S. 185 ff.
139 Zit. n. Gerhard Müller, Kultur als Politik in Sachsen-Weimar-Eisenach, in: Ehrlich (2008), Ereignis, S. 67–83, hier S. 82 f.
140 Goethe an Cotta, 1807, Okt. 7. WA IV, 19, Nr. 5429.
141 Zum feyerlichen Andenken der Durchlauchtigsten Fürstin und Frau Anna Amalia […], 1807. WA I, 36, S. 301–306. Vgl. Berger (2006), Anna Amalia, S. 235 ff.
142 Müller (2006), Regieren, S. 581–585.
143 Klaus Ries, Lorenz Oken als politischer Professor der Universität Jena (1807–1819), in: Olaf Breidbach u. a. (Hg.), Lorenz Oken (1779–1851). Ein politischer Naturphilosoph, Weimar 2001, S. 92–109, hier S. 92.
144 Müller (2008), Aussicht, S. 272.
145 Seibt (2008), Goethe, S. 66 f.

146 Müller (2006), Regieren, S. 539 ff.; Craig (1983), Politik, S. 83 f.

147 Auch zum Folgenden Gotthold Deile, Goethe als Freimaurer, Berlin 1908, S. 42–54; Gerhard Müller, Von der arkanen Sozietät zum bürgerlichen Verein. Die Freimaurerei in Weimar-Jena als Medium bürgerlicher Wertevermittlung (1744–1844), in: Hahn (2005), Werte, S. 167–192, hier S. 182–190.

148 Votum Goethe, 1807, Dez. 31. Goethe, Amtliche Schriften, Bd. 2.2, S. 776 ff. Vgl. Joachim Bauer/Gerhard Müller, Lehr- und Wanderjahre: Goethes Weg durch die Geheimgesellschaften, in: Goethe-Jahrbuch 118, 2001, S. 31–45, hier S. 42 f.

149 Joachim Berger/Joachim Bauer, Arbeit am nationalen Gedächtnis. Zum Selbstverständnis der Weimarer Loge «Amalia» im 19. Jahrhundert, in: Berger u. a. (Hg.), Geheime Gesellschaften, Ausstellungskatalog München u. a. 2002, S. 259–270.

150 Zit. n. Seibt (2008), Goethe, S. 86.

151 Gespräch mit Napoleon. http://www.zeno.org/nid/20004867211 (31. 5. 2021).

152 Goethe an Cotta, 1808, Dez. 2. WA IV, 20, Nr. 5645.

153 Tümmler (1978), Carl August, S. 192 f.

154 Müller (2008), Aussicht, S. 257, Anm. 6. Leicht variiert: Seibt (2008), Goethe, S. 138.

155 Andreas (1973), Briefwechsel, Bd. 3, S. 100 f.; Müller (1915), Kriegshelden, S. 206.

156 Müller (2008), Aussicht; Greiling (2006), Napoleon, S. 115 ff.

157 Andreas (1973), Briefwechsel, Bd. 3, S. 102 f.

158 Goethe (1999), Begegnungen, Bd. 6, S. 566.

159 Andreas (1973), Briefwechsel, Bd. 3, S. 105; A. Schmidt (2008), Überleben, S. 376.

160 Gespräch mit Riemer, 1806, Nov. 18. http://www.zeno.org/nid/2000486719X (10. 8. 2021).

161 Goethe, [Lyrisches Volksbuch], in: Goethe, Sämtliche Werke nach Epochen seines Schaffens, Bd. 9, München 1987, S. 615–618.

162 Goethe, [Schema zu einem Volksbuch …], in: ebd., S. 605–615. Zitat S. 607.

163 Gespräch mit von Müller, 1808, Dez. 14. http://www.zeno.org/nid/20004867211 (23. 6. 2021).

164 Goethe an Reinhard, 1809, Dez. 31. WA IV, 21, Nr. 5875.

165 Vgl. zum Folgenden Müller (2006), Regieren, S. 555–574.

166 Goethe an Voigt, 1809, Aug. 4. WA IV, 21, Nr. 5771.

167 Müller (2006), Regieren, S. 554–574.

168 Sengle (1993), Goethe, S. 270 ff.

169 Goethe an Knebel, 1808, Nov. 25. WA IV, 20, Nr. 5644. Vgl. Helmut G. Walther, Altdeutsche Zeit? Wechselnde Perspektiven im Blick auf das Mittelalter anläßlich von Goethes Wartburgaufenthalten, in: Manger (2003), Goethe, S. 425–436, hier S. 431.

170 WA I, 48, S. 121 f.

171 Sengle (1993), Genie, S. 290 f.

172 Heinrich Düntzer, Erläuterungen zu Goethes Dichtung und Wahrheit, Leipzig 1881, S. 60–88.

173 Goethe, WA I, 16, S. 215–227, Zitat S. 225.

174 Gespräch mit Riemer, 1808, Aug. 28. http://www.zeno.org/nid/20004867211 (10. 12. 2020).

175 Bertold Heizmann, Goethes Romantik-Kritik. https://www.goethe-gesellschaft-erfurt.de/goethes-romantik-kritik/ (10. 12. 2020).

176 Gespräch mit Eckermann, 1828, Okt. 3. http://www.zeno.org/nid/20004867416 (23. 6. 2021).

177 Gespräch mit Eckermann, 1829, Apr. 2. http://www.zeno.org/nid/20004867424 (23. 6. 2021). Vgl. relativierend Matuschek (2021), Himmel, S. 114 ff.

178 Woltmann an L. Smidt, 1808, Okt. 1. Goethes Briefe an Frau von Stein, Bd. 2, hg. v. Adolf Schöll, Frankfurt a. M. 1885, S. 655.

179 Merseburger (2000), Mythos, S. 141.

180 Seibt (2008), Goethe, S. 160.

181 Andreas (1973), Briefwechsel, Bd. 3, S. 126.

182 Hartung (1923), Großherzogtum, S. 218–223, Zitat S. 221.

183 Harm-Hinrich Brandt, Neoständische Repräsentationstheorie und das frühkonstitutionelle Wahlrecht, in: Wilhelm Brauneder (Hg.), Wahlen und Wahlrecht, Berlin 2001, S. 133–162, bes. 137–145.

184 Bemerkungen über die neue Constitution des Herzogthums Weimar, in: Vaterländisches Museum 1810, Bd. 1, S. 123–127, Zitate S. 123 f.

185 Hartung (1923), Großherzogtum, S. 236 ff.

186 Ulrich Engelhardt, «Bildungsbürgertum». Begriffs- und Dogmengeschichte eines Etiketts, Stuttgart 1986.

187 Deinhardt (2007), Stapelstadt, S. 185.

188 Julia Frindte, Heiraten und Patenschaften: Verflechtungen zwischen Universität und Stadt in Jena um 1800, in: Ries (2004), Universität, S. 51–75.

189 Andreas (1973), Briefwechsel, Bd. 3, S. 141 ff.

190 Tümmler (1978), Carl August, S. 210.

191 Goethe an Christian Gottfried Körner, 1812, Apr. 4. WA IV, 22, Nr. 6308.

192 Tümmler (1978), Carl August, S. 214 f.

193 Sengle (1993), Genie, S. 293 f.

194 Ebd., S. 282 ff.

195 Ihro der Kaiserin von Frankreich Majestät, in: Goethe (1893), Werke, Bd. 2.2, S. 350 ff.

196 Andreas (1973), Briefwechsel, Bd. 3, S. 151–155.

197 Tümmler (1978), Carl August, S. 220.

198 Zit. n. Hans Virck, Karl August und die deutsche Politik, Weimar 1915, S. 31.

199 Zit. n. Birgit Himmelseher, «in politischer und theatralischer Hinsicht ist manches dabei zu bedenken». Goethes Kulturpolitik am Weimarer Hoftheater der napoleonischen Zeit (1806–1813), in: Altenburg (2012), Musik, S. 31–44, hier S. 43.

200 Tümmler (1978), Carl August, S. 226 f.

201 Ebd., S. 228.

202 Vgl. prägnant Nipperdey (1983), Geschichte, S. 82 ff.

203 Voigt an Kaiser, 1815, Juni 21. HHStA Wien, Staatskanzlei, Sächsische Häuser, Fasz. 1.

204 Empfangsbestätigung, 1816, Sept. 25 und Quittung Bertuchs, 1816, Okt. 13. Ebd.

205 Franziska Schedewie, Altesse Imperialissime! Die privaten politischen Briefe Carl Augusts an Maria Pavlovna, 1805–1815, in: Ehrlich (2008), Ereignis, S. 247–262, hier S. 252.

206 Goethe, Zahme Xenien, 8. Axiom. http://www.zeno.org/nid/20004846281 (14. 12. 2020).

207 An Herrn Oberstleutnant von Bock. Goethe (1893), Werke, Bd. 2.2, S. 256.

208 Vgl. Nipperdey (1983), Geschichte, S. 570 f.

209 Goethe an von Leonhard, 1813, Nov. 16. WA IV, 24, Nr. 6638.

210 Goethe an Knebel, 1813, Nov. 24. Ebd., Nr. 6647.

211 Goethe an Caroline von Woltmann, 1813, Nov. Ebd., Nr. 6654.

212 Goethe an Johann Peter Langer, 1814, Jan. 17. Ebd., Nr. 6709.

213 Goethe an Johann Peter Langer, 1814, Apr. 28. Ebd., Nr. 6806.

214 Goethe an Sara von Grotthuß, 1814, Febr. 7. Ebd., Nr. 6735.

215 Goethe an Sara von Grotthuß 1814, Febr. 17. Ebd., Nr. 6753.

216 Goethe an Franz Bernhard von Bucholtz, 1814, Febr. 14. Ebd., Nr. 6748.

217 Goethe an Ludwig Achim von Armin, 1814, Febr. 23. Ebd., Nr. 6761.

218 Goethe an Knebel, 1813, Nov. 13. Ebd., Nr. 6636.

219 Klaus Ries, Goethe und Luden oder die Vorwegnahme der Objektivitätsdebatte, in: Manger (2003), Goethe, S. 453–462.

220 Der im Folgenden weitgehend wörtlich wiedergegebene Text bei Biedermann, Gespräche mit Goethe, Bd. 9.1, Nr. 590. http://www.zeno.org/nid/20004867262 (14. 12. 2020).

221 Goethe an Luden, WA IV, 24, Nr. 6666.

222 Nemesis 1, 1814, S. 14–39, S. 192–233, S. 303–328.

223 Heinrich Luden, Über den Teutschen Bund, in: Nemesis 5, 1815, S. 190–224, Zitat S. 210.

224 Ebd., S. 386–415, bes. S. 397 f.

225 Sengle (1993), Genie, S. 334.

226 Hartung (1923), Großherzogtum, S. 275.

227 Dorothea Hölscher-Lohmeyer, Art. Goethe, in: Killy, Literaturlexikon, Bd. 4, S. 196–256, hier S. 247.

228 Goethe, Theater, WA I, 36, S. 278 f. Zit. n. Sengle (1993), Genie, S. 337.

229 Ernst Osterkamp, «das erhebende Gefühl des Siegs einer großen schönen Sache über die Vorurteile», in: Schuster (1999), Spiegelungen, Bd. 1, S. 449–458, hier S. 454 ff.

230 Zit. n. Peter Boerner, Die Deutschen und die anderen. Goethes Bild seiner Landsleute in vergleichender Sicht, in: Franz Norbert Mennemeier, Deutsche Literatur in der Weltliteratur. Kulturnation statt politischer Nation?, Tübingen 1986, S. 179–187, hier S. 184.

VI. Fokus Weimar – Arbeiten am Mythos

1 Wilhelm Bode (Hg.), Goethe in vertraulichen Briefen seiner Zeitgenossen, Bd. 3, Berlin u. a. 1969, S. 26.

2 Leppmann (1982), Goethe, S. 53.

3 Goethe an Carl August, 1814, Febr. 19. WA IV, Bd. 24, Nr. 6756.

4 Carl August an Herzogin Luise, 1814, Mai 28. Andreas (1973), Briefwechsel, Bd. 3, S. 249.

5 Hartung (1923), Großherzogtum, S. 267.

6 Carl August an Herzogin Luise, 1815, April 21. Andreas (1973), Briefwechsel, Bd. 3, S. 302.

7 Joachim Berger, Russische Großfürstin und deutsche «Landesmutter». Zur Akkulturation des europäischen Hochadels im 19. Jahrhundert, in: Ders. (2005), Petersburg, S. 317–364, Zitate S. 337 und 340.

8 Ebd., S. 347 ff.

9 Hartung (1923), Großherzogtum, S. 268 f.

10 Hans-Werner Hahn, Zwischen ständischer und bürgerlicher Gesellschaft. Sozialer Wandel und politische Umbrüche im Ereignisraum Weimar-Jena 1770–1830, in: Olaf Breidbach u. a. (Hg.), Ereignis Weimar-Jena. Kultur um 1800, Paderborn 2015, S. 35–56, Zitate S. 51.

11 Zit. n. Günter Hesse, «Als ob ein Lebensquell dem Tod entspränge», in: Schuster (1999), Spiegelungen, Bd. 2, S. 879–890, hier S. 885.

12 Beilage, 1815, Dez. 18 zum Brief Goethes an Voigt, 1815, Dez. 19. WA IV, 26, Nr. 7243.

13 Denkschrift Gersdorff, 1815, Okt. 19. Andreas (1973), Briefwechsel, Bd. 3, S. 331–336.

14 Ebd., S. 352 ff.

15 Ebd., S. 372–389.

16 Tümmler (1978), Carl August, S. 268.

17 Hartung (1923), Großherzogtum, S. 320 f.

18 Ebd., S. 323 f.

19 Ries (2007), Wort, S. 229.

20 Lorenz Oken, Ueber den Werth der Naturgeschichte, besonders für die Bildung der Deutschen, Jena 1809.
21 Ries (2007), Wort, S. 243 f.
22 Klaus Ries, Antiliberales Gedankengut in den Freiheitskriegen, in: Ewald Grothe u. a. (Hg.), Liberalismus als Feindbild, Göttingen, S. 19–39, hier S. 32; Hartung (1923), Großherzogtum, S. 305.
23 Goethe an Carl August, 1816, Okt. 5. WA IV, 27, Nr. 7513.
24 Müller an Goethe, 1818, Mai 6. Andreas (1973), Briefwechsel, Bd. 3, S. 496.
25 Goethe an Voigt, 1817, Juni 18. WA IV, 28, Nr. 7774.
26 Andreas (1973), Briefwechsel, Bd. 3, S. 635.
27 Ebd., S. 425.
28 Ebd., S. 483–487.
29 Tümmler (1978), Carl August, S. 287 ff.
30 Stein an Gersdorff, 1817, Dez 10. Andreas (1973), Briefwechsel, Bd. 3, S. 443.
31 Ebd., S. 446.
32 Ebd., S. 440–443.
33 Weimarische Denkschrift, 1818, Jan. Ebd., S. 461.
34 Zit. n. Tümmler, Carl August, S. 304 f.
35 Andreas (1973), Briefwechsel, Bd. 3, S. 493 ff.
36 Ebd., S. 504.
37 Nemesis, 11, 1. St., S. 140 ff. Dort allerdings leere Seiten. Zit. n. Hartung (1923), Großherzogtum, S. 328.
38 Voigt an Goethe, 1818, Juni 20. Zit. n. Sengle (1993), Genie, S. 411.
39 Hartung (1923), Großherzogtum, S. 331.
40 Andreas (1973), Briefwechsel, Bd. 3, S. 510–513, Zitat S. 511.
41 Hartung (1923), Großherzogtum, S. 331.
42 Carl August an Goethe, 1819, Okt. 23. Andreas (1973), Briefwechsel, Bd. 3, S. 530 f.
43 David E. Barclay, Großherzogliche Mutter und kaiserliche Tochter im Spannungsfeld der deutschen Politik, in: Berger (2005), Petersburg, S. 127–140.
44 Tümmler (1978), Carl August, S. 340–344; Hans-Werner Hahn, Geschichte des Deutschen Zollvereins, Göttingen 1984, S. 49 ff.
45 Carl August an Döbereiner, 1821, Apr. 24. Zit. n. Sengle (1993), Genie, S. 438.
46 Zit. n. Joachim Berger, Russische Großfürstin und deutsche «Landesmutter». Zur Akkulturation des europäischen Hochadels im 19. Jahrhundert, in: Ders. (2005), Petersburg, S. 317–364, hier S. 345.
47 Goethe an von Willemer, 1816, Okt. 6. WA IV, 27. Nr. 7515.
48 Kratzsch (2009), Klatschnest, S. 156 f. Sigrid Damm, Goethe und Carl August. Wechselfälle einer Freundschaft, Berlin 2020, S. 154–164.
49 Lepenies (2006), Kultur, S. 45.
50 Sengle (1993), Genie, S. 460 f.

51 Kratzsch (2009), Klatschnest, S. 173.
52 Goethe an die deutsche Bundesversammlung, 1825, Jan. 11. WA IV, 39, Nr. 68.
53 Sengle (1993), Genie, S. 485 ff.
54 Ebd., S. 479 f.
55 Ebd., S. 496 f.
56 Ebd., S. 514 f.
57 Gespräch mit Eckermann, 1828, Okt. 23. http://www.zeno.org/nid/20004867416 (24.6.2021).
58 Gespräch mit Eckermann, 1831, März 2. http://www.zeno.org/nid/20004867440 (25.6.2021).
59 Karl Immermann, Memorabilien, Hamburg 1840, S. 270.
60 Mandelkow (1980), Goethe, S. 102.
61 Ebd., S. 62 ff.
62 Heine an Varnhagen von Ense, 1830, Feb. 27/28. Briefe von Heinrich Heine (= Sämtliche Werke, 19), Tl. 2, Hamburg 1876, S. 157 f.
63 Heinrich Heine, Die romantische Schule, 1. Buch, S. 48. http://www.zeno.org/nid/20005029643 (7.9.2021).
64 Ebd., S. 33.
65 Karl August Varnhagen von Ense, Denkschrift über die Errichtung einer Goethegesellschaft vom 8.9.1834. Zit. n. Werner Greiling, Goethe – unser Staatsminister. Sein politisches Wirken in Sachsen-Weimar-Eisenach, Rudolstadt 1999, S. 17.
66 Hans-Werner Hahn, «Aus uns selbst muß das Gute hervorgehen, was gedeihen soll …». Werterezeption und Wertevermittlung in bürgerlichen Milieus der Residenzstadt Weimar, in: Hahn (2005), Werte, S. 337–362.
67 Borchmeyer (1994), Klassik, S. 544. Vgl. zum Folgenden grundsätzlich Jaeger (2021), Faust; Ders. (2008), Player.
68 Vgl. Karl Eibl, Zur Wette im Faust, in: Goethe-Jahrbuch 116, 1999, S. 271–280; Gerrit Brüning, Die Wette in Goethes Faust, in: Goethe Yearbook 17, 2010, S. 31–54.
69 Jaeger (2008), Player, S. 21.
70 Jaeger (2021), Faust, S. 76.
71 Ders. (2008), Player, S. 65 ff.
72 Heine, Die romantische Schule, S. 55. http://www.zeno.org/nid/20005029643 (7.9.2021).
73 Willems (2013), Goethezeit, S. 333 f.
74 Richard Friedenthal, Goethe. Sein Leben und seine Zeit, Stuttgart o. J., S. 585.
75 Mommsen (1989), Faust II, S. 2.
76 Vgl. dagegen und auch zum Folgenden Hien (2015), Reich, S. 458–497.
77 Vgl. Vera Hierholzer/Sandra Richter, Einleitung. Die neuen Welten von Geld und Poesie. Goethe und die moderne Wirtschaft, in: Dies. (Hg.), Goethe

und das Geld. Der Dichter und die moderne Wirtschaft, o. O. 2012, S. 19–32; Werner Hamacher, Faust, Geld, in: ebd., S. 47–51.

78 Jörn Rüsen, Über die Sichtbarkeit der Geschichte, in: Ders., Zerbrechende Zeit. Über den Sinn der Geschichte, Köln u. a. 2001, S. 107–129, Zitate S. 128.

79 Mommsen (1989), Faust II, S. 31 f.

80 Christian Maria Stadler, Johann Gottlieb Fichte und das faustische Streben, in: Jahrbuch der Österreichischen Goethe-Gesellschaft 108–110, 2004–2006, S. 25–45, hier bes. S. 44.

81 Ekkehart Krippendorff, Die unerschöpfliche Faust-Parabel, in: Ders., Die Kultur des Politischen, Berlin 2009, S. 187–204, Zitat S. 204.

82 Gespräch mit Eckermann, 1831, Juni 6. http://www.zeno.org/nid/20004867440 (25. 6. 2021).

83 Jaeger (2021), Faust, S. 108 f.

Epilog – der Geist von Weimar

1 Zit. n. Pleticha (1983), Weimar, S. 339.

2 Hoffmann von Fallersleben, Weimar's 3. und 4. September 1857, in: Ders., Gesammelte Werke, Bd. 6, hg. v. Heinrich Gerstenberg, Berlin 1892, S. 147–156, Zitat S. 148 f. und 153.

3 Stefan Matuschek, Das Ende der Nationalfigur. Schiller-Feiern der fünfziger Jahre in Ost und West, in: Klaus Manger/ Gottfried Willems (Hg.), Schiller im Gespräch der Wissenschaften, Heidelberg 2005, S. 9–36, hier S. 9.

4 Lepenies (2006), Kultur, S. 46.

5 Zur Einweihungszeremonie vgl. Pleticha (1983), Weimar, S. 370–372.

6 Merseburger (2000), Mythos, S. 216.

7 Mandelkow (1980), Goethe, S. 122.

8 Leppmann (1982), Goethe, S. 88.

9 Mandelkow (1980), Goethe, S. 186.

10 Wachsmuth, Musenhof, S. 115 ff.

11 Zit. n. Heinrich Lutz, Zwischen Habsburg und Preußen. Deutschland 1815–1866, Berlin 1985, S. 376.

12 Friedrich Engels, Rez. Karl Grün: «Über Goethe vom menschlichen Standpunkte. http://www.zeno.org/nid/2000916426X (21. 7. 2021).

13 Leppmann (1982), Goethe, S. 79 f.

14 Mandelkow (1980), Goethe, S. 206 f.

15 Bollenbeck (2001), Weimar, S. 216.

16 Hermann Grimm, Goethe. Vorlesungen gehalten an der kgl. Universität zu Berlin, 2 Bde., Berlin 1877.

17 Viktor Hehn, Einleitung, in: Eduard von der Hellen (Hg.), Über Goethes Gedichte. Aus dessen Nachlaß, Stuttgart u. a. 1911, S. 1–59, Zitat S. 55.

18 Merseburger (2000), Mythos, S. 235.

19 Leppmann (1982), Goethe, S. 139.

20 Ebd., S. 141.

21 Mandelkow (1980), Goethe, S. 230.

22 Heinrich von Treitschke, Deutsche Geschichte im Neunzehnten Jahrhundert. Tl. 1: Bis zum zweiten Pariser Friede, Leipzig 1927 (zuerst 1879), S. 189.

23 Ebd., S. 198.

24 Mandelkow (1980), Goethe, S. 201.

25 Houston Stewart Chamberlain, Johann Wolfgang von Goethe, 1749–1832, München 1912.

26 Mann (1922), Betrachtungen, S. XXXIV.

27 Friedrich Meinecke, Weltbürgertum und Nationalstaat. Studien zur Genesis des deutschen Nationalstaates, München u. a. 1908, S. 295.

28 Lepenies (2006), Kultur, S. 49.

29 Mann (1922), Betrachtungen, S. XXXVI.

30 Maurin Johannes Schunke, Friedrich in Weimar. Wandel und Wirksamkeit der politischen Klassikrezeption 1914–1933, in: Pauly/Ries (2018), Ordnungsvorstellungen, S. 245–269, hier S. 246 f.

31 Zit. n. Lepenies (2006), Kultur, S. 383.

32 Merseburger (2000), Mythos, S. 295.

33 Bollenbeck (2001), Weimar, S. 219.

34 Wilson (1996), Tabuzonen, S. 418.

35 Das Folgende nach Schmidt (2014), Geist.

36 Zit. n. Wilson (1996), Tabuzonen, S. 420.

37 Friedrich Meinecke, Die deutsche Katastrophe. Betrachtungen und Erinnerungen, Wiesbaden [6]1965 (zuerst 1946), Zitate S. 141, 168, 176, 173 und 174 f.

38 Heinrich August Winkler, Der lange Weg nach Westen. Deutsche Geschichte vom Ende des Alten Reiches bis zum Untergang der Weimarer Republik, München 2000.

39 Richard Alewyn, Goethe als Alibi, in: Hamburg Akademische Rundschau 3, 1948/50, S. 685 ff. Vgl. Schmidt (2014), Geist.

40 Zit.n. Mandelkow (1989), Goethe, Bd. 2, S. 154.

41 Ebd., S. 221.

42 Zit. n. ebd., S. 222 f.

Gedruckte Quellen und Literatur

Angesichts der Pandemie fanden viele Literaturrecherchen im Internet statt. Mehrfach zitierte Texte wurden in der üblichen Kurzform nachgewiesen. Die vollständigen bibliographischen Angaben finden sich im Folgenden.

Gedruckte Quellen

Andreas, Willy (Hg.), Politischer Briefwechsel des Herzogs und Großherzogs Carl August von Weimar, Bde. 1–3, bearb. v. Hans Tümmler, Stuttgart 1954 und 1958, Göttingen 1973.

Böttiger, Karl August, Literarische Zustände und Zeitgenossen, Bd. 1, Leipzig 1838.

Düntzer, Heinrich (Hg.), Briefe des Herzogs Karl August von Sachsen-Weimar-Eisenach an Knebel und Herder, Leipzig 1883.

Goethe, Johann Wolfgang von, Aus meinem Leben. Dichtung und Wahrheit, hg. v. Klaus-Detlef Müller (= Werke, Bd. 5), Frankfurt a. M. u. a. 1998.

–, Sämtliche Werke, Bde. 2.2 und 4, eingeleitet v. Karl Goedecke, Stuttgart 1893.

–, Amtliche Schriften, Bde. 1–4, bearb. v. Will Flach und Helma Dahl, Weimar 1950–1987.

–, Werke. Weimarer Ausgabe (= WA), 4 Abt., 133 Bde., Weimar 1887–1919.

–, Artemis-Gedenkausgabe der Werke, Briefe und Gespräche (= AA), Zürich und Stuttgart 1948 ff.

–, Glückliches Ereigniß, in: «Glückliches Ereigniß». Die Begegnung zwischen Goethe und Schiller bei der Tagung der Naturforschenden Gesellschaft in Jena am 20. Juli 1794, Marbach 1995, S. 13–19.

–, Briefe, Bde. 1–2, hg. v. Karl Robert Mandelkow/Bodo Morawe, München 2013 und 2017.

–, Begegnungen und Gespräche, hg. von Ernst und Renate Grumach, Bde. 1–6, Berlin 1965–1999.

Hegel, Georg Wilhelm Friedrich, Fragmente einer Kritik der Verfassung Deutschlands, in: Ders., Schriften und Entwürfe, hg. v. Manfred Baum und Kurt Rainer Meist, Düsseldorf 1998, S. 1–202.

Herder, Johann Gottfried, Sämmtliche Werke, Bde. 1–33, hg. v. Bernhard Suphan, Berlin 1877–1908.

–, Briefe zur Beförderung der Humanität, hg. v. Hans Dietrich Irmscher, Frankfurt a. M. 1991.

–, Ideen zur Philosophie der Geschichte der Menschheit, Bd. 1, Berlin/Weimar 1965.

Kant, Immanuel, Ideen zu einer allgemeinen Geschichte in weltbürgerlicher Absicht, in: Ders., Schriften zur Anthropologie, Geschichtsphilosophie, Politik und Pädagogik, Wiesbaden [4]1964, S. 33–50.

Luden, Heinrich, Rückblicke in mein Leben: aus dem Nachlass, Jena 1847.

Novalis (Friedrich von Hardenberg), Fragmente und Studien. Die Christenheit oder Europa, hg. v. Carl Paschek, Stuttgart 1984.

Pleticha, Heinrich (Hg.), Das klassische Weimar. Texte und Zeugnisse, München 1983.

Schiller, Friedrich, Sämtliche Werke, Bd. 4: Historische Schriften, München [7]1988.

–, Was heisst und zu welchem Ende studiert man Universalgeschichte, in: ebd., S. 750–767.

–, Universalhistorische Übersicht der vornehmsten an den Kreuzzügen teilnehmenden Nationen, ihrer Staatsverfassung, Religionsbegriffe, Sitten, Beschäftigungen, Meinungen und Gebräuche, in: ebd., S. 843–863.

–, Über die ästhetische Erziehung des Menschen in einer Reihe von Briefen, Stuttgart 2000.

Schlegel, Friedrich, Kritische Schriften und Fragmente [1794–1797], hg. v. Ernst Behler und Hans Eichner, Paderborn 1988.

–, Kritische und theoretische Schriften, Stuttgart 1978.

Winckelmann, Johann Joachim, Gedancken über die Nachahmung der Griechischen Wercke in der Mahlerey und Bildhauer-Kunst, Dresden 1755 [ND Heilbronn 1885].

Sekundärliteratur

Ackermann, Astrid, Paris, London und die europäische Provinz. Die frühen Modejournale 1770–1830, Frankfurt a. M. 2005.

Alt, Peter-André, Schiller. Leben – Werk – Zeit, Bde. 1 u. 2, München 2000.

Altenburg, Detlef u. a. (Hg.), Musik und Theater um 1800. Konzeptionen – Aufführungen – Rezeption, Sinzig 2012.

Andreas, Willy, Carl August von Weimar. Ein Leben mit Goethe 1757–1783, Stuttgart 1953.

Baeumer, Max L., Klassizität und republikanische Freiheit in der außerdeutschen Winckelmann-Rezeption, in: Thomas W. Gaethgens (Hg.), Johann Joachim Winckelmann 1717–1768, Hamburg 1986, S. 195–219.

Bauer, Joachim u. a., Die Universität Jena in der Frühen Neuzeit, Heidelberg 2008.

Beiser, Frederick C., The Romantic Imperative. The Concept of Early German Romanticism, Cambridge u. a. 2003.

Berger, Joachim (Hg.), Der Musenhof Anna Amalias. Geselligkeit, Mäzenatentum und Kunstliebhaberei im klassischen Weimar, Köln u. a. 2001.

–, «Tieffurth» oder «Tibur»? Herzogin Anna Amalias Rückzug auf ihren ‹Musensitz›, in: ebd., S. 125–164.

–, Geselligkeit, Mäzenatentum und Kunstliebhaberei am ‹Musenhof› Anna Amalias – neue Ergebnisse, neue Fragen, in: ebd., S. 1–17.

–, Anna Amalia von Sachsen-Weimar-Eisenach (1739–1807). Denk- und Handlungsräume einer aufgeklärten Herzogin, Heidelberg 2003.

–, (Hg.), Von Petersburg nach Weimar. Kulturelle Transfers von 1800 bis 1860, Frankfurt a. M. 2005.

Berger, Leonie und Joachim, Anna Amalia von Weimar. Eine Biographie, München 2006.

Berglar, Peter (Hg.), Staat und Gesellschaft im Zeitalter Goethes, Köln u. a. 1977.

Biedrzynski, Effi, Goethes Weimar, Düsseldorf [4]1992.

Blechschmidt, Stefan u. a. (Hg.), Dilettantismus um 1800, Heidelberg 2007.

Bollenbeck, Georg, Weimar, in: Etienne François (Hg.), Deutsche Erinnerungsorte, Bd. 1, München 2001, S. 207–224.

–, Eine Geschichte der Kulturkritik. Von J. J. Rousseau bis G. Anders, München 2007.

Borchmeyer, Dieter, Weimarer Klassik. Portrait einer Epoche, Weinheim 1994.

Boyle, Nicholas, Goethe. Der Dichter und seine Zeit, Bde. 1 und 2, München [2]1999.

Bruford, Walter H., Kultur und Gesellschaft im klassischen Weimar, Göttingen 1966.

Buschmann, Arno (Hg.), Kaiser und Reich. Klassische Texte zur Verfassungsgeschichte des Heiligen Römischen Reichs deutscher Nation vom Beginn des 12. Jahrhunderts bis zum Jahre 1806, München 1984.

Craig, Gordon A., Die Politik der Unpolitischen. Deutsche Schriftsteller und die Macht 1770–1871, München 1993.

Deinhardt, Katja, Stapelstadt des Wissens. Jena als Universitätsstadt zwischen 1770 und 1830, Köln u. a. 2007.

Eberhardt, Hans, Goethes Umwelt. Forschungen zur gesellschaftlichen Struktur Thüringens, Weimar 1951.

–, Johann Gottfried Herder in Weimar, in: Herbert von Hintzenstern (Hg.), Mosaiksteine. Zweiundzwanzig Beiträge zur thüringischen Kirchengeschichte, Berlin 1981, S. 155–168.

Ehrlich, Lothar / Schmidt, Georg (Hg.), Ereignis Weimar-Jena. Gesellschaft und Kultur um 1800 im internationalen Kontext, Köln u. a. 2008.

Endres, Johannes (Hg.), Friedrich Schlegel-Handbuch, Stuttgart 2017.

Ereignis Weimar. Anna Amalia, Carl August und das Entstehen der Klassik 1757–1807 (= Ausstellungskatalog), Leipzig 2007.

Fasel, Christoph, Herder und das klassische Weimar. Kultur und Gesellschaft 1789–1803, Frankfurt a. M. u. a. 1988.

Fink, Gonthier-Louis, Vom universalen zum nationalen Literaturmodell im deutsch-französischen Konkurrenzkampf (1680–1770), in: Winfried Barner (Hg.), Tradition, Norm, Innovation. Soziales und literarisches Traditionsverhalten in der Frühzeit der deutschen Aufklärung, München 1989.

Flach, Willy, Goetheforschung und Verwaltungsgeschichte. Goethe im Geheimen Consilium 1776–1786, Weimar 1952.

Flik, Reiner, Statt Hofpoet Kulturunternehmer. Der Werdegang Friedrich Justin Bertuchs (1747–1822) und sein Beitrag zur Weimarer Klassik, in: Ventzke (2002), Hofkultur, S. 197–222.

Freyer, Stefanie, Der Weimarer Hof um 1800. Eine Sozialgeschichte jenseits des Mythos, München 2013.

–, u. a. (Hg.), FrauenGestalten. Weimar-Jena um 1800. Ein bio-bibliographisches Lexikon, Heidelberg 2009.

Fuhrmann, Manfred, Die ‹Querelle des Anciens et des Modernes›, der Nationalismus und die Deutsche Klassik, in: Bernhard Fabian u. a. (Hg.), Deutschlands kulturelle Entfaltung: die Neubestimmung des Menschen, München 1980, S. 49–67.

Gibhardt, Boris Roman, Von der Gelehrtenrepublik zur Weltkultur. Goethe und die Achse Paris – Weimar um 1800, in: Etudes Germaniques 67, 2012, S. 631–651.

Greiling, Werner u. a. (Hg.), Ernst II. von Sachsen-Gotha. Ein Herrscher im Zeitalter der Aufklärung, Köln u. a. 2005.

–, Napoleon in Thüringen. Wirkung – Wahrnehmung – Erinnerung, Erfurt 2006.

Hahn, Hans-Werner u. a. (Hg.), Bürgerliche Werte um 1800. Entwurf – Vermittlung – Rezeption, Köln 2005.

Hahn, Karl-Heinz, Jakob Friedrich von Fritsch. Minister im klassischen Weimar, Weimar 1953.

–, Schiller als Historiker, in: Hans Erich Bödeker u. a. (Hg.), Aufklärung und Geschichte, Göttingen 1986, S. 388–415.

Hartung, Fritz, Das Großherzogtum Sachsen unter der Regierung Carl Augusts 1775–1828, Weimar 1923.

Haym, Rudolf, Herder, Bd. 2, Berlin 1954.

Heinz, Jutta (Hg.), Wieland-Handbuch. Leben-Werk-Wirkung, Stuttgart 2008.

Heinz, Jutta/Golz, Jochen (Hg.), «Es ward als ein Wochenblatt zum Scherze angefangen». Das Journal von Tiefurt, Göttingen 2011.

Heß, Ulrich, Goethes amtliche Tätigkeit und ihre dokumentarische Überlieferung, in: Archivmitteilungen 32, 1982, S. 94–100.

Hien, Markus, Altes Reich und neue Dichtung. Literarisch-politisches Reichsdenken zwischen 1740 und 1830, Berlin u. a. 2015.

Himmelseher, Birgit, Produktive Wechselwirkungen. Schillers Anteil an der Leitung des Weimarer Hoftheaters, in: Manger (2006), Schiller, S. 29–46.

Hunstock, Sebastian, Die sozialen Verflechtungen der Weimarer Hofgemeinde vom

Regierungsantritt Carl Augusts bis zum Ende des Alten Reiches (1775–1806), in: Ries (2007), Hof, S. 79–110.

Huschke, Wolfgang, Aus dem klassischen Weimar. Menschen und Begebenheiten im Spiegel der Quellenzeugnisse, in: Friedrich Facius (Hg.), Geistiger Umgang mit der Vergangenheit, Stuttgart 1962, S. 120–142.

–, Die Beamtenschaft der Weimarischen Zentralbehörden beim Eintritt Goethes in den Weimarischen Staatsdienst (1776), in: Forschungen aus mitteldeutschen Archiven. Zum 60. Geburtstag von Hellmut Kretschmar, Berlin 1953, S. 190–218.

Jaeger, Michael, Goethes «Faust», München 2021.

–, Global Player Faust oder das Verschwinden der Gegenwart. Zur Aktualität Goethes, Berlin 2008.

Kaiser, Gerhard R., Tiefurt. Literatur und Leben zu Beginn von Weimars großer Zeit, Göttingen 2020.

Kall, Sylvia, «Wir leben jetzt recht in Zeiten der Fehde». Zeitschriften am Ende des 18. Jahrhunderts als Medien und Kristallisationspunkte literarischer Auseinandersetzung, Frankfurt a. M. u. a. 2004.

Kemiläinen, Aira, Auffassungen über die Sendung des deutschen Volkes um die Wende des 18. und 19. Jahrhunderts, Helsinki 1956.

Klauss, Jochen, Alltag im klassischen Weimar 1750–1850, Weimar 1990.

Klinger, Andreas, Goethe zwischen Landesstaat und Weltbürgertum, in: Manger (2003), Goethe, S. 437–452.

Koch, Herbert, Geschichte der Stadt Jena, Jena u. a. 1966.

Kopfermann, Thomas/Steinbach, Dietrich, Weimar-Jena. Epochenzentrum um 1800, Stuttgart u. a. 1992.

Krätz, Otto, Goethe und die Naturwissenschaften, München 1998.

Kratzsch, Konrad (Hg.), Klatschnest Weimar. Ernstes und Heiteres, Menschlich-Allzumenschliches aus dem Alltag der Klassiker, Würzburg ^{3}2009.

Krause, Andreas, Verwaltungsdienst im Schatten des «Weimarer Musensitzes». Beamte in Sachsen-Weimar-Eisenach zwischen 1770 und 1830, o. O. 2010.

Lepenies, Wolf, Kultur und Politik. Deutsche Geschichte, München u. a. 2006.

Leppmann, Wolfgang, Goethe und die Deutschen. Der Nachruhm eines Dichters im Wandel der Zeit und der Weltanschauungen, Bern/München 1982.

Mandelkow, Karl Robert, Goethe in Deutschland. Rezeptionsgeschichte eines Klassikers, Bde. 1–2, München 1980–1989.

Manger, Klaus (Hg.), Der ganze Schiller – Programm ästhetischer Erziehung, Heidelberg 2006.

–, (Hg.), Goethe und die Weltkultur, Heidelberg 2003.

–, (Hg.), Schiller im Gespräch der Wissenschaften, Heidelberg 2005.

Mann, Thomas, Betrachtungen eines Unpolitischen, Berlin 1922.

Martus, Steffen, Aufklärung. Das deutsche 18. Jahrhundert. Ein Epochenbild, Reinbek 2018.

Matuschek, Stefan, Der gedichtete Himmel. Eine Geschichte der Romantik, München 2021.

Merseburger, Peter, Mythos Weimar. Zwischen Geist und Macht, Stuttgart 2000.

Midell, Katharina, «Die Seele der Maschine muß ein Gelehrter … seyn». Die Verlagsunternehmungen Friedrich Justin Bertuchs in Weimar, in: Werner Greiling u. a. (Hg.), «Der entfesselte Markt». Verleger und Verlagsbuchhandel im thüringisch-sächsischen Kulturraum um 1800, Leipzig 2004, S. 33–57.

Möller, Frank, Das Theater als Vermittlungsinstanz bürgerlicher Werte um 1800, in: Hahn (2005), Werte, S. 193–210.

Mommsen, Katharina, Faust II als politisches Vermächtnis des Staatsmanns Goethe, in: Jahrbuch des Freien deutschen Hochstifts 1989, S. 1–36.

Müller, Gerhard, Vom Regieren zum Gestalten. Goethe und die Universität Jena, Heidelberg 2006.

–, (Hg.), Die Universität Jena. Tradition und Innovation, Stuttgart 2001.

–, Perioden Goethescher Universitätspolitik, in: ebd., S. 135–153.

–, «… eine wunderbare Aussicht zur Vereinigung deutscher und französischer Vorstellungsarten». Goethe und Weimar im Rheinbund, in: Seemann (2008), Europa, S. 256–278.

–/Maatsch, Jonas, Zur Einführung, in: Ereignis (2007), S. 16–37.

Müller, Olaf, Madame de Staël und Weimar. Europäische Dimensionen einer Begegnung, in: Seemann (2008), Europa, S. 279–297.

Müller, W., Die Kriegshelden und Kriegskosten des Herzogtums Sachsen-Weimar-Eisenach von 1806 bis 1814, in: Zeitschrift des Vereins für Thüringische Geschichte 30 (1915), S. 203–212.

Müller-Seidel, Walter, Friedrich Schiller und die Politik. «Nicht das Große, nur das Menschliche geschehe», München 2009.

Müller-Wolff, Susanne, «von der Kunst zur Natur, von der Natur zur Kunst zurück. Goethe als Gartenkünstler und Kritiker der Gartenkunst, in: Goethe-Jahrbuch 128, 2011, S. 159–169.

Neumann, Peter, Jena 1800. Die Republik der freien Geister, München 2018.

Nicolai, Friedrich, Beschreibung einer Reise durch Deutschland und die Schweiz, im Jahre 1781. Nebst Bemerkungen über Gelehrsamkeit, Industrie, Religion und Sitten, Bde. 1–11, Berlin/Stettin 1783–1796.

Nipperdey, Thomas, Deutsche Geschichte 1800–1866. Bürgerwelt und starker Staat, München 1983.

Nübel, Birgit, Zum Verhältnis von ‹Kultur› und ‹Nation› bei Rousseau und Herder, in: Regine Otto (Hg.), Nationen und Kulturen, Würzburg 1996, S. 97–111.

Pauly, Walter/Ries, Klaus (Hg.), Politisch-soziale Ordnungsvorstellungen in der Deutschen Klassik, Baden-Baden 2018.

Pestel, Friedemann, Kosmopoliten wider Willen. Die ‹monarchiens› als Revolutionsemigranten, Berlin u. a. 2015.

Pöhnert, Katrin, Hofhandwerker in Weimar und Jena (1770–1830). Ein privilegierter Stand zwischen Hof und Stadt, Jena 2014.

Press, Volker (Hg.), Alternativen zur Reichsverfassung, München 1995.

Prüfer, Thomas, Die Bildung der Geschichte: Friedrich Schiller und die Anfänge der modernen Geschichtswissenschaft, Köln 2002.

Rasche, Ulrich, Umbrüche – zur Frequenz der Universität Jena im ausgehenden 18. und frühen 19. Jahrhundert, in: Müller (2001), Universität, S. 79–134.

[Rebmann, Andreas Georg Friedrich], Fragmente über Jena und die dortige Universität, in: Journal von und für Deutschland 8, 1791, S. 712–727.

Reed, T. J., Ecclesia Militans: Weimarer Klassik als Opposition, in: Winfried Barner (Hg.), Unser Commercium. Goethes und Schillers Literaturpolitik, Stuttgart 1984, S. 37–55.

Reinhardt, Hartmut, «… man weiß nicht, was man schreiben darf …» Die Weimarer Klassik und die Zensur: Zwei Fallstudien zu Schiller und Herder, in: Wilhelm Haefs u. a. (Hg.), Zensur im Jahrhundert der Aufklärung. Geschichte – Theorie – Praxis, Göttingen 2007, S. 203–223.

Ries, Klaus (Hg.), Zwischen Universität und Stadt. Aspekte demographischer Entwicklung in Jena um 1800, Weimar 2004.

–, (Hg.), Zwischen Hof und Stadt. Aspekte der kultur- und sozialgeschichtlichen Entwicklung der Residenzstadt Weimar um 1800, Weimar u. a. 2007.

–, Wort und Tat. Das politische Professorentum der Universität Jena im frühen 19. Jahrhundert, Stuttgart 2007.

–, (Hg.), Romantik und Revolution. Zum politischen Reformpotential einer unpolitischen Bewegung, Heidelberg 2012.

Riesbeck, Johann Kaspar, Briefe eines reisenden Franzosen über Deutschland an seinen Bruder in Paris, Bd. 2, 1783.

[Röhr, Johann Friedrich], Wie Carl August, Großherzog von Sachsen-Weimar, sich bei Verketzerungsversuchen gegen akademische Lehrer benahm, Leipzig 1830.

Rothe, Wolfgang, Der politische Goethe, Göttingen 1992.

Safranski, Rüdiger, Schiller oder die Erfindung des deutschen Idealismus, München u. a. 2004.

Salomo, Sandra, Die Ökonomie des knappen Geldes. Studentische Schulden in Jena 1770–1830, Köln u. a. 2016.

Sandkaulen, Birgit, Die ‹schöne Seele› und der ‹gute Ton›. Zum Theorieprofil von Schillers ästhetischem Staat, in: Deutsche Vierteljahrsschrift für Literaturwissenschaft und Geistesgeschichte 76, 2002, S. 74–85.

Schedewie, Franziska, Die Bühne Europas. Russische Diplomatie und Deutschlandpolitik in Weimar 1798–1819, Heidelberg 2015.

Schmidt, Alexander u. a., Schiller und der Weimarer Hof, Marbach a. N. 2008.

–, Prestige, Kultur und Außendarstellung. Überlegungen zur Politik Sachsen-Weimar-Eisenachs im Rheinbund (1806–1813), in: Zeitschrift des Vereins für Thüringische Geschichte 59/60, 2005/06, S. 53–192.

–, Das Überleben der ‹Kleinen›. Die Zäsur 1806 und die Politik Sachsen-Weimar-Eisenachs (1796–1813), in: Klinger (2008), 1806, S. 349–380.

Schmidt, Georg, Goethe: politisches Denken und regional orientierte Praxis im Alten Reich, in: Goethe-Jahrbuch 112, 1995, S. 197–212.

–, Geschichte des Alten Reiches. Staat und Nation in der Frühen Neuzeit 1495–1806, München 1999.

–, Friedrich Schiller und seine Geschichte des Dreißigjährigen Krieges, in: Manger (2005), Schiller, S. 79–105.

–, Wandel durch Vernunft. Deutsche Geschichte im 18. Jahrhundert, München 2009.

–, Justus Mösers deutsche Republik, in: Martin Siemsen und Thomas Vogtherr (Hg.), Justus Möser im Kontext. Beiträge aus zwei Jahrzehnten, Osnabrück 2015, S. 3–20.

–, «Deutscher Geist» oder «Ereignis Weimar-Jena»? Geschichtswissenschaftliche und mythische Erzählungen, in: Stefan Gerber u. a. (Hg.), Zwischen Stadt, Staat und Nation. Bürgertum in Deutschland, Tl. 1, Göttingen 2014, S. 283–297.

Schmidt-Funke, Julia A., Auf dem Weg in die Bürgergesellschaft. Die politische Publizistik des Weimarer Verlegers Friedrich Justin Bertuch, Köln u. a. 2005.

Schulz, Günter, Schillers Horen. Politik und Erziehung. Analyse einer deutschen Zeitschrift, Heidelberg 1960.

Schuster, Gerhard u. a. (Hg.), Wiederholte Spiegelungen. Weimarer Klassik 1759–1832, Bde. 1–2, München-Wien 1999.

Seemann, Hellmuth Th. (Hg.), Anna Amalia, Carl August und das Ereignis Weimar, Göttingen 2007.

– (Hg.), Europa in Weimar. Visionen eines Kontinents, Göttingen 2008.

Seibt, Gustav, Goethe und Napoleon. Eine historische Begegnung, München 2008.

Sengle, Friedrich, Das Genie und sein Fürst. Die Geschichte der Lebensgemeinschaft Goethes mit Herzog Carl August, Stuttgart u. a. 1993.

Staël, Anne Germaine de, Über Deutschland, Frankfurt a. M. 1985.

Stašková, Alice (Hg.), Friedrich Schiller und Europa. Ästhetik, Politik, Geschichte, Heidelberg 2007.

Stephan, Peter, Die ‹Gartenrevolution› in Thüringen im Zeitalter der Aufklärung, in: Neu entdeckt – Thüringen. Land der Residenzen, hg. v. Konrad Scheurmann u. a., Mainz 2004, S. 206–230.

Stockhorst, Stefanie, Fürstenpreis und Kunstprogramm. Sozial- und gattungsgeschichtliche Studien zu Goethes Gelegenheitsdichtungen für den Weimarer Hof, Tübingen 2002.

Strack, Friedrich (Hg.), Evolution des Geistes: Jena um 1800, Stuttgart 1994.

Tümmler, Hans, Goethe in Staat und Politik, Köln u. a. 1964.

–, Goethes Anteil an der Entlassung Fichtes aus seinem Jenaer Lehramt 1799, in: Ders. (1964), Goethe, S. 132–166.

–, Carl August von Weimar, Goethes Freund. Eine vorwiegend politische Biographie, Stuttgart 1978.

–, Weimar, Wartburg, Fürstenbund 1776–1820, Neustadt a. d. Saale 1995.

–, Der Friede des klassischen Weimar. Wege und Erfolge weimarischen Friedensbemühens am Beginn der Hohen Klassik, in: Goethe: Viermonatsschriften der Goethe Gesellschaft, N. F. 10, 1947, S. 191–218.

Ulferts, Gert-Dieter, Gotische Formen im klassischen Weimar, in: Hellmuth Th. Seemann (2007), Anna Amalia, S. 334–344.

Umbach, Maiken, The Politics of Sentimentality and the German Fürstenbund 1779–1785, in: Historical Journal 41, 1998, S. 679–704.

–, Federalism and Enlightenment in Germany, 1740–1806, London 2000.

Vazsonyi, Nicholas (Hg.), Searching for Common Ground. Diskurse zur deutschen Identität 1750–1871, Köln / Weimar / Wien 2000, S. 127–140

Ventzke, Marcus, Hofökonomie und Mäzenatentum. Der Hof im Geflecht der weimarischen Staatsfinanzen zur Zeit der Regierungsübernahme Herzog Carl Augusts, in: Berger (2001), Musenhof, S. 19–52.

–, Hofkultur und aufklärerische Reformen in Thüringen. Die Bedeutung des Hofes im späten 18. Jahrhundert, Köln 2002.

–, Fürsten als Feuerbekämpfer – Handlungsmotive einer sich wandelnden Hofgesellschaft am Ende des 18. Jahrhunderts, in: Ders. (2002), Hofkultur, S. 223–235.

–, Das Herzogtum Sachsen-Weimar-Eisenach 1775–1783. Ein Modellfall aufgeklärter Herrschaft?, Köln u. a. 2004.

–, Der Weimarer Musenhof und seine ungeratenen Kinder – zur Entwicklung eines kulturellen Exportmodells, in: Goethe-Jahrbuch 119, 2002, S. 132–147.

Wachsmuth, Wilhelm, Weimars Musenhof in den Jahren 1772 bis 1807, Berlin 1844.

Wahl, Volker, Aus den Memoiren von Ernst Christian Wilhelm Ackermann (1761–1835), in: Weimar-Jena: Die große Stadt 4/3, 2011, S. 210–216.

Waldmann, Anke, Reichspatriotismus im letzten Drittel des 18. Jahrhunderts, in: Otto Dann u. a. (Hg.), Patriotismus und Nationsbildung am Ende des Heiligen Römischen Reiches, Köln 2003, S. 19–61.

Wegner, Reinhard, «Ein vollkommnes Athen aus Weimar machen». Weimarer Reaktionen auf Houdon in Gotha, in: Greiling (2005), Ernst II., S. 251–260.

Wiedemann, Conrad, Zwischen Nationalgeist und Kosmopolitismus. Über die Schwierigkeiten der deutschen Klassiker, einen Nationalhelden zu finden, in: Aufklärung 4, Heft 2, 1991, S. 75–101.

Willems, Gottfried, Geschichte der deutschen Literatur, Bd. 3: Goethezeit, Köln u. a. 2013.

Willkommen, Alexandra, Alternative Lebensformen. Unehelichkeit und Ehescheidungen am Beispiel von Goethes Weimar, Wien u. a. 2019.

Wilson, W. Daniel, Das Goethe-Tabu. Protest und Menschenrechte im klassischen Weimar, München 1999.

–, Goethes Weimar und die Französische Revolution, Köln u. a. 2004.

–, Tabuzonen um Goethe und seinen Herzog. Heutige Folgen nationalsozialistischer Absolutismuskonzeptionen, in: Deutsche Vierteljahrsschrift für Literaturwissenschaft und Geistesgeschichte 70, 1996, S. 394–442.

Wojcik, Paula u. a. (Hg.), Klassik als kulturelle Praxis. Funktional, intermedial, transkulturell, Berlin/Boston 2019.

Ziolkowski, Theodore, Das Wunderjahr in Jena. Geist und Gesellschaft 1794/95, Stuttgart 1998.

Bildnachweis

Vorsatzblatt: Das Grossherzogthum Weimar. Geographisch-statistische und historische Charte des Großherzogthums Sachsen-Weimar-Eisenach, Kupferstich, 1824, © Städtische Museen Jena

Seite 12: © ullstein bild – imageBROKER/hwo
Seite 30, 39, 43, 52, 90, 103, 117, 135, 137, 202, 205, 207, 211, 217: © akg-images
Seite 67: © akg-images/bilwissedition
Seite 89: © bpk
Seite 94: © Sotheby's/akg-images
Seite 119: © Städtische Museen Jena
Seite 144, 272: © bpk/Klassik Stiftung Weimar
Seite 160: © bpk/Klassik Stiftung Weimar/Mokansky, Olaf
Seite 192: © ullstein bild – ullstein bild
Seite 203: © Quagga Media UG/akg-images
Seite 206: © akg-images/Album/Prisma
Seite 208: © akg-images/De Agostini Picture Library
Seite 227: © akg-images/De Agostini Picture Lib./A. Dagli Orti
Seite 239: © ullstein bild – Roger-Viollet
Seite 248: © Heritage Images/Fine Art Images/akg-images
Seite 256: © Kupferstich-Kabinett, Staatliche Kunstsammlungen Dresden, Foto: Herbert Boswank

Vorsatzblatt hinten:
Stadtplan von Weimar 1782, Holzstich aus August Diezmann, «Goethe und die lustige Zeit in Weimar», Leipzig 1857, © akg-images
Stadtplan von Jena 1758, © Städtische Museen Jena

Personenregister

Wegen durchgängiger Nennungen werden Carl August und Anna Amalia von Sachsen-Weimar-Eisenach, Goethe, Herder, Schiller und Wieland hier ebenso wenig aufgeführt wie literarische oder mythologische Figuren. Deutsche Dynasten und ihre Familienangehörigen finden sich unter dem Namen des Landes.

Abbt, Thomas 55
Ackermann, Ernst Christian Wilhelm 36, 145, 153, 279
Adelung, Johann Christoph 16
Alba, Herzog Fernando Alvarez von 67
d'Alembert, Jean Baptiste le Rond 55
Alewyn, Richard 304
Alexander I., Zar 225, 246, 250, 254, 256, 262 f., 265, 277, 282
Alexis, Willibald 60
Anhalt-Dessau, Fürst Leopold III. Friedrich Franz von 102 f., 159
Archenholz, Johann Wilhelm 245
Arens, Johann August 131, 158
Arndt, Ernst Moritz 244, 264
Arnim, Ludwig Achim von 268

Baden
  Amalie, Markgräfin von 44
  Carl Friedrich, Markgraf von 107 f.
  Friedrich I., Großherzog von 298
  Karl Ludwig, Markgraf von 44
Baioni, Giuliano 305
Batsch, August Johann Georg Karl 123 f., 136, 169
Bauer, Volker 79
Bayern
  Karl Theodor, Kurfürst von 103
  Ludwig I., König von 285, 298
  Maximilian I. Joseph, König von 265, 285
Berendis, Hieronymus Dietrich 32
Bertuch, Justin 22, 35, 60, 64, 76, 78, 112 f., 116, 125, 131, 134 ff., 226, 254, 264, 287
Beskow, Bernhard von 296
Beulwitz, Caroline von 140
Bismarck, Fürst Otto von 283, 299, 301, 302
Blücher (von Wahlstatt), Gebhard Leberecht Fürst 278
Bock, Obristleutnant 265
Böhm, Franz 304
Boie, Heinrich Christian 45, 69
Boisserée, Sulpiz 259, 272
Bonaparte, Joseph 238
Borchmeyer, Dieter 25
Börne, Ludwig 286
Böttiger, Karl August 91, 159, 186, 189, 229, 241, 252, 285
Brachmann, Luise 193
Braun, Kammeragent 59
Braunschweig-Wolfenbüttel
  Karl I., Herzog von 30

Philippine Charlotte, Herzogin von 30
Brechtel, Johann Jacob 212
Brentano, Clemens 193, 203
Bruford, Walther H. 25
Brun, Fredrike 193
Bucholtz, Franz Bernhard von 267
Buchholz, Johanna Maria 74, 127
Buchholz, Dr. Wilhelm Heinrich Sebastian 74, 124
Bünau, Heinrich Graf von 30 f., 53
Büttner, Christian Wilhelm 124

Cagliostro, Alessandro Graf von [= Giuseppe Balsamo] 114
Capecelatro, Giuseppe 116
Carl, Erzherzog von Österreich 223, 261
Carus, Carl Gustav 298
Castries, Charles Eugène Gabriel de 174
Castrop, Jean Antoine de 69
Chamberlain, Housten Steward 301
Constant, Benjamin 238
Conz, Karl Philipp, 157
Cotta, Johann Friedrich 180, 186, 194 f., 253, 255, 285
Coudray, Clemens Wenzeslaus 285
Craig, Gordon A. 139

Dalberg, Karl Theodor von 87, 113, 186, 224
Dalberg, Wolfgang Heribert von 137
Danovius, Ernst Jacob 122
Denon, Vivant 249 f.
Desaincourt, Madame 89
Diderot, Denis 45
Döbereiner, Johann Wolfgang 124, 253
Döderlein, Johann Christoph 126, 143
Dohm, Christian Wilhelm 104
Dumanoir, Jean Louis Graf 174

Ebel, Johann Gottfried 236
Ebert, Friedrich 302
Eckermann, Johann Peter 46, 75, 292
Edelsheim, Wilhelm von 102
Edling, Graf Albert Cajetan von 271, 277, 282
Eichstädt, Heinrich Carl Abraham 229, 255
Einsiedel, Friedrich Hildebrand von 76 f., 84, 87, 90
Einsiedel-Scharfenstein, Emilie (geschiedene von Werthern-Beichlingen) 76, 87
Einsiedel-Scharfenstein, Johann August von 76, 249
Elkan, Jacob 92
Engels, Friedrich 299
Enghien, Louis Antoine de Bourbon, Herzog von 256
Erthal, Carl Friedrich Josef von 102
Ettinger, Carl Wilhelm 124

Fahlmer, Johanna 76
Falk, Johannes Daniel 243
Faust, Johann Georg 288
Fernow, Carl Ludwig 241 f., 252
Feßler, Ignaz Aurelius 200
Fichte, Johann Gottlieb 16, 108, 153, 156, 168, 171, 174, 183, 186 f., 189, 202, 210, 211–215, 244, 284, 296
Follen, Karl 282
Fontane, Theodor 297
Forster, Georg 201
Forster, Therese 201
Franz I., Kaiser 30 f., 42
Franz II./I., Kaiser 173, 176, 214, 222 ff., 227, 246 f., 263 f.
Franz Joseph, Kaiser von Österreich 300
Friedenthal, Richard 289
Friedrich, Caspar David 243

Fritsch, Carl Wilhelm Freiherr von 64, 271
Fritsch, Jacob Friedrich Freiherr von 32, 35, 57, 67 f., 71, 86, 90, 107, 113
Froriep, Ludwig Friedrich von 64, 287
Fuchs, Johann Friedrich 226

Gadamer, Hans-Georg 24
Gagern, Hans Christoph Ernst von 170
Gambus, Händler 59
Garve, Christian 182, 190
Gedike, Friedrich 127
Geipel, Emanuel 298
Gentz, Friedrich 230, 283
Gentz, Heinrich 158
Georg III., König von Großbritannien 224, 246 f.
Gersdorff, Ernst Christian August Freiherr von 64, 271, 276 f., 279, 281
Gervinus, Georg Gottfried 298
Gleim, Johann Wilhelm Ludwig 84 f., 88
Göchhausen, Ernst August Anton von 108
Göchhausen, Louise von 87 f., 90, 116
Goethe, Catharina Elisabeth, geb. Textor 41, 66
Goethe, Christiane [= Johanna Christina Sophie] von, geb. Vulpius 63, 116 f., 134, 191, 242, 249, 284
Goethe, Johann August Walter von 63, 116, 278
Goethe, Johann Caspar 41, 45, 66
Goethe, Walther Wolfgang 300
Gontard, Bankier 187
Gore, Charles, Reeder 90, 175
Gore, Elizabeth [= Elise] 90, 127
Gore, Emily 90
Görres, Joseph 221
Göschen, Georg Joachim 129, 138, 233
Göttling, Johann Friedrich August 124
Gräbner, Karl, Chronist 284
Greiner, Johann Poppo 32
Gretchen, Jugendfreundin Goethes 48
Gries, Johann Diederich 203
Griesbach, Johann Jacob 140
Grimm, Hermann 299
Gropius, Walter 302
Gross, Albrecht David Gabriel Freiherr von 176
Grotthuß, Sara von 240, 267
Grün, Karl 299
Guizot, François Pierre Guillaume 273
Gustav II. Adolf, König von Schweden 251

Hamann, Johann Georg 98
Hamilton, William Sir 132
Hardenberg [= Novalis] 187, 201, 203 f., 206, 208 ff., 218, 236
Hartig, Graf Franz Anton von 147
Hartung, Fritz 303
Häublein, Friedrich Gottlieb 59
Hauptmann, Anton Georg 72
Hegel, Georg Wilhelm Friedrich 215–219, 243 f.
Hehn, Victor 300
Heine, Heinrich 23, 111, 286, 289, 296
Heinsius, Johann Ernst 84
Helmershausen, Kaufmann 59
Helmholtz, Hermann von 133
Hennings, Justus Christian 150
Henß, Adam 287
Herder, Caroline 127, 177
Herz, Henriette 202
Herzan, Franz 114
Heygendorff, Caroline von [= Jagemann, Caroline] 64, 159, 199, 242, 284
Heyne, Christian Gottlob 56, 201
Hirt, Aloys 233

Hoffmann von Fallersleben, August Heinrich 296
Hölderlin, Johann Christian Friedrich 187, 216, 218, 236, 237
Holstein-Sonderburg-Augustenburg, Friedrich Christian, Herzog von 162, 189
Homer 51, 243, 257
Horaz 88
Hufeland, Christoph Wilhelm 122 f., 226
Hufeland, Gottlieb 134, 152–155, 226
Humboldt, Alexander von 132
Humboldt, Wilhelm von 24, 55, 108, 127, 174, 186, 187, 189 f., 193, 219, 244, 302
Huschke, Wilhelm Ernst Christian 64

Iffland, August Wilhelm 128, 198 f., 271
Ilten, Caroline von 89
Imhoff, Amalie von 193
Immermann, Karl 286
Israel, Jacob 92

Jacobi, Friedrich Heinrich 133, 143, 147, 177, 181
Jagemann, Caroline siehe Heygendorff
Jagemann, Christian Joseph 63, 84, 86
Jenisch, Daniel 184
Josef II., Kaiser 28, 46, 57, 92, 100 f., 103, 114

Kalb, Johann August Alexander von 44, 58, 68, 72, 76
Kalb, Charlotte von 65, 138
Kamptz, Karl Albert von 281
Kant, Immanuel 23, 27, 40, 100 f., 126, 142, 150, 161, 174, 207, 244
Karl der Große, Kaiser 184, 246
Karl IV., Kaiser 291
Karl VII., Kaiser 42
Karsch, Anna Louisa 85
Katharina, Zarin 114
Kaufmann, Christof 78
Kaunitz-Rietberg, Wenzel Anton, Graf von 114, 147
Kayser, Philipp Christoph 131
Kessler, Harry Graf 302
Kipp, Johann Heinrich 193
Klauer, Martin Gottlieb 60, 84, 135
Klinger, Friedrich Maximilian 78
Klopstock, Friedrich Gottlieb 77, 85
Knebel, Carl Ludwig von 41, 76, 84, 88, 95, 97, 99, 109, 114 f., 133, 143, 212, 266, 268
Knigge, Adolf Freiherr von 107
Körner, Christian Gottfried 138 f., 170, 190, 213, 227, 234, 262
Körner, Johann Christian 125
Körner, Theodor 262, 264
Kotzebue, Levin Carl Christian 32
Kotzebue, August von 32, 65, 128, 198 ff., 226, 228, 282
Kraus, Georg Melchior 44, 84, 88, 90, 134, 160, 249
Küttner, Carl Gottlob 60

Langenau, Friedrich Carl Gustav Freiherr von 264
Langer, Johann Peter 267
Lautz, Karl 151
Lautz, Wilhelm 151
Lavater, Kaspar 91
Leberecht, Karl 242
Lengefeld, Caroline von siehe Beulwitz, Caroline von
Lengefeld, Charlotte von siehe Schiller, Charlotte von
Lenz, Jakob Michael Reinhold 77, 88
Lenz, Johann Georg 124
Leonhard, Carl Cäsar von 266
Lessing, Gotthold Ephraim 37, 40, 85, 106, 286

Lichtenberg, Georg Christoph 72
Linné, Carl von 115
Lips, Johann Heinrich 131
Liszt, Franz 296
Loder, Justus Christian 34, 107, 122 f., 226
Loeben, Otto Ferdinand Graf von 114
Luden, Heinrich 159, 251, 268–272, 281 f.
Ludwig XIV., König von Frankreich 21, 53
Ludwig XVI., König von Frankreich 147, 161
Lukian 99
Luther, Martin 29, 62, 281
Lykurg 139

Machiavelli, Niccoló 218
Mann, Heinrich 301
Mann, Thomas 301 f., 305
Manso, Kaspar Friedrich 189
Maria Ludovica, Kaiserin von Österreich 263
Maria Theresia, Erzherzogin, Königin von Ungarn 37
Maria Pavlovna, Erbprinzessin und Großherzogin 224 ff., 248, 263, 277, 287, 296 f.
Marie Luise, Kaiserin von Frankreich 263
Martial 188
Martin, Christoph Reinhard Dietrich 281
Maucke, Michael 134
Mehring, Franz 299
Mendelssohn, Moses 202
Meinecke, Friedrich 302 ff.
Menzel, Wolfgang 286
Merck, Johann Heinrich 66, 77, 85, 88, 101, 123, 156
Mereau, Friedrich Ernst Carl 192
Mereau, Sophie 186 f., 192, 218
Merseburger, Peter 16
Metternich, Klemens Lothar Wenzel Fürst von 263, 276, 280, 282
Meyer, Johann Heinrich 90, 131, 158, 194, 242, 273
Michaelis, David 201
Mieding, Johann Martin 87
Mommsen, Katharina 292
Mommsen, Wilhelm 303
Moreau, Jean-Victor 223
Moritz, Karl Philipp 113, 118, 131, 161
Moser, Friedrich Carl von 53, 100, 185
Möser, Justus 29, 41, 49 f., 56, 106
Möser, Jenny 50
Mounier, Jean Joseph 83, 175
Mozart, Wolfgang Amadeus 199
Müffling, Carl Ferdinand von 262 f., 276
Müller, Friedrich von 24, 81, 95, 136, 250, 257, 276
Müller, Johannes von 253
Murat, Joachim 253
Musäus, Johann Carl August 84
Mylius, Christian Friedrich 126

Napoleon 25, 218 f., 221–224, 227 f., 230, 232, 238, 241, 245 f., 247–256, 261–266, 269 ff., 281, 286, 296, 301
Napoleon (François-Joseph-Charles Bonaparte), Herzog von Reichsstadt 263
Napoleon III. 298
Necker, Jacques 238
Neubert, Johann Christoph, Hofmechaniker 194
Newton, Isaac 133
Nicolai, Friedrich 20, 61
Niethammer, Friedrich Immanuel 226, 257
Nonne, Gottfried 32

Oeser, Adam Friedrich 88
Oken, Lorenz 253, 280 f., 283
Ortelli, Weinhändler 59
Ovid 292

Palladio, Andreas 113
Palm, Johann Philipp 256
Paul I., Zar 44, 214
Paul, Jean [= Johann Paul Friedrich Richter] 172, 286
Paulsen, Hofagent 59
Paulus, Heinrich, Gottlob Eberhard 203, 214, 226
Perrault, Charles 53 f.
Peucer, Heinrich Carl Friedrich 256
Pfalz-Zweibrücken, Karl II. August, Herzog von 103
Pius VI. 114
Platon 157, 176
Preußen
  Friedrich II., König von 27 f., 43, 45, 54 ff., 101–104, 106 f., 113, 185, 253
  Friedrich Karl, Prinz von 285
  Friedrich Wilhelm II., König von 44, 103, 113 f.
  Friedrich Wilhelm III., König von 223, 245, 247, 283
  Friedrich Wilhelm IV., König von 285
  Karl, Prinz von 283

Ranke, Leopold von 302
Rebmann, Georg Friedrich 151
Recke, Elisa von 193
Rehm, Walter 55
Reichardt, Johann Friedrich 189
Reinhard, Carl Friedrich 251 f.
Reinhard Christine, geb. Reimarus 251
Reinhold, Carl Leonhard 144, 150, 152 f., 156, 213
Riemer, Friedrich Wilhelm 260
Riesbeck, Johann Kaspar 21, 60
Rietschel, Ernst 297
Rinck, Christian Friedrich 97
Ritter, Johann Wilhelm 203
Roth, Kanzlist 97
Rousseau, Jean-Jacques 48, 68, 76, 79, 99, 301
Rückert, Joseph 61, 199
Rudolf, Luise 82
Runge, Philipp Otto 243

Sachse, August Heinrich 119,
Sachsen
  Friedrich August I., König von 265
  Friedrich August III., Kurfürst von 173
  Johann Friedrich, Kurfürst von 29, 118
Sachsen-Gotha-Altenburg
  August, Herzog von 250, 282
  Ernst II., Herzog von 103 f., 114, 131
Sachsen-Meiningen, Georg I., Herzog von 179
Sachsen-Weimar, Bernhard, Herzog von 158 f., 196
Sachsen-Weimar-Eisenach
  Augusta Marie Luise Katharina, Prinzessin von 283
  (Karl) Bernhard, Prinz von 82, 261, 283
  Carl Alexander, Großherzog von 296, 297, 300, 302
  Carl Friedrich, Großherzog von 82, 94 ff., 175, 224, 248
  Caroline Luise, Prinzessin von 248
  Friedrich Ferdinand Constantin, Prinz von 41, 44, 79, 82, 88 f.
  Ernst August, Herzog von 29
  Ernst August II. Constantin, Herzog von 30

Luise, Großherzogin von 35, 44, 57 f., 74, 76 f., 82 f., 92 f., 95, 111, 156, 186, 190, 248 f.
Maria Luise Alexandrina, Prinzessin von 256, 283, 285
Sophie, Prinzessin von 300
Saint-Aignan, Nicolas Auguste Marie Rousseau de 262 ff.
Saint-Simon, Henri de 293
Salice, Stefano 59
Sand, Karl Ludwig 282
Schardt, Frederike Sophie Eleonore 87
Schelling, Friedrich Wilhelm Joseph 16, 187, 201, 203, 208 f., 215 f. 218, 219, 226, 230, 240
Schiller, Charlotte von 140, 228, 242
Schimmelmann, Gräfin Charlotte von 190
Schlegel, August Wilhelm 186 f., 193 f., 201, 203 ff., 210, 218, 227, 234 f., 239
Schlegel, Caroline 201 f., 218
Schlegel, Dorothea, geb. Veit 202, 207, 218, 243
Schlegel, Friedrich 22, 168, 186 f., 93 f., 199, 201 f., 205–208, 210, 218, 227, 234 f., 276
Schleiermacher, Friedrich 202
Schlitz, Graf Johann Eustach von, gen. Görtz 35, 37, 41, 57, 145
Schmid, Ludwig Karl, 68
Schmid, Carl Christian Erhard 150, 155
Schmitt, Carl 216
Schnauß, Christian Friedrich 68, 145
Schneider, Christian Wilhelm 180
Schönemann, Anna Elisabeth 44
Schopenhauer, Arthur 171
Schopenhauer, Johanna 285
Schoppe, Caroline 64
Schröter, Corona 84, 87
Schultze, Johann Christian 64,
Schütz, Johann Gottfried 126, 134, 150, 152, 186, 199, 226 f.
Schweitzer, Anton, 36
Schweitzer, Christian Wilhelm 277, 281
Schwind, Moritz von 277
Seebach, Friedrich Johann Christian Heinrich von 64
Seckdendorff-Aberdar, Karl Friedrich Siegmund Freiherr von 59, 68, 76 ff., 82, 84, 87
Seidensticker, Anton Ludwig 252
Sengle, Friedrich 174
Seyler, Abel 36
Shakespeare, William 51, 79, 80
Simson, Eduard von 300
Solon 139, 165
Staël-Holstein, Anne-Louise-Germaine de, geb. Necker 61, 191, 238 ff.
Stark, Johann Christian 122
Steffens, Heinrich 203, 205
Stein, Charlotte von 66, 68, 70 f., 78 f., 83, 87, 91 f., 94 f., 112, 115, 190 f., 275
Stein, Gottlob Ernst Josias Friedrich Freiherr von 41
Stein, Karl Freiherr vom und zum 262, 272, 281
Steinbach, Erwin von 51
Stephani, Heinrich 151
Stichling, Tuchhändler 59
Stolberg-Stolberg
Auguste, Gräfin von 44
Christian, Graf von 77, 189
Friedrich Leopold, Graf von 44, 77, 189
Stumpf, Johann Georg 125
Sulzer, Johann Georg 161

Talleyrand(-Périgord), Charles Maurice de 264

Tebra, Friedrich Wilhelm Heinrich von 76
Textor, Johann Wolfgang 41, 45
Tieck, Christian Friedrich 158
Tieck, Ludwig 202 f.
Thoranc, François de Théas 45
Thorvaldsen, Bertel 297
Thouret, Nikolaus Friedrich von 158, 196
Tischbein, Johann Wilhelm Heinrich 113 f., 131 f.
Treitschke, Heinrich von 300
Tümmler, Hans 174, 303

Ulmann, Gabriel 64
Ulrich, Johann August Heinrich 150
Usteri, Leonhard 54,

Varnhagen von Ense, Karl August 287
Velde, Henry van der 302,
Voigt, Christian Gottlob von 69, 128, 140, 152 f., 155, 172, 178, 196, 211–214, 227–230, 242 f., 247, 249 f., 252 f., 255, 258, 265, 271, 276, 278 f., 282, 284
Voigt, Friedrich Siegmund 253
Voigt, Johann Heinrich 125
Voltaire 45, 47 f., 55, 200
Voß, Johann Heinrich 186
Vulpius, Christian August 116, 124, 249
Vulpius, Christiane siehe Goethe, Christiane von
Vulpius, Johann Friedrich 63, 116

Wachsmuth, Wilhelm 23, 298
Wackenroder, Wilhelm Heinrich 202
Wagner, Richard 296
Walch, Johann Ernst Immanuel, Geologe 123
Wallenstein, Albrecht von 196 f.
Wartenberg, Yorck von 263
Wedel, Otto Joachim Moritz von 76 ff.
Weishaupt, Adam 107
Wendel, François de 174
Werthern-Beichlingen, Emilie, geb. v. Münchhausen siehe Einsiedel-Scharfenstein
Werthern-Beichlingen, Georg Graf von 76 f.
Wieland, Ludwig Friedrich August 280 f.
Wieland, Sophie, Katharina Susanne 150
Wilhelm I., deutscher Kaiser 283,
Wilhelm II., deutscher Kaiser 300
Winckelmann, Johann Joachim 32, 49, 53–56, 99, 112 f., 118, 131, 142, 160, 243
Wolf, Friedrich August 191
Wolf, Ernst Wilhelm 36, 84, 94
Wölfling, Christian 59
Woltmann, Caroline von 266
Woltmann, Karl Ludwig von 43, 159, 185, 187, 189, 260
Wolzogen, Caroline von 192
Wolzogen, Wilhelm von 137, 242, 249
Wucher, Johann Friedrich 118